DATE			

Los cinco soles de México

A la memoria de
Fernando Benítez (1910-2000)

Seix Barral Biblioteca Breve

Carlos Fuentes
Los cinco soles de México

Memoria de un milenio

Primera edición: abril 2000
Segunda edición: mayo 2000
Tercera edición: junio 2000

© 2000, Carlos Fuentes

Derechos exclusivos de edición
en castellano reservados para
España y América Latina:
© 2000: Editorial Seix Barral, S. A.
Provenza, 260 - 08008 Barcelona

ISBN: 84-322-1063-3
Depósito legal: B. 30.280 - 2000
Impreso en España

Prefacio

LOS CINCO SOLES DE MÉXICO

Recientemente, un periodista nos preguntó a un grupo de mexicanos: «¿Cuándo empezó México?»

Un tanto perplejo, consulté mi respuesta con un amigo argentino, toda vez que la Argentina es, en América Latina, el polo opuesto de México, tanto geográfica como culturalmente.

Mi amigo, el novelista Martín Caparrós, me contestó primero con un famoso chiste:

«Los mexicanos descienden de los aztecas. Los argentinos descendimos de los barcos.»

Y es cierto: el carácter migratorio reciente de la Argentina contrasta con el perfil antiquísimo de México.

Pero Caparrós me dijo algo más:

«La verdadera diferencia es que la Argentina tiene un comienzo, pero México tiene un origen.»

Se puede decir con cierta facilidad cuándo comenzó algo. Es mucho más difícil entender cuándo se originó algo.

Yo quisiera poseer la convicción, o la clarividencia, necesarias para definir el origen de México, para ponerle fecha precisa a mi país, pero siempre me encuentro con numerosas dudas que se me vuelven preguntas:

¿Empezó «México» cuando creció en su suelo la primera planta de maíz?

¿O aquella noche en que los dioses se reunieron en Teotihuacán y decidieron crear al mundo?

¿Comenzamos con la agricultura, o con el mito?

¿Con el hambre de la palabra, o con la palabra del hombre?

¿Quién dijo, en México, la primera palabra?

¿Hubo siquiera una primera palabra, o bastó escuchar el rumor desarticulado, el ladrido del perro, el trino del ave, la oración del sufriente, para convocar un mundo?

Y algo más: ¿Nació México aislado singularmente, o somos, desde un principio, origen y destino de vastas migraciones, hermanados con el resto del mundo por los pies de muchos caminantes?

Hay diversos orígenes posibles para una tierra tan vasta, tan antigua, y tan misteriosa como la nuestra, y todavía tan poco explorada hacia el pasado y hacia el porvenir: mi visión de México está siempre capturada entre el enigma de la aurora y el acertijo del crepúsculo y, en verdad, no se cuál es cuál, pues, ¿no contiene cada noche el día que la precedió, y cada mañana la memoria de la noche que le dio origen?

Permítanme entonces imaginar que, al principio, no había nada.

Entonces, de noche, en la oscuridad, los dioses se reunieron en Teotihuacán y crearon a la humanidad.

Que haya luz —exclama el *Popol Vuh*—, que ilumine la aurora los cielos y la tierra. No habrá gloria para los dioses hasta que la criatura humana exista.

Cuentan las memorias vivas de Yucatán que el mundo fue creado por dos dioses, el uno llamado Corazón de los Cielos y el otro Corazón de la Tierra.

Al encontrarse, la Tierra y el Cielo fertilizaron todas las cosas al nombrarlas.

Nombraron la tierra, y la tierra fue hecha.

La creación, a medida que fue nombrada, se disolvió y multiplicó.

Nombradas, las montañas se disiparon desde el fondo del mar.

Nombrados, se formaron mágicos valles, nubes y árboles.

Los dioses se llenaron de alegría cuando dividieron las aguas y dieron nacimiento a los animales.

Pero nada de esto poseía lo mismo que lo había creado, es decir, la palabra.

Bruma, tierra, pino y agua, mudos.

Entonces los dioses decidieron crear los únicos seres capaces de hablar y nombrar a todas las cosas creadas por las palabras de los dioses.

Y así nacieron los hombres, con el propósito de mantener día con día la creación divina mediante lo mismo que dio origen a la tierra, el cielo y cuanto en ellos se halla: la palabra.

El ser humano y la palabra se convirtieron en la gloria de los dioses.

Sin embargo, no hay mito de la creación que no contenga la advertencia de la destrucción.

Esto es así porque la creación ocurre en el tiempo: paga su existencia con cuotas de tiempo. Los antiguos mexicanos inscribieron el tiempo del hombre y su palabra en una sucesión de soles: cinco soles.

El primero fue el Sol de Agua y pereció ahogado.

El segundo se llamó Sol de Tierra, y lo devoró, como una bestia feroz, una larga noche sin luz.

El tercero se llamó Sol de Fuego, y fue destruido por una lluvia de llamas.

El cuarto fue el Sol de Viento y se lo llevó un huracán.

El Quinto Sol es el nuestro, bajo él vivimos, pero también él desaparecerá un día, devorado, como por el agua, como por la tierra, como por el fuego, como por el viento, por otro temible elemento: el movimiento.

El Quinto Sol, el sol final, contenía esta terrible advertencia: El movimiento nos matará.

¿Cómo no ver en estas profecías de la antigua creación mexicana un espejo para nuestro propio tiempo, para nuestra empecinada divergencia entre la promesa de la vida y la certeza de la muerte, entre la adelantada conciencia humanista, científica, verbalizable, ética, y la fatal inconciencia política de la destrucción, el silencio y la muerte? La creación, gozo de la vida, nace así acompañada siempre de la destrucción, anuncio de la muerte. Nosotros los seres llamados «modernos» —¿y cómo nos llamará a nosotros el porvenir?— disimulamos y nos hacemos sordos ante esta advertencia. Pero los pueblos del origen saben que creación y catástrofe van siempre juntas.

Saben, como el Edipo de Hölderlin, que en el origen de la historia está el temor de ser devorado por la naturaleza y el tiempo, pero también el temor de ser expulsado de la naturaleza y el tiempo.

Sofocados por el abrazo de los padres.

O exiliados del propio hogar, declarados huérfanos, sin techo.

Veo en este sentimiento el origen de la vida mexicana, común a todas las culturas, pero singularmente vigente en la nuestra. Pero desde el origen, surge la pregunta política: ¿quién ejerce el poder en nombre de los hombres?

Esta proximidad de la creación y la muerte, del tiempo original y del apocalipsis histórico, otorga un inmenso poder a quienes, como dice un poema maya, «poseen el poder de contar los días». Pues sólo ellos, añade el poema, «tienen el derecho de hablarle a los dioses». Los hombres que asumen el poder —príncipes, sacerdotes, guerreros, escribas— lo usan para asegurarle al pueblo que el tiempo durará, que el caos natural —fuego, tierra, agua, viento— no nos aniquilará otra vez...

La población rural del México antiguo, para conciliar la creación y el tiempo, trató de explotar poco y bien la riqueza de la selva y la fragilidad del llano.

Pero cuando las castas gobernantes pusieron la grandeza del poder por encima de la grandeza de la vida, la tierra no bastó para sostener, tanto y tan rápidamente, las exigencias de reyes, sacerdotes, guerreros y funcionarios.

Vinieron, en el antiguo imperio maya, las guerras, el abandono de las tierras, la fuga a las ciudades primero, y de las ciudades después.

La tierra ya no pudo mantener el poder.

Cayó el poder.

Permaneció la tierra.

Permanecieron los hombres y las mujeres sin más poder que el de la tierra.

Mirémonos en estos espejos de la antigüedad mexicana.

Estemos atentos, ayer y hoy, al momento en que el cristal se empaña y deja de reflejar la vida; el momento en que el espejo se rompe y anuncia los años de la mala suerte que al cabo cayó sobre el mundo indígena de México.

El dios más celebrado de las antiguas cosmogonías mexicanas fue Quetzalcóatl, la Serpiente Emplumada, dios creador de la agricultura, la educación, la poesía, las artes y los oficios.

Envidiosos de él, los demonios menores, encabezados por el dios de la noche Tezcatlipoca, cuyo nombre significa «espejo de humo», se dirigieron al palacio de Quetzalcóatl para ofrecerle un regalo envuelto en algodones.

¿Qué es?, se preguntó el dios bienhechor.

Era un espejo.

Cuando Quetzalcóatl lo desenvolvió, vio su rostro reflejado por primera vez.

Siendo un dios, creía que no tenía rostro. Era eterno.

Ahora, al descubrir sus facciones humanas en el reflejo del cristal, temió tener, también, un destino humano; es decir, histórico; es decir, pasajero, mortal. Esa noche, se emborrachó y cometió incesto con su hermana.

Al día siguiente, abandonó México en una balsa de serpientes y partió rumbo al levante, prometiendo regresar un día a ver si los hombres y las mujeres habían cumplido la obligación de cuidar la tierra.

Prometió regresar en una fecha precisa durante el período del Quinto Sol: el año Ce Acatl, que significa Uno Caña y que, en los calendarios europeos, correspondía al año 1519 de la Era Cristiana.

Es el año preciso —el día de pascua de 1519— en que el capitán español Hernán Cortés, al frente de 508 hombres, 16 caballos y 11 navíos, desembarcó en la costa de Veracruz y emprendió la conquista del mayor reino indígena de la América del Norte: el imperio azteca gobernado por Moctezuma desde la ciudad más poblada —ayer y hoy— del hemisferio occidental, México-Tenochtitlán.

Fundada por un pueblo de inmigrantes en un lago donde encontraron un águila devorando una serpiente, la ciudad de los aztecas se apropió la promesa cultural de Quetzalcóatl —la vida como creación y paz— pero la alió a la exigencia del dios de la guerra, Huitzilopochtli, y ésta era una demanda de expansión territorial, sumisión de los pueblos más débiles, exacciones, tributos y el terror del sacrificio humano.

Toda nación, advierte Isaiah Belin, nace como respuesta a una herida infligida a la sociedad.

Es una respuesta en busca de una adhesión, de una identidad: Familia, tribu, casta, clan, nación.

Si nacer es posiblemente una herida para el ser que abandona el seno materno, pronto la cicatriza el hecho mismo de estar vivo, en el mundo.

Morir tan terriblemente como murió el universo de los aztecas, es una herida que difícilmente cicatriza pero que nos obligó a los mexicanos a construir algo nuevo, algo distinto y sin embargo algo fiel a nosotros mismos, con la sangre que mana de la gran lanzada española contra el cuerpo de la nación mexicana.

Moctezuma, el Gran Tlatoani de México, es decir el Señor de la Gran Voz, el Dueño Absoluto de la Palabra, es despojado de sus atributos por la alianza de un europeo renacentista, un Maquiavelo *avant la lettre*, Hernán Cortés, y una mujer que le da la lengua indígena a los conquistadores y la lengua española a los conquistados: Marina, *La Malinche*, princesa esclava, traductora, amante de Cortés y madre, simbólicamente, del primer mestizo mexicano, el primer niño de sangre india y europea.

Moctezuma duda entre someterse a la fatalidad de lo que ocurre —el regreso de Quetzalcóatl, en el día previsto por las profecías— o combatir a estos seres blancos y barbados, montados sobre monstruos de cuatro patas y armados de fuego y trueno. La duda de Moctezuma le cuesta la vida: ya no es dueño ni del tiempo ni de las palabras. Su propio pueblo lo lapida.

Cuauhtémoc, el último emperador, combate por la supervivencia de la nación azteca como centro de identificación y de adhesión de los pueblos mexicanos.

Es demasiado tarde.

Cortés, el político maquiavélico, ha descubierto la debilidad secreta del imperio azteca: los pueblos sometidos a Moctezuma lo detestan y se unen a los españoles contra el déspota centralista. Pierden la tiranía azteca, pero ganan la tiranía española.

Ganan, sin embargo, algo más. La sangre de la Conquista mana hacia un país nuevo, indio y europeo, pero no sólo español, sino, a través de España, mediterráneo, griego y romano, árabe y judío. La profecía se cumplió: el Quinto Sol fue matado por el movimiento, el mito por la épica, el aislamiento por el trasiego de culturas.

El primer México, aislado entre sus montañas, separado por el océano, fiel a los mitos de sus antepasados, se abrirá al movimiento épico de un universo en expansión, mundo de descubrimientos y migraciones, de mercantilismo y colonización.

Súbitamente, las tradiciones que conforman a México se multiplican y diversifican. Dejamos de ser centro de exclusiones para convertirnos en centro de inclusiones.

El Quinto Sol se apagó en medio de la pólvora y el fuego.

Cayó la nación azteca.

Pero el nuevo sol, naciente, inacabado, aparece inmediatamente en el horizonte por donde regresó Quetzalcóatl.

Viejos centros de adhesión e identificación desaparecen, nuevas alianzas e identidades se establecen para construir eso que llamamos «México».

Entre el 27 de agosto y el 2 de septiembre de 1520, en el palacio real de Bruselas, Alberto Durero fue el primer artista europeo en ver los objetos del arte azteca enviados por el conquistador Cortés al emperador Carlos V. «He visto las cosas enviadas al rey desde la nueva tierra del sol —escribe Durero—. En todos los días de mi vida, no he visto nada que regocije mi corazón tanto como estas cosas, pues en ellas vi obras de arte, que me hicieron asombrarme ante el sutil ingenio de los pueblos de esas tierras extrañas.»

De un golpe, Durero universaliza el arte de los antiguos mexicanos, lo hace fraternal del suyo en Europa.

Pero va más allá. Ve su significado profundo, no sólo su belleza formal. Lo ve como signos creadores del tiempo: Durero copia los símbolos de la luna y el sol para encabezar el capítulo de un libro titulado «Cómo se demuestra el tiempo».

Sin saberlo anecdóticamente, pero entendiéndolo mediante la simpatía artística, Flandes le devolvió a México el regalo de un tiempo humano compartido.

La mirada privilegiada de Durero explica inmediatamente una de las consecuencias fundamentales de la Conquista: México sale del aislamiento, descubre y es descubierto por el mundo.

Y aunque, repetidamente, nuestra nostalgia materna nos lleve a darle la espalda al mundo, nuestra maldición paterna —si lo es— nos fuerza a mirar el mundo, estar en él, ver al otro y saber que nosotros mismos somos el otro del otro.

El Quinto Sol, tal fue la profecía, fue destruido por el movimiento.

El Sexto Sol —sol sexual, plexo solar— es el sol que se mueve y nos acompaña para crear esa movilidad de lo eterno que es el tiempo humano, la historia.

La mirada de Durero en Flandes nos anuncia, también, que ha empezado un nuevo tiempo para México.

No sólo el tiempo de la Conquista, sino el de la Contraconquista. Pues por cada pica española puesta en suelo de México, hay una pica mexicana puesta en suelo de España.

Quiero decir Conquista, sí, pero también Contraconquista.

Los antiguos dioses son desterrados, sus templos aniquilados, sus sacrificios prohibidos.

Pero el cristianismo se impone doblemente, con fuerza genética, paterna y materna.

Por vía del Padre, porque la figura de Cristo crucificado asombra y subyuga a los indios: el nuevo dios no pide que nos sacrifiquemos por él, él se sacrifica por nosotros.

Por vía de la Madre, porque la sensación de orfandad y abandono que sigue a la Conquista es pronto superada por una operación política y racial asombrosa: la Virgen María, la Madre de Dios, se aparece ante el más humilde campesino indígena y le ofrece rosas en invierno. Es una virgen morena, tiene un nombre árabe, se convierte en la madre pura del mexicano nuevo: Santa María de Guadalupe.

El arte del barroco, que en la Europa de la Reforma y la Contrarreforma sirve de refugio a las sensualidades prohibidas, en México salva un abismo aún mayor.

El barroco mexicano colma el vacío entre la promesa utópica del Nuevo Mundo imaginado por Europa —la política de Tomás Moro— y la realidad terrible de la colonización impuesta por Europa —la política de Nicolás Maquiavelo—. Entre Moro y Maquiavelo, Erasmo de Rotterdam abre el campo del humanismo, la serena locura donde todo es relativo, tanto la fe como la razón. No hay influencia intelectual moderna más grande en el mundo hispánico que la del sabio de Rotterdam.

El barroco, asimismo, abre un espacio donde el pueblo conquistado puede enmascarar su antigua fe y manifestarla en la forma y el color, ambos abundantes, de un altar de ángeles morenos y diablos blancos.

Pero hay un nuevo pueblo, mestizo y criollo, descendiente de México y de España, que se pregunta:

¿Cuál es nuestro sitio en el mundo?

¿A quién le debemos lealtad?

¿A nuestros padres españoles?

¿A nuestras madres aztecas y mayas?

¿A quién debemos rezarle ahora: a los antiguos dioses, o a los nuevos?

¿Qué lengua debemos hablar ahora, la de los conquistados o la de los conquistadores?

El barroco mexicano abre un espacio para todas estas preguntas. Pues nada expresa estas ambigüedades mejor que un arte de la paradoja, el barroco, nombre de una perla —es decir, de una irritación exasperada—, arte de la abundancia pero nacido de la necesidad; arte de la proliferación basada en la inseguridad; arte opulento pero nacido de la miseria: Tonantzintla, Santo Domingo en Oaxaca, el Rosario en Puebla, la poesía de Sor Juana Inés de la Cruz.

El barroco llena rápidamente los vacíos de nuestra historia colectiva e individual después de la Conquista con cuanto encuentra a la mano, plata y polvo, oro y excremento.

Un arte en movimiento perpetuo, semejante a un espejo acelerado en el que vemos el rostro de nuestra identidad en constante transformación.

Un arte que concilia el esplendor del origen mítico, inmutable, y los accidentes del devenir épico.

Es el arte un nuevo sol, Sol sexual del mestizaje, plexo solar de la emoción.

Una nueva genealogía americana creció bajo las cúpulas del barroco. En ella ganaron su voz los silenciosos, y adquirieron un nombre los anónimos: indios, mestizos y negros.

Todos estos hechos nos convierten a los mexicanos en testigos del acto terrible de nuestra propia muerte y resurrección inmediatas.

Tenemos todos ante la mirada del presente el acto que nos gestó.

Testigos eternos de nuestra propia creación, los descendientes de españoles e indígenas en México sabemos que la Conquista fue un hecho cruel, sangriento, criminal. Fue un hecho catastrófico. Pero no fue un hecho estéril.

María Zambrano, la gran pensadora andaluza, solía decir que una catástrofe sólo es verdaderamente catastrófica si de ella no se desprende algo que la rescata, algo que la sobrepasa.

Para ello se necesita tiempo. El tiempo necesario para transformar la experiencia en conocimiento y el conocimiento, con suerte, en destino.

No permanecimos en el desastre porque nacimos de él.

De la catástrofe de la Conquista nacimos todos nosotros, los mexicanos.

Fuimos, inmediatamente, mestizos.

Hablamos, mayoritariamente, español.

Y creyentes o no, nos creamos en la cultura del catolicismo —pero de un catolicismo sincrético incomprensible sin sus máscaras indias.

Somos el rostro de un occidente rayado, como dijo el poeta mexicano Ramón López Velarde, de moro y de azteca —y, añadiría yo, de judío y de africano, de romano y de griego.

No permanecimos en el desastre porque nacimos de él.

Y desde el primer momento nos hicimos las preguntas de la identidad.

¿Quiénes somos?

¿Cómo se llama ahora este río?

¿Cómo se llamó antes esa montaña?

¿Quiénes fueron nuestros padres y nuestras madres?

¿Reconocemos a nuestros hermanos?

¿Qué recordamos?

¿Qué deseamos?

Y nos hicimos también las preguntas de la justicia:

¿A quiénes pertenecen legítimamente estas tierras y sus frutos?

¿Por qué tienen tan pocos, tanto, y tantos, tan poco?

Haber formulado estas preguntas desde el siglo XVI, nos convierte a los mexicanos en los más antiguos ciudadanos del siglo XXI.

Porque las preguntas de la fundación del México mestizo son las preguntas de la sociedad contradictoria y migrante de nuestro tiempo, capturada entre la identidad tradicional y la alteridad moderna, entre la aldea local y la aldea global, entre la interdependencia económica y la balcanización política.

México ha vivido con esta, nuestra radical modernidad presente, desde hace quinientos años.

Vean ustedes en lo que digo una aproximación urgida, un deseo de aprovechar lecciones, pero sobre todo un esfuerzo de relación vital entre las culturas del Viejo y el Nuevo Mundos, hoy que ambos, europeos y americanos, compartimos la enorme crisis de nuestra vida urbana y nos debatimos entre la mezquindad de excluir o la generosidad de incluir.

Las respuestas a estas preguntas fueron hechas desde la ciudad barroca como centro político, cultural y comercial de las nuevas naciones —México, Perú, Venezuela, Argentina, Chile— que se fueron gestando bajo la protección tutelar del imperio español y sus tradiciones trasplantadas a América:

El pensamiento de origen griego, árabe y judío. El derecho, la lengua y la religión derivadas de Roma. Una cultura política medieval, escolástica: San Agustín y Santo Tomás de Aquino son los padres fundadores del pensamiento político en México e Iberoamérica.

Pero bajo esta cúpula tutelar española, un mundo nuevo, mestizo, indígena, criollo, se gestó con características culturales propias, con ritmos, voces, colores nuevos: ni europeo ni indígena, rara vez buen salvaje, más a menudo trabajador de la hacienda y de la mina, rígidamente situado dentro de clases sociales y mal que bien protegido por instituciones que querían lograr un equilibrio entre la autoridad y la justicia, entre las expectativas y las desilusiones, entre los viejos y los nuevos dioses, entre la aldea aislada y la lejana metrópolis imperial, entre las promesas y las injusticias, el latinoamericano de la Colonia convirtió a la ciudad barroca en el centro del Nuevo Mundo mexicano e hispanoamericano, como lo es, con conflictos similares, la ciudad moderna en este final de nuestro brevísimo siglo XX, que empezó en Sarajevo en 1914 y terminó en Sarajevo en 1994.

Con brazos indígenas y negros, España fundó en las Américas un rosario incomparable de ciudades, verdaderas urbes del Nuevo Mundo, de San Francisco en California a Santiago del Nuevo Extremo en Chile, de San Agustín en la Florida a Buenos Aires en el Plata, ciudades fortaleza de las costas y las islas: La Habana, San Juan de Puerto Rico, Cartagena de Indias; serpentinas ciudades mineras de las montañas: Guanajuato, Taxco, Potosí; grandes capitales: Lima, México, Quito, Santa Fe de Bogotá.

Nadie, nunca, sobre territorio tan vasto, ha construido tanto, con tanta energía y en tan poco tiempo, como España en América. Ciudades con imprentas, universidades, pintores y poetas, un siglo antes de que nada de esto apareciese en Angloamérica —ciudades con injusticia también: ciudades nacidas bajo los signos de la energía, el contraste y la imaginación omni-inclusivas del barroco.

Culturas inclusivas: La fachada de la iglesia de la Soledad, en Oaxaca, exhibe ejemplarmente los tres órdenes clásicos, Corintio, Jónico y Dórico, instantánea y simultáneamente, sin hiato temporal o concesión a las etapas del desarrollo. El barroco tiene prisa, es impaciente:

La iglesia de Jolalpan en Puebla, de un solo golpe, cuenta en su portada tanto el Antiguo como el Nuevo Testamento en una sola visión barroca, instantánea, sin aliento.

A imagen y semejanza de su arte, una sociedad enérgica, impaciente, injusta, ambiciosa, imaginativa, mestiza, criolla, empieza a tener sueños y a reclamar derechos.

Más allá del mundo del imperio, el oro y el poder, más acá de las guerras entre religiones y dinastías en Europa, un mundo nuevo acabó por formarse en las Américas, con voces y manos americanas.

Las revoluciones de independencia contra España a partir de 1810 fueron una afirmación de la identidad nacional alcanzada por países como México, Chile, Argentina y Venezuela.

Pero también fueron combates contra las fuerzas centrífugas —las republiquetas, los caudillos— que intentaban balcanizar la ruptura del imperio español ayer, como la ruptura del imperio soviético hoy; la nación fue el compromiso entre el imperialismo y el separatismo. Establecer bases de unidad en las antiguas colonias: sólo la identificación de la nación y su cultura podía lograrlo.

La dinámica modernizante de las revoluciones de independencia en cambio, y por desgracia, terminó por excluir el pasado indígena y el pasado negro, considerados bárbaros, así como el pasado español, considerado oscurantista.

México y la América Latina crearon una fachada legal modernizadora, que ocultó un *arrière pays* pobre, retrasado, injusto.

La libertad fue proclamada. La igualdad fue olvidada.

Por un acto de voluntarismo político quisimos convertirnos en democracias instantáneas: Bastaba copiar las leyes de Francia, Inglaterra y los Estados Unidos, para ser, como ellos, naciones viables, sociedades progresistas... Repúblicas Nescafé.

La nación legal ocultó a la nación real.

Y una nueva herida se abrió en nuestro cuerpo:

Perdimos el paternalismo imperial de España, autoritario y lejano con los Habsburgo, intervencionista y demasiado cercano con los Borbones.

Fuimos huérfanos de vuelta.

Caímos en la anarquía o la dictadura.

México, en las palabras del historiador Enrique González Pedrero, se convirtió en el país de un solo hombre: el general Antonio López de Santa Anna. —Como Paraguay en el país del Doctor Francia, o Argentina en el país de Juan Manuel de Rosas.

Pero la paradoja del dictador es que, para salvarnos de la anarquía, crea otro caos, éste despótico, autoritario.

México, desorganizado, sin rumbo, se volvió campo de invasiones extranjeras.

Perdimos la mitad del territorio nacional en una guerra injusta iniciada por los Estados Unidos de América para cumplir su destino manifiesto.

Pero rechazamos un imperio impuesto desde Francia por Napoleón III con dos figuras desventuradas, el archiduque austriaco Maximiliano y la princesa belga Carlota Amalia.

Estuvimos a punto de perder la nación independiente.

El presidente liberal Benito Juárez, al derrotar al partido conservador, al imperio de Maximiliano y a la intervención francesa, le devuelve el sentido a la Nación y sienta la bases del Estado. Juárez era un indio zapoteca que sólo aprendió el español a los doce años de edad. Para derrotar a los franceses, se convirtió en un abogado más francés que los franceses.

Pero el Estado liberal, progresista de la República restaurada, no recogió la pluralidad cultural de México, las culturas indígenas, míticas, españolas, católicas, sincréticas, barrocas...

El liberalismo del siglo XIX colocó a la ley, y al desarrollo económico, por encima de la cultura.

La experiencia no nos es privativa.

En toda la América Latina, la civilización europea, progresista, legalista y romántica, se debía imponer a la barbarie agraria, indígena, negra, ibérica. Era el mandato de la civilización.

La larga dictadura de Porfirio Díaz, entre 1876 y 1910, quiso darnos progreso sin libertad. Díaz convirtió la república liberal de Juárez en un Estado autoritario, desarrollista, despótico.

A los indios y a los campesinos (pero también a la naciente clase obrera) les dio más barbarie: represión y esclavitud.

En cambio, el factor económico de la ecuación liberal fue protegido y desarrollado: progreso sin libertad, sin democracia, sin ley. El país terminó por rechazar esta fórmula, así como la discriminación cultural que identificaba civilización con Europa, raza blanca, positivismo.

La Revolución Mexicana fue un intento —el mayor de nuestra historia— de reconocer la totalidad cultural de México, ninguna de cuyas partes era sacrificable.

Las grandes cabalgatas de los hombres de Pancho Villa desde el Norte y de los guerrilleros de Emiliano Zapata desde el Sur, son una revancha contra la muerte del Quinto Sol que mató con su movimiento al universo indígena.

Ahora, el movimiento revolucionario de todos los mexicanos, a lo largo y ancho del país, funda un nuevo sol, el Sol del reconocimiento mutuo, la aceptación de todo lo que hemos sido, el valor otorgado a todas y cada una de las aportaciones que hacen, de México, una nación multicultural en un mundo, a su vez, cada vez más variado y pluralista.

No nos engañemos: la Revolución Mexicana fue una revolución verdadera, tan profunda y decisiva para los destinos de nuestro país como lo fueron las revoluciones francesa, soviética y china, o la norteamericana en sus dos etapas (Washington en el siglo XVIII, Lincoln en el siglo XIX) para los suyos.

La Revolución Mexicana, en las palabras del historiador Enrique Florescano, «no es una ilusión ideológica, es un cambio real que revoluciona al Estado, desplaza violentamente a la antigua oligarquía dominante, promueve el ascenso de nuevos actores políticos, e instaura un nuevo tiempo, el tiempo de la revolución...».

Este tiempo revolucionario nace de una nueva herida: un millón de muertos en diez años de encarnizados combates; una incalculable destrucción de riqueza...

Muchas de estas heridas cicatrizan gracias al logro mayor de la revolución: el proceso de autoconocimiento nacional, el descubrimiento de una continuidad cultural que ha sobrevivido a todos los avatares de la historia, pero que aún no se refleja plenamente en la historia política y económica del país.

Es en la cultura donde la revolución encarna: pensamiento, pintura, literatura, música, cine... pues revolución que acalla las voces de la creación y de la crítica, es revolución muerta.

La Revolución Mexicana, con todos sus defectos, no silenció a sus artistas: México entendió que la crítica es un acto de amor, y el silencio una condena de muerte.

Somos lo que somos gracias al autodescubrimiento de los años de la revolución.

Somos lo que somos gracias a la filosofía de José Vasconcelos, a la prosa de Alfonso Reyes, a las novelas de Mariano Azuela, a la poesía de Ramón López Velarde, a la música de Carlos Chávez, a la pintura de Orozco, Siqueiros, Diego Rivera y Frida Kalho...

Nunca más podremos ocultar nuestros rostros indígenas, mestizos, europeos: son todos nuestros.

El espejo de Quetzalcóatl se llenó de caras: las nuestras.

El tiempo de la revolución estableció, sin embargo, un compromiso indiscutible, un contrato nacional.

En esencia, es éste: Organicemos al país devastado por la anarquía y la guerra. Creemos instituciones, creemos riqueza, creemos progreso, educación, salud, y un mínimo de justicia social.

Pero, a fuer de buenos escolásticos, mantengamos la unidad, contra la reacción interna, contra las presiones norteamericanas, para alcanzar las metas de la revolución: alcancemos el bien común tomista, gracias a la intercesión de la jerarquía agustiniana. La gracia divina —es decir, la democracia— no la alcanzan los fieles —es decir, los ciudadanos— por sí solos.

Evitemos las dictaduras militares, las permanencias prolongadas en el poder, los factores del desequilibrio latinoamericano. El Ejército se vuelve institucional, la presidencia también: todo el poder para César, pero sólo por seis años, nunca más; no reelección, como pidió Madero al iniciar la revolución en 1910.

Pero Madero también pidió sufragio efectivo. Y éste, pleno, transparente, creíble, luchamos por alcanzarlo. Estamos luchando por alcanzarlo. No nos rendiremos hasta alcanzarlo.

La revolución, mediante sus políticas de salud, educación y desarrollo material, creó nuevas clases medias, trabajadoras, juveniles.

Varias generaciones de mexicanos fueron educadas en los ideales de justicia, libertad, progreso, democracia. Ahora, los hijos de la revolución piden los frutos finales de la revolución: Desarrollo económico con democracia política y con justicia social.

No están solos. Toda la América Latina pide la unión de esos tres factores, democracia, desarrollo y justicia, sin aplazamientos bizantinos, sin sofismas intolerables: democracia, desarrollo y justicia.

Sólo así nuestra gran cultura ininterrumpida alimentará, y le dará vigor y estabilidad, a nuestros sistemas políticos, a nuestras aún débiles instituciones.

Una revolución, dice también María Zambrano, es como una anunciación. Es tan importante por lo que logra como por lo que promete. Su vigor puede medirse por sus caídas pero también por su capacidad para levantarse y reanudar su marcha.

La ruptura del compacto autosatisfecho de la política mexicana comenzó en 1968. El movimiento estudiantil creyó en las promesas de la

Revolución Mexicana, las aprendió en la escuela y la exigió en la calle. El gobierno no tuvo respuestas políticas para demandas políticas; empleó, en cambio, la fuerza, culminando con la matanza de Tlatelolco.

Los acontecimientos a partir de enero de 1994 en el estado de Chiapas son un poderoso recordatorio de todo lo que la Revolución Mexicana no hizo: Pancho Villa nunca cabalgó hasta Chiapas, y a Emiliano Zapata le tomó ochenta años llegar allí.

Chiapas nos ha obligado a todos a recordar que somos todo lo que hemos sido, pero también todo lo que nos falta ser y hacer.

Chiapas nos recordó todo lo que habíamos olvidado, cuánto habíamos olvidado, y qué incompletos y mutilados seremos si no incorporamos Chiapas a México o si permitimos que México sufra su propia balcanización, una fractura entre un norte relativamente próspero y un sur fatalmente abandonado.

Pero el desarrollo económico no puede llegar a Chiapas sin la democracia tanto en Chiapas como en México.

Ésta es la gran lección del movimiento zapatista: la reforma económica no basta. Es necesaria la reforma democrática. De lo contrario, los frutos de la economía jamás llegarán a las manos y a las bocas de la mayoría.

México no tiene sólo una cultura política autoritaria; tiene una cultura democrática íntimamente aliada a la libertad de su cultura pero sobre todo a la lucha social ininterrumpida de su pueblo.

Tenemos dos continuidades asombrosas: la cultura y la lucha social, y dos fracturas superables: el autoritarismo político y la desigualdad económica. La democracia es el puente entre cultura y política, entre sociedad y equidad.

Lo que hemos ganado es porque lo hemos exigido, todos; no es una concesión graciosa.

Lo que falta por obtener también será fruto de la demanda social y cultural.

Tenemos una urgente agenda en México, a partir del año 2000, una agenda de reformas políticas y sociales, que requieren el concurso activo y actualizado de los partidos y la sociedad civil.

Un nuevo sol parece nacer, después de la Guerra Fría, en el horizonte de México y del Mundo.

El movimiento de la Conquista, que destruyó el Quinto Sol de los aztecas, renació como movimiento revolucionario en 1910 y hoy, cargado de promesas y de peligros, aparece como movimiento de pueblos, de culturas, de economías.

El Tratado de Libre Comercio entre México, los Estados Unidos y Canadá, más allá de sus virtudes y de sus defectos —ambos abundantes— representa una apertura inevitable aunque paradójica.

México, el país tradicionalmente aislado, se abre y busca un sitio en los nuevos sistemas de relación internacional que seguirán al rígido mundo bipolar de los pasados 50 años.

Los Estados Unidos, la nación abierta, se cierra, fatigada, acaso, después de medio siglo de liderazgo internacional: incierta, acaso, ante problemas internos largo tiempo aplazados y escondidos en nombre de la lucha contra el comunismo.

Pero el sol se mueve y nos recuerda a todos los habitantes del continente americano, que todos somos inmigrantes en las Américas, que todos llegamos de otra parte, desde el primer hombre que cruzó el estrecho de Behring desde Asia hace treinta o sesenta mil años, hasta el último trabajador que anoche cruzó la frontera entre Tijuana y San Diego, sin olvidar a esos ilustres inmigrantes sin visas ni permisos de trabajo, los puritanos ingleses que desembarcaron en Plymouth Rock en 1620.

Durante quinientos años, el Occidente se paseó por lo que hoy llamamos «el Tercer Mundo», imponiendo sus valores políticos, económicos y culturales sin pedirle permiso a nadie.

Hoy, el Tercer Mundo regresa al Primer Mundo y pone a prueba la capacidad occidental, europea, y norteamericana, de recibir al otro, de reconocerse en el otro y de evitar los holocaustos que han denigrado la humanidad de nuestra civilización común en el siglo XX.

México es parte de la América Latina y con nuestros hermanos del Sur estamos viviendo una profunda transformación:

Económica, en busca de modelos adecuados para un desarrollo con justicia.

Política, en busca de una identificación de la cultura con las instituciones públicas.

Social, mediante una dolorosa voluntad de superar las terribles desigualdades e injusticias de nuestra creciente población: somos 450 millones de latinoamericanos, la mitad menores de dieciocho años, la mitad viviendo en la pobreza.

En el año 2000, la población de Latinoamérica duplicará la de los Estados Unidos.

Después de la Guerra Fría, los latinoamericanos queremos relacionarnos cada vez más con el mundo.

Pero el movimiento del mundo nos habla bien alto a todos.

Aprendamos a vivir con él o ella que no son como tú y yo.

Éste será, quizás, el desafío más serio del siglo venidero.

Cada uno de nosotros —individuos, naciones— seremos cada vez más importantes los unos para los otros.

Ya no por consideraciones estratégicas derivadas de la Guerra Fría, sino por consideraciones concretas, jurídicas, económicas, culturales, humanas, propias de un mundo que, de repente, se encuentra con muchos centros, no sólo dos; muchas culturas, no sólo una.

Vivimos en el tiempo, el tiempo es historia y en la historia nunca estamos solos.

Jean-Paul Sartre dijo, famosamente, que el infierno son los demás.

Pero ¿hay otro paraíso que el que podamos construir con nuestros hermanos?

Necesitamos al otro. Nadie puede ver una realidad completa por sí solo. Necesitamos al otro para completarnos a nosotros mismos. Si rehúso al otro —distante de mí, detrás de mí, o muy por delante de mí— minimizo mi propia integridad: Cada uno de nosotros sólo es único porque hay otro, distinto de nosotros, ocupando otro tiempo y otro espacio en el mundo. Entender la relatividad del mundo es entender el carácter inacabado del mundo. El mundo no está terminado, el mundo se está haciendo, nosotros estamos haciéndonos constantemente, pero portando nuestro pasado, la cultura que nosotros mismos hemos hecho.

Preservemos nuestra identidad nacional y regional, pero también pongámosla a prueba, aceptemos el desafío del otro. El otro define nuestro yo. Una identidad aislada pronto fenece. Sólo las culturas que se comunican viven y florecen.

Estamos en el mundo, vivimos con los otros, vivimos en la historia y debemos responder a la historia en nombre de la continuidad de la vida.

Pero sólo seremos efectivos globalmente si somos responsables nacionalmente.

A todos nos corresponde poner nuestras casas en orden.

México es un país fluido, no enajenado a ideologías rígidas, consciente de su patrimonio cultural, rico en recursos naturales pero rico, sobre todo, en su capital humano.

Somos cien millones de mexicanos.

Estamos pasando rápidamente del concepto de población al concepto de ciudadanía.

Estamos trasladando nuestra cultura, nuestra pasión, nuestra historia, nuestro amor —todo lo que he evocado aquí— a las organizaciones de la sociedad civil, a los grupos ecológicos y de derechos humanos, a los sindicatos obreros y a las cooperativas agrarias, a las universidades y a la prensa, a los grupos empresariales y a las asociaciones de barrio.

Pero al trabajar por nosotros, trabajamos por el mundo.

Cada vez más, las cosas que nos unen a los demás superan a las que nos separan.

Cada vez más, Norte y Sur, Este y Oeste, compartimos los inmensos problemas de la crisis de la civilización urbana: Crimen, violencia, droga, falta de techo, falta de escuela, discriminación racial, xenofobia, epidemias incontrolables, los derechos de la mujer, del anciano, de las minorías... Hay mendigos en Boston, Birmingham y Bogotá. Hay niños asesinados en las calles de Río, Los Ángeles y Chicago.

El Tercer Mundo tiene su Primer Mundo de privilegio.

Pero el Primer Mundo tiene su Tercer Mundo de injusticia y miseria.

Con razón nos pregunta el estadista sueco Pierre Schori: ¿Cuánta pobreza soporta la democracia, cuánto subdesarrollo tolera la seguridad global?

La gran cultura de México, la inmensa energía de mi país, contesta con las voces de la imaginación, de la diversidad racial, del pluralismo cultural, de la vocación internacional y de la voluntad de creación.

Completamos así el círculo y regresamos a los orígenes de México: Basta sentir el pulso de nuestra gente, mirar el cráter de un volcán, hacer camino al andar y subir a una pirámide, bañarse en una cañada serpentina, o hincarse frente a un altar barroco, para descubrir que México tiene el rostro de la creación inacabada.

Y que esto es así porque en México la creación del país coincide con la creación del mundo, del ser humano, y de la palabra.

Ahora, vivimos todos en el hogar común de la humanidad.

Sepamos todos afirmar el valor supremo de la historia, para asegurar la continuidad de la vida.

El propósito de este libro es recordar, al inicio de un nuevo milenio, la extraordinaria vivencia del pasado milenio mexicano. Narrativa, ensayo, teatro: las voces que aquí se escuchan tienen diversas modulaciones, pero obedecen todas a una preocupación central de mi obra. Cuándo, dónde, cómo ocurre el encuentro del individuo y la historia. Cuándo, dónde, cómo se cruzan los caminos del ser personal y del ser colectivo.

Ojalá que esta antología sirva para animar nuestras memorias, nuestras imaginaciones y nuestras interrogantes acerca de nosotros mismos. La divisa de este Memorial mexicano bien podría ser: Imagina el pasado. Recuerda el futuro.

La grandeza de México es que el pasado siempre está vivo. No como una carga, no como una losa, salvo para el más crudo ánimo modernizador. La memoria salva, escoge, filtra, pero no mata. La memoria y el deseo saben que no hay presente vivo con pasado muerto, ni habrá futuro sin ambos. Recordamos hoy, aquí. Deseamos aquí, hoy. México existe en el presente, su ahora es ahora porque no olvida la riqueza de un pasado vivo, una memoria insepulta. Su horizonte también es hoy, porque no disminuye la fuerza de su vivo deseo.

Sí, somos más que los calendarios. No cabemos en ellos. Sabemos que nada tiene principio ni fin absoluto. A veces pienso que México posee una visión renacentista permanente que no acepta la tiranía de la Razón ni la tiranía de la Fe —nuestros extremos— sino que celebra incansablemente la continuidad de la vida, múltiple, portadora del pasado que nosotros creamos, inventora del porvenir que nosotros imaginamos.

No nos atemos nunca a un dogma, a una esencia, a una meta excluyente. Ayudemos al mundo a recrear una modernidad INcluyente, capaz de abrazar razas, culturas, aspiraciones diversas.

Abracemos la emancipación de los signos, la escala humana de las cosas, la inclusión, el sueño del otro.

CARLOS FUENTES

México, D.F., febrero 2000

El eterno retorno

CHAC MOOL

Hace poco tiempo, Filiberto murió ahogado en Acapulco. Sucedió en Semana Santa. Aunque despedido de su empleo en la Secretaría, Filiberto no pudo resistir la tentación burocrática de ir, como todos los años, a la pensión alemana, comer el *choucrout* endulzado por el sudor de la cocina tropical, bailar el sábado de gloria en La Quebrada, y sentirse «gente conocida» en el oscuro anonimato vespertino de la Playa de Hornos. Claro, sabíamos que en su juventud había nadado bien, pero ahora, a los cuarenta, y tan desmejorado como se le veía, ¡intentar salvar, y a medianoche, un trecho tan largo! Frau Müller no permitió que se velara —cliente tan antiguo— en la pensión; por el contrario, esa noche organizó un baile en la terracita sofocada, mientras Filiberto esperaba, muy pálido en su caja, a que saliera el camión matutino de la terminal, y pasó acompañado de huacales y fardos la primera noche de su nueva vida. Cuando llegué, temprano, a vigilar el embarque del féretro, Filiberto estaba bajo un túmulo de cocos; el chófer dijo que lo acomodáramos rápidamente en el toldo y lo cubriéramos de lonas, para que no se espantaran los pasajeros, y a ver si no le habíamos echado la sal al viaje.

Salimos de Acapulco, todavía en la brisa. Hasta Tierra Colorada nacieron el calor y la luz. Con el desayuno de huevos y chorizo, abrí el cartapacio de Filiberto, recogido el día anterior, junto con sus otras pertenencias, en la pensión de los Müller. Doscientos pesos. Un periódico derogado en México; cachos de la lotería; el pasaje de ida —¿sólo de ida?—. Y el cuaderno barato, de hojas cuadriculadas y tapas de papel mármol.

Me aventuré a leerlo, a pesar de las curvas, el hedor a vómito, y cierto sentimiento natural de respeto a la vida privada de mi difunto amigo. Recordaría —sí, empezaba con eso— nuestra cotidiana labor en la oficina; quizás, sabría por qué fue declinando, olvidando sus deberes, por qué dictaba oficios sin sentido, ni número, ni «Sufragio Efectivo». Por qué, en fin, fue corrido, olvidada la pensión, sin respetar los escalafones.

«Hoy fui a arreglar lo de mi pensión. El licenciado, amabilísimo. Salí tan contento que decidí gastar cinco pesos en un Café. Es el mismo al que íbamos de jóvenes y al que ahora nunca concurro, porque me recuerda que a los veinte años podía darme más lujos que a los cuarenta. Entonces todos estábamos en un mismo plano, hubiéramos rechazado con energía cualquier opinión peyorativa hacia los compañeros —de hecho librábamos la batalla por aquellos a quienes en la casa discutían la baja extracción o falta de elegancia. Yo sabía que muchos (quizás los más humildes) llegarían muy alto, y aquí, en la Escuela, se iban a forjar las amistades duraderas en cuya compañía cursaríamos el mar bravío. No, no fue así. No hubo reglas. Muchos de los humildes quedaron allí, muchos llegaron más arriba de lo que pudimos pronosticar en aquellas fogosas, amables tertulias. Otros, que parecíamos prometerlo todo, quedamos a la mitad del camino, destripados en un examen extracurricular, aislados por una zanja invisible de los que triunfaron y de los que nada alcanzaron. En fin, hoy volví a sentarme en las sillas, modernizadas —también, como barricada de una invasión, la fuente de sodas— y pretendí leer expedientes. Vi a muchos, cambiados, amnésicos, retocados de luz neón, prósperos. Con el Café que casi no reconocía, con la ciudad misma, habían ido cincelándose a ritmo distinto del mío. No, ya no me reconocían, o no me querían reconocer. A lo sumo —uno o dos— una mano gorda y rápida en el hombro. Adiós viejo, qué tal. Entre ellos y yo, mediaban los dieciocho agujeros del Country Club. Me disfracé en los expedientes. Desfilaron los años de las grandes ilusiones, de los pronósticos felices y también todas las omisiones que impidieron su realización. Sentí la angustia de no poder meter los dedos en el pasado y pegar los trozos de algún rompecabezas abandonado; pero el arcón de los juguetes se va olvidando, y al cabo, quién sabrá a dónde fueron a dar los soldados de plomo, los cascos, las espadas de madera. Los disfraces tan queridos, no fueron más que eso. Y sin embargo había habido constancia, disciplina, apego al deber. ¿No era suficiente, o sobraba? No dejaba, en ocasiones, de asaltarme el recuerdo de Rilke. La gran recompensa de la aventura de juventud debe ser la muerte; jóvenes, debemos partir con todos nuestros secretos. Hoy, no tendría que volver la vista a las ciudades de sal. ¿Cinco pesos? Dos de propina.»

«Pepe, aparte de su pasión por el derecho mercantil, gusta de teorizar. Me vio salir de la Catedral, y juntos nos encaminamos a Palacio. Él es descreído, pero no le basta: en media cuadra tuvo que fabricar una teoría. Que si no fuera mexicano, no adoraría a Cristo, y —No, mira, parece evidente. Llegan los españoles y te proponen adores a un dios, muerto hecho un coágulo, con el costado herido, clavado en una cruz. Sacrificado. Ofrendado. ¿Qué cosa más natural que aceptar un sentimiento tan cercano a todo tu ceremonial, a toda tu vida?... Figúrate, en cambio, que México hubiera sido conquistado por budistas o mahometanos. No es concebible que nuestros indios veneraran a un individuo que murió de indigestión. Pero un dios al que no le basta que se sacrifiquen por él, sino que incluso va a que le arranquen el corazón, ¡caramba, jaque mate a Huitzilopochtli! El cristianismo, en su sentido cálido, sangriento, de sacrificio y liturgia, se vuelve una prolongación natural y novedosa de la religión indígena. Los aspectos de caridad, amor y la otra mejilla, en cambio, son rechazados. Y todo en México es eso: hay que matar a los hombres para poder creer en ellos.

»Pepe sabía mi afición, desde joven, por ciertas formas del arte indígena mexicano. Yo colecciono estatuillas, ídolos, cacharros. Mis fines de semana los paso en Tlaxcala, o en Teotihuacán. Acaso por esto le guste relacionar todas las teorías que elabora para mi consumo con estos temas. Por cierto que busco una réplica razonable del Chac Mool desde hace tiempo, y hoy Pepe me informa de un lugar en la Lagunilla donde venden uno de piedra y parece que barato. Voy a ir el domingo.

31

»Un guasón pintó de rojo el agua del garrafón en la oficina, con la consiguiente perturbación de las labores. He debido consignarlo al Director, a quien sólo le dio mucha risa. El culpable se ha valido de esta circunstancia para hacer sarcasmos a mis costillas el día entero, todos en torno al agua. Ch...!»

«Hoy, domingo, aproveché para ir a la Lagunilla. Encontré al Chac Mool en la tienducha que me señaló Pepe. Es una pieza preciosa, de tamaño natural, y aunque el marchante asegura su originalidad, lo dudo. La piedra es corriente, pero ello no aminora la elegancia de la postura o lo macizo del bloque. El desleal vendedor le ha embarrado salsa de tomate en la barriga para convencer a los turistas de la autenticidad sangrienta de la escultura.

»El traslado a la casa me costó más que la adquisición. Pero ya está aquí, por el momento en el sótano mientras reorganizo mi cuarto de trofeos a fin de darle cabida. Estas figuras necesitan sol, vertical y fogoso; ése fue su elemento y condición. Pierde mucho en la oscuridad del sótano, como simple bulto agónico, y su mueca parece reprocharme que le niegue la luz. El comerciante tenía un foco exactamente vertical a la escultura, que recortaba todas las aristas, y le daba una expresión más amable a mi Chac Mool. Habrá que seguir su ejemplo.»

«Amanecí con la tubería descompuesta. Incauto, dejé correr el agua de la cocina, y se desbordó, corrió por el suelo y llegó hasta el sótano, sin que me percatara. El Chac Mool resiste la humedad, pero mis maletas sufrieron, y todo esto en día de labores, me ha obligado a llegar tarde a la oficina.»

«Vinieron, por fin, a arreglar la tubería. Las maletas, torcidas. Y el Chac Mool, con lama en la base.»

«Desperté a la una: había escuchado un quejido terrible. Pensé en ladrones. Pura imaginación.»

«Los lamentos nocturnos han seguido. No sé a qué atribuirlos, pero estoy nervioso. Para colmo de males, la tubería volvió a descomponerse, y las lluvias se han colado, inundando el sótano.»

«El plomero no viene, estoy desesperado. Del Departamento del Distrito Federal, más vale no hablar. Es la primera vez que el agua de las lluvias no obedece a las coladeras y viene a dar a mi sótano. Los quejidos han cesado: vaya una cosa por otra.»

«Secaron el sótano, y el Chac Mool está cubierto de lama. Le da un aspecto grotesco, porque toda la masa de la escultura parece padecer de una erisipela verde, salvo los ojos, que han permanecido de piedra. Voy a aprovechar el domingo para raspar el musgo. Pepe me ha recomendado cambiarme a un apartamento, y en el último piso, para evitar estas tragedias acuáticas. Pero no puedo dejar este caserón, ciertamente muy grande para mí solo, un poco lúgubre en su arquitectura porfiriana, pero que es la única herencia y recuerdo de mis padres. No sé qué me daría ver una fuente de sodas con sinfonola en el sótano y una casa de decoración en la planta baja.»

«Fui a raspar la lama del Chac Mool con una espátula. El musgo parecía ser ya parte de la piedra; fue labor de más de una hora, y sólo a las seis de la tarde pude terminar. No era posible distinguir en la penumbra, y al dar fin al trabajo, con la mano seguí los contornos de la piedra. Cada vez que repasaba el bloque parecía reblandecerse. No quise creerlo: era ya casi una pasta. Este mercader de la Lagunilla me ha timado. Su escultura precolombina es puro yeso, y la humedad acabará por arruinarla. Le he puesto encima unos trapos, y mañana la pasaré a la pieza de arriba, antes de que sufra un deterioro total.»

«Los trapos están en el suelo. Increíble. Volví a palpar al Chac Mool. Se ha endurecido pero no vuelve a la piedra. No quiero escribirlo: hay en el torso algo de la textura de la carne, lo aprieto como goma, siento que algo corre por esa figura recostada... Volví a bajar en la noche. No cabe duda: el Chac Mool tiene vello en los brazos.»

«Esto nunca me había sucedido. Tergiversé los asuntos en la oficina; giré una orden de pago que no estaba autorizada, y el Director tuvo que llamarme la atención. Quizás me mostré hasta descortés con los compañeros. Tendré que ver a un médico, saber si es imaginación, o delirio, o qué, y deshacerme de ese maldito Chac Mool.»

Hasta aquí, la escritura de Filiberto era la vieja, la que tantas veces vi en memoranda y formas, ancha y ovalada. La entrada del 25 de agosto, parecía escrita por otra persona. A veces como niño, separando trabajosamente cada letra; otras, nerviosa, hasta diluirse en lo ininteligible. Hay tres días vacíos, y el relato continúa:

«Todo es tan natural; y luego se cree en lo real... pero esto lo es, más que lo creído por mí. Si es real un garrafón, y más, porque nos damos mejor cuenta de su existencia, o estar, si pinta un bromista de rojo el agua... Real bocanada de cigarro efímera, real imagen monstruosa en un espejo de circo, reales, ¿no lo son todos los muertos, presentes y olvidados?... Si un hombre atravesara el Paraíso en un sueño, y le dieran una flor como prueba de que había estado allí, y si al despertar encontrara esa flor en su mano... ¿entonces, qué?... Realidad: cierto día la quebraron en mil pedazos, la cabeza fue a dar allá, la cola aquí, y nosotros no conocemos más que uno de los trozos desprendidos de su gran cuerpo. Océano libre y ficticio, sólo real cuando se le aprisiona en un caracol. Hasta hace tres días, mi realidad lo era al grado de haberse borrado hoy: era movimiento reflejo, rutina, memoria, cartapacio. Y luego, como la tierra que un día tiembla para que recordemos su poder, o la muerte que llegará, recriminando mi olvido de toda la vida, se presenta otra realidad que sabíamos estaba allí, mostrenca, y que debe sacudirnos para hacerse viva y presente. Creía, nuevamente, que era imaginación: el Chac Mool, blando y elegante, había cambiado de color en una noche; amarillo, casi dorado, parecía indicarme que era un dios, pero ahora laxo, con las rodillas menos tensas que antes, con la sonrisa más benévola. Y ayer, por fin, un despertar sobresaltado, con esa seguridad espantosa de que hay dos respiraciones en la noche, de que en la oscuridad laten más pulsos que el propio. Sí, se escuchaban pasos en la escalera. Pesadilla. Vuelta a dormir... No sé cuánto tiempo pretendí dormir. Cuando volví a abrir los ojos, aún no amanecía. El cuarto olía a horror, a incienso y sangre. Con la mirada negra, recorrí la recámara, hasta detenerme en dos orificios de luz parpadeante, en dos flámulas crueles y amarillas.

»Casi sin aliento encendí la luz.

»Allí estaba Chac Mool, erguido, sonriente, ocre, con su barriga encarnada. Me paralizaban los dos ojillos, casi bizcos, muy pegados a la nariz triangular. Los dientes inferiores, moviendo el labio superior, inmóviles; sólo el brillo del casquetón cuadrado sobre la cabeza anormalmente voluminosa, delataba vida. Chac Mool avanzó hacia la cama; entonces empezó a llover.»

Recuerdo que a fines de agosto, Filiberto fue despedido de la Secretaría, con una recriminación pública del Director, y rumores de locura y aun robo. Esto no lo creí. Sí vi unos oficios descabellados, preguntando al Oficial Mayor si el agua podía olerse, ofreciendo sus servicios al Secretario de Recursos Hidráulicos para hacer llover en el desierto. No supe qué explicación darme; pensé que las lluvias excepcionalmente fuertes, de ese verano, lo habían crispado. O que alguna depresión moral debía producir la vida en aquel caserón antiguo, con la mitad de los cuartos bajo llave y empolvados, sin criados ni vida de familia. Los apuntes siguientes son de fines de septiembre:

«Chac Mool puede ser simpático cuando quiere..., un glu-glu de agua embelesada... Sabe historias fantásticas sobre los monzones, las lluvias ecuatoriales, el castigo de los desiertos; cada planta arranca su paternidad mítica: el sauce, su hija descarriada; los lotos, sus mimados; su suegra: el cacto. Lo que no puedo tolerar es el olor, extrahumano, que emana de esa carne que no lo es, de las chanclas flamantes de ancianidad. Con risa estridente, el Chac Mool revela cómo fue descubierto por Le Plongeon, y puesto físicamente en contacto con hombres de otros símbolos. Su espíritu ha vivido en el cántaro y la tempestad, natural; otra cosa es su piedra, y haberla arrancado al escondite es artificial y cruel. Creo que nunca lo perdonará el Chac Mool. Él sabe de la inminencia del hecho estético.

»He debido proporcionarle sapolio para que se lave el estómago que el mercader le untó de *ketchup* al creerlo azteca. No pareció gustarle mi pregunta sobre su parentesco con Tláloc, y, cuando se enoja, sus dientes, de por sí repulsivos, se afilan y brillan. Los primeros días, bajó a dormir al sótano; desde ayer, en mi cama.»

«Ha empezado la temporada seca. Ayer, desde la sala en que duermo ahora, comencé a oír los mismos lamentos roncos del principio, seguidos de ruidos terribles. Subí y entreabrí la puerta de la recámara: el Chac Mool estaba rompiendo las lámparas, los muebles; saltó hacia la puerta con las manos arañadas, y apenas pude cerrar e irme a esconder al baño... Luego bajó jadeante y pidió agua; todo el día tiene corriendo las llaves, no queda un centímetro seco en la casa. Tengo que dormir muy abrigado, y le he pedido no empapar la sala más.»[1]

«El Chac Mool inundó hoy la sala. Exasperado, dije que lo iba a devolver a la Lagunilla. Tan terrible como su risilla —horrorosamente distinta a cualquier risa de hombre o animal— fue la bofetada que me dio, con ese brazo cargado de brazaletes pesados. Debo reconocerlo: soy su prisionero. Mi idea original era distinta: yo dominaría al Chac Mool, como se domina a un juguete; era, acaso, una prolongación de mi seguridad infantil; pero la niñez —¿quién lo dijo?— es fruto comido por los años, y yo no me he dado cuenta... Ha tomado mi ropa, y se pone las batas cuando empieza a brotarle musgo verde. El Chac Mool está acostumbrado a que se le obedezca, por siempre; yo, que nunca he debido mandar, sólo puedo doblegarme. Mientras no llueva —¿y su poder mágico?— vivirá colérico o irritable.»

---

1. Filiberto no explica en qué lengua se entendía con el Chac Mool.

«Hoy descubrí que en las noches el Chac Mool sale de la casa. Siempre, al oscurecer, canta una canción chirriona y anciana, más vieja que el canto mismo. Luego cesa. Toqué varias veces a su puerta, y cuando no me contestó, me atreví a entrar. La recámara, que no había vuelto a ver desde el día en que intentó atacarme la estatua, está en ruinas, y allí se concentra ese olor a incienso y sangre que ha permeado la casa. Pero detrás de la puerta, hay huesos: huesos de perros, de ratones y gatos. Esto es lo que roba en la noche el Chac Mool para sustentarse. Esto explica los ladridos espantosos de todas las madrugadas.»

«Febrero, seco. Chac Mool vigila cada paso mío; ha hecho que telefonee a una fonda para que me traigan diariamente arroz con pollo. Pero lo sustraído de la oficina ya se va a acabar. Sucedió lo inevitable: desde el día primero, cortaron el agua y la luz por falta de pago. Pero Chac ha descubierto una fuente pública a dos cuadras de aquí; todos los días hago diez o doce viajes por agua, y él me observa desde la azotea. Dice que si intento huir me fulminará; también es dios del rayo. Lo que él no sabe es que estoy al tanto de sus correrías nocturnas... Como no hay luz, debo acostarme a las ocho. Ya debería estar acostumbrado al Chac Mool, pero hace poco, en la oscuridad, me topé con él en la escalera, sentí sus brazos helados, las escamas de su piel renovada, y quise gritar.»

«Si no llueve pronto, el Chac Mool va a convertirse en piedra otra vez. He notado su dificultad reciente para moverse; a veces se reclina durante horas, paralizado, y parece ser, de nuevo, un ídolo. Pero estos reposos sólo le dan nuevas fuerzas para vejarme, arañarme como si pudiera arrancar algún líquido de mi carne. Ya no tienen lugar aquellos intermedios amables en que relataba viejos cuentos; creo notar un resentimiento concentrado. Ha habido otros indicios que me han puesto a pensar: se está acabando mi bodega; acaricia la seda de las batas; quiere que traiga una criada a la casa; me ha hecho enseñarle a usar jabón y lociones. Creo que el Chac Mool está cayendo en tentaciones humanas, incluso hay algo viejo en su cara que antes parecía eterna. Aquí puede estar mi salvación: si el Chac se humaniza, posiblemente todos sus siglos de vida se acumulen en un instante y caiga fulminado. Pero también, aquí, puede germinar mi muerte: el Chac no querrá que asista a su derrumbe, es posible que desee matarme.»

«Hoy aprovecharé la excursión nocturna de Chac para huir. Me iré a Acapulco; veremos qué puede hacerse para adquirir trabajo, y esperar la muerte de Chac Mool; sí, se avecina; está canoso, abotagado. Necesito asolearme, nadar, recuperar fuerza. Me quedan cuatrocientos pesos. Iré a la Pensión Müller, que es barata y cómoda. Que se adueñe de todo el Chac Mool: a ver cuánto dura sin mis baldes de agua.»

Aquí termina el diario de Filiberto. No quise volver a pensar en su relato; dormí hasta Cuernavaca. De ahí a México pretendí dar coherencia al escrito, relacionarlo con exceso de trabajo, con algún motivo psicológico. Cuando a las nueve de la noche llegamos a la terminal, aún no podía concebir la locura de mi amigo. Contraté una camioneta para llevar el féretro a casa de Filiberto, y desde allí ordenar su entierro.

Antes de que pudiera introducir la llave en la cerradura, la puerta se abrió. Apareció un indio amarillo, en bata de casa, con bufanda. Su aspecto no podía ser más repulsivo; despedía un olor a loción barata; su cara, polveada, quería cubrir las arrugas; tenía la boca embarrada de lápiz labial mal aplicado, y el pelo daba la impresión de estar teñido.

—Perdone... no sabía que Filiberto hubiera...

—No importa; lo sé todo. Dígale a los hombres que lleven el cadáver al sótano.

Los días enmascarados

Las voces antiguas

YO SOY EL QUE RECUERDA

«Has regresado, hermano. Has llegado a tu casa. Ocupa en ella tu lugar. Tienes tantos días como el tiempo del destino para cumplir el tuyo. Los dioses fueron generosos. Como yo con mi mano, borraron cinco días del tiempo del sol. Son los días enmascarados. Son los días sin rostro, que no pertenecen ni a los dioses ni a los hombres. De tu vida depende que puedas ganarle esos días a los dioses que tratarán de arrebatártelos y ganarlos para sí. Trata tú de ganarlos para ti y ahórralos para salvarlos de los días de tu muerte. Y cuando la sientas cercana, dile: Detente, no me toques, he ahorrado un día. Déjame vivirlo. Espera. Y esto podrás hacerlo cinco veces durante la vida que te queda.»

—¿Y si los gano, serán días felices para mí, señor?

—No. Son cinco días estériles y sin fortuna. Pero más vale infortunio que muerte. Ése será tu argumento único contra la muerte.

El anciano decía estas extrañas cosas con muchos signos de la mano que me ayudaban a penetrar su sentido, aunque mi mente a veces se distraía, tratando de dar concierto a tales datos, y caía en pragmáticas consideraciones, como para compensar la delirante magia del viejo. Mucho hablaba éste, trazándolos con un débil movimiento del brazo, de círculos.

«¿Quién soy, señor?»

Por primera vez, el viejo sonrió.

«¿Quiénes somos, hermano? Somos dos de los tres hermanos. El ne-

39

gro murió en la hoguera de la creación. Su oscura fealdad fue compensada por el sacrificio. Reencarnó como blanca y ardiente luz. Sobrevivimos tú y yo, que no tuvimos el valor de arrojarnos al fuego. Hemos pagado nuestra cobardía con la pesada obligación de mantener la vida y la memoria. Tú y yo. Yo el rojo. Tú el blanco.»

«Yo...», murmuré. «Yo...»

«Viviste sobre las espaldas y la nariz y la cabellera de la diosa enseñando a vivir. Tú plantaste, tú cosechaste, tú tejiste, tú pintaste, tú labraste, tú enseñaste. Tú dijiste que bastaban el trabajo y el amor para compensar la vida que nos dieron los dioses. Ellos se rieron de ti e hicieron llover el fuego y el agua sobre la tierra. Y cada vez que el sol murió, tú huiste llorando hacia el mar. Y cada vez que el sol renació, regresaste a predicar la vida. Gracias, hermano. Has regresado de Oriente, donde nace toda la vida. Más difícil será el viaje de regreso de nuestro hermano negro, pues si durante el día brilla magníficamente, de noche desciende a las honduras del poniente, recorre el negro río del inframundo, es asediado por los demonios de la borrachera y el olvido, ya que el infierno es el reino del animal que se traga el recuerdo de todas las cosas. Tardará más que tú en reunirse conmigo, pues de día da vida y reclama muerte, y de noche teme muerte y reclama vida. Tú eres el otro dios fundador, mi hermano blanco. Tú rechazas muerte y predicas vida.»

«¿Y tú, señor?»

«Yo soy el que recuerda. Ésa es mi misión. Yo cuido del libro del destino. Entre la vida y la muerte, no hay más destino que la memoria. El recuerdo teje el destino del mundo. Los hombres perecen. Los soles se suceden. Caen las ciudades. Pasan los poderes de mano en mano. Se hunden los príncipes junto con las piedras carcomidas de sus palacios abandonados a la furia del fuego, la tormenta y la maleza. Un tiempo termina y otro comienza. Sólo la memoria mantiene vivo lo muerto, y quienes han de morir lo saben. El fin de la memoria es el verdadero fin del mundo. Negra muerte nuestro hermano; blanca vida tú; roja memoria yo.»

«¿Y los tres juntos, como tú esperas?»

«Vida, muerte y memoria: un solo ser. Los dueños de la cruel diosa que hasta ahora nos ha gobernado, dándonos por turnos alimento y hambre. Tú, yo y él: los primeros príncipes hombres después del reino de la mujer madre diosa, a la cual todo debemos, pero que todo quisiera quitarnos: vida, muerte y recuerdo.»

Me miró largo tiempo con sus ojos de tristeza, negros y podridos como la selva, duros y labrados como el templo, brillantes y atesorados como el oro.

Terra nostra

La Conquista española

LAS DOS ORILLAS

> Como los planetas en sus órbitas, el mundo de las ideas tiende a la circularidad.
>
> AMOS OZ, *Amor tardío*

> *Combien de royaumes nous ignorent!*
>
> PASCAL, *Pensées*

10

Yo vi todo esto. La caída de la gran ciudad azteca, en medio del rumor de atabales, el choque del acero contra el pedernal y el fuego de los cañones castellanos. Vi el agua quemada de la laguna sobre la cual se asentó esta Gran Tenochtitlán, dos veces más grande que Córdoba.

Cayeron los templos, las insignias, los trofeos. Cayeron los mismísimos dioses. Y al día siguiente de la derrota, con las piedras de los templos indios, comenzamos a edificar las iglesias cristianas. Quien sienta curiosidad o sea topo, encontrará en la base de las columnas de la Catedral de México las divisas mágicas del dios de la noche, el espejo humeante de Tezcatlipoca. ¿Cuánto durarán las nuevas mansiones de nuestro único dios, construidas sobre las ruinas de no uno, sino mil dioses? Acaso tanto como el nombre de éstos: Lluvia, Agua, Viento, Fuego, Basura...

En realidad, no lo sé. Yo acabo de morir de bubas. Una muerte atroz, dolorosa, sin remedio. Un ramillete de plagas que me regalaron mis propios hermanos indígenas, a cambio de los males que los españoles les trajimos a ellos. Me maravilla ver, de la noche a la mañana, esta ciudad de México poblada de rostros cacarañados, marcados por la viruela, tan devastados como las calzadas de la ciudad conquistada. Se agita, hirviente, el agua de la laguna; los muros han contraído una lepra incurable; los rostros han perdido para siempre su belleza oscura, su perfil perfecto: Europa le ha arañado para siempre el rostro a este Nuevo Mundo que, bien visto, es más viejo que el europeo. Aunque desde esta perspectiva olímpica que me da la muerte, en verdad veo todo lo que ha ocurrido como el encuentro de dos viejos mundos, ambos milenarios, pues las piedras que aquí hemos encontrado son tan antiguas como las del Egipto y el destino de todos los imperios ya estaba escrito, para siempre, en los muros del festín de Baltasar.

Lo he visto todo. Quisiera contarlo todo. Pero mis apariciones en la historia están severamente limitadas a lo que de mí se dijo. Cincuenta y ocho veces soy mencionado por el cronista Bernal Díaz del Castillo en su *Verdadera historia de la Conquista de la Nueva España*. Lo último que se sabe de mí es que ya estaba muerto cuando Hernán Cortés, nuestro capitán, salió en su desventurada expedición a Honduras en octubre de 1524. Así lo describe el cronista y pronto se olvida de mí.

Reaparezco, es cierto, en el desfile final de los fantasmas, cuando Bernal Díaz enumera el destino de los compañeros de la Conquista. El escritor posee una memoria prodigiosa; recuerda todos los nombres, no se le olvida un solo caballo, ni quién lo montaba. Quizás no tiene otra cosa sino el recuerdo con el cual salvarse, él mismo, de la muerte. O de algo peor: la desilusión y la tristeza. No nos engañemos; nadie salió ileso de estas empresas de descubrimiento y conquista, ni los vencidos, que vieron la destrucción de su mundo, ni los vencedores, que jamás alcanzaron la satisfacción total de sus ambiciones, antes sufrieron injusticias y desencantos sin fin. Ambos debieron construir un nuevo mundo a partir de la derrota compartida. Esto lo sé yo porque ya me morí; no lo sabía muy bien el cronista de Medina del Campo al escribir su fabulosa historia, y de allí que le sobre memoria, pero le falte imaginación.

No falta en su lista un solo compañero de la Conquista. Pero la inmensa mayoría son despachados con un lacónico epitafio: «Murió de su muerte.» Unos cuantos, es cierto, se distinguen porque murieron «en poder de indios». Los más interesantes son los que tuvieron un destino singular y, casi siempre, violento.

La gloria y la abyección, debo añadir, son igualmente notorias en estas andanzas de la Conquista. A Pedro Escudero y a Juan Cermeño, Cortés los mandó ahorcar porque intentaron escaparse con un navío a Cuba, mientras que a su piloto, Gonzalo de Umbría, sólo le mandó cortar los dedos de los pies y así, mocho y todo, el tal Umbría tuvo el valor de presentarse ante el Rey a quejarse, obteniendo rentas en oro y pueblos de indios. Cortés debió arrepentirse de no haberle ahorcado también. Ved así, lectores, auditores, penitentes, o lo que seáis al acercaros a mi tumba, cómo se toman decisiones cuando el tiempo urge y la historia ruge. Siempre pudo ocurrir exactamente lo contrario de lo que la crónica consigna. Siempre.

Además, es para deciros que en esta empresa de todo hubo, desde el deleite personal de un fulano Morón que era gran músico, un Porras muy bermejo y que era gran cantor, o un Ortiz, gran tañedor de vihuela y que enseñaba a danzar, hasta las desgracias de un Enrique, natural de Palencia, que se ahogó de cansado y del peso de las armas y del calor que le daban.

Hay destinos contrastados; a Alfonso de Grado, me lo casa Cortés nada menos que con doña Isabel, hija del emperador azteca Moctezuma; en cambio, un tal Xuárez dicho El Viejo, acaba matando a su mujer con una piedra de moler maíz. ¿Quién gana, quién pierde en una guerra de conquista? Juan Sedeño llegó con fortuna —navío propio, nada menos; con una yegua y un negro para servirle, tocinos y pan cazabe en abundancia y aquí hizo más—. Un tal Burguillos, en cambio, se hizo de riquezas y buenos indios, y lo dejó todo para irse de franciscano. Pero la mayor parte regresó de la Conquista o se quedó en México sin ahorrar un maravedí.

¿Cuánto monta, pues, un destino más, el mío, en medio de esta parada de glorias y miserias? Sólo diré que, en esto de los destinos, yo creo que el más sabio de todos nosotros fue el llamado Solís «Tras-de-la-Puerta», quien se la pasaba en su casa detrás de la puerta viendo a los demás pasar por la calle, sin entrometerse y sin ser entrometido. Ahora creo que en la muerte todos estamos, como Solís, tras de la puerta, viendo pasar sin ser vistos, y leyendo lo que de uno se dice en las crónicas de los sobrevivientes.

Sobre mí, entonces, ésta es la consignación final:

> Pasó otro soldado que se decía Jerónimo de Aguilar; este Aguilar pongo en esta cuenta porque fue el que hallamos en la Punta de Catoche, que estaba en poder de indios e fue nuestra lengua. Murió tullido de bubas.

9

Tengo muchas impresiones finales de la gran empresa de la Conquista de México, en la que menos de seiscientos esforzados españoles sometimos a un imperio nueve veces mayor que España en territorio, y tres veces mayor en población. Para no hablar de las fabulosas riquezas que aquí hallamos y que, enviadas a Cádiz y Sevilla, hicieron la fortuna no sólo de las Españas, sino de la Europa entera, por los siglos de los siglos, hasta el día de hoy.

Yo, Jerónimo de Aguilar, veo al Mundo Nuevo antes de cerrar para siempre los ojos y lo último que miro es la costa de Veracruz y los navíos que zarpan llenos del tesoro mexicano, guiados por el más seguro de los compases: un sol de oro y una luna de plata, suspendidos ambos, al mismo tiempo, sobre un cielo azul negro y tormentoso en las alturas, pero ensangrentado apenas toca la superficie de las aguas.

Me quiero despedir del mundo con esta imagen del poder y la riqueza bien plantada en el fondo de la mirada; cinco navíos bien abastecidos, gran número de soldados y muchos caballos y tiros y escopetas y ballestas, y todo género de armas, cargados hasta los mástiles y lastrados hasta las bodegas: ochenta mil pesos en oro y plata, joyas sin fin, y las recámaras enteras de Moctezuma y Guatemuz, los últimos reyes mexicanos. Limpia operación de conquista, justificada por el tesoro que un esforzado capitán al servicio de la Corona envía a Su Majestad, el rey Carlos.

Pero mis ojos no llegan a cerrarse en paz, pensando ante todo en la abundancia de protección, armas, hombres y caballos, que acompañó de regreso a España el oro y la plata de México, en contraste cruel con la inseguridad de los escasos recursos y bajo número con que Cortés y sus hombres llegaron desde Cuba en la hora primeriza de una incierta gesta. Mirad, sin embargo, lo que son las ironías de la historia.

Quiñones, capitán de la guardia de Cortés enviado a proteger el tesoro, cruzó la Bahama pero se detuvo en la isla de La Tercera con el botín de México, se enamoró de una mujer allí, y por esta causa, murió acuchillado, en tanto que Alonso de Dávila, quien iba al frente de la expedición, se topó con el pirata francés Jean Fleury, que nosotros llamamos, familiarmente, Juan Florín, y fue quien se robó el oro y la plata y a Dávila lo encarceló en Francia, donde el rey Francisco I había declarado repetidas veces, «Mostradme la cláusula del testamento de Adán en la que se le otorga al rey de España la mitad del mundo», a lo que sus corsarios, en coro, respondieron: «Cuando Dios creó el mar, nos lo regaló a todos sin excepción.» Vaya, pues, de moraleja: el propio Florín, o Fleury, fue capturado en alta mar por vizcaínos (Valladolid, Burgos, Vizcaya: ¡el Descubrimiento y la Conquista acabaron por unir y movilizar a toda España!) y ahorcado en el puerto de Pico...

Y no termina allí la cosa, sino que un tal Cárdenas, piloto natural de Triana y miembro de nuestra expedición, denunció a Cortés en Castilla, diciendo que no había visto tierra donde hubiese dos reyes como en la Nueva España, pues Cortés tomaba para sí, sin derecho, tanto como le enviaba a Su Majestad y por su declaración el Rey le dio a este trianero mil pesos de renta y una encomienda de indios.

Lo malo es que tenía razón. Todos fuimos testigos de la manera como nuestro capitán se llevaba la parte del león y nos prometía a los soldados recompensas al terminar la guerra. ¡Tan largo me lo fiáis! Nos quedamos pues, después de sudar los dientes, sin saco ni papo ni nada so el sobaco... Cortés fue juzgado y despojado del poder, sus lugartenientes perdieron la vida, la libertad y lo que es peor, el tesoro, y éste acabó desparramándose por los cuatro rincones de la Europa...

¿Hay justicia, hoy me pregunto, en todo ello? ¿No hicimos más que darle su destino mejor al oro de los aztecas, arrancarlo de un estéril oficio para difundirlo, distribuirlo, otorgarle un propósito económico en vez de ornamental o sagrado, ponerlo a circular, fundirlo para difundirlo?

8

Trato, desde mi tumba, de juzgar serenamente; pero una imagen se impone una y otra vez a mis razones. Veo frente a mí a un hombre joven, de unos veintidós años, de color moreno claro, de muy gentil disposición, así de cuerpo como de facciones.

Estaba casado con una sobrina de Moctezuma. Era llamado Guatemuz o Guatimozín y tenía, sin embargo, una nube de sangre en los ojos y cuando sentía que se le empañaba la mirada, bajaba los párpados y yo se los vi: uno era de oro y el otro de plata. Fue el último emperador de los aztecas, una vez que su tío Moctezuma fue muerto a pedradas por el populacho desencantado. Los españoles matamos algo más que el poder indio: matamos la magia que lo rodeaba. Moctezuma no luchó. Guatemuz se batió como un héroe, sea dicho en su honor.

Capturado junto con sus capitanes y llevado ante Cortés un día 13 de agosto, a hora de vísperas, el día de San Hipólito y en el año de 1521, el Guatemuz dijo que él había hecho en defensa de su pueblo y vasallos todo lo que estaba obligado a hacer por pundonor y también (añadió) por pasión, fuerza y convicción. «Y pues vengo por fuerza y preso —le dijo entonces a Cortés— ante tu persona y poder, toma luego este puñal que traes en la cintura y mátame luego con él.»

Este indio joven y valiente, el último emperador de los aztecas, empezó a llorar pero Cortés le contestó que por haber sido tan valiente que viniera en paz a la ciudad caída y que mandase en México y en sus provincias como antes lo solía hacer.

Yo sé todo esto porque fui el traductor en la entrevista de Cortés con Guatemuz, que no podían comprenderse entre sí. Traduje a mi antojo. No le comuniqué al príncipe vencido lo que Cortés realmente le dijo, sino que puse en boca de nuestro jefe una amenaza: —Serás mi prisionero, hoy mismo te torturaré, quemándote los pies igual que a tus compañeros, hasta que confieses dónde está el resto del tesoro de tu tío Moctezuma (la parte que no fue a dar a manos de los piratas franceses).

Añadí, inventando por mi cuenta y burlándome de Cortés: —No podrás caminar nunca más, pero me acompañarás en mis futuras conquistas, baldado y lloroso, como símbolo de la continuidad y fuente de legitimidad para mi empresa, cuyas banderas, bien altas, son oro y fama, poder y religión.

Traduje, traicioné, inventé. En el acto se secó el llanto del Guatemuz y en vez de lágrimas, por una mejilla le rodó el oro y por la otra la plata, surcándolas como cuchilladas y dejando para siempre en ellas una herida que, ojalá, la muerte haya cicatrizado.

Yo, desde la mía, recuerdo aquella víspera de San Hipólito, consignada por Bernal Díaz como una eterna noche de lluvia y relámpagos, y me descubro ante la posteridad y la muerte como un falsario, un traidor a mi capitán Cortés que en vez de hacer un ofrecimiento de paz al príncipe caído, lo hizo de crueldad, de opresión continuada y sin piedad, y de vergüenza eterna para el vencido.

Mas como así sucedió en efecto, convirtiéndose mis falsas palabras en realidad, ¿no tuve razón en traducir al revés al capitán y decirle, con mis mentiras, la verdad al azteca? ¿O fueron mis palabras, acaso, un mero trueque y no fui yo sino el intermediario (el traductor) y el resorte de una fatalidad que transformó el engaño en verdad?

Sólo confirmé, aquella noche de San Hipólito, jugando el papel de lengua entre el conquistador y el vencido, el poder de las palabras cuando las impulsa, como en este caso, la imaginación enemiga, la advertencia implícita en el sesgo crítico del verbo cuando es verdadero, y el conocimiento que yo había adquirido del alma de mi capitán, Hernán Cortés, mezcla deslumbrante de razón y quimera, de voluntad y flaquezas, de escepticismo y de candor fabuloso, de fortuna y mal hado, de gallardía y burlas, de virtud y maldad, pues todo esto fue el hombre de Extremadura y conquistador de México, a quien yo acompañé desde Yucatán hasta la corte de Moctezuma.

Tales son, sin embargo, los poderes de la quimera y la burla, de la maldad y la fortuna cuando no casan bien sino que se confían de las palabras para existir, que la historia del último rey Guatemuz se resolvió, no en el cauce del poder prometido por Cortés, ni en el honor con que se rindió el indio, sino en una comedia cruel, la misma que yo inventé y volví fatal con mis mentiras. El joven emperador fue el rey de burlas, arrastrado sin pies por la carroza del vencedor, coronado de nopales y al cabo colgado de cabeza, desde las ramas de una ceiba sagrada, como un animal cazado. Sucedió exactamente lo que yo, mentirosamente, inventé.

Por todo ello no duermo en paz. Las posibilidades incumplidas, las alternativas de la libertad, me quitan el sueño.

La culpable fue una mujer.

7

Entre todas las novedades producidas por mi capitán don Hernán Cortés para impresionar a los indios —fuego de arcabuces, espadas de fierro, abalorios de cristal— ninguna importó tanto como los caballos de la Conquista. Una escopeta lanza un estallido que se desvanece en humo; una tizona puede ser vencida por una espada india de dos manos; el vidrio engaña, pero la esmeralda también. En cambio, el caballo es, está allí, tiene vida propia, se mueve, tiene la suma de poder del nervio, el lustre, el músculo, el belfo babeante y las pezuñas como alianza del terreno, resortes del trueno y gemelas del acero. Los ojos hipnóticos. El jinete que la monta y desmonta, añadiendo a la metamorfosis perpetua de la bestia vista ahora y jamás imaginada antes, no digamos por los indios, ni siquiera por uno solo de sus dioses.

—¿Será el caballo el sueño de un dios que nunca nos comunicó su pesadilla secreta?

Nunca pudo un indio encontrar la manera de vencer a un jinete castellano armado y éste es el verdadero secreto de la Conquista, no sueño o profecía alguna. Cortés explotó hasta el límite a su menguada caballería, no sólo en el ataque o en la carrera de combate a campo traviesa, sino en cabalgatas especialmente preparadas a orillas del mar, donde los corceles parecían agitar las olas —al grado de que nosotros mismos, los españoles, imaginamos que estas costas, sin caballos, serían plácidas como un espejo de agua.

Miramos con asombro una fraternidad nunca pensada entre la espuma de los océanos y la espuma de los hocicos.

Y cuando el capitán Cortés quiso asombrar en Tabasco a los enviados del Gran Moctezuma, juntó a un garañón con una yegua en celo y los escondió, instruyéndome a mí mismo para que los hiciera relinchar en el momento oportuno. Los enviados del Rey jamás habían escuchado ese ruido y sucumbieron, espantados, a los poderes del *Teúl* o Dios español, como lo llamaron a Cortés desde entonces.

Lo cierto es que ni yo, ni nadie, había escuchado salir del silencio un relincho que, despojado de sus cuerpos, revelara el deseo animal, la lujuria bestial, con tan cruda fuerza. El teatro de mi capitán se superó a sí mismo y nos impresionó a los propios españoles. Nos hizo, un poco, sentirnos bestias a todos...

Pero los emisarios del Gran Moctezuma habían visto, además, todos los portentos de ese Año previsto por sus magos para el regreso de un dios rubio y barbado. Nuestras maravillas —los caballos, los cañones— sólo confirmaron las que ellos traían en la mirada:

Cometas a mediodía, aguas en llamas, torres desplomadas, griterío nocturno de mujeres errantes, niños secuestrados por el aire...

Hételas aquí que llega en ese preciso instante don Hernán Cortés blanco como los inviernos en la sierra de Gredos, duro como la tierra de Medellín y Trujillo, y con una barba más vieja que él. Que esperan el regreso de los dioses y en cambio les cae gente como Rodrigo Jara el corcovado o Juan Pérez que mató a su mujer llamada La Hija de la Vaquera, o Pedro Perón de Toledo, de turbulenta descendencia, o un tal Izquierdo natural de Castromocho. Vaya dioses, que hasta en la tumba me carcajeo de pensarlo.

Una imagen me corta la risa. Es el caballo.

Pues hasta Valladolid El Gordo se veía bien a caballo; digo: inspiraba respeto y asombro. La mortalidad del hombre era salvada por la inmortalidad del caballo. Con razón Cortés nos dijo desde la primera hora:

—Enterremos a los muertos de noche y en sigilo. Que nuestros enemigos nos crean inmortales.

Caía el jinete; nunca, el corcel. Nunca, el castaño zaino de Cortés, ni la yegua rucia de buena carrera de Alonso Hernández, ni el alazán de Montejo, ni el overo, labrado de las manos, de Morán. No fuimos, pues, sólo hombres quienes entramos a la Gran Tenochtitlán en el 3 de noviembre de 1520, sino centauros: seres mitológicos, con dos cabezas y seis patas, armados de trueno y vestidos de roca. Y además, gracias a las coincidencias del calendario, confundidos con el dios que regresaba, Quetzalcóatl.

Con razón Moctezuma nos recibió, de pie, en la mitad de la calzada que unía al valle con la ciudad lacustre, diciendo:

—Bienvenidos. Han llegado a su casa. Ahora descansen.

Nadie, entre nosotros, ni en el Viejo ni en el Nuevo Mundo, había visto ciudad más espléndida que la capital de Moctezuma, los canales, las canoas, las torres y amplias plazas, los mercados tan bien abastecidos, y las novedades que mostraban, jamás vistas por nosotros ni mencionadas en la Biblia: el tomate y el pavo, el ají y el chocolate, el maíz y la patata, el tabaco y el alcohol del agave; esmeraldas, jades, oro y plata en abundancia, obrajes de pluma y suaves cánticos adoloridos...

Lindas mujeres, recámaras bien barridas, patios llenos de aves, y jaulas repletas de tigres; jardines y enanos albinos a nuestro servicio. Como Alejandro en Capua, nos amenazaban las delicias del triunfo. Éramos recompensados por nuestro esfuerzo. Los caballos eran bien cuidados.

Hasta que una mañana, estando Moctezuma, el gran rey que con tanta hospitalidad nos había recibido en su ciudad y en su palacio, rodeado de todos nosotros en una recámara real, sucedió algo que cambió el curso de nuestra empresa.

Pedro de Alvarado, el audaz y galante, cruel y sinvergüenza lugarteniente de Cortés, era rojo de cabellera y barba, razón por la cual los indios lo llamaban El Tonatío, que quiere decir El Sol. Simpático y caradura, El Tonatío tenía entretenido al rey Moctezuma en un juego de dados —otra novedad para estos indios— y el monarca se encontraba distraído e incapaz, por el momento, de adivinar su suerte más allá de la siguiente tirada de dados, aun cuando le hiciera trampa, como en ese momento, el irreprimible Alvarado. Se veía irritado el Rey, porque solía cambiar de ropas varias veces al día y en éste sus doncellas andaban retrasadas y la túnica ya le hedía o picaba, vaya usted a saber...

Hete aquí que en ese momento cuatro tamemes o cargadores indios entran al aposento, seguidos por el alboroto natural de nuestra guardia, y con impasible ademán dejan caer frente a Cortés y el Emperador la cabeza cortada de un caballo.

Fue entonces que la segunda lengua del conquistador, una princesa esclava de Tabasco bautizada doña Marina, pero apodada La Malinche, interpretó velozmente a los mensajeros que, llegados de la costa, traían noticia de un levantamiento de mexicanos en Veracruz contra la guarnición dejada allí por Cortés. La tropa azteca logró matar a Juan de Escalante, alguacil mayor del puerto, y a seis españoles.

Sobre todo, mataron al caballo. Aquí estaba la prueba.

Noté que Alvarado se quedó con la mano llena de dados en el aire, mirando los ojos vidriosos, entreabiertos, del caballo, como si en ellos se reconociera y como si en el cuello cortado a pedernal, como con rabia, el rabioso y colorado capitán advirtiese su propio final.

Moctezuma perdió interés en el juego, encogiéndose un poco de hombros, y miró fijamente la cabeza del caballo. Su elocuente mirada, empero, nos decía en silencio a los españoles: —¿De manera que sois teúles? Mirad la mortalidad de vuestros poderes, entonces. ¿Son ustedes dioses o no? ¿Mortales o inmortales? ¿Qué me conviene más a mí? Veo una cabeza cortada de caballo, y, me digo, en verdad que soy yo el que tiene el poder de vida o muerte sobre vosotros.

Cortés, en cambio, se quedó mirando a Moctezuma con una cara de traición tal que yo sólo pude leer en ella lo que nuestro capitán quería ver en la del Rey.

Jamás he sentido que tantas cosas eran dichas sin pronunciar palabra, pues Moctezuma, acercándose en actitud devota, casi humillada, a la cabeza del caballo, decía sin decir nada que así como el caballo murió podían morir los españoles, si él lo decidía; y él lo decidiría, si los extranjeros no se retiraban en paz. Los dioses habían regresado, cumpliendo la profecía. Ahora debían retirarse a fin de que los reinos se gobernasen solos, con voluntad renovada de honrar a los dioses.

Cortés, sin decir palabra, le advertía al Rey que no le convenía comenzar una guerra que acabaría destruyéndoles a él y a su ciudad.

Pedro de Alvarado, que no sabía de discursos sutiles, dichos o no dichos, arrojó con violencia los dados contra la cara de la espantosa divinidad que presidía el aposento, la diosa llamada de la falda de serpientes, pero antes de que pudiera decir nada, Cortés se adelantó y le ordenó al Rey dejar su palacio y venirse a vivir al de los españoles. Nuestro capitán había leído la amenaza, pero también la duda, en los movimientos y el rostro de Moctezuma.

—Si alboroto o voces dais, seréis muerto por mis capitanes —dijo con tono parejo Cortés, impresionando más a Moctezuma con ello que la furia física de Alvarado. Sin embargo, a su espanto y desmayo iniciales, respondió el Rey quitándose del brazo y muñeca el sello de Huichilobos, dios de la guerra, como si fuese a mandar nuestra carnicería; pero sólo se excusó:

—Nunca ordené el ataque en la Veracruz. Castigaré a mis capitanes por haberlo hecho.

Entraron las doncellas con las ropas nuevas. Parecían azoradas por el ambiente de fonda barata que hallaron. Moctezuma recuperó la dignidad y dijo que no saldría de su palacio. Alvarado se enfrentó entonces a Cortés:

—¿Qué haces con tantas palabras? O le llevamos preso o le daremos de estocadas.

Una vez más, fue la intérprete doña Marina la que decidió la contienda, aconsejándole con fuerza al Rey: —Señor Moctezuma, lo que yo os recomiendo es que vayáis luego con ellos a su aposento sin ruido alguno. Sé que os harán honra, como gran señor que sois. De otra manera, aquí quedarás muerto.

Ustedes entienden que esto se lo dijo la mujer al emperador por su propia iniciativa, no traduciendo a Cortés, sino hablando con fluidez la lengua mexicana de Moctezuma. El Rey parecía un animal acorralado, sólo que en vez de girar sobre cuatro patas, se tambaleaba sobre sus dos pies. Ofreció a sus hijos en rehenes. Repitió varias veces estas palabras: —«No me hagáis esta afrenta; ¿qué dirán mis principales si me ven llevar preso?; esta afrenta no.»

¿Era este ser pusilánime el gran señor que tenía sometidas por el terror a todas las tribus desde Xalisco hasta Nicaragua? ¿Era el déspota cruel que un día mandó matar a los que soñaban el fin de su reino, para que al morir los soñadores muriesen los sueños también? El enigma de la debilidad de Moctezuma ante los españoles sólo lo puedo entender mediante la explicación de las palabras. Llamado el Tlatoani o Señor de la Gran Voz, Moctezuma estaba perdiendo poco a poco el dominio sobre las palabras, más que sobre los hombres. Fue ésta, creo yo, la novedad que lo desconcertó, y doña Marina acababa de demostrarle, argumentando con él cara a cara, que las palabras del Rey ya no eran soberanas. Entonces, tampoco lo era él mismo. Otros, los extranjeros, pero también esta tabasqueña traidora, eran dueños de un vocabulario vedado por Moctezuma. ¿A cuántos más acabaría por extenderse el poder de la palabra?

En esta segunda oportunidad entre el dicho, el hecho y las consecuencias imprevisibles de ambos, vi la mía y esa noche, bajo manto de sigilo, le hablé en mexicano al Rey y le dije en secreto los peligros que acechaban a los españoles. ¿Sabía Moctezuma que el gobernador de Cuba había enviado una expedición a detener a Cortés, a quien consideraba un sublevado vil que actuaba sin autorización y digno, él mismo, de ser encarcelado, en vez de andar cogiendo prisionero a tan alto señor como Moctezuma, el igual tan sólo de otro rey, don Carlos, al que Cortés pretendía, sin credenciales, representar?

Repito estas palabras como las dije, de un solo tiro, sin aliento ni matiz ni sutileza, odiándome a mí mismo por mi traición pero, sobre todo, por mi inferioridad en las artes del disimulo, la treta y la pausa, en la que me excedían mis rivales, Cortés y La Malinche.

Terminé tan abruptamente como empecé, yéndome, como se dice, al grano:

—Esta expedición contra Cortés la encabeza Pánfilo de Narváez, un capitán tan esforzado como el propio Cortés, sólo que con cinco veces más hombres.

—¿Son cristianos también? —preguntó Moctezuma.

Le dije que sí, y que representaban al rey Carlos, de quien Cortés huía.

Moctezuma me acarició la mano y me ofreció un anillo verde como un loro. Yo se lo regresé y le dije que mi amor por este pueblo era premio suficiente. El Rey me miró con incomprensión, como si él mismo jamás hubiese entendido que encabezaba a un conjunto de seres humanos. Me pregunté entonces y me pregunto ahora, ¿qué clase de poder creía tener Moctezuma, y sobre quiénes? Quizás sólo cumplía una pantomima frente a los dioses, agotándose en el esfuerzo de escucharles y hacerse oír de ellos. Pues no eran joyas ni caricias lo que ahí se trocaba, sino palabras que podían darle más fuerza a Moctezuma que todos los caballos y arcabuces de los españoles, si el rey azteca, tan sólo, se decidiese a hablarles a los hombres, su pueblo, en vez de a los dioses, su panteón.

Le di al Rey el secreto de la debilidad de Cortés, como doña Marina le había dado a Cortés el secreto de la debilidad azteca: la división, la discordia, la envidia, la pugna entre hermanos, que lo mismo afectaba a España que a México: una mitad del país perpetuamente muriéndose de la otra mitad.

6

Me asocié de este modo a la esperanza de una victoria indígena. Todos mis actos, ya lo habéis adivinado y yo os lo puedo decir desde mi sudario intangible, iban dirigidos a esta meta: el triunfo de los indios contra los españoles. Moctezuma desaprovechó, una vez más, la oportunidad. Se adelantó a los acontecimientos, se jactó ante Cortés de saberlo amenazado por Narváez, en vez de apresurarse a pactar con Narváez contra Cortés, derrotar al extremeño, y luego lanzar a la nación azteca contra el fatigado regimiento de Narváez. De esta manera, México se hubiera salvado...

Debo decir a estas alturas que siempre, en Moctezuma, la vanidad fue más fuerte que la astucia, aunque aún más fuerte que la vanidad, fue el sentimiento de que todo estaba predicho, por lo cual al Rey sólo le correspondía desempeñar el papel determinado por el ceremonial religioso y político. Esta fidelidad a las formas acarreaba, en el espíritu del Rey, su propia recompensa. Así había sucedido siempre, ¿no era verdad?

Yo no supe decir que no, argumentar con él. Quizás mi vocabulario mexicano era insuficiente y desconocía las formas más sutiles del razonamiento filosófico y moral de los aztecas. Lo que sí quise fue frustrar el designio fatal, si tal cosa existía, mediante las palabras, la imaginación, la mentira. Pero cuando palabra, imaginación y mentira se confunden, su producto es la verdad...

El rey azteca esperaba que Cortés fuese vencido por la expedición punitiva del gobernador de Cuba, pero nada hizo para apresurar la derrota de nuestro capitán. Su certeza es comprensible. Si Cortés, con sólo quinientos hombres, había derrotado a los caciques de Tabasco y de Cempoala, así como a los fieros tlaxcaltecas, ¿cómo no iban a derrotarlo a él más de dos mil españoles armados también con fuego y caballos?

Mas el habilísimo Cortés, acompañado de sus nuevos aliados indios, derrotó a la gente de Narváez y capturó a su jefe. Ved la ironía de este asunto: ahora teníamos dos prisioneros de enjundia, uno azteca y el otro español, Moctezuma y Narváez. ¿No tenían límite nuestras victorias?

—En verdad que no os entiendo —nos dijo, secuestrado, pero bañándose muy regalado por sus lindas doncellas, el Gran Moctezuma.

¿Lo entendíamos nosotros a él?

Esta pregunta, lector, me obliga a una pausa reflexiva antes de que los acontecimientos, una vez más, se precipiten, siempre más veloces que la pluma del narrador, aunque en esta ocasión se escriban desde la muerte.

Moctezuma: ¿Entendíamos hasta qué grado le era ajena la práctica política engañosa, y familiar, en cambio, la vecindad de un mundo religioso impenetrable para los europeos? Impenetrable por olvidado: nuestro contacto con Dios y sus emanaciones primeras se había perdido hacía muchísimo tiempo. En esto sí que se parecían Moctezuma y su pueblo, sin saberlo ni él ni éste: los humedecía aún el barro de la creación, la proximidad de los dioses.

¿Lo entendíamos, cobijado como estaba en otro tiempo, el del origen, que para él era tiempo actual, inmediato, refugio y amenaza portentosos?

Comparélo con bestia acorralada. Más bien, este hombre refinado se me parece, ahora que la muerte nos iguala, no sólo como el individuo escrupuloso y de infinitas cortesías que conocimos al entrar a México, sino como el primer hombre, siempre el primero, azorado de que el mundo existiese y la luz avanzara diariamente antes de disiparse en la crueldad de cada noche. Su obligación consistía en ser siempre, en nombre de todos, ese primer hombre que pregunta:

—¿Volverá a amanecer?

Ésta era una pregunta más urgente para Moctezuma y los aztecas, que saber si Narváez derrotaba a Cortés, Cortés a Narváez, los tlaxcaltecas a Cortés, o si Moctezuma sucumbía ante todos ellos: con tal de que no sucumbiese ante los dioses.

¿Volvería a llover, a crecer el maíz, a correr el río, a bramar la fiera?

Todo el poder, la elegancia, la lejanía misma de Moctezuma, eran el disfraz de un hombre recién llegado a las regiones de la aurora. Era testigo del primer grito y el primer terror. Miedo y gratitud de ser se confundían en él, detrás del aparato de penachos y collares, doncellas, caballeros tigres y sacerdotes sangrientos.

Una mujer indígena como él, Marina, fue quien en realidad lo venció desde su tierra, aunque con dos lenguas. Fue ella la que le reveló a Cortés que el imperio azteca estaba dividido, los pueblos sujetos a Moctezuma lo odiaban, pero también se odiaban entre sí y los españoles podían pescar en el río revuelto; fue ella la que entendió el secreto que unía a nuestras dos tierras, el odio fratricida, la división, ya lo dije: dos países, cada uno muriéndose de la otra mitad...

Demasiado tarde, pues, le comuniqué a Moctezuma que Cortés también era odiado y asediado desde una España imperial tan contenciosa como el imperio mexicano que estaba conquistando.

Me olvidé de dos cosas.

Cortés escuchaba a Marina no sólo como lengua, sino como amante. Y como lengua y amante, prestaba atención a las voces humanas de esta tierra. Moctezuma sólo escuchaba a los dioses; yo no lo era; y la atención que me prestaba era una manifestación más de su cortesía, rica como una esmeralda, pero volátil como la voz de un loro.

Yo, que también poseía las dos voces, las de Europa y América, había sido derrotado. Pues tenía también dos patrias; y ésta, quizás, fue mi debilidad más que mi fuerza. Marina, *La Malinche*, acarreaba el dolor y el rencor profundos, pero también la esperanza, de su estado; tuvo que jugarse toda entera para salvar la vida y tener descendencia. Su arma fue la misma que la mía: la lengua. Pero yo me encontraba dividido entre España y el Nuevo Mundo. Yo conocía las dos orillas.

Marina no; pudo entregarse entera al Nuevo Mundo, no a su pasado sometido, cierto, sino a su futuro ambiguo, incierto y por ello, invicto. Acaso merecí mi derrota. No pude salvar, contándole un secreto, una verdad, una infidencia, al pobre rey de mi patria adoptiva, México.

Luego vino la derrota que ya conté.

5

Doña Marina y yo nos medimos, verdaderamente, en el drama de Cholula. No siempre poseí el idioma mexicano. Mi ventaja inicial era saber español y maya, después de mi larga temporada entre los indios de Yucatán. Doña Marina —La Malinche— sólo hablaba maya y mexicano cuando le fue entregada como esclava a Cortés. De modo que durante un tiempo yo era el único que podía traducir al idioma de Castilla. Los mayas de la costa me decían lo que yo traducía al español, o se lo decían a La Malinche, pero ella dependía de mí para hacérselo saber a Cortés. O bien, los mexicanos le decían a la mujer las cosas que ella me decía a mí en maya para que yo las tradujera al español. Y aunque ésta era ya una ventaja para ella, pues podía inventar lo que quisiera al pasar del náhuatl al maya, yo seguía siendo el amo de la lengua. La versión castellana que llegaba a oídos del conquistador, era siempre la mía.

Llegamos entonces a Cholula, después de las vicisitudes de la costa, la fundación de la Veracruz, la toma de Cempoala y su cacique gordo, quien nos reveló, bufando, desde su litera, que los pueblos sometidos se unirían a nosotros contra Moctezuma. Llegamos tras de nuestro combate con los altivos tlaxcaltecas, que aunque enemigos mortales de Moctezuma, no querían cambiar el poder de México por la nueva opresión de los españoles.

Se dirá durante siglos que la culpa de todo la tienen siempre los tlaxcaltecas; el orgullo y la traición pueden ser fieles compañeros, disimulándose entre sí. El hecho es que, presentándose con los batallones de los feroces guerreros de Tlaxcala ante las puertas de Cholula, Cortés y nuestra pequeña banda española fuimos detenidos por los sacerdotes de esos santos lugares, ya que Cholula era el panteón de todos los dioses de estas tierras, admitidos como en Roma, sin distinción de origen, en el gran templo colectivo de las divinidades. Los cholultecas levantaron para ello la pirámide más grande de todas, un panal de siete estructuras contenidas una dentro de la otra y comunicadas entre sí por hondos laberintos de reverberaciones rojas y amarillas.

Yo ya sabía que en esta tierra todo lo rigen los astros, el Sol y la Luna, Venus que es preciosa gemela de sí misma en la aurora y el crepúsculo, y un calendario que da cuenta exacta del año agrícola y sus 360 días de bonanza, más cinco días aciagos: los días enmascarados.

En uno de éstos debimos llegar allí los españoles, pues mandando por delante a la hueste de Tlaxcala, nos topamos con un valladar de sacerdotes vestidos de negro, negras túnicas, negras cabelleras, pieles prietas, todo negro como los lobos nocturnos de estas comarcas, y con un solo brillo encendido en los mechones, los ojos y las togas, que era el lustre de la sangre como un sudor pegajoso y brillante, propio de su oficio.

Alto y recio hablaron estos papas, negando la entrada de los violentos tlaxcaltecas, a lo cual accedió Cortés, pero a cambio de que los de Cholula presto abandonaran a sus ídolos.

—¡Aún no entran y ya nos piden traicionar a los dioses! —exclamaron los papas, con un tono difícil de definir, entre lamento y desafío, entre suspiro y cólera, entre fatalidad y disimulo, como si estuvieran dispuestos a morir por sus divinidades, pero resignándose, también, a darlas por perdidas.

Todo esto lo tradujo del mexicano al español La Malinche, y yo, Jerónimo de Aguilar, el primero entre todos los intérpretes, me quedé en una suerte de limbo, esperando mi turno para traducir al castellano hasta que, aturdido acaso por los insoportables hedores de sangre embarrada y copal sahumante, mierda de caballo andaluz, sudores excedentes de Cáceres, cocinas disímiles de ají y tocino, de ajo y guajolote, indistinguibles de la cocina sacrificial que despedía sus humos y salmodias desde la pirámide, aturdido por todo ello, digo, me di cuenta de que Jerónimo de Aguilar ya no hacía falta, la hembra diabólica lo estaba traduciendo todo, la tal Marina hideputa y puta ella misma había aprendido a hablar el español, la malandrina, la mohatrera, la experta en mamonas, la coima del conquistador, me había arrebatado mi singularidad profesional, mi insustituible función, vamos, por acuñar un vocablo, mi *monopolio* de la lengua castellana... La Malinche le había arrancado la lengua española al sexo de Cortés, se la había chupado, se la había *castrado* sin que él lo supiera, confundiendo la mutilación con el placer...

Ya no era, esta lengua, sólo mía. Ahora era de ella y esa noche me torturé, en mi propia soledad resguardada dentro del clamor de Cholula con su gente apiñonada en calles y azoteas viéndonos pasar con caballos y escopetas y cascos y barbas, imaginando las noches de amor del extremeño y su barragana, el cuerpo de ella, lampiño y canela, con los rosetones excitables con los que estas mujeres embisten y el recogido y profundo sexo que esconden, escaso en vello, abundante en jugos, entre sus anchas caderas; imaginé la tersura inigualable de los muslos de india, acostumbrados a que les escurra el agua y les lave las costras del tiempo, el pasado y el dolor que se emplastan entre las piernas de nuestras madres españolas. Lisura de hembra, la imaginé en mi soledad, recónditos hoyuelos por donde mi señor don Hernán Cortés ha metido los dedos, la lengua y la verga, atrapados aquéllos entre anillos para la hora del sarao y manoplas para la hora de la guerra: las manos del conquistador, entre la joya y el fierro, uñas de metal, yemas de sangre y líneas de fuego: fortuna, amor, inteligencia en llamas, guiando hacia el níspero perfumado de la india primero el sexo enfundado en una barba púbica que debe ser huraña como la vegetación de Extremadura y un par de cojones que me imagino tensos, duros, como las pelotas de nuestros arcabuces.

Pero el sexo de Cortés resultaba menos sexual al cabo que su boca y su barba, esa barba que parece demasiado antigua para un hombre de treinta y cuatro años, como si se la hubieran heredado, desde los tiempos de Viriato y sus bosques de heno incendiado contra el invasor romano, desde los tiempos de la asediada ciudad de Numancia y sus escuadrones vestidos de luto, desde los tiempos de Pelayo y sus lanzas hechas de pura bruma asturiana: una barba más vieja que el hombre sobre cuyas quijadas crecía. Quizás los mexicanos tenían razón y el imberbe Cortés se ponía, prestada, la luenga barba del mismísimo dios Quetzalcóatl, con el cual le confundieron estos naturales...

Lo más terrible, lo escandaloso, sin embargo, no era el sexo de Cortés, sino que desde el fondo del bosque, del luto, de la bruma, emergiese la lengua, que era el sexo verdadero del conquistador, y se la clavase en la boca a la india, con más fuerza, más germen y más gravidez, ¡Dios mío, deliro!, ¡sufro, Señor!, con más fecundidad que el propio sexo. Lengua corbacho, fustigante, dura y dúctil a la vez: pobre de mí, Jerónimo de Aguilar, muerto todo este tiempo, con la lengua cortada a la mitad, bífida, como la serpiente emplumada. ¿Quién soy, para qué sirvo?

4

Dijeron los de Cholula que podíamos entrar sin los tlaxcaltecas; que a sus dioses no podían renunciar; pero que con gusto obedecerían al rey de España. Lo dijeron a través de La Malinche, que lo tradujo del mexicano al español mientras yo me quedaba como un soberano papanatas, meditando sobre el siguiente paso para recuperar mi dignidad maltrecha. (Me quedo corto: la lengua era más que la dignidad, era el poder; y más que el poder, era la vida misma que animaba mis propósitos, mi propia empresa de descubrimiento, único, sorprendente, irrepetible...)

Pero como no podía acostarme con Cortés, mejor se me ocurrió devolverle al diablo el hato y el garabato y decidir que por esta vez, la muerte no se asustaría de la degollada.

Los primeros días, los cholultecas nos dieron comida y fardaje abastadamente. Mas sucedió que luego comenzaron a faltar los víveres y los de Cholula a hacerse los necios y rejegos y yo a mirar a doña Marina con sospechas y ella a mí inmutable, apoyada en su intimidad carnal con nuestro capitán.

Una nube perpetua se cernía sobre la ciudad sagrada; el humo se volvió tan espeso que no pudimos ver las cimas de los templos, ni la proximidad de las calles. La cabeza y los pies de Cholula se disolvieron en la niebla, siendo imposible saber si ésta provenía, como dije al llegar, de los escaños de la pirámide, de los culos de los caballos o de las entrañas de los montes. La rareza es que Cholula está en llano, pero ahora nada lo era aquí, sino que todo parecía insondable y abrupto.

Ved así cómo las palabras transformaban hasta el paisaje, pues la nueva geografía de Cholula no era sino el reflejo del sinuoso combate de palabras, abismal a veces como una barranca, abrupto otras, como un monte de espinas; rumoroso y sedante como un gran río, o agitado y ruidoso como un océano que arrastrase piedras sueltas: un griterío de sirenas heridas por la marea.

Yo les dije a los papas: He vivido ocho años en Yucatán. Allí tengo a mis verdaderos amigos. Si los abandoné, fue para seguir a estos dioses blancos y averiguar sus secretos, pues ellos no vienen en son de hermandad, sino a sujetar esta tierra y quebrar vuestros dioses.

Oídme bien, les dije a los sacerdotes: estos extranjeros sí son dioses, pero son dioses enemigos de los vuestros.

Yo le dije a Cortés: No hay peligro. Están convencidos de que somos dioses y como tales nos honrarán.

Cortés dijo: ¿Entonces por qué nos niegan la comida y el forraje?

Marina le dijo a Cortés: La ciudad está llena de estacas muy agudas para matar a tus caballos si los lanzas a correr; precávete, señor; las azoteas están llenas de piedras y mamparas de adobes y albarradas de maderos gruesos las calles.

Yo les dije a los papas: Son dioses malos, pero dioses al cabo. No les hace falta comer.

Los papas me dijeron: ¿Cómo que no comen? ¿Pues qué clase de dioses serán? Los teúles comen. Exigen sacrificios.

Yo insistí: Son teúles distintos. No quieren sacrificio.

Lo dije y me mordí la lengua, pues vi en mi argumento una inadvertente justificación de la religión cristiana. Los papas se miraron entre sí y yo sufrí un escalofrío. Se habían dado cuenta. Los dioses aztecas exigían el sacrificio de los hombres. El dios cristiano, clavado en la cruz, se sacrificaba a sí mismo. Los papas miraron el crucifijo levantado a la entrada de la casa tomada por los españoles y sintieron que su razón se les venía abajo. Yo, en ese momento, hubiera cambiado gustoso el lugar con Jesús crucificado, aceptando sus heridas, con tal de que este pueblo no hiciese el trueque invencible entre una religión que pedía el sacrificio humano y otra que otorgaba el sacrificio divino.

No hay peligro, le dije a Cortés, sabiendo que lo había.

Hay peligro, le dijo Marina a Cortés, sabiendo que no lo había.

Yo quería perder al conquistador para que nunca llegara a las puertas de la Gran Tenochtitlán: que Cholula fuese su tumba, el final de su audaz jornada.

Marina quería un escarmiento contra Cholula para excluir futuras traiciones. Ella tenía que inventar el peligro. Trajo a cuento el testimonio de una vieja y de su hijo, que aseguraron que una gran celada se preparaba contra los españoles y que los indios tenían aparejadas las ollas con sal, ají y tomates para hartarse de nuestras carnes. ¿Es cierto, o inventaba doña Marina tanto como yo?

No hay peligro, le dije a Cortés y a Marina.

Hay peligro, nos dijo Marina a todos.

Esa noche, la matanza española cayó sobre la Ciudad de los Dioses a la señal de una escopeta, y los que no sucumbieron atravesados por nuestras espadas o despedazados por nuestros arcabuces, se quemaron vivos y los tlaxcaltecas, cuando entraron, cruzaron la ciudad como una pestilencia bárbara, robando y violando, sin que los pudiéramos detener.

No quedó en Cholula ídolo de pie ni altar incólume. Los 365 adoratorios indios fueron encalados para desterrar a los demonios y dedicados a 365 santos, vírgenes y mártires de nuestro santoral, pasando para siempre al servicio de Dios Nuestro Señor.

El castigo de Cholula presto fue sabido en todas las provincias de México. En la duda, los españoles optarían por la fuerza.

Mi derrota, menos conocida, la consigno hoy aquí.

Pues entonces entendí que, en la duda, Cortés le creería a La Malinche, su mujer, y no a mí, su coterráneo.

3

No siempre fue así. En las costas de Tabasco, yo fui la única lengua. Con qué alegría recuerdo nuestro desembarco en Champotón, cuando Cortés dependía totalmente de mí y nuestras almadías cursaron el río frente a los escuadrones indios alineados en las orillas y Cortés proclamó en español que veníamos en paz, como hermanos, mientras yo traducía al maya, pero también al idioma de las sombras:

—¡Miente! Viene a conquistarnos, defiéndanse, no le crean...

¡Qué impunidad la mía, cómo me regocija recordarla desde el lecho de una eternidad aún más sombría que mi traición!

—¡Somos hermanos!

—¡Somos enemigos!

—¡Venimos en paz!

—¡Venimos en guerra!

Nadie, nadie en la espesura de Tabasco, su río, su selva, sus raíces hundidas para siempre en la oscuridad donde sólo las guacamayas parecen tocadas por el sol, Tabasco del primer día de la creación, cuna del silencio roto por el chirrido del pájaro, Tabasco eco de la aurora inicial: nadie allí, digo, podía saber que traduciendo al conquistador yo mentía y sin embargo yo decía la verdad.

Las palabras de paz de Hernán Cortés, traducidas por mí al vocabulario de la guerra, provocaron una lluvia de flechas indias. Desconcertado, el capitán vio el cielo herido por las flechas y reaccionó empeñando el combate sobre las orillas mismas del río... Al desembarcar, perdió una alpargata en el lodo y por recuperársela yo mismo recibí un flechazo en el muslo; catorce españoles fueron heridos, en gran medida gracias a mí, pero dieciocho indios cayeron muertos... Allí dormimos aquella noche, tras de la victoria que yo no quise, con grandes velas y escuchas, sobre la tierra mojada, y si mis sueños fueron inquietos, pues los indios a los que lancé al combate habían sido derrotados, también fueron placenteros, pues comprobé mi poder para decidir la paz o la guerra gracias a la posesión de las palabras.

Necio de mí: Viví en un falso paraíso en el cual, por un instante, la lengua y el poder coincidieron para mi fortuna, pues al unirme yo en Yucatán a los españoles, el anterior intérprete, un indio bizco llamado Melchorejo, me dijo al oído, como si adivinase mis intenciones:

—Son invencibles. Hablan con los animales.

A la mañana siguiente, el tal Melchorejo había desaparecido, dejando sus ropas españolas colgadas de la misma ceiba donde Cortés, para significar la posesión española, había dado tres cuchilladas.

Alguien vio al primer intérprete huir desnudo en una canoa. Yo me quedé pensando en lo que dijo. Todos dirían que los españoles eran dioses y con los dioses hablaban. Sólo Melchorejo adivinó que su fuerza era hablar con los caballos. ¿Estaría en lo cierto?

Días más tarde, los caciques derrotados de esta región nos entregaron veinte mujeres como esclavas a los españoles. Una de ellas llamó mi atención, no sólo por su belleza, sino por su altivez que se imponía no sólo a las otras esclavas, sino a los propios caciques. Es decir, que tenía lo que se llama mucho ser y mandaba absolutamente.

Nuestras miradas se cruzaron y yo le dije sin hablar, sé mía, yo hablo tu lengua maya y quiero a tu pueblo, no sé cómo combatir la fatalidad de cuanto ocurre, no puedo impedirlo, pero acaso tú y yo juntos, india y español, podamos salvar algo, si nos ponemos de acuerdo y sobre todo, si nos queremos un poco...

—¿Quieres que te enseñe a hablar la castilla? —le pregunté.

La sangre me pulsaba cerca de ella; uno de esos casos en los que la simple vista provoca el placer y la excitación, aumentadas, quizás, porque volvía a usar bragas españolas por primera vez en mucho tiempo, después de andar con camisa suelta y nada debajo, dejando que el calor y la brisa me ventilaran libremente los cojones. Ahora la tela me acariciaba y el cuero me apretaba y la mirada me enganchaba a la mujer que vi como mi pareja ideal para hacerle frente a lo que ocurría. Imaginé que juntos podríamos cambiar el curso de las cosas.

Se llamaba Malintzin, que quiere decir «Penitencia».

Ese mismo día el mercedario Olmedo la bautizó «Marina», convirtiéndola en la primera cristiana de la Nueva España.

Pero su pueblo le puso «La Malinche», la traidora.

Le hablé. No me contestó nada. Me dejó, sin embargo, admirarla.

—¿Quieres que te enseñe a hablar...?

Esa tarde de marzo del año 1519, ella se desnudó ante mí, entre los manglares, y un coro simultáneo de colibríes, libélulas, serpientes de cascabel, lagartos y perros lampiños, se desató en torno a su desnudez transfigurada, pues la india cautiva, en ese instante, era esbelta y abultada, grávida y etérea, animal y humana, loca y razonable. Era todo esto, como si fuese no sólo inseparable de la tierra que la rodeaba, sino su resumen y símbolo. Y también como si me dijera que lo que esa noche yo veía, no lo vería nunca más. Se desnudó para negarse.

Soñé toda la noche con su nombre, Marina, Malintzin, soñé con un hijo nuestro, soñé que juntos ella y yo, Marina y Jerónimo, dueños de las lenguas, seríamos también dueños de las tierras, pareja invencible porque entendíamos las dos voces de México, la de los hombres pero también la de los dioses.

La imaginé revolcándose entre mis sábanas.

Al día siguiente, Cortés la escogió como su concubina y su lengua.

Yo ya era lo segundo para el capitán español. Lo primero, no podía serlo.

—Tú hablas español y maya —me dijo ella en la lengua de Yucatán—. Yo hablo maya y mexicano. Enséñame el español.

—Que te lo enseñe tu amo —le contesté con rencor.

Desde la tumba, os lo aseguro, vemos nuestros rencores como la parte más estéril de nuestras vidas. El rencor, y la envidia también, que es desgracia del bien ajeno, sigue de cerca al resentimiento como desgracia que hiere más al que lo sufre que a quien lo provoca. El celo no, que puede ser origen de agonías exquisitas y excitaciones incomparables. La vanidad tampoco, pues es condición mortal que nos hermana a todos, gran igualadora de pobres y ricos, de fuertes y débiles. En ello, se parece a la crueldad que es lo mejor distribuido del mundo. Pero rencor y envidia —¿cómo iba yo a triunfar sobre quienes me los provocaban, él y ella, la pareja de la Conquista, Cortés y La Malinche, la pareja que pudimos ser ella y yo?—. Pobre Marina, abandonada al cabo por su conquistador, cargada con un hijo sin padre, estigmatizada por su pueblo con el mote de la traición y, sin embargo, por todo ello, madre y origen de una nación nueva, que acaso sólo podía nacer y crecer en contra de las cargas del abandono, la bastardía y la traición...

Pobre Malinche, pero rica Malinche también, que con su hombre determinó la historia pero que conmigo, el pobre soldado muerto de bubas que no de indios, no hubiese pasado del anonimato que rodeó a las indias barraganas de Francisco de Barco, natural de Ávila, o de Juan Álvarez Chico, natural de Fregenal...

¿Me rebajo demasiado a mí mismo? La muerte me autoriza a decir que me parece poco frente a la humillación y el fracaso que entonces sentí. Privado de la hembra deseada, la sustituí por el poder de la lengua. Mas ya habéis visto, hasta eso me lo quitó La Malinche, antes de que los gusanos me la merendaran para siempre.

La crueldad de Cortés fue refinada. Me encargó que, pues ella y yo hablábamos las lenguas indias, yo me encargara de comunicarle las verdades y misterios de nuestra santa religión. Jamás ha tenido el demonio catequizador más desgraciado.

2

Digo que hablo el español. Es hora de confesar que yo también debí aprenderlo de vuelta, pues en ocho años de vida entre los indios por poco lo pierdo. Ahora con la tropa de Cortés, redescubrí mi propia lengua, la que fluyó hacia mis labios desde los pechos de mi madre castellana, y en seguida aprendí el mexicano, para poder hablarle a los aztecas. La Malinche siempre se me adelantó.

La pregunta persistente, sin embargo, es otra: ¿Me redescubrí a mí mismo al regresar a la compañía y la lengua de los españoles?

Cuando me encontraron entre los indios de Yucatán, creyeron que yo mismo era un indio.

Así me vieron: Moreno, trasquilado, remo al hombro, calzando viejísimas cotaras irreparables, manta vieja muy ruin y una tela para cubrir mis vergüenzas.

Así me vieron, pues: Tostado por el sol, la melena enredada y la barba cortada con flechas, mi sexo añoso e incierto bajo el taparrabos, mis viejos zapatos y mi lengua perdida.

Cortés, como era su costumbre, dictó órdenes precisas para sobrevolar toda duda u obstáculo. Me mandó dar de vestir camisa y jubón, zaragüelles, caperuza y alpargatas, y me mandó decir cómo había llegado hasta aquí. Se lo conté lo más sencillamente posible.

«Soy natural de Écija. Hace ocho años nos perdimos quince hombres más dos mujeres que íbamos del Darién a la isla de Santo Domingo.

Nuestros capitanes se pelearon entre sí por cuestiones de dinero, ya que llevábamos diez mil pesos en oro de Panamá a La Española y el navío, desgobernado, fue a estrellarse contra unos arrecifes en Los Alacranes. Mis compañeros y yo abandonamos a nuestros torpes e infieles jefes, tomando el batel del mismo navío naufragado. Creímos coger la dirección de Cuba, pero las grandes corrientes nos echaron lejos de allí hacia esta tierra llamada Yucatán.»

No pude dejar de mirar, en ese instante, hacia un hombre con la cara labrada y horadadas las orejas y el bozo de abajo, rodeado de mujer y tres niños, cuya mirada me suplicaba lo que yo ya sabía. Proseguí devolviendo la mirada a Cortés y mirando que él todo lo miraba.

«Llegamos aquí diez hombres. Nueve fueron matados y sólo sobreviví yo. ¿Por qué me dejaron a mí con vida? Me moriré sin saberlo. Hay misterios que más vale no cuestionar. Éste es uno de ellos... Imaginaos a un náufrago casi ahogado, desnudo y arrojado a una playa dura como la cal, con una sola choza y en ella un perro que al verme no ladró. Quizás eso me salvó, pues me acogí a ese refugio mientras el perro salía a ladrarles a mis compañeros, provocando así la alarma y el ataque de indios. Cuando me encontraron escondido en la choza, con el perro lamiéndome la mano, se rieron y dijeron cosas animadas. El perro movió gozoso la cola y fui llevado, no con honores, sino camaradería, al conjunto de chozas rústicas levantadas al lado de las grandes construcciones piramidales, ahora cubiertas de vegetación...»

«Desde entonces he sido útil. He ayudado a construir. Les he ayudado a plantar sus pobres cultivos. Y en cambio, yo planté las semillas de un naranjo que venían, junto con un saco de trigo y una barrica de tinto, en el batel que nos arrojó a estas costas.»

Me preguntó Cortés por los otros compañeros, mirando fijamente al indio de cara labrada acompañado de una mujer y tres niños.

—No me has dicho qué pasó con tus compañeros.

A fin de distraer la insistente mirada de Cortés, proseguí mi relato, cosa que no deseaba hacer, por verme obligado a decir lo que entonces dije.

—Los caciques de estas comarcas nos repartieron entre sí.

—Eran diez. Sólo te veo a ti.

Volví a caer en la trampa:

—La mayoría fueron sacrificados a los ídolos.

—¿Y las dos mujeres?

—También se murieron porque las hacían moler y no estaban acostumbradas a pasársela de hinojos bajo el sol.

—¿Y tú?

—Me tienen por esclavo. No hago más que traer leña y cavar en los maíces.

—¿Quieres venir con nosotros?

Esto me lo preguntó Cortés mirando otra vez al indio de cara labrada.

—Jerónimo de Aguilar, natural de Écija —espeté atropellado, para distraer la atención del capitán.

Cortés se acercó al indio de cara labrada, le sonrió y acarició la cabeza de uno de los niños, rizada y rubia a pesar de la piel oscura y los ojos negros:

—Canibalismo, esclavitud y costumbres bárbaras —dijo Cortés haciendo lo que digo—. ¿En esto queréis permanecer?

Mi afán era distraerle, llamar su atención. Por fortuna, en mi vieja manta traía guardada una de las naranjas, fruto del árbol que aquí plantamos Guerrero y yo. La mostré como si por un minuto yo fuese el rey de oros: tenía el sol en mis manos. ¿Hay imagen que mejor refrende nuestra identidad que un español comiendo una naranja? Mordí con alborozo la cáscara amarga, hasta que mis dientes desnudos encontraron la carne oculta de la naranja, ella, la mujer-fruta, la fruta-fémina. El jugo me escurrió por la barbilla. Reí, como diciéndole a Cortés: —¿Quieres mejor prueba de que soy español?

El capitán no me contestó, pero alabó el hecho de que aquí crecieran naranjas. Me preguntó si *nosotros* las habíamos traído y yo, para distraerlo de su atención puesta en el irreconocible Guerrero le dije que sí, pero que en estas tierras la naranja se daba más grande, menos colorada y más agria, casi como una toronja. Dije a los mayas que le juntaran un saco de semillas de naranja al capitán español, pero él no renunció a su pertinaz pregunta, mirando al imperturbable Guerrero:

—¿En esto queréis permanecer?

Se lo dijo al de la cara labrada, pero yo me apresuré a contestar que no, yo renunciaba a vivir entre paganos y me unía gozoso a la tropa española para erradicar toda costumbre o creencia nefanda e implantar aquí nuestra Santa Religión... Cortés se rió y dejó de acariciar la cabeza del niño. Me dijo entonces que pues yo hablaba la lengua de los naturales y un español ruin aunque comprensible, me uniría a él como su lengua para interpretar del español al maya y de éste a la lengua castellana. Le dio la espalda al indio de cara labrada.

Yo le había prometido a mi amigo Gonzalo Guerrero, el otro náufrago superviviente, no revelar su identidad. De todos modos era difícil penetrarla. La cara labrada y las orejas horadadas. La mujer india. Y los tres niños mestizos, que Cortés acarició y miró con tanta curiosidad retenida.

—Hermano Aguilar —me dijo Guerrero cuando llegaron los españoles—: Yo soy casado, tengo tres hijos, y aquí me tienen por cacique y capitán cuando hay guerras. Idos vos con Dios; pero yo tengo labrada la cara y horadadas las orejas. ¿Qué dirán de mí cuando me vean los españoles de esta manera? Y ya veis mis tres hijitos cuánto bonicos son, y gustosa mi hembra...

Ésta también me increpó muy enojada, diciéndome que me largara ya con los españoles y dejara en paz a su marido...

No era otro mi propósito. Era indispensable que Gonzalo Guerrero permaneciese aquí, para que mi propia y grande empresa de descubrimiento y conquista se cumpliese. Pues desde que llegamos aquí, ocho años antes, Guerrero y yo nos deleitábamos viendo las grandes torres mayas de noche, cuando parecían regresar a la vida y revelar, a la luz de la luna, el primoroso trabajo de greguerías que Guerrero, original de Palos, decía haber visto en misquitas árabes y aun en la recién reconquistada Granada. Mas de día el sol blanqueaba hasta la ceguera a las grandes moles y la vida se concentraba en la minucia del fuego, la resina, el tinte y la lavandería, el llanto de los niños y el sápido sabor del venado crudo: la vida de la aldea que vivía a orillas de los templos muertos.

Entramos a esa vida naturalmente, porque no teníamos otro horizonte, es cierto, pero sobre todo porque la dulzura y dignidad de esta gente nos conquistó. Tenían tan poco y sin embargo no querían más. Nunca nos dijeron qué había sucedido con los pobladores de las espléndidas ciudades, parecidas a las bíblicas descripciones de la Babilonia, que como centinelas vigilaban la minucia del quehacer diario en la aldea; nosotros sentimos que era un respeto como el que se le reserva a los muertos.

Sólo poco a poco nos dimos cuenta, pegando trozos de relatos aquí y allá a medida que aprendíamos la lengua de nuestros captores, que una vez hubo aquí grandes poderes que, como todos, dependían de la debilidad del pueblo y necesitaban, para convencerse de su propio poder, combatir a otras fuertes naciones. Pudimos deducir que las naciones indias se destruyeron entre sí en tanto que el débil pueblo, en cambio, sobrevivió, más fuerte que los poderosos. La grandeza del poder sucumbió; la pequeñez de la gente sobrevivió. ¿Por qué? Tendremos tiempo de entenderlo.

Gonzalo Guerrero, como llevo dicho, se casó con india y tuvo tres hijos. Él era hombre de mar, y había trabajado en astilleros de Palos. De manera que cuando, un año antes de Cortés, vino a esta tierra la expedición de Francisco Hernández de Córdoba, Guerrero organizó el contrataque de indios que causó, en las costas, el descalabro de la expedición. Gracias a ello fue elevado a cacique y capitán, convirtiéndose en parte de la organización defensiva de estos indios. Gracias a ello, también, determinó quedarse entre ellos cuando yo salí de allí con Cortés.

¿Por qué lo dejó Cortés, habiendo adivinado —todos sus gestos lo revelaban— que sabía de quién se trataba? Acaso, he pensado después, porque no quería cargar con un traidor. Pudo haberlo matado en el acto: pero entonces no hubiera contado con la paz y buena voluntad de los mayas de Catoche. Quizás pensó que era mejor abandonarlo a un destino sin destino: la guerra bárbara del sacrificio. A Cortés le gustaba, es cierto, aplazar las revanchas para saborearlas más.

En cambio, me llevó a mí con él, sin sospechar siquiera que el verdadero traidor era yo. Pues si yo me fui con Cortés y Guerrero se quedó en Yucatán, fue por común acuerdo. Queríamos asegurarnos, yo cerca de los extranjeros, Guerrero cerca de los naturales, que el mundo indio triunfase sobre el mundo europeo. Os diré, en resumen, y con el escaso aliento que me va quedando, por qué.

Mientras viví entre los mayas, permanecí célibe, como si esperase a una mujer que fuese perfectamente mía en complemento de carácter, pasión y cariño. Me enamoré de mi nuevo pueblo, de su sencillez para tratar los asuntos de la vida, dando cauce natural a las necesidades diarias sin disminuir la importancia de las cosas graves. Sobre todo, cuidaban su tierra, su aire, su agua preciosa y escasa, escondida en hondos pozos, pues esta llanura de Yucatán no tiene ríos visibles, sino un panal de flujos subterráneos.

Cuidar la tierra; era su misión fundamental; eran servidores de la tierra, para eso habían nacido. Sus cuentos mágicos, sus ceremonias, sus oraciones, no tenían, me di cuenta, más propósito que mantener viva y fecunda la tierra, honrar a los antepasados que la habían, a su vez, mantenido y heredado, y pasarla en seguida, pródiga o dura, pero viva, a los descendientes.

Obligación sin fin, larga sucesión que al principio pudo parecernos tarea de hormigas, fatal y repetitiva, hasta que nos dimos cuenta de que hacer lo que hacían era su propia recompensa. Era el obsequio cotidiano que los indios, al servir a la naturaleza, se hacían a sí mismos. Vivían para sobrevivir, es cierto; pero también vivían para que el mundo continuara alimentando a sus descendientes cuando ellos muriesen. La muerte, para ellos, era el premio para la vida de sus descendientes.

Nacimiento y muerte eran por ello celebraciones parejas para estos naturales, hechos igualmente dignos de alegría y honor. Recordaré siempre la primera ceremonia fúnebre a la que asistimos, pues en ella distinguimos una celebración del principio y continuidad de todas las cosas, idéntico a lo que celebramos al nacer. La muerte, proclamaban los rostros, los gestos, los ritmos musicales, es el origen de la vida, la muerte es el primer nacimiento. Venimos de la muerte. No nacemos si antes alguien no muere por nosotros, para nosotros.

Nada poseían, todo era común; pero había guerras, rivalidades incomprensibles para nosotros, como si nuestra inocencia sólo mereciese las bondades de la paz y no las crueldades de la guerra. Guerrero, animado por su mujer, decidió unirse a las guerras entre pueblos, admitiendo que no las comprendía. Pero una vez que empleó su habilidad de armador para rechazar la expedición de Hernández de Córdoba, su voluntad y la mía, el arte de armar barcos —y el de ordenar palabras—, se juntaron y juramentaron en silencio, con una inteligencia compartida y una meta definitiva...

1

Poco a poco —ocho años nos tomó saberlo— reunimos Gonzalo Guerrero y yo, Jerónimo de Aguilar, la información suficiente para adivinar —jamás lo sabríamos con certeza— el destino de los pueblos mayas, la contigüidad de la grandeza caída y de la miseria sobreviviente. ¿Por qué se derrumbó aquélla, por qué sobrevivió ésta?

Vimos, en ocho años, la fragilidad de la tierra y nos preguntamos, hijos al cabo de agricultores castellanos y andaluces, cómo pudo sostenerse la vida de las grandes ciudades abandonadas sobre suelo tan magro y selvas tan impenetrables. Teníamos las respuestas de nuestros propios abuelos: explotad poco la riqueza de la selva, explotad bien la fragilidad del llano, cuidad de ambas. Ésta era la conducta inmemorial de los campesinos. Cuando coincidió con la de las dinastías, Yucatán vivió. Cuando las dinastías pusieron la grandeza del poder por encima de la grandeza de la vida, la delgada tierra y la tupida selva no bastaron para alimentar, tanto y tan rápidamente, las exigencias de reyes, sacerdotes, guerreros y funcionarios. Vinieron las guerras, el abandono de las tierras, la fuga a las ciudades primero, y de las ciudades después. La tierra ya no pudo mantener al poder. Cayó el poder. Permaneció la tierra. Permanecieron los hombres sin más poder que el de la tierra.

Permanecieron las palabras.

En sus ceremonias públicas, pero también en sus oraciones privadas, repetían incesantemente el siguiente cuento:

El mundo fue creado por dos dioses, el uno llamado Corazón de los Cielos y el otro Corazón de la Tierra. Al encontrarse, entrambos fertilizaron todas las cosas al nombrarlas. Nombraron a la tierra, y la tierra fue hecha. La creación, a medida que fue nombrada, se disolvió y multiplicó, llamándose niebla, nube o remolino de polvo. Nombradas, las montañas se dispararon desde el fondo del mar, se formaron mágicos valles y en ellos crecieron pinares y cipreses.

Los dioses se llenaron de alegría cuando dividieron las aguas y dieron nacimiento a los animales. Pero nada de esto poseía lo mismo que lo había creado, esto es, la palabra. Bruma, ocelote, pino y agua, mudos. Entonces los dioses decidieron crear los únicos seres capaces de hablar y de nombrar a todas las cosas creadas por la palabra de los dioses.

Y así nacieron los hombres, con el propósito de mantener día con día la creación divina mediante lo mismo que dio origen a la tierra, el cielo y cuanto en ellos se halla: la palabra. Al entender estas cosas, Guerrero y yo supimos que la verdadera grandeza de este pueblo no estaba ni en sus magníficos templos ni en sus hazañas guerreras, sino en la más humilde vocación de repetir, a cada minuto, en todas las actividades de la vida, lo más grande y heroico de todo, que era la creación misma del mundo por los dioses.

Nos empeñamos desde entonces en fortalecer esta misión y en devolverle a nuestra tierra española de origen el tiempo, la belleza, el candor y la humanidad que encontramos entre estos indios... Pues la palabra era, al cabo, el poder gemelo que compartían los dioses y los hombres. Supimos que la caída de los imperios liberaba a la palabra y a los hombres de una servidumbre falsificada. Pobres, limpios, dueños de sus palabras, los mayas podían renovar sus vidas y las del mundo entero, más allá del mar...

En el lugar llamado Bahía de la Mala Pelea, allí mismo donde los conocimientos de Gonzalo Guerrero permitieron a los indios derrotar a los españoles, fueron talados los bosques, serradas las planchas, fabricados los utensilios y levantados los armazones para nuestra escuadra india...

Desde mi tumba mexicana, yo animé a mi compañero, el otro español sobreviviente, para que contestase a la conquista con la conquista; yo fracasé en mi intento de hacer fracasar a Cortés, tú, Gonzalo, no debes fracasar, haz lo que me juraste que harías, mira que te estoy observando desde mi lecho en el fondo del antiguo lago de Tenochtitlán, yo, el cincuenta y ocho veces nombrado Jerónimo de Aguilar, el hombre que fue amo transitorio de las palabras y las perdió en desigual combate con una mujer...

0

Yo vi todo esto. La caída de la gran ciudad andaluza, en medio del rumor de atabales, el choque del acero contra el pedernal y el fuego de los lanzallamas mayas. Vi el agua quemada del Guadalquivir y el incendio de la Torre del Oro.

Cayeron los templos, de Cádiz a Sevilla; las insignias, las torres, los trofeos. Y al día siguiente de la derrota, con las piedras de la Giralda, comenzamos a edificar el templo de las cuatro religiones, inscrito con el verbo de Cristo, Mahoma, Abraham y Quetzalcóatl, donde todos los poderes de la imaginación y la palabra tendrían cupo, sin excepción, durando acaso tanto como los nombres de los mil dioses de un mundo súbitamente animado por el encuentro con todo lo olvidado, prohibido, mutilado...

Cometimos algunos crímenes, es cierto. A los miembros de la Santa Inquisición les dimos una sopa de su propio chocolate, quemándoles en las plazas públicas de Logroño a Barcelona y de Oviedo a Córdoba... Sus archivos los quemamos también, junto con las leyes de pureza de la sangre y cristianismo antiguo. Viejos judíos, viejos musulmanes y ahora viejos mayas, abrazamos a cristianos viejos y nuevos, y si algunos conventos, y sus inquilinas, fueron violados, el resultado, al cabo, fue un mestizaje acrecentado, indio y español, pero también árabe y judío, que en pocos años cruzó los Pirineos y se desparramó por toda Europa... La pigmentación del viejo continente se hizo en seguida más oscura, como ya lo era la de la España levantina y árabe.

Pues derogamos los decretos de expulsión de judíos y moriscos. Aquéllos regresaron con las llaves heladas de sus casas abandonadas en Toledo y Sevilla para abrir de nuevo las puertas de madera y clavar de nuevo en los roperos, con manos ardientes, el viejo canto de su amor a España, la madre cruel que los expulsó y a la que ellos, los hijos de Israel, nunca dejaron de amar a pesar de todas las crueldades... Y el regreso de los moros llenó el aire de cantes a veces profundos como un gemido sexual, a veces tan altos como la voz de la puntual adoración del Muecín. Dulces cantos mayas se unieron al de los trovadores provenzales, la flauta a la vihuela, la chirimía a la mandolina, y del mar cerca del Puerto de Santa María emergieron sirenas de todos los colores, que nos habían acompañado desde las islas del Caribe... Cuantos contribuimos a la conquista india de España, sentimos de inmediato que un universo a la vez nuevo y recuperado, permeable, complejo, fecundo, nació del contacto entre las culturas, frustrando el fatal designio purificador de los Reyes Católicos.

No creáis, sin embargo, que el descubrimiento de España por los indios mayas fue un idilio. No pudimos frenar los atavismos religiosos de algunos de nuestros capitanes. Lo cierto, empero, es que los españoles sacrificados en los altares de Valladolid y Burgos, en las plazas de Cáceres y Jaén, tuvieron la distinción de morir ingresando a un rito cósmico y no, como pudo sucederles, por una de esas riñas callejeras tan habituales en España. O, para decirlo con símil más gastronómico, por una indigestión de cocido. Es cierto que esta razón fue mal comprendida por todos los humanistas, poetas, filósofos y erasmianos españoles, que al principio celebraron nuestra llegada, considerándola una liberación, pero que ahora se preguntaban si no habían cambiado, simplemente, la opresión de los Reyes Católicos por la de unos sanguinarios papas y caciques indios...

Mas me preguntaréis a mí, Jerónimo de Aguilar, natural de Écija, muerto de bubas al caer la Gran Tenochtitlán y que ahora acompaño como una estrella lejana a mi amigo y compañero Gonzalo Guerrero, natural de Palos, en la conquista de España, ¿cuál fue nuestra arma principal?

Y aunque primeramente cabe hablar de un ejército de dos mil mayas partidos de la Bahía de la Mala Pelea en Yucatán, al cual se añadieron escuadras de marineros caribes recogidos y adiestrados por Guerrero en Cuba, Borinquen, Caicos y el Gran Abaco, en seguida debe añadirse otra razón.

Desembarcados en Cádiz en medio del asombro más absoluto, la respuesta (ya la habéis adivinado) fue la misma que la de los indios en México, es decir, la sorpresa.

Sólo que en México, los españoles, es decir, los dioses blancos, barbados y rubios, eran esperados. Aquí, en cambio, nadie esperaba a nadie. La sorpresa fue total, pues todos los dioses ya estaban en España. Lo que pasa es que habían sido olvidados. Los indios llegaron a reanimar a los propios dioses españoles y el asombro mayor que hoy comparto con ustedes, lectores de este manuscrito que al alimón hemos pergeñado dos náufragos españoles abandonados durante ocho años en la costa de Yucatán, es que estéis leyendo esta memoria en la lengua española de Cortés que Marina, *La Malinche*, debió aprender, y no en la lengua maya que Marina debió olvidar o en la lengua mexicana que yo debí aprender para comunicarme a traición con el grande pero abúlico rey Moctezuma.

La razón es clara. La lengua española ya había aprendido, antes, a hablar en fenicio, griego, latín, árabe y hebreo; estaba lista para recibir, ahora, los aportes mayas y aztecas, enriquecerse con ellos, enriquecerlos, darles flexibilidad, imaginación, comunicabilidad y escritura, convirtiéndolas a todas en lenguas vivas, no lenguas de los imperios, sino de los hombres y sus encuentros, contagios, sueños, y pesadillas también.

Quizás el propio Hernán Cortés lo supo, y por eso se hizo el disimulado el día que nos descubrió a Guerrero y a mí viviendo entre los mayas, entiznados y trasquilados; yo con un remo al hombro, una cotara vieja calzada y la otra atada a la cintura, y una manta muy ruin, y un braguero peor; y Guerrero con la cara labrada y horadadas las orejas... Quizás, como si adivinara su propio destino, el capitán español dejó a Guerrero entre los indios para que un día acometiese esta empresa, réplica de la suya, y conquistara a España con el mismo ánimo que él conquistó a México, que era el de traer otra civilización a una que consideraba admirable pero manchada por excesos, aquí y allá: sacrificio y hoguera, opresión y represión, la humanidad sacrificada siempre al poder de los fuertes y al pretexto de los dioses... Sacrificado el propio Hernán Cortés al juego de la ambición política, necesariamente reducido a la impotencia para que ningún conquistador soñara con colocarse por encima del poder de la Corona y humillado por los mediocres, sofocado por la burocracia, recompensado con dinero y títulos cuando su ambición había sido exterminada, ¿tuvo Hernán Cortés la brillante intuición de que, perdonado, Gonzalo Guerrero, regresaría con una armada maya y caribe a vengarlo a él en su propia tierra?

No lo sé. Porque el propio Hernán Cortés, con toda su maliciosa inteligencia, careció siempre de la imaginación mágica que fue, por un lado, la flaqueza del mundo indígena, pero, por el otro, puede ser un día su fuerza: su aporte para el futuro, su resurrección...

Digo esto porque, acompañando con mi alma a Gonzalo Guerrero, de la Bahama a Cádiz, yo mismo me convertí en estrella a fin de poder hacer el viaje. Mi luz antigua (toda estrella luminosa, lo sé ahora, es estrella muerta) es sólo la de las preguntas.

¿Qué habría pasado si lo que sucedió, no sucede?

¿Qué habría pasado si lo que no sucedió, sucede?

Hablo y pregunto desde la muerte, porque sospecho que mi amigo el otro náufrago, Gonzalo Guerrero, está demasiado ocupado combatiendo y conquistando. No tiene tiempo de narrar. Es más: se niega a narrar. Tiene que actuar, decidir, ordenar, castigar... En cambio, desde la muerte, yo tengo todo el tiempo del mundo para narrar. Incluso (sobre todo) las hazañas de mi amigo Guerrero en esta gran empresa de la conquista de España.

Temo por él y por la acción que con tanto éxito ha acometido. Me pregunto si un evento que no es narrado, ocurre en realidad. Pues lo que no se inventa, sólo se consigna. Algo más: una catástrofe (y toda guerra lo es) sólo es disputada si es narrada. La narración la sobrepasa. La narración disputa el orden de las cosas. El silencio lo confirma.

Por ello, al narrar, por fuerza me pregunto dónde está el orden, la moral, la ley de todo esto.

No sé. Y tampoco lo sabe mi hermano Guerrero porque le he contagiado un doloroso sueño. Se acuesta en su nueva sede, que es el Alcázar de Sevilla, y sus noches son inquietas; las atraviesa como un fantasma la mirada dolorosa del último rey azteca, Guatemuz. Una nube de sangre le cubre los ojos. Cuando siente que se le empaña la mirada, baja los párpados. Uno es de oro, el otro de plata.

Cuando despierta, llorando por la suerte de la nación azteca, se da cuenta de que en vez de lágrimas, por una mejilla le rueda el oro y por la otra la plata, surcándolas como cuchilladas y dejando para siempre en ellas una herida que, ojalá, la muerte cicatrice un día.

Ésta es, ya lo sé, una incertidumbre. En cambio, mi única certeza, ya lo veis, es que la lengua y las palabras triunfaron en las dos orillas. Lo sé porque la forma de este relato, que es una cuenta al revés, ha sido identificada demasiadas veces con explosiones mortales, vencimientos de un contendiente, u ocurrencias apocalípticas. Me gusta emplearla hoy, partiendo de diez para llegar a cero, a fin de indicar, en vez, un perpetuo reinicio de historias perpetuamente inacabadas, pero sólo a condición de que las presida, como en el cuento maya de los Dioses de los Cielos y de la Tierra, la palabra.

Ésa es quizás la verdadera estrella que cruza el mar y hermana a las dos orillas. Los españoles, debo aclararlo a tiempo, no lo entendieron al principio. Cuando llegué a Sevilla montado en mi estrella verbal, confundieron su fugacidad y su luz con la de un pájaro terrible, suma de todas las aves de presa que vuelan en la oscuridad más profunda, pero menos aterradora por su vuelo que por su *aterrizaje*, su capacidad de arrastrarse por la tierra con la mercúrea destrucción de un veneno: buitre de las alturas, serpiente del suelo, este ser mitológico que voló sobre Sevilla y se arrastró por Extremadura, cegó a los santos y sedujo a los demonios de España, a todos espantó con su novedad y fue, como los caballos españoles en México, invencible.

Transformada en monstruo, esta bestia, sin embargo, era sólo una palabra. Y la palabra se despliega, en el aire de escamas, en la tierra de plumas, como una sola pregunta:

¿Cuánto faltará para que llegue el presente?

Gemela de Dios, gemela del hombre: sobre la laguna de México, cabe el río de Sevilla, se abren al mismo tiempo los párpados del sol y los de la luna. Nuestros rostros están rayados por el fuego, pero al mismo tiempo nuestras lenguas están surcadas por la memoria y el deseo. Las palabras viven en las dos orillas. Y no cicatrizan.

El naranjo

El mestizaje

LA MALINCHE

Oh sal ya, hijo mío, sal, sal, sal entre mis piernas... Sal, hijo de la traición... sal, hijo de puta... sal, hijo de la chingada... adorado hijo mío, sal ya... cae sobre la tierra que ya no es mía ni de tu padre, sino tuya... sal, hijo de las dos sangres enemigas... sal, mi hijo, a recobrar tu tierra maldita, fundada sobre el crimen permanente y los sueños fugitivos... ve si puedes recuperar tu tierra y tus sueños, hijo mío, blanco y moreno; ve si puedes lavar toda la sangre de las pirámides y de las espadas y de las cruces manchadas que son como los terribles y ávidos dedos de tu tierra... sal a tu tierra, hijo de la madrugada, sal lleno de rencor y miedo, sal lleno de burla y engaño y falsa sumisión... sal, mi hijo, sal a odiar a tu padre y a insultar a tu madre... Habla quedo, hijo mío, como conviene a un esclavo; inclínate, sirve, padece y ármate de un secreto odio para el día de tu venganza; entonces, sal de la entraña de la tierra miserable y opulenta que heredaste, como ahora sales de mi vientre, y habla fuerte, pisa fuerte en el suelo de plata y polvo, canta, cabalga, hijo mío, en los corceles de tu padre; quema las casas de tu padre como él quemó las de tus abuelos, clava a tu padre contra los muros de México como él clavó a su dios contra la cruz, mata a tu padre con sus propias armas: mata, mata, mata, hijo de puta, para que no te vuelvan a matar a ti; hay demasiados hombres blancos en el mundo y todos quieren lo mismo: la sangre, el trabajo y el culo de los hombres oscurecidos por el sol; vendrá oleada tras oleada de hombres blancos a adueñarse de nuestra tierra; contra todos deberás luchar y tu lucha será triste porque pelearás contra una parte de tu propia sangre. Tu padre nunca te reconocerá, hijito prieto; nunca verá en ti a su hijo, sino a su esclavo; tú tendrás que hacerte reconocer en la orfandad sin más apoyo que las manos de espina de tu chingada madre. Emborráchate, hijo de la tristeza, fornica, canta, baila, vístete con los colores de la tierra, huerfanito hijo de tierra, para que la tierra resucite en el barro de tu cuerpo hambriento: haz de nuestra tierra una gran fiesta secreta, subterránea, invisible... una fiesta: no tendrás otra comunión en tu soledad, ni otra riqueza en tu miseria, ni otra voz en tu silencio, que la comunión, la riqueza y las voces de la muerte y el sueño, de la insurrección y el amor; sueño, amor, insurrección y muerte serán todo lo mismo para ti; te rebelarás para amar y amarás para soñar y soñarás para morir. Te será muy fácil morir; un poco menos fácil, soñar; difícil, rebelarte; dificilísimo, amar. Defiéndete, hijito mío; embárrate bien de tierra el cuerpo, hasta que la tierra sea tu máscara y los señores no puedan distinguir, detrás de ella, ni tus sueños, ni tu amor, ni tu rebelión, ni tu muerte; cúbrete de polvo, mi hijo, para que aun muerto parezca que sigues vivo y te teman, pícaro, ratero, borracho, estuprador, rebelde armado de cohetes y navajas y aullidos y colores, amenazante hasta en tu sometimiento terco y mudo. Sabrás esperar, esperar como nuestros ancestros esperaron la llegada de la serpiente con plumas, el dios que huyó espantado de su propio rostro para que tu propio rostro espantable, hijo mío, apareciera un día con los rasgos de la niebla y el jade, con la máscara del polvo y del llanto; algún día, hijo mío, tu espera será recompensada y el dios del bien y la felicidad reaparecerá detrás de una iglesia o de una pirámide en el espejismo de la vasta meseta mexicana; pero sólo regresará si desde ahora te preparas para reencarnarlo tú, tú mismo, mi hijito de la chingada; tú deberás ser la serpiente emplumada, la tierra con alas, el ave de barro, el cabrón y encabronado hijo de México y España: tú eres mi única herencia, la herencia de Malintzin, la diosa, de Marina, la puta, de Malinche, la madre...

Todos los gatos son pardos

La Colonia

LOS DOS MARTINES

> Y si miramos en ello, en cosa ninguna tuvo ventura
> después que ganamos la Nueva España, y dicen que son
> maldiciones que le echaron.

> Bernal Díaz del Castillo
> *Verdadera historia*
> *de la Conquista de la Nueva España*

MARTÍN II

Doce hijos tuvo mi padre, el conquistador de México, Hernán Cortés. De las más jóvenes a los más viejos, hay tres muchachas hijas de su última esposa, la española Juana de Zúñiga: María, Catalina y Juana, un ramillete mexicano de niñas agraciadas que nacieron tarde y no tuvieron que cargar con el daño de su padre, sino sólo con su gloriosa memoria. También de la Zúñiga nació mi hermano Martín Cortés, nombrado como yo y con quien compartí no sólo el nombre, sino la suerte. Y dos infantes muertos al nacer, Luis y Catalina.

Mucha carne abarcó nuestro padre, tanta como tierra conquistó. Al rey vencido, Moctezuma, le arrebató una hija preferida, Ixcaxóchitl, «Flor de Algodón», y con ella tuvo su propia hija, Leonor Cortés. Con una

83

princesa azteca sin nombre, tuvo otra hija que nació contrahecha, la llamada María. Con una mujer anónima, tuvo a un niño llamado «Amadorcico», al que nos dijo que quiso mucho y luego olvidó, muerto o abandonado en México. Peor suerte tuvo otro hijo, Luis Altamirano, nacido de Elvira (o quizás Antonia) Hermosillo en 1529, y desheredado en el testamento de nuestro pródigo, astuto, vencido padre, aunque nadie conoció desventura mayor que la primera hija, Catalina Pizarro, nacida en Cuba en 1514, de madre llamada Leonor Pizarro.

Nuestro padre la mimó, la viuda Zúñiga la persiguió, la despojó de sus bienes y la condenó a vivir de por vida, contra su voluntad, encerrada en un convento.

Yo soy el primer Martín, hijo bastardo de mi padre y de doña Marina mi madre india, la llamada Malinche, la intérprete sin la cual nada habría ganado Cortés. Mi padre nos abandonó cuando cayó México y mi madre ya no le sirvió para conquistar, antes le estorbó para reinar. Crecí lejos de mi padre, entregada mi madre al soldado Juan Xaramillo. La vi morir de viruela en 1527. Mi padre me legitimó en 1529. Soy el primogénito, mas no el heredero. Debí ser Martín Primero, pero sólo soy Martín Segundo.

MARTÍN I

Tres Catalinas, dos Marías, dos Leonores, dos Luises y dos Martines: Nuestro padre no tenía demasiada imaginación para bautizar a sus hijos, y esto, a veces, conlleva gran confusión. El otro Martín, mi hermano mayor el hijo de la india, se solaza en el relato de las dificultades que tuvimos. Yo prefiero recordar los buenos momentos, y ninguno mejor que mi regreso a México, la tierra conquistada por mi padre para N. S. el Rey. Pero vamos por partes. Nací en Cuernavaca en 1532. Soy producto del accidentado viaje de mi padre a España en 1528, a donde fue, por primera vez después de la Conquista, a casarse y a reclamar los derechos que la administración colonial quería negarle mediante juicio instigado por los envidiosos. España, lo recuerdo ante todo, es el país de la envidia. Las Indias, lo compruebo cada vez más, emulan con ventaja a su Madre en este renglón. Bueno: en Béjar casó en segundas nupcias Hernán Cortés con mi madre Juana de Zúñiga. El Rey confirmó las mercedes y honores debidos a mi padre: títulos, tierras y vasallos. Pero al regresar a México en marzo de 1530, mis padres y mi abuela fueron detenidos en Texcoco pendiente del juicio contra mi padre, quien no pudo entrar a la ciudad de México hasta enero del siguiente año, instalándose luego en Cuernavaca, donde como queda dicho, yo nací. En pleitos y expediciones igualmente vanos se desgastó a partir de entonces mi padre, hasta que, teniendo yo ocho años, regresé de su mano a España, otra vez a pelear pero esta vez no contra indios, sino contra oficiales y licenciados.

Con mi padre salí, a los ocho años, de México a España, en 1540. Fuimos a reclamar nuestra propiedad, nuestros cargos. Las intrigas, los pleitos y las amarguras le costaron la vida a mi padre: ¡haber peleado tanto, y con tanta fortuna, a fin de ganarle al Rey dominios nueve veces mayores que España, para acabar rodando de venta en venta, adeudando dinero a sastres y criados, objeto de burlas y fastidios en la corte! Estuve junto a él cuando murió. Un franciscano y yo. Ni uno ni otro pudimos salvarlo del horrible desgaste de la disentería. El olor de la mierda de mi padre no lograba, sin embargo, vencer el fresco aroma de un naranjo que crecía hasta la altura de su ventana y que, por esos meses, florecía espléndido.

Dijo palabras incomprensibles antes de morir en Castilleja de la Cuesta, cerca de Sevilla, pues a su casa hispalense no lo dejaron irse a morir en paz, tantos eran los acreedores y malandrines que cual moscardones lo rondaban. En cambio, gran señor y amigo mejor que el Rey, el Duque de Medina Sidonia organizó unas exequias espléndidas en el monasterio de San Francisco en Sevilla, llenó la iglesia de paños negros, hachas de cera ardiente, banderas y pendones con las armas del Marqués mi padre, sí señor, Marqués del Valle de Oaxaca, Capitán General de la Nueva España y Conquistador de México, títulos que jamás le podrán quitar los envidiosos y que debieron ser míos, pues yo fui declarado en el testamento el sucesor, el heredero y el titular del mayorazgo. Bien me guardé, en cambio, de hacer válidas las cláusulas donde mi padre me encargó liberar a los esclavos de nuestras tierras mexicanas y restituirles las mismas a los naturales de los pueblos conquistados. Arrepentimientos de viejo, me dije. Si los cumplo, me quedo sin nada. ¿Le pedí perdón? Por supuesto. Mala persona no soy. Violé su última voluntad. Pero me bastó ver el destino de los bienes de nuestra casa en Sevilla para no sentir escrúpulo alguno. Cacharros de cobre, trastes de cocina, maletas, manteles raídos, sábanas y colchones, y armas viejas que hace tiempo dieron su última batalla: todo esto vendido a precio infame en las gradas de la Catedral de Sevilla al morir mi padre. ¿El fruto último de la Conquista de México iba a ser un remate de colchones y cacerolas viejas? Decidí regresar a México a reclamar mi herencia. Pero antes abrí la caja donde yacía nuestro padre Hernán Cortés para verle por vez última. Me espanté y el grito se me quedó arañándome los dientes. La cara de mi padre muerto estaba cubierta por una máscara polvosa de jade y pluma.

Martín II

No voy a llorar por mi padre. Pero a fuer de buen cristiano, que lo soy, no puedo sino compadecerme de su suerte. Miren nomás qué cosas le sucedieron después de la caída de la Gran Tenochtitlán y la conquista del imperio de los aztecas. En vez de quedarse en la ciudad y consolidar su poder, tuvo a bien lanzarse a una aventura descabellada y ruidosa que lo llevó a perderse y arruinarse en las selvas de Honduras. ¿Qué gusano tenía este hombre nuestro padre, que no podía quedarse tranquilo con la fortuna y la gloria bien habidas, sino que debía siempre buscar más aventura y más acción, aunque le costaran la fortuna y la gloria? Es como si sintiese que sin la acción hubiese vuelto a ser el modesto hijo de molinero de Medellín que fue en su origen; como si la acción le debiese homenaje idéntico a la acción misma. No podía detenerse a contemplar lo hecho; debía arriesgarlo todo para merecerlo todo. Quizás, además de su diosito cristiano (que es el nuestro, a no dudar) tenía metido adentro un diosote pagano, salvaje, secular y despiadado, que le pedía serlo todo gracias a la acción. Serlo todo: incluso nada. Había dos hombres en él. Uno agraciado por la fortuna, el amor y la gloria. Otro, perdido por la vanidad, el boato y la misericordia. Qué extraña cosa digo de mi propio papacito. Vanidad y misericordia unidas:

una parte de él necesitaba el reconocimiento, la riqueza, el capricho como regla; otra, pedía para nosotros, su nuevo pueblo mexicano, compasión y derecho. Que llegó a identificarse con nosotros, con nuestra tierra, quizás sea cierto. Me consta, por mi madre, que Hernán Cortés peleó con los franciscanos que exigieron arrasar los templos, en tanto mi papá pedía que permaneciesen aquellas casas de ídolos por memoria. Y ya les contó mi hermano Martín lo que dispuso en su testamento para liberar a los inditos y devolverles sus tierras. Letra muerta. Cuánta letra muerta. Ya ven, sin embargo, que reconozco las virtudes de mi jefe. Mas siendo hijo de mi mamacita y narrando hoy con toda la verdad y claridad de mi espíritu, pues otra ocasión no tendré de hacerlo, debo confesar que me alegraron sus desventuras, me hicieron cosquillitas en el alma los contrastes entre los honores que se le hicieron y los poderes que se le negaron. Abandonados mi madre y yo cuando le causamos estorbo a sus pretensiones políticas y matrimoniales, ¿cómo no íbamos a solazarnos, secretamente, de sus desgracias? Si no hubiese abandonado el gobierno de la ciudad de México por irse a conquistar nuevas tierras a Honduras, no se lo habrían arrebatado sus enemigos, apoderándose de los bienes de Cortés, y aunque los amigos de mi padre luego metieron en jaulas a sus enemigos, al regreso de Honduras encontróse nuestro papacito con que los jueces habían llegado de España a tomarle juicio y quitarle la gobernación. Mi alma india se estremece y extraña. Mientras en Honduras mi padre atormentó y ahorcó al último rey azteca, Cuauhtémoc, por no revelar el sitio del tesoro de Moctezuma, en la ciudad de México los amigos de mi padre eran atormentados para que denunciaran el tesoro de Cortés, y luego ahorcados. Las glorias se evaporan. Los pleitos, los papeles, la tinta, lo ahogan todo y nos ahogan. De todo esto fue acusado nuestro padre a su regreso a México: de enriquecerse ilícitamente, de proteger a los indios, de envenenar a sus rivales con quesos ponzoñosos, de no temer a Dios, qué sé yo... Me detengo en lo único que realmente me apasiona y conturba: la vida sexual de mi jefecito, su violencia, seducción y promiscuidad de la carne. Tenía infinitas mujeres, reza la acusación, unas de la tierra, otras de Castilla, y con todas tenía acceso, aunque fuesen parientes entre ellas. A los maridos los enviaba fuera de la ciudad para tener libertad con las esposas. Con más de cuarenta indias se echaba carnalmente. Y a su mujer legítima, Catalina Xuárez dicha La Marcaida, se le acusó, llanamente, de haberla asesinado. De crímenes, corrupciones sin fin y ánimo rebelde para quedarse con la tierra y reinar sobre ella, lo acusa el intérprete Jerónimo de Aguilar, a quien mi padre recogió, náufrago, en la costa de Yucatán. De abuso carnal, en cambio, lo acusan seis viejas criadas iletradas. Entre el intérprete traidor y las camareras chismosas, me interpongo yo, Martín Cortés el bastardo, hijo de la intérprete leal doña Marina, iletrada también, pero poseída por el demonio de la lengua. Me cuelo yo porque el uno y las otras, Aguilar y las comadres, están de acuerdo en que mi nacimiento es lo que volvió loca de celos a la estéril Catalina Xuárez, casada con él en Cuba y traída a México al caer el imperio, la única mujer de mi padre que nunca le dio hijos. Enferma, siempre malita, echada en un estrado, inútil y quejumbrosa, por mi culpa tuvo esta mujer disputa una noche con mi padre, según cuentan las criadas, por el empleo del trabajo de indios, que La Marcaida reclamaba para sí sola, excluyéndonos a mi madre y a mí y contestándole mi padre que de lo que fuese de ella, incluyendo esclavos indios, nada quería él, sino lo que era propiamente de él, incluyéndonos a mi madre y a mí. Ella se retiró avergonzada y sollozante a su recámara. Allí la hallaron las criadas al día siguiente, muerta, con cardenales en la garganta y la cama orinada. A las criadas contestaron los amigos de Cortés: la mujer se murió del flujo de su menstruación. Esta Marcaida estaba siempre muy enferma de madre. Sus propias hermanas, Leonor y Francisca, se murieron desangradas por la abundancia anormal de sus meses. Y a mí la mirada empieza a nublárseme de sangre. Ríos de sangre. Sangre de la menstruación, de la guerra, del sacrificio en los altares, ahogándonos a todos. Salvo a mi madre La Malinche. A ella se le cortó la menstruación, la guerra se acabó, el puñal del sacrificio se detuvo en el aire, la sangre se secó y en el vientre de La Malinche yo fui concebido en una pausa entre la sangre y la muerte, como en un fértil desierto. Soy hijo del grano muerto, eso mero soy. Prefiero, sin embargo, ahogarme en sangre que en papeles, intrigas, pleitos; ahogarme en sangre que ahogarme en cosas, cosas por las que nos afanamos hasta quedarnos secos, sin ellas y sin nuestras almas. Esto lo admitirá, al menos, mi hermano. ¿Admitirá el otro Martín que a nuestro padre le tocaron las hazañas, y a nosotros, sus hijos, sólo nos tocaron los pleitos? ¡Herederos del desierto y las chozas!

MARTÍN I

Hernán Cortés siempre amó la elegancia, el boato y las cosas bellas. De todo se valió para obtenerlas, es cierto. Bernal Díaz escribe cómo en Cuba, antes de la expedición a México, mi padre comenzó a ataviarse, usando penacho de plumas, medallas y cadenas de oro y ropas de terciopelo sembradas con lazadas de oro. Sin embargo, no tenía con qué pagar estos lujos, estando en aquella sazón muy adeudado y pobre, pues gastaba cuanto tenía en su persona y atavíos de su mujer. Me cae bien mi padre por todo esto; es un tipo simpático, capaz de admitir que se procuró los avíos para su armada mexicana recorriendo la costa de Cuba cual gentil corsario, robando o extrayendo gallinas y pan cazabe, armas y dinero de los vecinos de la feraz isla, asombrados ante la audacia del extremeño mi padre. Hijo de molineros y soldados de la guerra contra los moros, mi padre heredó del suyo la reciedumbre mas no la resignación. Se creó un destino propio y se lo creó, pródigo como era, dos veces: un destino de ascenso y otro de descenso. Ambos asombrosos.

A mí, me heredó el gusto por las cosas. El Rey le negó a mi padre el poder en la tierra mexicana que conquistó. Pidió la gobernación de México y no se la dio, porque no pensara ningún conquistador que se le debía. Lo mismo había hecho el abuelo del rey don Carlos, Fernando el Católico, negándole a Colón el gobierno de las Indias que descubrió. En cambio, lo llenaron de honores y títulos, que yo aprendí a gozar desde niño. Capitán General de la Nueva España, Marqués del Valle de Oaxaca, el Rey le adjudicó a mi padre veintitrés mil vasallos y veintidós pueblos de Texcoco a Tehuantepec y de Coyoacán a Cuernavaca: Tacubaya y Toluca, Jalapa y Tepoztlán... A fin de obtener todo esto, y silenciar a sus enemigos, mi padre regresó a España en 1530. Nunca se vio a un capitán de las Indias regresar con tanta gloria, y toda pagada por él mismo, que no por la Corona. Desde el Puerto de Palos, mi padre se dirigió a la corte a la sazón en Toledo, con una comitiva de ochenta personas traídas de

México, más los españoles que aceptaron la invitación abierta de unirse a la escolta de soldados de la Conquista, nobles indios, cirqueros, enanos, albinos y muchos criados, además de los colibríes, guacamayas y quetzales, auras y guajolotes, plantas del desierto, tigrillos, joyas y códices ilustrados, que mi padre trajo en dos naves, alquilando mulas y carrozas para subir de Andalucía a Castilla, pasando por su pueblo natal de Medellín, donde se inclinó ante la tumba de su padre, mi abuelo, en cuyo honor yo fui nombrado, y besó la mano de su madre viuda, Catalina Pizarro, madre de un conquistador y tía de otro, don Francisco, extremeño también. La diferencia es que mi padre sabía leer y escribir y Pizarro no. Cortés y Pizarro se encontraron esta vez en el camino, cuando uno ya lo era todo y el otro seguía siendo nadie, aunque al cabo la mala suerte nos iguala a todos. Todos notaron el brillo insano de la envidia en la mirada del otro extremeño, viendo a mi padre desparramando regalos para obtener favores, regalando a las señoras penachos de plumas verdes llenos de argentería y de oro y perlas, mandando hacer liquidámbar y bálsamo para que se sahumasen las damas que iba encontrando en las cortes y villas reales, y así se encaminó hasta la corte en Toledo, entre banquetes y fiestas, precedido de una fama y boato que a todos impresionaron. Al llegar a la corte, entró tarde a misa y pasó adelante de los más ilustres señores de España, para ir a sentarse junto al rey don Carlos, entre los murmullos de envidia y desaprobación. ¡Nada lo detenía a mi padre! Todo lo prodigó, salvo cinco esmeraldas finísimas que hubo de Moctezuma y que siempre guardó con celo para sí, como prueba, digo yo, de sus hazañas. Una esmeralda era labrada como rosa, la otra como corneta y otra un pez con ojos de oro, la cuarta era como campanilla, con una rica perla por badajo y guarnecida de oro, con la inscripción «Bendito quien te crió»; y la última era una tacita con el pie de oro y con cuatro cadenicas para tenerla, asidas en una perla larga como botón. De estas joyas se vanaglorió mi padre tanto, que la reina, cuando supo de las esmeraldas, quiso verlas y quedárselas, diciendo que las pagaría el emperador don Carlos a precio de cien mil ducados. Mas tanto las estimaba mi padre, que a la propia emperatriz se las negó, excusándose que las reservaba para mi madre Juana de Zúñiga, con quien había venido a desposarse... Y así fue: con ella regresó a México, y si con boato salió de Cuba a la Conquista de México, y con boato regresó de México conquistando a España, con el lujo máximo regresó ahora, nuevamente, a la tierra sometida, hasta que sus enemigos, los envidiosos de siempre, lo detuvieron en Texcoco fuera de la ciudad de México, sitiándolo por hambre mientras se resolvía el juicio contra él iniciado en su ausencia. Le negaron el pan a mi padre. Se lo negaron a mi abuela doña Catalina Pizarro, que mi padre trajo a México para que conociera lo que su hijo le ganó a España y al Rey. Doña Catalina mi abuela, recién enviudada, fue seducida por su hijo: —«Deja Medellín, donde has sido mujer recia, religiosa, pero escasa, y ven a México a ser gran señora.» —Pues de hambre se murió mi abuela en Texcoco, de hambre, señores, de hambre se murió Catalina Pizarro mi abuela... De hambre, aunque ustedes no lo crean, ¡de hambre! ¿Por qué en esta familia no hay pausa alguna entre la felicidad y la desgracia, entre el triunfo y la derrota? ¿Por qué?

MARTÍN II

De riquezas habla mi hermano, de joyas y criados, de adornos y títulos, de poderes y de tierras, aunque también de hambre... Yo hablo de papeles. Pues cada cosa que tú has mencionado, Martín mi hermano, perdió su sustancia dura para convertirse en papel, montañas de papel, laberintos de papel, papel vomitado por pleitos y juicios eternos, como si cada cosa conquistada por nuestro padre tuviese un solo destino postergado: la acumulación de fojas en los juzgados de las dos Españas, la vieja y la nueva. Víctima de un juicio eternamente diferido, en el que las cosas materiales acaban por demostrar que traían escondido en el alma un doble de papel, incendiable y ahogable. Borradas las cosas por el fuego y el agua del papel borrado. Ved, mi hermano. Pleito de Hernán Cortés contra unos tales Matienzo y Delgadillo por las tierras y huertas entre las calzadas de Chapultepec y de Tacuba. Otro pleito, un mes más tarde, contra los mismos a causa de una disputa por tributos y servicios de indios en Huejotzingo. Cartas de agravios contra la Corona. Memoriales ante el Consejo de Indias. Listas de ochenta, cien, mil preguntas repetitivas. Gastos de escribanos, copistas, mensajeros. Más de doscientas cédulas reales relativas a nuestro padre, negando sus agravios, aplazando sus pretensiones, pagándole con helada hiel la hazaña fiel de la Conquista. Mundo de abogados chicaneros, de leyes obedecidas pero jamás cumplidas, manos manchadas de tinta, pirámides de legajos, aves desplumadas para escribir mil legados, ¡más plumas en los tinteros que gansos en las marismas! El inacabable juicio de residencia contra tu padre y el mío en México por todo lo ya dicho: corrupción, abuso, promiscuidad carnal, rebeldía y asesinato. Tú lo sabes: El juicio contra nuestro jefe nunca se resolvió. Quedó consignado en dos mil folios y enviado desde México al Consejo de Indias en Sevilla. Miles de páginas, cientos de legajos. La tinta se impacienta. La pluma araña. La montaña de pergaminos se sepulta para siempre en los archivos que son el destino muerto de la historia. No te engañes, di la verdad conmigo, hermano Martín: Dos mil folios de prosa legal fueron enterrados para siempre en Sevilla porque de lo que se trataba era de mantener el juicio irresuelto, cual espada de Damocles sobre las cabezas de mi padre y también las de sus hijos, imbécil hermano mío, movido por la fatal gerencia de la fama y el lujo paterno, pero sin la astucia que al menos siempre acompañó los destinos de mi padre, su gloria pero también su ruina: ¿Grandes ambas? Aún no lo sé. La historia verdadera, que no los polvosos archivos, lo dirán un día. La historia viva de la memoria y el deseo, hermano, que ocurre siempre ahoritita mismo, ni ayer ni mañana. Mas qué decir de yo mero, que me dejé arrastrar a tu loca aventura por ti, a quien conozco tan bien que no sé si despreciarte o temerte. Lástima, hermano mío. ¿Cómo se me ocurrió confiar en ti?

MARTÍN I

No soy tan estúpido como tú crees, Martín Segundo. Segundo, sí, segundón, aunque te duela. Te hiero sólo para herirme a mí mismo y demostrarte que yo también sé ver muy claro lo que ocurre. No me creas un cegatón del destino, un Edipo indiano, no. Quiero y respeto a nuestro padre. Murió en mis brazos, no en los tuyos. Entiendo lo que dices. Hernán Cortés tuvo dos destinos. ¿Cómo no iba a huir del pleito eterno, del tribunal sedentario, para lanzarse a una loca aventura tras otra? ¿Como dejó atrás a Extremadura de muchacho para descubrir por sí mismo el Nuevo Mundo; como abandonó Cuba y su vida apacible para lanzarse a la Conquista de México; así dejó atrás el mundo de intrigas y papeleos que siguió a la Conquista para lanzarse a Honduras primero y luego al descubrimiento de la tierra más estéril del mundo, esa larga costa del Mar del Sur donde no encontró, como acaso lo soñaba, ni el reino de las Siete Ciudades de Oro ni los amores de la reina amazona llamada Calafia, sino sólo arena y mar. ¿Cómo no iba a sentirse humillado cuando de regreso de las Californias el torvo y cruel Nuño de Guzmán le prohibió el paso por las tierras de Xalisco?

Con raro sarcasmo me comentó nuestro padre, antes de morir, que acaso sólo dos cosas valieron la pena de esa expedición. La primera fue descubrir un nuevo mar, un golfo hondo y misterioso de aguas tan cristalinas que a flor de playa se parecía nadar en aire, si no fuera por la multitud de peces plateados, azules, verdes, negros y amarillos que jugueteaban veloces a la altura de las rodillas de los soldados y marinos encantados de encontrar ese paraíso placentero. ¿Era isla? ¿Era península? ¿Conducía realmente a las tierras de la reina Calafia, a Cibola y El Dorado? No importaba, me dijo, por un instante realmente no importaba. El encuentro del desierto y el mar, los cactos inmensos y el mar transparente, el sol redondo como una naranja... Ése fue su otro gusto. Recordó que al llegar a Yucatán lo deslumbró ver un naranjo cuyas semillas trajeron hasta allí los dos náufragos desleales, Aguilar y Guerrero. Ahora mi propio padre, humillado por el sátrapa de Xalisco, el asesino Nuño de Guzmán, debió reembarcarse en la Barra de Navidad y navegar hasta la bahía de Acapulco, a donde desembarcó para seguir a México. Tuvo una idea. Le pidió semillas de naranjo al contramaestre de a bordo. Se guardó un puñado en su faltriquera. Pero en la costa acapulqueña buscó un lugar bien sombreado y frente al mar cavó hondo y plantó las semillas del naranjo.

—Tardarás cinco años en dar tus frutos —le habló mi padre a las semillas del naranjo— pero lo bueno es que creces bien en clima frío, como el nuestro, donde las heladas te permiten dormitar todo el invierno. Vamos a ver si también aquí, en esta tierra aromática e incendiada, das tus frutos. Creo que lo importante, siempre, es cavar hondo para protegerte, naranjo.

Ahora, el perfume de la flor del naranjo entraba por la ventana de sus agonías. Era el único regalo de su muerte quebrada, humillada...

MARTÍN II

Espera un momentito. Cómo me duele tu vanidad. Todo lo miras como pérdida de dignidad, humillación, quiebra de la hidalguía. ¡Criollo de mierda! Admite que nuestro padre no fue tan astuto como se dice. ¡Qué doblez de inocencia increíble en hombre tan sagaz! Admítelo tú como te lo cuento yo, hermano Martín. Sólo en la astucia se casó con la astucia. Luego se divorciaron y una astucia se quedó sin pareja, mientras que la otra vino a esposarse con la ingenuidad. Muy colmilludo pero también muy pendejo. ¿Por qué no lo admites? ¿Temes que se apague la flama que tú crees alumbrar con tu piedad filial? ¿Temes que tu padre te herede, no el triunfo sino el fracaso? ¿Huyes de la parte maldita y frívola de su destino temiendo que sea el tuyo? ¿No prefieres mi franqueza? ¿No sabes que su imperial regreso a España con una corte propia y desparramando riquezas confirmó al Rey en la sospecha de que este soldado quería ser el soberano de México? Sus regalos exagerados a las mujeres enfurecieron a los maridos. Su insolencia de pasar sin permiso por encima de los grandes en la misa y sentarse junto al Rey, su desdén de no regalarle, ni siquiera venderle, las esmeraldas a la reina, ¿no crees que todo ello enfrió al Rey y a la corte, predisponiéndoles contra nuestro padre, encabronándolos? ¿Para tu madre guardó las famosas esmeraldas? Pues más le hubiera valido tirarlas a los cerdos. No me mires así.

MARTÍN I

Me separo de ti, hermano. Te relego de nuevo a la tercera persona, ni siquiera a la segunda que inmerecidamente te vengo dando. No vas a arrebatarme la desgarrada franqueza de ser yo quien hable mal de mi madre. ¿Papeles, dices? ¿Posesiones, cosas, herencias? Puedo aceptar que el Rey, Nuestro Señor, haya concedido indios y pueblos a mi padre sólo para mermarlos poco a poco, quitarle un Acapulco aquí, un Tehuantepec allá... Pero que mi madre intentase quitarles cosas a sus propios hijos... He sido franco. Reconozco que violé el testamento de mi padre, para evitarle el despilfarro de indios y tierras en nombre de no sé qué humanismo senil desordenado. No sabía entonces que mi propia madre Juana de Zúñiga, imperiosa y arrogante, devorada por el celo y las ausencias de mi padre en España (buscando su derecho y encontrando sólo su muerte), humillada por el abandono primero y la muerte después, conocedora de las debilidades carnales de su marido, aislada durante años con seis hijos en un pueblo de indios como Cuernavaca, irritada por la facilidad con que su marido contraía deudas para sufragar locas expediciones, sostener sus casas, procurarse hembras, pagar a sus abogados, deberles sumas exorbitantes a los banqueros sevillanos y a los prestamistas italianos (¡¿quién no le daba crédito al hombre que conquistó a Moctezuma el de la Silla de Oro?!) e insultada por la disposición testamentaria de mi padre, devolviéndole los dos mil ducados que recibió de ella como dote, y nada más, se convertiría, al morir nuestro padre, en la urraca despiadada de sus propios hijos. Debí sospecharlo. A su hija natural con Leonor Pizarro, fruto de tempranos amores en Cuba y llamada simplemente Catalina Pizarro, la mimó nuestro padre con afecto y diligencia. Contra ella se cebó ante todo mi madre doña Juana, auxiliándose de torvos abogados para engañarla, obligarla a firmar documentos cediéndole a mi madre sus propiedades y con la ayuda del hipócrita Medina Sidonia, que tanto halagó a mi padre en Sevilla, internándola a la fuerza en el convento dominico de la Madre de Dios, cerca de Sanlúcar, donde la pobre indefensa vivió hasta el fin de sus días, angustiada y perpleja. En todo ello debí reconocer un presagio de mi propia suerte, cuando mi madre la viuda de Hernán Cortés, negó el paso a los albaceas a nuestra casa de Cuernavaca, a los abogados los hizo recibir por sus criados, negándose al inventario y menos a la cesión de lo que era mío, y conmigo entabló pleitos por alimentos, por las dotes de sus hijas mis hermanas Catalina y Juana casadas ya con hombres de alcurnia de España y por las tierras, cada vez más dispersas y mermadas, del Marquesado. Me demandó por alimentos, por el pago de su dote, por bienes del Marquesado que supuestamente yo me había apropiado indebidamente, por una pensión vitalicia que según ella yo debía pagarle a un fraile su hermano. Alegó que andaba retrasado de diez años en pagos debidos a mis hermanas Juana y María, dos espinas del ramillete de hijas mexicanas de mi padre. Pero a mi hermana desgraciada, Catalina la hija mayor de Hernán Cortés, la despojó mi madre de sus tierras en Cuernavaca y, como queda dicho, la mandó encerrar para siempre en un convento. Tanto vale, vale tanto el amor de la madre como la piedad del hijo. No confió en mi generosidad, jamás desmentida. No entendió que yo necesitaba concentrar toda la riqueza de nuestra casa entre mis manos para hacer fuerte impresión a mi regreso a México tras la muerte de mi padre y restablecer nuestra fortuna sobre una base de poder político. Su codicia y ambición la convirtieron en estatua. Para siempre de rodillas, fingiendo orarle a Dios, mi madre de piedra vive de hinojos en la Casa de Pilatos en Sevilla, cubierta por un velo de disimulos, mirando al mundo con ojos ávidos, saltones, boquita apretada y mentón prógnata. La muy hipócrita reza con las manos unidas, sin joyas. Pero hasta este día, como un reproche, se escucha sobre su cabeza de piedra el aleteo de un halcón que fue lo único que le pidió al morir a mi padre: «Señora: Mucho os encargo toméis cuidado de que sea curado mi halcón "El Alvarado" que sabéis mucho quiero por lo que a vos lo encomiendo.» ¿Cuándo descenderá ese halcón en picada sobre la cabeza orante de mi madre? Se estrellará contra ella, pobrecito. La buena dama tenía la cabeza de piedra. Cosas y papeles, dura materia, papel inflamable y borrado por las aguas del Mar Océano, qué tristeza... Tienes razón, Martín hijo de Malinche. El mundo es de piedra y nada pueden contra él ni los papeles ni el agua ni las llamas.

MARTÍN II

Hago un esfuerzo por congraciarme contigo, hermano Martín. Acepto que por razones distintas, pero al cabo comunes, los dos tenemos algo que hacer juntos. Más vale hacerlo de buena voluntad, digo yo, como buenos cuates. No me importa que dejes de tutearme y me relegues a la tercera persona. Mira: para halagarte, yo mismo contaré la manera como regresaste a México, a los treinta años de edad, en el año 1562, en medio de la alegría de todos los hijos de los conquistadores pues ya éramos al tiempo de una segunda generación y en ti ellos veían la justificación de sus riquezas mexicanas cuando las había y la justicia en reclamarlas cuando no. Reuniéronse todos en la plaza mayor de la ciudad de México para recibir al hijo criollo del conquistador. Todos pusieron de su peculio, pues México era ciudad riquísima, y en ella no había españoles pobres. Tanto abundaba la plata, que quien se metía a limosnero acababa rico, ya que la menor limosna era cuatro reales de plata. Ya se sabe que las fortunas en México se hacen pronto, pero en estos años después de la Conquista, bastaba ser pobre y español para meterse a limosnero y fundar al poco tiempo un mayorazgo, pésele a los hijos y nietos, hoy ennoblecidos, de aquellos pordioseros. Éste es país, también lo sabes, donde el dinero crece en los árboles, pues la moneda corriente de los indios es el cacao, que se da en mata del tamaño del naranjo y con una fruta de tamaño de almendras, cien de las cuales valen un real. Basta acostarse en un petate en el mercado a vender cacao para acabar, como el caballero Alonso de Villaseca, con un millón de pesos de hacienda. Esto es para indicar con qué reventón fue en efecto recibido mi hermano Martín Cortés al llegar de España y entrar a la plaza mayor de México llena de más de trescientos jinetes en muy ricos caballos y jaeces, con libreas de seda y telas de oro, que fingieron en honor del hijo del conquistador lides y escaramuzas. Y luego entraron dos mil jinetes más con capas negras para hacerla de emoción, y a las ventanas salieron las señoras (y las que no lo eran también) ataviadas con joyas y doseles. El propio virrey Luis de Velasco salió del palacio a recibir a mi hermano, abrazándolo, pero si el Virrey miraba alrededor de la plaza lo que sólo le daban de prestado, mi hermano miraba lo suyo propio: el centro de la capital de Moctezuma, donde nuestro padre se quedó con los palacios de Axayácatl, para construir las Casas Viejas para sí y los suyos y, sobre el palacio de Moctezuma, las Casas Nuevas o sea el palacio del cual salía hoy el propio virrey a recibirte, Martín hermano. Todo lo vi yo desde la obra que por entonces se iniciaba de la Catedral de México, entre postes y mamparas, en nada distinto yo de los albañiles y cargadores que allí se hacinaban, ellos tan lejanos al lujo que te rodeaba, ellos sin la plata, ni el mayorazgo, ni las pepitas del cacao siquiera, sino con las caras arañadas por la viruela y las narices escurriéndoles mocos pues aún no se acababan de acostumbrar al vil catarro europeo. Y yo, hermano, viéndote entrar rodeado de gloria a la ciudad conquistada por nuestro padre. Yo, hermano, parado en lo que quedaba del vasto muro azteca de las calaveras, sobre el cual comenzaba a levantarse la catedral. Dejé de mirar a los jinetes y los caballos. Miré a la gente mugrosa que me rodeaba, vestida de manta, descalza y con las frentes ceñidas de cordeles y las espaldas cargadas de costales, y pensé, Dios mío, ¿cuántos cristianos vendrán algún día a orar a esta catedral, sin imaginar siquiera que en la base de cada columna del templo católico está inscrita una insignia de los dioses aztecas? Pero, con permiso de ustedes, el pasado se olvidó y a mi hermano la Corona le restituyó una parte de la hacienda de nuestro padre, que aun mermada, era la más grande fortuna de México.

MARTÍN I

¡Esto es lo que me gusta recordar! Imaginaos que en la gran ciudad de México se desconocía el brindis. A mí me tocó introducir en las cenas y saraos esta costumbre española. ¡Nadie en México sabía qué cosa era! Yo puse el brindis de moda, y no había reunión de hijosdalgo, descendientes de conquistadores o simples oficiales del virreinato, donde no se sucediesen desde entonces los brindis, en medio de la alegría, la borrachera y el desorden. ¡A ver quién aguantaba más, quién decía mejores donaires y quién se negaba a ir hasta el fin! Convirtióse el brindis en centro de todas las reuniones, y al que no aceptaba desafío, le quitábamos la gorra y se la hacíamos cuchilladas enfrente de todos. Luego salíamos todos a las calles de México a hacer máscaras, otra costumbre que yo traje de España, en que salíamos a caballo cien hombres enmascarados e íbamos de ventana en ventana hablando con las mujeres y entrando a las casas de los caballeros y mercaderes ricos, a hablar con ellas, hasta que estos buenos hombres se indignaron de nuestro proceder y cerraron puertas y ventanas, mas no contaron con nuestro ingenio, que fue alcanzar los balcones de las mujeres con cerbatanas largas, con florecillas en las puntas, ni con la audacia de ellas, que desafiando órdenes paternas y maritales, se asomaron entre los visillos a mirarnos a los galanes. Puro regocijo. fue en este tiempo mi vida en la capital de la Nueva España, alegrías, donaires, honores, y seducciones mil. ¿Quién no vio en mí a mi padre vuelto a nacer, gozando ahora de los frutos bienhabidos de la Conquista? ¿Quién no me admiró? ¿Quién no me envidió? ¿Quién que fuese bello y elegante en esa capital novedosa, macho o hembra, no se acercó, seductor, a mí? Ya sé lo que vas a decir. Tú. Martín Cortés el segundón, el mestizo, el hijo de las sombras. Sin ti, nada podía yo en esta tierra. Te necesitaba a ti, hijo de La Malinche, para cumplir mi destino en México. ¡Qué desgracia, desgraciado hermano: necesitarte a ti, el menos seductor de los hombres!

MARTÍN II

Nadie más seductor, sin embargo, que Alonso de Ávila, cuya riqueza de atuendo ni en las cortes de Europa se hallaba, pues al lujo de allá añadía la riqueza natural de un país de oro y plata, y a estos metales mexicanos, el contraste de la más blanca piel que en hombre alguno se viese, acá o allá: sólo las más blancas mujeres eran tan blancas como Alonso de Ávila, que quizás se veía más blanco aún en tierra morena, y lo que dejaba ver eran sus manos, deslumbrantes, que se movían y dirigían y a veces hasta tocaban, con una ligereza de aire que hacía al aire mismo parecer pesado, ay qué ligero el tal Alonso de Ávila, obligado a dar paso por la tierra sólo porque eran ricos y graves sus atuendos de damasco y pieles de tigrillos, sus cadenas de oro y su toquilla leonada con un relicario, todo ello aligerado, ya les cuento, por las plumas de la gorra y el retorcimiento de los bigotes que eran, ellos, las alas de su rostro. Intimaron Martín y Alonso; juntos organizaron y gozaron los brindis y las mascaradas; entre ellos se admiraron, como hidalgos jóvenes y ricos que se sorprenden a veces (como más de una vez los sorprendí yo, desde las sombras) admirándose entre sí más que a las mujeres que cortejaban; pujando por ganarse a una dama hermosa sólo para imaginarla en brazos del otro; culeando los muy cabrones para imaginarse cada uno en el lugar del otro; así de cerca se unieron Alonso de Ávila y Martín Cortés. Qué de extraño que en este ambientacho de lujo y fiesta, relajo y parranda, espejos y más espejos, perfumes y admiraciones mutuas, Martín y Alonso, Alonso y Martín el hijo y heredero del conquistador, el hijo pródigo de Hernán Cortés, abrazando al sobrino de otro ruidoso capitán de la Conquista, Ávila el encomendero, el pícaro que echó mano (mi mismísima madre lo vio y me lo contó) de las vestiduras de oro de Moctezuma, e hijo de Gil González, encomendero y traficante de tierras que a los verdaderos conquistadores despojó de las suyas, coyote y prestanombres que escondió acuciosamente su riqueza sólo para que sus hijos, Alonso y Gil, la luciesen y gastasen, se uniesen en un torbellino de placeres. Mi hermano Martín y este Alonso de Ávila los culminaron con una singular fiesta, que dejó a Martín el gusto de contar.

MARTÍN I

Por Dios Santísimo que yo no inventé la fiesta y el jolgorio de la colonia mexicana; por su Santísima Madre, que yo llegué a una capital enamorada ya del lujo y la fiesta, donde se corrían toros bravos en Chapultepec y los paseos a caballo se oían cascabelear por los bosques: justas, sortijas, juegos de cañas: el virrey don Luis de Velasco dijo que aunque el Rey le quitase a los criollos sus pueblos y haciendas, el propio Virrey se encargaría de consolarlos con hacer sonar cascabeles en las calles. De modo que al morir el Virrey, hubo gran tristeza, todos se vistieron de luto, chicos y grandes; y las tropas a punto de partir a Filipinas se armaron para el entierro, con banderas negras e insignias de duelo, las cajas sordas y arrastrando las picas. Una débil, gris, aburrida Audiencia tomó el gobierno mientras era nombrado un nuevo Virrey, pero Alonso y yo, herederos reales de la Nueva España, por ser hijos de los conquistadores, respetuosos del Virrey muerto y el Virrey por venir, aunque no de la mediocre Audiencia, decidimos mantener viva la alegría, el lujo, y los derechos de la descendencia en estas tierras conquistadas por nuestros padres. Murió el Virrey; no era el primero, ni sería el último. Cambiaban los virreyes; permanecíamos los herederos de la Conquista. Murió el Virrey, pero yo tuve mellizos y sentí que éste era motivo de regocijo para dejar atrás el luto del Virrey y mostrarle a la Audiencia quiénes éramos los verdaderos dueños de la Nueva España. Quiere mi hermano que lo cuente: Le doy ese gusto. Tomamos por nuestra cuenta la Plaza Mayor; la mitad de sus casas eran nuestras. De mi casa a la catedral mandé hacer un pasadizo de madera alzada sobre el suelo, ricamente aderezado para dar paso a la comitiva y llevar a mis hijos hasta la puerta del Perdón y anunciarle al mundo que ahora había dos nietos de Hernán Cortés, continuadores de nuestra dinastía. Lo anuncié con ruido, no faltaba más. Artillería, torneos a pie sobre el tablado y fiestas a las que todos fueron convidados, españoles e indios. Toro asado, pollos y montería, pipas de tinto para los españoles. Para los indios, un encierro de conejos, liebres y venados, según la tradición, así como muchísimas aves, que al romper la enramada salían corriendo y volando y eran flechados y regalados al menudo pueblo, alborozado y agradecido. Juegos de cañas, fuegos artificiales, piñatas... Ocho días de fiesta, rodeado del pueblo, brindis y mascaradas, y al cabo, la gran cena y sarao que para culminar los festejos dio en su casa mi verdadero hermano Alonso de Ávila. ¡Qué linda sorpresa le dimos a todos, a nuestros parientes y allegados, pero también a la rencorosa Audiencia, al contraste envidioso de una mesa de abogadillos y oficiales cagatintas con una opulenta mesa de hijosdalgo que si algo cagamos, es oro nada más! Seguí, con risa infantil, las sugerencias de mi travieso amigo Ávila. Escenificamos ante el asombro y la alabanza de los invitados la entrevista de Hernán Cortés mi padre y del emperador Moctezuma, cuando mi padre fue el primer —el primerísimo, ¿me oyen ustedes?— hombre blanco en ver la grandeza de la Gran Tenochtitlán. Yo hice el papel de mi padre, naturalmente. Alonso de Ávila se disfrazó de Moctezuma, echándome al cuello un sartal de flores y joyas, diciéndome en voz alta, no sólo te venero y te respeto, te obedezco y soy tu vasallo (y al oído, cercano, te quiero como a un hermano). Todos aplaudieron la farsa con regocijo, pero yo sentí cómo la alegría se serenaba con otro tipo de alborozo cuando Alonso de Ávila, sorpresivamente, me ciñó una corona de laurel y, sonriente, esperó la exclamación de los invitados: «¡Oh, qué bien le está la Corona a vuestra señoría!»

MARTÍN II

No fui invitado a estos festejos. Pero los miré de lejos. Qué va: de cerca, de cerquísima les estuve echando vidrio. Entre la gente, en las barbacoas, las pulquerías, junto a los que fabricaban equipales y amasaban tortillas y cargaban ollas de aguas frescas; junto a los canales y las pocilgas y los merenderos, oyendo el nuevo lenguaje secreto que se fraguaba entre en náhuatl y el español, las mentadas de madre secretas, los secretos suspiros de este que ayer nomás era sacerdote y ahora viejo mendigo cacarañado, de este que era tan hijo del príncipe azteca como yo y mi hermano de conquistador español, pero ahora él cargaba sacos de leña de casa en casa, y mi hermano bautizaba a sus gemelos en la catedral, pero el hijo y los nietos de Cuauhtémoc entraban de rodillas a la misma catedral, con las cabezas gachas y los escapularios como cadenas arrastradas por la mano invisible de los tres dioses del cristianismo, padre, hijo y espíritu santo, jefe, chamaco, súcubo, ¿con cuál de ellos te quedas, mexicanito nuevo, indio y castellano como yo, con el papacito, el escuincle o el espanto? Los vi allí en las fiestas con que mi hermano celebraba su progenie, los vi inventándose un color, una lengua, un dios, tres en vez de mil, ¿cuál lengua?, ¿escuincle o chaval, chaval o chavo, guajolote o pavo, Cuauhnáhuac o Cuernavaca donde nació mi hermano, maguey o agave, frijol o judía, ejote o habichuela?, ¿cuál Dios, espejo de humo o espíritu santo, serpiente emplumada o Cristo crucificado, dios que exige mi muerte o dios que me da la suya, padre sacrificador o padre sacrificado, pedernal o cruz?, ¿cuál Madre de Dios, Tonantzín o Guadalupe?, ¿cuál lengua, si española: Guadalupe misma, Guadalquivir, Guadarrama, alberca, azotea, acequia, alcoba, almohada, alcázar, alcachofa, limón, naranja, ojalá?, ¿cuál lengua, si náhuatl: seri, pima, totonaca, zapoteca, maya, huichol? Me paseo de noche, entre los fuegos de las hachas encendidas para celebrar a los descendientes criollos de mi putañero e insaciable padre, preguntándome por mi propia sangre, mi propia ascendencia, y mi descendencia también, ¿cuál será? Miro la piel oscura, los ojos vidriosos, las cabezas gachas, los hombros cargados, las manos callosas, los pies astillados, los vientres preñados, las tetas vencidas, de mis hermanos y hermanas indios y mestizos, y los imagino, ¡hace apenas cuarenta años, ocupando sus lugares, acaparando las fortunas, desplegando el capricho, ordenando el sacrificio, ordeñando el tributo, recibiendo el oro solar en sus cabezas y disparándolo desde la punta de sus miradas altivas, venciendo al mismo sol, al oro mismo! Lo mismo que ahora hacen Martín mi hermano, y su camarada Ávila, y los pinches mellizos que hoy son bautizados en nombre del dios que llegó a vencer a mi madre con un solo escandaloso anuncio: Ya no mueras por mí, mira que yo he muerto por ti. Cabrón Jesús, rey de putos, tú conquistaste al pueblo de mi madre con el goce perverso de tus clavos fálicos, tu semen avinagrado, las lanzas que te penetran y los humores que destilas. ¿Cómo reconquistarte a ti? ¿Cómo llamaré a nuestro tiempo próximo: reconquista, contraconquista, anticonquista, retroconquista, cuauhtemoconquista, preconquista, cacaconquista? ¿Qué haré con ella, con quién la haré, en nombre de quién, para quién? ¿Mi madre Malinche, sin la cual mi padre no habría conquistado nada? ¿O mi padre mismo, despojado de su conquista, humillado, arrastrado a tribunales, agotado en juicios banales y papeleos perversos, acusado mil veces, y castigado sólo por un juicio eternamente aplazado? Espada de Damocles, pedernal de Cuauhtémoc, estilete de los Austrias, todo cuelga sobre nuestras cabezas y mi hermano Martín lo sabe, se divierte, comparte la arrogancia de Alonso de Ávila, no se da cuenta de cómo lo mira la Audiencia. Como dueño de la ciudad. No se da cuenta de que nada puede contra él la Audiencia: junta de hombres mediocres, cobardes, sumidos en la colegialidad irresuelta, carentes de autoridad, ven que la conjura se urde, el peligro se acerca, pero temen a Martín, mi hermano, le temen... y él no lo sabe. Tampoco sabe que le devolvieron los bienes de nuestro padre para tenerlo tranquilo y evitarle tentaciones de poder político. Se lo digo y casi me ahorca, me trata de envidioso, hijo de puta, su dinero él lo tiene sin condiciones, como hombre libre. Esto me gritó y yo digo con mi voz siempre opaca, siempre obsequiosa, melancólicamente aflautada, entonces demuéstralo, haz lo que ellos más temen...

¿Qué viene a decirme mi hermano? ¿Que no hay autoridad mayor en la Nueva España que yo mismo? ¿Que sólo quiero disfrutar de mi riqueza y mostrarla a los demás como lo hago, en brindis y mascaradas, saraos y bautizos, procesiones y cortesías? ¿Viene a recordarme que soy el primogénito por herencia, el heredero del mayorazgo de un padre humillado que depende de mí para que yo haga lo que él quiso ser pero no pudo? ¿Yo, más que mi padre? ¿Yo, superior a Hernán Cortés el conquistador de México? ¿Yo, capaz de hacer lo que mi padre no hizo? ¿Alzarse? ¿Alzarme con la tierra? ¿Rebelarme? ¿Rebelarme contra el Rey? Dice mi hermano Martín que él ha ido a la tumba de su madre la india, una sepultura inundada por el rumbo de Iztapalapa, húmeda pero rodeada de flores inquietas y parcelas flotantes. Ha ido a esa tumba y le ha dicho a su madre La Malinche que gracias a ella mi padre conquistó esta tierra. A mí viene a preguntarme si soy menos que su madre india. Me ofende. Me azuza. Me cisca, como dice él. Empieza a hablar una lengua que no reconozco. Pero la emplea bien, con malicia y tentación. Porque si él le habla a su madre, yo no le puedo hablar a la mía. Doña Juana de Zúñiga, amurallada en su palacio de Cuernavaca, rodeada de barrancas, alguaciles y perros de presa, me niega acceso a mi herencia —bueno, a una parte de ella. En cambio, mi hermano habla directamente con su madre y me dice que a ella le dice esto: Madrecita Malinche, qué más quisiera yo que ser el rey de esta tierra. Mas mírame, prieto y agachado, ¿qué carajos quieres que sea? En cambio mi hermano es bello como un sol, marqués todopoderoso, mimado por la fortuna y empero no se atreve, no se atreve. Le da miedo levantarse con la tierra. La tierra. Ayer lo llevé (me llevó mi hermano el mestizo) a lo alto de Chapultepec y allí le enseñé (me enseñó) la belleza de este Valle de México. Era de mañana y la frescura anunciaba el día caliente. Sabíamos él y yo que el amanecer olería a rosas perladas de rocío y a fruta parida, abierta para derramar los jugos inéditos de la papaya, la chirimoya y la guanábana. La hermosura de este Valle es que vuelve tangible un espejismo. Las distancias se mudan gracias al engaño de las montañas y el llano. Lo distante parece próximo, y muy lejano lo que tenemos a la mano. Las lagunas se secan y se evaporan, pero aún son espejos de los árboles nuevos nacidos junto a ellas, laureles de Indias, pirules y sauces. Los magueyes reclaman su ancestral ejercicio sobre el polvo. Y las montañas azulencas, los volcanes coronados de torbellinos blancos, las lomas pobladas de macizos bosques, la liquidez del aire, el aliento del sol como un fogón, el puntual chubasco vespertino, todo esto que contemplamos los dos hermanos una mañana y luego una tarde, me dice a mí, que lo que cuenta es el poder sobre esta tierra, no sobre las cosas, no sobre todo este inventario que le quitó el sueño a mi padre y ahora amenaza, hermano, con embargarte a ti: las casas, los muebles, las joyas, los vasallos, los poblados; ten cuidado: viste el remate sevillano de la casa de nuestro padre y temiste que la Conquista de México se resolviese en un baratillo de cacerolas y colchones viejos. Ten cuidado. Toma la tierra, olvídate de las cosas. Haz lo que tu padre no hizo. Mira la tierra y recuerda. No fue Hernán Cortés el único en verla por primera vez. Con él pasaron muchos hombres, soldados y capitanes, algunos criminales, otros hijosdalgo, la mayor parte gente honrada de los burgos de Extremadura y Castilla. No estás solo. Nuestro padre nunca estuvo solo. Triunfó porque puso la oreja junto a la tierra y escuchó lo que la tierra decía. No seas tú como Moctezuma, que se quedó esperando la voz de los dioses y los dioses no le hablaron nunca porque ya habían puesto pies en polvorosa. Sé como nuestro padre. Oye lo que dice la tierra.

De nada valían estas razones ante el embrujo físico de este Valle de México, pues en él cabían, a un tiempo, todos los climas: verano y primavera, otoño e invierno aliados en el instante, como si la eternidad se diese cita en el aire transparente. Nos sobrecogía el asombro de esta pureza. Y temblábamos unidos oyendo el rumor de la ciudad por venir, la matraca incesante, el gruñido de un millón de tigres, el aullido plañidero de los lobos hambrientos, el terror de las serpientes que al cambiar de piel revelaban un esqueleto de metal. Se llena el valle de luces multicolores, blancas como la plata líquida de una espada apuntada contra el entrecejo del mundo, rojas como un aliento salido del Averno, pero vencidas todas ellas por una bruma maloliente, una nata de gas, como si el valle fuese un vientre flatulento, abierto sin piedad por un cuchillo para practicar una autopsia prematura. Metemos las manos, los dos Martines, en ese vientre abierto, nos embarramos de sangre hasta los codos, removemos las tripas y las vísceras de la ciudad de México y no sabemos separar las joyas del lodo, las esmeraldas de los cálculos renales, o los rubíes de los cancros intestinales.

Entonces surge del fondo de la laguna, inesperadamente, un coro de voces que al principio no acertamos, los dos hermanos, a distinguir... Una canta en náhuatl, otra en castellano, pero acaban por fundirse: una canta el despliegue de los mantos de quetzal como flores, otra el vaivén de los álamos sevillanos en el aire; una ruega que no se mueran las flores, que duren entre sus manos; otra, que no se muera la garza herida, enamorada... Se funden las voces para cantar juntas al paso fugaz de la vida; se preguntan si en vano hemos venido, pasamos por la tierra: tocamos las flores, tocamos los frutos, pero un alto y desconsolado grito recuerda, añadiendo otra voz al conjunto: dentro en el vergel moriré; dentro en el rosal, matar'ham, palabras que se funden con el responso de la tierra india, nadie, nadie, nadie, de verdad vive en la tierra: sólo hemos venido a soñar, y fluyen las palabras lejos del valle, a un mar lejano a donde van a parar los ríos silenciosos de la vida; tendremos, dice la voz náhuatl, que ir al lugar del misterio... Y entonces, como portado por un viento que disipa los humos pestilentes y apaga las luces crueles y silencia los rumores estridentes, el canto termina sin terminar,

> *No acabarán mis flores,*
> *no acabarán mis cantos.*
> *Yo los elevo,*
> *soy tan sólo un cantor...*

MARTÍN I

Quiere que me olvide de mi existencia, de honores y placeres. No se da cuenta de que eso a mí me basta. No pretendo gobernar esta tierra. Que la gobiernen otros y mientras más mediocres sean, más me envidiarán, ¿qué tiene de malo? Cree que no sé leer sus razones. Cualquiera que vive aquí las comprende. Quiere vengar a su madre. Me seduce convenciéndome que yo debo vengar a mi padre. No nos unen las venganzas, pues. Va más allá. Me recuerda que nuestro padre acabó por amar a México más que a España, consideró que México era su tierra y aquí quiso regresar a morir. España, el tiempo, los papeles, la perversidad oficial, le negaron esta voluntad. Quizás, alega mi hermano, la razón es que se temía la presencia de nuestro padre en México. El largo proceso legal en realidad fue un exilio. Hernán Cortés quiso salvar los templos indios; los franciscanos se lo impidieron. Quiso acabar con la encomienda y el vasallaje de indios; los encomenderos se lo impidieron. El Rey vio en el humanismo de nuestro padre lo que más temía: el gobierno irrestricto de los conquistadores. Su capricho. Su insolencia. Por el bien de todos, el Rey debía imponerse a los conquistadores, no fueran a pensar que sus hazañas les daban derecho de gobernar.

¿No se había levantado en armas Gonzalo Pizarro contra el Rey en Perú? ¿No se había adentrado en el Amazonas el traidor Lope de Aguirre para fundar un nuevo reino en contra del Rey de España? Mejor arrinconar a los conquistadores, cercarlos, despojarlos, dejarlos que se mueran ahogados en tinta y papeles o a cuchilladas entre sí; muera de hambre y mal gálico Pedro de Mendoza a orillas del Río de la Plata; muera Francisco Pizarro asesinado por los partidarios de Diego de Almagro su rival; muera Pedro de Alvarado aplastado por un caballo y muera de rabia y desesperación nuestro padre Hernán Cortés. ¿A estos nombres quiere mi hermano el hijo de la india añadir el mío? Joder, que mi resentimiento no es el suyo y mi secreto él no lo comparte. Sé que mi padre quiso liberar la tierra y los vasallos. Violé el testamento de mi padre. Que su gloria y su designio humanista lo canten otros, como el Padre Motolinia: —«¿Quién así amó y defendió los indios en este mundo nuevo como Cortés?»— Yo finco mi orgullo en mi modestia. No cumplí la voluntad testamentaria de mi padre, que fue darle libertad a esta tierra. ¿Con qué cara voy a reclamar esa misma libertad ahora? Sobre todo si me cuesta mis brindis, mis mascaradas, mis bautizos, mis envidias y mi fortuna.

MARTÍN II

Pobre hermano mío. Cegado. Iluso. Soberbio. Tiene un inmenso poder sobre esta tierra, pero no sabe emplearlo. Espejo de las hazañas de nuestro padre. Espejo presentable. En cambio, yo... Él: Renta anual de cincuenta mil pesos. Educado, refinado. Lo veo. Me veo. Soy su espejo deforme. No hay señor más poderoso que él en la Colonia. Todos los honores y haberes debidos a mi padre, negados a mi padre, se los dieron a él. Ya no representaba, como mi padre, peligro político. Tierras de labor, solares, tributos, diezmos, primicias: todo se le dio para decirle: Tente tranquilo. Te damos todos los honores, todas las riquezas. Pero te negamos el poder, igual que a tu padre. Yo le digo: Toma el poder también. —Él no quiere: se conforma y éste es su carácter. Pero la idea de la rebelión para ganar la independencia de México no es una idea que nazca ni de mi rencor (como él lo ve) ni de su vanidad (como yo lo veo). Estas cosas suceden a pesar de nosotros. A espaldas de nosotros. Tienen su propia fuerza, su ley propia. México ya no es Tenochtitlán. Pero tampoco es España. México es un país nuevo, un país distinto, que no puede ser gobernado desde lejos y a trasmano, como quien no quiere la cosa. Somos los entenados de la Corona. Mi padre lo supo, pero él aún no tenía patria mexicana, aunque la quería. La quiso; lo quiero. Nosotros sus hijos no sólo tenemos un nuevo país. *Somos* el nuevo país. Oigo sus voces y a mi hermano le digo, no hagas ruido, tente sosegado, habla quedito, jode con disimulo. —México es un país herido de nacimiento, amamantado por la leche del rencor, criado con el arrullo de la sombra. Háblale con cariño, mímalo, dale por su lado y hazlo tuyo en secreto. No enteres a nadie de tu amor por México. La luz pública ofende a los hijos de la sombra. Ándate muriendo con discreción, hazte de allegados, promételes todo a todos, luego distribuye tantito nada más (pues nadie aquí espera nunca nada y se contentan con lo poquito que les parece mucho). Aprovecha la oportunidad política.

Murió el Virrey. Quedaron tres oidores en espera del nuevo Virrey. Siguieron tramitando los asuntos del día, casi por inercia. El asunto permanente de la administración seguía siendo uno solo: deslindar los derechos de la Corona y los de los conquistadores. Los hijos de la Conquista presentaban sus memoriales a la Audiencia. Ésta, débilmente, los aplazaba. Pero los descendientes veían en ello un agravio insolente y respondían con más insolencias: «No le suceda al Rey lo que dicen, que quien todo lo quiere, todo lo pierde», dijo el arrogante Alonso de Ávila, y todos lo atribuyeron a la inspiración de mi hermano.

Se formaron dos bandos y todo por causa de unos guantes. A un don Diego de Córdoba le entregaron los criollos veinte mil ducados con el pretexto de que les comprara en España guantes que aquí no se hacían. Era un pretexto para que el tal Don Diego negociase en la corte derechos de los criollos, sin apariencia de cohecho. Como Don Diego no cumplió, y quedóse con los ducados, y no llegaron los guantes a sus hidalgas manos, se dividieron los bandos. Unos se acercaron a mi hermano para pedirle que encabezara la rebelión, aprovechando la debilidad de la Audiencia. Otros, en cambio, fueron directamente a denunciar a mi hermano, a Ávila y a sus amigos ante la impotente Audiencia. La Audiencia, temerosa del poder de mi hermano, titubeó. Mi hermano, temeroso del poder real, titubeó también. A espaldas de ambos, actuaron los que no titubearon.

En nombre de mi hermano, sus allegados aprovecharon una fecha memorable, el 13 de agosto de 1565, aniversario de la toma de la ciudad de México-Tenochtitlán por Hernán Cortés. Era la llamada Fiesta del Pendón. Los conjurados decidieron aprovechar los festejos, la abundancia de gente en ellos y la tradición de fingir combates y escaramuzas, para montar un barco con artillería sobre ruedas y enfrentarlo de mentiras a una torre rodante, armada también con artillería y soldados. Entre ambos, pasaría el Regidor con su pendón y de los dos pasos simulados saldría la gente armada, prendiendo a la Audiencia, arrancando el pendón y proclamando a don Martín Cortés rey y señor de México.

Ay... Pasó lo que yo más temí: perdiste la iniciativa, hermano.

Te madrugaron.

MARTÍN I

Todo esto pasó a mis espaldas, lo juro. ¡Comprar guantes para los hidalgos ricos! Quién iba a imaginarse... Es cierto, vinieron a verme, a comprometerme, a echarme la eterna cantinela de quejas de los criollos,

que si no se les consideraba, que si eran mal gobernados por gente inep-
ta enviada de España, que si los oidores y regidores los vejaban y entor-
pecían sus negocios, que si no tenían ellos derecho a gobernar el país
como lo hicieron sus padres los conquistadores, sin consultar a nadie.
Los dejé hablar. No los desanimé. Pero les advertí: —¿Cuentan de verdad
con gente?—. Mucha, me contestaron, y los nombraron, entre ellos un
tal Baltasar de Aguilar, maese de campo. —No vaya a ser que luego no se
haga nada —les advertí— y perdamos todos vidas y haciendas. Y para mí
me dije (y ahora lo repito como una prueba más de mi sinceridad nunca desmentida): —Si no avanzan, me quedo quieto. Pero si prosperan, yo
mismo me adelantaré y los delataré ante el Rey, diciéndole: —Señor. Mi
padre os dio una vez esta tierra. Ahora yo os la devuelvo. Mas antes de
que nada de esto ocurriera, el tal Baltasar de Aguilar, nombrado maese
de campo por los conjurados, se nos adelantó a todos y fue a la Audiencia a denunciar todo lo que sabía del alzamiento y cómo a mí me habían
de hacer rey y cómo él mismo iba a ser maestro de campo de la muchí-
sima gente conjurada. Yo no sabía nada. Estaba muy ocupado con una
señora y por su influencia favorecía yo a sus familiares, que convencidos
estaban de que yo tenía escondido el botín de Moctezuma y que por entre las faldas de mi amante aparecería al fin el tesoro. Díganme si tenía
tiempo de pensar en hacerme rey, cuando los parientes de mi amante, al
no ver ni rastros del tesoro, se impacientaron, encerraron a la señora,
empezaron a publicar papeles infames y pasaron frente a mí en la calle
sin quitarse las gorras. Me repuse de estas afrentas celebrando, en cambio, el nacimiento de otro hijo mío y tratando de repetir las fiestas del
año anterior cuando nacieron los mellizos: arcos triunfales y bosquería,
música y gran aparato, y al cabo una máscara muy regocijada y luego
una brava cena dada por mi compadre Alonso de Ávila, quien era señor
del pueblo de Cuautitlán, especializado en jarritas de barro, a las que
puso unas cifras así: una ERRE y encima una corona, y abajo una S,
que significa: REINARÁS. Fue interrumpido el sarao por una comitiva armada a cuyo frente se encontraba un hombre que yo jamás había visto,
cabezón y fornido, mal vestido y con ralos cabellos de mandrágora, co-
ronando un rostro raspado como si se lavase con piedra pómez. Cómo
contrastaba la grosería de su hábito con el atuendo parejo que para esa

noche de gala adoptamos Alonso y yo. Noche de verano —julio de 1565— y los dos vestidos con ropa de damasco larga, y encima un herreruelo negro, con nuestras espadas ceñidas. Pues esto nos pidió el hombre con cara de piedra, cuadrado como un dado y pintado de color naranja por una naturaleza mezquina aunque justiciera: —Denme vuestras señorías sus espadas. Sean presos por Su Majestad. —¿Por qué? —dijimos con una sola voz, Alonso y yo. —Luego se os dirá—. ¿Por quién? —dijimos otra vez al unísono. —Por el licenciado Muñoz Carrillo, nuevo Oidor, que soy yo mismo —dijo esta aparición demasiado carnal para ser espanto y tomando el jarrito de Cuautitlán, lo arrojó con violencia al suelo. Éramos de barro nosotros y él, de piedra.

MARTÍN II

Lo acusaron de muchas banalidades. De andar de enamorado. De favorecer a los parientes de su amante. De tener escondido el tesoro de Moctezuma. Puras pendejadas. La verdadera acusación fue la de alzarse con la tierra. Es decir: rebelarse contra el Rey. Y para mi desgracia, esa acusación me incluía a mí. Me sacaron de las sombras. Esa noche, ya estaban tomadas las calles y las puertas de la plaza con gente de a caballo y de a pie. Todos se veían muy alborotados y mi hermano, muy afligido. Lo metieron a un aposento muy fuerte de la casa real de gobierno y con muchas guardas, pero con una ventana que miraba rectamente sobre la plazoleta a un costado de la catedral en construcción, donde con prisa se levantaba un tablado. Lo despojaron de la espada, pero le dejaron su elegante traje de damasco veraniego; no tocaron su cuerpo. A mí, por ser indio, me tendieron en un burro, me desnudaron y descoyuntaron y luego me echaron en la misma cárcel donde estaba mi hermano, a ver si mi rencor aumentaba, a ver si su piedad me insultaba.

En el camino, tendido encuerado sobre el burro, boca abajo, con el culo al aire y los léperos de la ciudad albureando de lo lindo a mis costillas, que de cuándo acá un burro carga a otro burro, que cuál sería el burro de a deveras, que qué poca vergüenza de andar comparando mi pirinola enana con el vergón del burro, que si lo largo te larga y lo chiquito te achica, que si por ahí te gusta, que si vas o vienes, entras o sales, to-mas o das, coges o dejas, voy, voy, yo mirando boca abajo con la sangre agolpada en las sienes y en los ojos, con los testículos fríos, vaciados y en-cogidos por el miedo. Miro la basura de la ciudad y me doy cuenta de que siempre he tratado de mirar hacia arriba, a los palacios en construc-ción, los balcones a donde mi hermano y sus amigos lanzan las cerbata-nas floridas, los nichos de los santos (ciudad de piedra hundiéndose en lodo: el agua se fue junto con los dioses). Ahora mi postura me obliga a mirar a los canales inundados de basura, las calles de lodo surcadas por pezuñas y rueda de carreta, las huellas de los pasos sobre el polvo, indis-tinguibles las patas de los perros y las de las gentes. Trato de levantar la mirada, con dolor de pescuezo, a la catedral en construcción. Una fuer-za que no me toca me obliga a doblar la cerviz de nuevo. Me doy cuen-ta de que me doblegan todas las cosas que he dado por descontado. Miro el suelo de México y me doy cuenta de que cambia sin cesar, lo cambian las estaciones, la desgracia, el llanto, las pisadas, el desmayo, la descom-posición de este piso poroso, hundido, indeciso entre el agua y el polvo, entre el cielo y el infierno. Se detiene el burro y una pequeña mujer con-trahecha, envuelta en rebozos negros, se acerca a mí, me acaricia la mano, me da una cachetada y de sus labios hundidos, sin dientes, de sus mofletes de enana, de su lengua mojada y que no puede contener la sa-liva decentemente, sale la palabra que esperaba, la palabra que ha colga-do sobre mi vida como esa espada de Damocles de los juicios aplazados sobre las cabezas de toda la descendencia de Hernán Cortés. La mujerci-ta contrahecha me levanta violentamente la cabeza, agarrándome el pelo y me dice lo que yo esperaba oír: —Eres un hijo de la chingada. Eres mi hermano.

MARTÍN I

Han arrojado dentro de mi propia prisión a mi hermano el otro Martín. Qué poca imaginación de nuestro padre. Los mismos nombres, siempre. Martín, Leonor, Catalina, María, Amadorcico. ¿Qué habrá sido de él? ¿Qué habrá sido de la contrahecha María? Miro hacia el tablado levantado en la plaza, al costado de la máquina de lo que será un día la catedral, y le digo a mi pobre hermano el hijo de la india que se ponga de pie y venga a ver el amanecer, como lo hicimos un día desde Chapultepec. Pero al otro Martín le duelen las costillas. Lo han traído encuerado y golpeado, sucio y apestoso. No importa. En estas circunstancias, es cuando más que nunca hay que ser buen cristiano, que a fe mía yo lo soy. Mira, le dije a mi hermano: va a llover de madrugada; qué cosa tan rara. A veces sucede, me contestó él, doliente. Lo que pasa —me dijo— es que tú nunca te levantas temprano. Reí: Pero me acuesto tarde. Oiría las gotas; mis oídos son muy aguzados. Pues trata de distinguir entre goteo y tambor anunciando muerte, dijo mi adolorido hermano. Me asomé a la ventana. La plazuela se había llenado de menudo pueblo, contenido por jinetes. Entre dos filas de gente armada, pasaron los hermanos Ávila, Alonso y Gil. Llevaba Alonso mi hermano calzas muy ricas y jubón de raso y una ropa de damasco aforrada en pieles de tiguerillos, una gorra aderezada con piezas de oro y plumas, y una cadena de oro al cuello. Entre las manos, distinguí un rosario hecho de cuentecitas blancas de palo de naranjo, que una monja le envió para los días de aflicción y él, riendo, me dijo que jamás lo tocaría. Junto a los hermanos iban los frailes de Santo Domingo. En su hermano Gil ni me fijé. Debía estar llegando de un pueblo cuando lo prendieron, pues su hábito era modesto, de paño verdoso, y usaba botas. Subieron los hermanos Ávila al tablado. Primero Gil se tendió con la cabeza adelantada, pero yo sólo tenía ojos para Alonso, mi amigo, mi compañero, viéndole allí, la gorra en la mano, la lluvia mojándole ese cabello que con tanto cuidado se enrizaba, y tan cuidado con su copete para hermosearse, viéndole y oyendo los torpes hachazos del verdugo hasta cortarle la cabeza de mala manera a Gil, entre los gritos y sollozos de la gente. Miró Alonso a su hermano descabezado y dio un gran suspiro, que hasta nuestra cárcel lo escuché y viéndole, se hincó de rodillas, alzó su blanca mano y empezó a retorcerse los bigotes como era su costumbre, hasta que el fraile Domingo de Salazar, que luego fue obispo de Filipinas y que le ayudó a bien morir, le dijo que no era ésta hora de hacerse los bigotes, sino de ponerse bien con Dios. Una voz entonó el Miserere, el fraile le dijo a la multitud: —Señores, encomiendo a Dios a estos caballeros, que ellos dicen que mueren injustamente. Le hizo una seña Alonso al fraile, éste se acercó al hombre hincado y algo escuchó en secreto. Le pusieron la venda. El verdugo dio tres golpes, como quien corta la cabeza de un carnero y yo me mordí la mano, preguntándome, ¿qué nos faltó, Alonso, qué nos faltó decirnos, hacernos?, ¿nos vamos sin hacer algo que debimos hacer, acercarnos, hablarnos, querernos más?, ¿qué secreto le dijiste al fraile?, ¿me recordaste al morir?, ¿sólo te recordé yo?, ¿fuiste infiel a nuestra amistad en la hora de tu muerte?, ¿te moriste sin mí, mi adorado Alonso?, ¿me condenas a ser el que vive sin ti?, ¿deseándote, arrepentido de todo lo que no fue?

Martín II

Conozco bien mi ciudad. Algo la está cambiando. Oigo la prisa. Miro la fealdad. No necesito que venga nadie a contarme que igual que de la noche a la mañana se levantó el tablado de las ejecuciones frente a nuestra ventana, algo está cambiando la forma, el rostro de la ciudad de México. No son sólo las cabezas de los hermanos Ávila, puestas en picas en la Plaza Mayor. Han sido colocadas de manera que mi hermano y yo no podamos dejar de verlas. No necesita venir a vernos el oidor Muñoz Carrillo, con su cara siempre recién lavada, a decirnos que este aposento nuestro es temporal, pues él ha mandado construir una cárcel en quince días, para que quepan en ella todos los conspiradores contra la autoridad del Rey que son muchísimos. Apenas esté lista, allá han de llevarlos, a una cárcel, nos dice, donde ni un pájaro puede pasar sin que yo lo vea. Nos mira y nos advierte que a los ajusticiados se les condena a la medianoche, para que no tengan tiempo de avisarle a nadie, ni a ellos mismos. Simplemente, al amanecer se presentará a nuestras puertas la autoridad, con dos burros para que montemos en ellos y dos crucifijos para que los portemos entre las manos. Escucharán las campanillas de la cofradía. El verdugo y el pregonero nos acompañarán hasta el lugar de ejecución. El pregonero gritará: «Ésta es la justicia que manda hacer Su Majestad y la Real Audiencia de México en su nombre, a estos hombres, por traidores contra la corona real.» Etcétera. Eso le digo yo al Oidor: «Etcétera.» Es una de los latinajos que me enseñó mi madre. Apenas convertida al cristianismo, la entusiasmó que la lengua de la religión fuese distinta de la lengua del país. Como le hubiese gustado ser, o seguir siendo, traductora, esto la sedujo y empezó a salpicar su habla cotidiana con aleluyas, oremus, dominus vesbiscos, recuéstate en pache, paternostros y sobre todo etcéteras que, según me dijo, significaba «todo lo demás, el montón, el rollo. Vamos: el códice». Pero el Oidor, al oírme, lo tomó a mal y me dio tremendo bofetón sobre la cara. Entonces mi hermano Martín hizo algo inesperado: le devolvió la cachetada al insolente oficial de la Audiencia. Me defendió. Mi hermano dio la cara por mí. Lo miré con un amor que me salvaba a mí, si no a él, de todas las diferencias, graves unas, tontas otras, que nos separaban. En ese momento, me hubiera muerto con él. Con la venia de ustedes y si para ello no hay inconveniente, lo repito para dejarlo claro. No hubiera muerto por él. Pero hubiera muerto con él.

MARTÍN I

No me explico por qué ni nos juzgan ni nos matan. La ciudad entera es una cárcel y un potro de suplicios. Eso se ve, se sabe, se huele y nos lo cuentan. Frente a nosotros, estaba hecho ya el tablado para cortarnos la cabeza, igual que a los hermanos Ávila. ¿Por qué no lo hacen ya? ¿Es éste el suplicio del Oidor, por haberlo abofeteado? Pues frente a nuestros ojos han pasado los hermanos Quesada con sus crucifijos en las manos, atarantados aún por la rapidez de su juicio, convencidos hasta el postrer minuto de que no habían de morir; a Cristóbal de Oñate lo hicieron cuartos; a Baltasar de Sotelo no le hallaron culpa alguna en la conspiración de México, pero de todos modos lo degollaron por haber servido en Perú durante la rebelión de Gonzalo Pizarro contra el Rey: sufrió la culpa por asociación sospechada; frente a nosotros pasó Bernardino de Bocanegra, en mula, precedido por el Cristo y el Pregonero, seguido por su madre y su mujer y parientes, todas ellas descalzas y descubiertas y descabelladas como Magdalenas, arrastrando por los suelos los mantos, llorando, rogando que otorgasen perdón a aquel caballero, y fue la única ocasión en que el temible Muñoz Carrillo mostró compasión, enviándole a perder todos sus bienes y servir veinte años al Rey en goleta y cumplido lo cual, quedaba desterrado para siempre de todos los reinos y señoríos de Su Majestad el Rey Don Felipe II. De suerte que no sabíamos, mi hermano y yo, a qué atenernos. Perder la cabeza, o ser desterrados, o remar el resto de nuestra vidas. El astuto Muñoz Carrillo nada nos daba a entender, antes hacía sonar campanillas a nuestra puerta, como si fuera ya el amanecer y nos tocara salir a la cita final. Hacía pasar crucifijos frente a nuestras narices, y colocaba burros cabe nuestra ventana. ¿Por qué no pasaba nada? Vimos desaparecer de la plaza y los edificios de gobierno las cabezas en pica de los ajusticiados. Los concejales habían protestado. Las cabezas expuestas eran signo de traición. Pero la ciudad no había sido desleal. Continuó, sin embargo, la orgía de ejecuciones. Cada vez que caía una cabeza, el hipócrita oidor Muñoz Carrillo entonaba estas palabras: «Se hizo merced a sí mismo, pues se fue a gozar a Dios, pues murió como buen cristiano, y se le dieron muchas misas y oraciones.» Yo le dije a mi hermano Martín hijo de La Malinche: «El Oidor obra así para que Su Majestad sea muy servido y le haga, a su vez, muchas mercedes.» Vio mi hermano, más astuto que yo, un signo del poder menguante de Muñoz Carrillo en todo esto. Y dijo también: «Pero tienes razón. Está quedando bien con el Rey. Es un miserable lambiscón. Que vaya mucho y chingue a su madre.» Jamás había oído esta expresión y supuse que era una de tantas que La Malinche le había enseñado a mi medio hermano. Me gustó, sin embargo, la palabrita. Se la apliqué con gusto a nuestro delator, Baltasar de Aguilar, cuando al fin llegó a México el nuevo virrey, don Gastón de Peralta, Marqués de Falces, encontrándose la ciudad en rebelión sorda contra el oidor Muñoz Carrillo. Lo primero que hizo el nuevo Virrey fue determinar que a mi hermano y a mí nos enviasen desde luego a España, pues la Audiencia de México no era imparcial, ni podía oír con justicia nuestra causa. Y tal era la voluntad misma del rey don Felipe II para con los hijos de un hombre que tanta gloria le dio a España. Bastóle al rufián Baltasar de Aguilar, nuestro delator, entender que el Virrey procedía benévolamente con nosotros, para desdecirse de sus acusaciones a fin de quedar bien con todos. Creo que entonces, sólo entonces, se encendió en mí la llama divina de la justicia. Pedí carearme con el hijo de la chingada —ya hablo como mi hermano— y Muñoz Carrillo decidió estar presente. Le eché en cara al traidor su proceder. Compungido, se hincó frente a mí y me pidió perdón. Le dije que nada perdonaría la muerte de Alonso de Ávila, mi más querido hermano, por su culpa. Aguilar estaba atolondrado, mas no el Oidor, que ya contaba sus escasos días de poder. ¿Por qué no se defendió Alonso de Ávila?, preguntóme el Oidor. No supe qué decir. Se restregó al zafio Muñoz Carrillo la cara con sus manos como callos y con una voz cavernosa, en cuyas profundidades ni la carcajada ni el resquemor se diferenciaban, nos dijo: —En su poder encontráronse multitud de billetes de amor de las más altas damas de esta ciudad. —Murió para no comprometerlas —dije lleno de admiración. —No. Murió porque en sus billeticos don Alonso se ufanaba de su conspiración, la contaba en detalle y les prometía a las señoras riquezas y privilegios sin fin cuando él y vos, señor don Martín, compartiesen el gobierno de México.

La sentencia fue justa. Yo era un perfecto pendejo.

Martín II

Yo creo que de tantos errores sólo nos compensó la innata concepción de justicia del virrey don Gastón de Peralta, quien determinó que en el caso de esta conspiración para alzarse con la tierra y arrebatarle la posesión de México al rey de España, la Corona procedería de acuerdo con el siguiente criterio. Los primeros en denunciar, recibirían mercedes. Al oír esto, Aguilar gritó de alegría. Pero los segundos en denunciar, sólo serían perdonados. Aguilar puso cara de circunstancias. Y los terceros en denunciar, serán pasados por las armas. Aguilar se hincó, implorando. «¿Y los que simplemente nos arrepentimos y nos echamos para atrás?», dijo el muy miserable.

Digo que hay algo de justicia en todo esto, después de todo. Al cabrón Baltasar de Aguilar lo condenaron por perjuro a diez años a galeras, perdiendo todos sus bienes y los pueblos que tenía, a más de perpetuo destierro de todas las Indias del Mar Océano y Tierra Firme. Devuelto a España en una goleta, al oidor Muñoz Carrillo le dio un ataque de apoplejía, al leer una carta en la que el rey Felipe lo destituía, poniéndolo más cuadrado de lo que por natura ya era: «Os mandé a la Nueva España a gobernar, no a destruir.» Perdió el habla y para curarlo, le abrían la boca con palos para que tomara sus brebajos. Murió este hombre de rostro lijado y hebras de mandrágora en la cabeza. Ya se sabe que estos homúnculos nacen al pie de las horcas. Pero a su sosias el oidor Muñoz para no echarlo al mar, lo abrieron, le sacaron las tripas y lo salaron, pues antes de morir logró decir: —Quiero que me entierren en El Ferrol. Se desataron tormentas y los marinos se amotinaron. Llevar un cuerpo muerto en navío trae mala suerte. Lo echaron al mar, bien liado y envuelto en esteras muy sucias llenas de brea. A mi hermano don Martín, el hombre que pudo ser el rey de México, lo mandaron de regreso a España. ¿Por qué? Sus enemigos se regocijaron, creyendo que allá le iría peor y el Rey le haría sentir todo el rigor de sus culpas. Sus amigos también se alegraron, viendo en la decisión una manera de proteger a Martín y aplazar el juicio. Yo, en cambio, a sabiendas de mi fracaso, le dije, hermano, quédate en México, exponte, pero apresura el juicio. ¿No te das cuenta de que si regresas a España te va a pasar lo mismo que a nuestro padre? Tu juicio nunca se va a acabar. Va a seguir eternamente. Corta ya el hilo de la espada sobre nuestras cabezas. Si regresas a España, serás invalidado, igual que nuestro padre. Éste es el secreto de las oficinas en España y en todas partes: dilatar los negocios hasta que todos se olviden de ellos. Pero mi hermano me dijo, sencillamente: Ni yo ni ellos quieren verme más aquí. Ni ellos ni yo queremos lo que me espera aquí. La lucha y acaso el martirio. No lo quiero.

MARTÍN I

Juntó en 1545 Carlos V una gran armada para batir al eunuco Aga Azán, que gobernaba a Argelia. Doce mil marineros, 24 mil soldados, 65 galeras y otros 500 barcos más se reunieron en las Baleares. Encabezó la armada el Emperador. Con sólo once barcos y quinientos hombres, mi padre había conquistado el imperio de Moctezuma. Ahora ni el mando de una galera le dieron. Pero él se la tomó. Yo tenía nueve años. Mi padre se alistó como voluntario y me llevó de la mano a tomar posesión de la galera *Esperanza*. Nadie sabía de guerra más que él, ni siquiera el Emperador. Advirtió contra el mal tiempo. Advirtió contra el exceso de la expedición. Bastaba esperar el buen tiempo y llegar por sorpresa con un reducido contingente. Nadie le hizo caso. La expedición fracasó en medio de la tormenta y la confusión. Mi padre viajaba siempre con sus cinco esmeraldas. Por miedo a perderlas en el desastre de Argel, las amarró en un pañuelo. Las perdió nadando para salvarse. Ahora yo quisiera hundirme en el Mare Nostrum hasta encontrarlas: una labrada como rosa, la otra como corneta, y otra como un pez con los ojos de oro, otra como campanilla y otra una tacita con el pie de oro.

Mas, ¿eran éstos sus verdaderos tesoros? Recordé entonces la muerte de mi padre, el aroma del naranjo en flor que entraba por la ventana en Andalucía, y quise imaginar que en su faltriquera, desde que desembarcó un día en Acapulco y allí sembró un naranjo, mi padre traía esas semillas guardadas y ellas no se perdieron, ellas no se fueron al fondo del mar, ellas permitirían a los frutos gemelos de América y Europa crecer, alimentar y un día, con suerte, encontrarse sin rivalidad.

Las cosas muy olvidadas vuelven a salir en ocasiones que dañan. Maldigo hasta la cuarta generación a cuantos nos hicieron daño.

MARTÍN II

Madre: Sólo contigo venció nuestro padre. Sólo a tu lado conoció una fortuna en ascenso. Sólo contigo conoció el destino sin quebraduras del poder, la fama, la compasión y la riqueza. Yo te bendigo, mamacita mía. Te agradezco mi piel morena, mis ojos líquidos, mi cabellera como la crin de los caballos de mi padre, mi pubis escaso, mi estatura corta, mi voz cantarina, mis palabras contadas, mis diminutivos y mis mentadas, mi sueño más largo que la vida, mi memoria en vilo, mi satisfacción disfrazada de resignación, mis ganas de creer, mi anhelo de paternidad, mi perdida efigie en medio de la marea humana prieta y sojuzgada como yo: soy la mayoría.

MARTÍN I

No quiero ser mártir. Prefiero la farsa a un proceso interminable que nos desgaste por igual a mis jueces y a mí. Me voy de México, como me lo piden. Quieren tenerme tranquilo. Está bien. Me voy y dejo mis bienes a cargo de mi hermano mayor, el hijo de la india. En España se me sigue causa y soy condenado a destierro, multas y secuestro de bienes. Esto ocurre en 1567. Los castigos son revocados en 1574, salvo las multas. Tengo cuarenta y cuatro años. Me devuelven los bienes, pero me obligan a hacer a la Corona un préstamo de 50 mil ducados para sus guerras. Benemérito propósito. Mi señorío mexicano queda desmembrado cuando la Corona se anexa mi Tehuantepec y mi Oaxaca. ¡Amo y Señor! No lo seré yo, aunque algo les dejaré a mis descendientes. Más dinero, al cabo, que poder. Así será siempre. No habrá caudillo que dure mucho en México. El país no quiere tiranos. Le gusta demasiado tiranizarse a sí mismo, día con día, rencor con rencor, injusticia con injusticia, envidia con envidia, sumisión con sumisión, desde abajo hasta arriba. Nunca regresaré a México. Moriré en España el 13 de agosto de 1589, a los sesenta años de edad, otro aniversario de la toma de Tenochtitlán por mi padre y de la fallida conjura por la independencia de la Colonia. Dejo mis bienes a mis hijos pero al morir me hundo en el mar frente a Argelia, buscando las cinco esmeraldas perdidas de mi padre. Son las mismas que le regaló Moctezuma. Son las mismas que para su desgracia, mi soberbio y cegado padre no quiso regalarle, ni siquiera venderle, a la reina de España.

MARTÍN II

Fui atormentado en México y desterrado a España. Morí al terminar el siglo. ¿Qué tendría? ¿Setenta, ochenta años? Perdí la cuenta. La verdad es que al final tuve siempre ocho años nomás. Me acurruqué en brazos de mi madre, la india Marina, *La Malinche*. Abrazados juntos todas las noches, sólo así nos salvamos del terror. Oímos el golpe de caballos. Éste es el terror, ésta la novedad. Galopan los caballos y las aves vuelan, las moscas zumban. Nos abrazamos mi madre y yo, tiritando de miedo. Sabemos que no debemos temerles a los caballos que trajo mi padre a México. Debemos temerle a la agitación incesante del mundo sobre nuestras almas. Recuerdo la piel gastada y enferma de mi madre. Quisiera haber visto, como mi hermano Martín que lo abrazó al morir, a mi padre viejo: su piel. Ahora veo la mía, anciano, y recuerdo la mañana que pasamos mirando el Valle de México con mi hermano. Mi piel es un campo. Mis arrugas y mis venas son campos arados, accidentes del terreno. Mis huesos son piedras. Las líneas de mi palma son piel, campo y papel. Tierra escrita, tierra doliente y sensible como una piel, inflamable como un códice. Mi madre y yo nos abrazamos de noche para defendernos, pobrecitos de nosotros, del sueño de la tierra. Hemos visto en pesadillas el espectáculo de la muerte. Mi padre viene con la escolta de la muerte. Muere él. ¿Cuántos murieron antes que él? ¿Con cuántos muere él? ¿Cuántos, en verdad, nos sobreviven? Cuento esto y me admiro del mundo, y a veces no quisiera haber sido en él. Desengañémonos de lo que tanto quisimos. Estoy harto del espectáculo de la muerte. No sé qué significa el nacimiento de un país.

El naranjo

La monarquía

LA PRISIONERA DEL ESCORIAL

—¿Quién eres? ¿Dónde estoy?

Ten piedad de mí, contestó la Señora y narró, sentada al filo de la cama, lo siguiente:

Fui traída siendo una niña desde mi patria, Inglaterra, al castillo de uno de los grandes señores de España, mi tío. Vine contenta, pues desde la cuna me habían contado historias de la tierra del sol, donde florece el naranjo y las brumas de mi país son desconocidas. Pero encontré que aquí, como si el sol fuese una plaga y la alegría que hace nacer en los cuerpos un pecado, se expulsaba su luz, se le condenaba a perecer en hondas mazmorras, se le oponían murallas de granito y se sometía el simple deleite corporal a las contriciones del ayuno, la flagelación y la etiqueta. Llegué a añorar la ruidosa vulgaridad de los ingleses; allá, la borrachera, el baile, el insulto, la gula y la sensualidad carnal compensan el clima de heladas lloviznas. Cada noche había fogatas y banquetes en la mansión junto al río de mis padres, muertos finalmente del cólera él y de los malos partos ella. Llegué a España; era una infanzona con bucles de tirabuzón y tiesas enaguas de calicó. Fui una niña largo tiempo, amado mío, y mi único entretenimiento era vestir muñecas, juntar huesos de duraznos, despertar a las tardonas y vestir a mis dueñas como los comediantes que mi padre me llevó a ver en Londres.

Creo que dejé de ser niña una mañana en que, estando en periodo de menstruación, fui a la capilla a recibir la eucaristía; la hostia, apenas colocada sobre mi lengua, se convirtió en serpiente; el vicario me injurió en público y me expulsó del sagrado lugar. Óyeme, mi amor; aún no comprendo cuánto mal desencadenó ese horrible hecho; aún no lo comprendo. Quizás mi primo, el hijo del Señor mi tío, me amaba desde antes, en secreto; él me ha dicho que esa mañana de la comunión en la capilla me miraba de lejos, adorándome ya; yo no lo supe. Sólo entendí una orden de labios de su padre, varias semanas más tarde, en medio del horror y del crimen, en una sala del alcázar llena de cadáveres que los guardias se llevaban arrastrados de los pies, rumbo a una pira monstruosa que durante días infestó con sus olores nauseabundos la comarca. Sólo supe que esa matanza de rebeldes, comuneros, heresiarcas, moros y judíos engañados y conducidos a una ratonera por el joven príncipe Felipe había sido la prueba que éste daba a su padre: merecía tanto el poder como mi mano.

Entonces supe y debí obedecer. Yo iba a ser la esposa del heredero y nuestras bodas se celebrarían en el altar de la sangre derramada. Tuvo lugar la ceremonia; desde ese momento debieron cesar mis juegos. La serpiente surgida de mi lengua impura me amordazaba ahora, ataba mis pies y mis manos, me sofocaba y me hería. Yo era la esclava de esas serpientes: las dueñas y las camareras mayores me arrebataron mis muñecas, escondieron mis disfraces, descubrieron el escondite de mis duraznos y me impusieron un horario de clase estricto e interminable: cómo hablar, cómo caminar, cómo comer: como convenía a una Dama española.

Me doblaron a los usos. Me convertí en una prisionera de la infalible simetría. Y al cabo de diez años de hablar con frases preparadas para cada ocasión, de aprender a caminar alta, rígida, con un azor posado sobre mi puño (infalible simetría: como las aldeanas van a la fuente con un cántaro sobre la cabeza, así mi halcón y yo), de comer poco y mal unos bocadillos tomados siempre con los dedos tiesos y la cabeza erguida, seguía tan añorante como inocente: pero ni mis manos podrían, nunca jamás, jugar con las muñecas, ni mis piernas correr alrededor de las dueñas disfrazadas, ni mis rodillas doblarse para enterrar en el jardín los huesos de durazno. Resignéme. Toma mucho tiempo perfeccionar un gesto, tal es el sentido de la tradición, escoger una de las posibilidades de la vida, mantenerla, acariciarla, disciplinarla, excluir cuanto la ofenda o hiera: esta actitud nos asimila a los señores y a los pueblos, ambos hemos durado mucho, no nos interesa cambiar los usos cada año. Tradición, señores, pueblo: esto me lo explicó mi favorito amigo, el fraile Julián, que es el pintor miniaturista de esta corte.

No entendí el extremo de protocolo que ahora marcaría mi vida (mi cuerpo olvidándose de todo lo aprendido naturalmente) hasta un día que regresé en la litera de un paseo por los vergeles circundantes, estando mi marido ausente en una de las guerras contra príncipes rivales y protectores de herejes y al descender perdí pie y caí de espaldas sobre las losas del patio del alcázar.

Pedí auxilio, pues arrojada bocarriba y vestida con miriñaques de fierro y abombadas basquiñas, me era imposible levantarme por mi propia cuenta. Pero ni los camareros ni los alguaciles, ni las dueñas que acudieron a mis voces, ni el gentío de monjas y capellanes, botelleros y sacerdotes, palafreneros y alabarderos que, hasta el número de cien, se reunieron en torno mío, adelantaron un brazo para levantarme.

Formaron un círculo y me miraron con pena y azoro; y el alguacil mayor advirtió:

—Que nadie la toque. Que nadie la levante, como no lo haga por sí sola. Ella es la Señora y únicamente las manos del Señor pueden tocarla.

En rebeldía contra estas razones, grité a las camareras: ¿no me visten y desvisten cada día, no me peinan, no me espulgan la cabellera, por qué no me pueden tocar ahora? Me miraron ofendidas, y sus miradas agraviadas me estaban diciendo:

—Una cosa es lo que sucede recámaras adentro, Señora, y otra muy distinta la que tiene lugar a los ojos de todo el mundo: la ceremonia.

Volví a añorar, prenda amada, los desenfados de mi patria, Merrie Englande. Y pensé que mi destino sería peor que el de las peregrinas inglesas, por cuya mala fama prohibió San Bonifacio las peregrinaciones femeninas, pues la mayor parte se pierde, pocas llegan puras a su dirección y pocas ciudades hay en Lombardía o Francia donde no haya puta o adúltera de la raza inglesa. Mil veces peor, te digo, mi destino: peregrina perdida por la etiqueta y la castidad, pues una y otra pesaban sobre mi corazón como duras penas.

Pasó la tarde; cayó la noche, y sólo las más fieles camareras y los más rudos soldados, permanecieron cerca de mí; el armazón de fierro de mis vestidos crujía bajo mi peso; vi pasar las estrellas, algunas más fugaces que de común; vi nacer el nuevo sol, más lento que en días recordados. Al segundo día, hasta las dueñas me abandonaron y sólo los alabarderos permanecieron a mi lado, aunque a veces olvidasen quién era yo, o siquiera que yo estaba allí, y comían, orinaban y juraban en el patio. Soy de piedra, me dije resignada; me estoy convirtiendo en piedra. Dejé de contar las horas. Impuse a la noche mil albores imaginarios; teñía de negro el día. Pero el sol me pelaba la piel del rostro y me hacía brotar oscuros hongos en las manos; llovió una noche y un día, se escurrieron mis afeites y se empaparon mi cabellera y mis faldones. Con sumo retardo, pues el hecho imprevisto en el ceremonial les llenaba de confusión inmóvil, las dueñas se turnaron manteniendo grandes sombrillas negras sobre mi cara. Cuando volvió a salir el sol, olvidé el pudor y deshice los lazos de mi corpiño para que mis pechos se secaran. Alguna noche, los ratones buscaron acomodo en la amplia cueva de mis enaguas levantadas; no pude gritar, los dejé acosquillarme los muslos y al que más se aventuró entre ellos le dije, «Mur, has llegado más lejos que mi propio marido».

Sólo los brazos de mi esposo tenían derechos para levantarme de esta postura, primero accidental, luego ridícula y finalmente patética. ¡Pero si esos brazos jamás me han tomado para sí, nunca! ¿A quién le dije, en aquel instante, estas palabras? No te engaño, mi amor: se las dije al más fiel de los ratones, el que acabó por establecer domicilio en las oquedades de mi guardainfante, pues mejor interlocutor lo consideré, desde luego, que mis atarantadas dueñas, pomposos alguaciles y rígidos alabarderos. Recordé el melancólico rostro del que sería mi esposo, duro y melancólico, la primera vez que me miró con mirada de amor, aquella lejana mañana en la capilla, cuando fui expulsada por el vicario. Pero yo, de amores, mur, ¿qué sabía? Algo demasiado brutal: esa misma mañana, una perra había parido en mi recámara; yo había menstruado; mi dueña la Azucena se encontraba aherrojada por un cinturón de castidad. ¿Qué sabía? Lo que había leído en secreto en el libro de los honestos amantes de Andreas Capellanus: el verdadero amor debe ser libre, mutuo y noble; un hombre común, un villano, es incapaz de darlo o recibirlo. Pero sobre todo, debe ser secreto, ratón; los amantes, en público, no deben reconocerse sino mediante gestos furtivos; los amantes deben comer y beber poco; y el amor es incompatible con el matrimonio; todos saben que nunca hay amor entre marido y mujer. Mi marido, rata, jamás me había tocado; ¿era ello prueba de que, en efecto, no hay amor entre esposos, al grado de jamás estar reunidos en un tálamo?, o era prueba de que, cual verdadero amante, mi esposo me quería en secreto y furtivamente, como tú, mur, como tú, Juan? Al ratón le conté estas penas, y este pensamiento: mi propia suegra, la madre del Señor mi marido, sólo a oscuras conoció las obras de varón, pues sólo para engendrar príncipes la necesitaba el Señor mi tío español; yo, ni eso; yo, virgen como el día que desembarqué de Inglaterra mi patria. Poco podía comer y beber en mi absurda posición; presencia secreta y furtiva, presencia de verdadero y honesto amante, sólo la del ratón que noche con noche me visitó, me mordisqueó, me conoció...

Así pasé treinta y tres días y medio, amor: la vida del alcázar reasumió sus hábitos; las dueñas me daban de comer en la boca, con cucharones soperos; debían molerme las viandas en retortas, pues de otra manera no podía tragarlas; bebía de las botas más burdas, pues todo lo demás se me escurría por la barbilla; y a grandes gritos apartaban las dueñas a los socarrones guardias cuando ellas me acercaban la porcelana, aunque muchas veces no pude contener mis necesidades naturales antes de que las camareras llegasen, siempre a horas fijas, sin atender a mis urgencias y caprichos. Y todas las noches, el furtivo ratón me visitaba, salía del hoyo de mi guardainfante para roer un poco más el hoyo de mi virginidad. Él fue mi verdadero compañero en ese suplicio.

Una tarde, cuando ya había dejado de contar el tiempo, imaginar mi rostro deslavazado o mirar las faldas desteñidas, mi esposo entró al patio al frente de la tropa victoriosa. Se había enterado, en el camino, de mi infortunio. Pero al entrar, pasó de largo y se dirigió a la capilla a dar gracias, sin detenerse a mirarme. Yo había jurado no reprocharle nada; imaginé que podía ser muerto en batalla y entonces mi destino hubiese sido esperar mi propia muerte, sin brazos dignos de recogerme, yacente en el patio, amenazada por los elementos hasta convertirme, tarde o temprano, vieja o joven, en uno de ellos: un montón de huesos y pellejos a la intemperie, sin más compañía que un ratón. Sólo los brazos de mi marido el Señor eran dignos de recogerme; muerto él, muerta yo; muerto él, sólo una vida podía acompañarme hasta la hora de mi propia muerte: la de un diminuto, sabio, pelraso, royente mur. ¿Cómo no iba a entregarme al ratón, pactar con él, acceder a cuanto me pedía? Perdón, Juan, perdón; no sabía que te habría de soñar y, soñándote, encontrarte...

Más tarde, mi esposo se acercó a mí; dos mozos le acompañaban, portando entre ambos un gran espejo de figura entera. A una orden de mi marido, los mozos acercaron el espejo a mi cara; grité horrorizada al ver ese rostro que ya no era el mío, y sólo en ese instante se acumularon los treinta y tres días y medio de mi grotesca penitencia y se sumaron a la humillación que, con intenciones mortales por eternas y eternas por mortales, mi marido el Señor me ofrecía: en ese momento, creyéndome virgen aún, perdí para siempre la inocencia.

Miré a mi marido y entendí lo que pasaba; él mismo había envejecido, sin duda paulatinamente; pero en ese momento, al regresar victorioso de una guerra más, el paso del tiempo se hizo actual; algo que yo desconocía había sucedido: el Señor había regresado de su última batalla; me di cuenta de que asistía al momento de su vejez, de su renuncia, de su dedicación a las obras de la memoria y la muerte; traté de recordar, esta vez en vano, los ojos soñadores del grácil joven en la capilla o los ojos crueles del hombre en la sala del crimen, que sólo gracias al crimen se había sentido con derecho de merecerme; estos ojos, los que ahora mirábanme como yo los miraba, eran los de un viejo agotado que me ofrecía, para acompañarle en su prematura senectud, mi propia imagen descascarillada, polvorienta, sin cejas ni pestañas; mi nariz afilada y temblorosa como la de una loba en ayunas; mi cabellera sin color, convertida en pelambre gris como la de las ratas que me habían visitado. Cerré los ojos e imaginé que desde los lejanos campos de batalla de Flandes, el Señor mi esposo, con la asistencia diabólica, había ordenado el ridículo traspiés que dio con mi cuerpo en las baldosas del patio, obra de lémures chocarreros, a fin de igualar nuestras decadentes apariencias al reunirnos. Pero no eran las del Señor obras del diablo, sino divinas dedicaciones al fervor cristiano; y si él había escogido por aliado a Dios para que esto me sucediera, yo escogería al Demonio para responderle.

Sólo entonces, después de mostrarme a mí misma en este turbio espejo de horrores, el Señor me ofreció sus manos, pero yo carecía de fuerzas para tomarlas y levantarme. Hubo de hincarse y tomarme, por primera vez, entre sus brazos y así conducirme a mi alcoba, donde las camareras habían preparado ya, por iniciativa propia y con el dudoso disgusto del Señor, para el cual el baño era medicina extrema, una tina hirviente. Mi marido me desnudó, me introdujo en la bañera y por primera vez vio mi cuerpo sin ropa. Yo no sentí la temperatura ardiente del baño; estaba paralizada e insensible. Él me dijo que dejaríamos el viejo alcázar de sus padres y que en la meseta se construiría un nuevo palacio que a la vez sería mausoleo de los príncipes y templo del Santísimo Sacramento. Así conmemoraría, añadió, la victoria militar y también... No pudo terminar. Cayó de rodillas ocultando su mirada con una mano, y me dijo:

—Isabel, tú nunca sabrás cuánto te amo y sobre todo cómo te amo...

Le pedí que me lo dijera; lo pedí con desdén, con arrogancia y más que nada con rencor, y él contestó:

—Desde aquella mañana en la capilla, cuando escupiste la culebra, te amo de tal manera que jamás te tocaré; mi pasión por ti se alimenta del deseo; jamás puedo, ni debo, satisfacerlo, pues dejaría, saciado, de desearte. En este ideal fui educado; es el ideal del auténtico caballero cristiano, y a él he de ser fiel hasta mi muerte. Otros pueden ser fieles, y morir por ello, al sueño de un mundo sin poder, sin enfermedad, sin muerte, de plena satisfacción sensorial o de humana encarnación de la divinidad. Yo, por ser quien soy, sólo puedo ser fiel al sueño de un deseo en vilo, siempre mantenido pero jamás realizado; semejante a la fe, pues.

Sonreí; le dije que su propio padre, famosamente, había saciado sus deseos ejerciendo en mil ocasiones el derecho de pernada; mi esposo contestó que él, con la cabeza baja, admitía sus propios pecados al respecto, pero una cosa era tomar a mujeres del populacho y otra tocar a su ideal femenino, la Señora de su casa; con saña, le hice notar que su padre, así fuese a oscuras y sin placer, había tomado a la madre de Felipe para tener un heredero; ¿cómo resolvería él este problema? Estaba dispuesto a heredar un trono acéfalo?; mi marido murmuró varias veces, bastardos, bastardos y a pesar de sus palabras, en extraño contraste con ellas, él también se desnudó ante mí por vez primera y última, en medio de los espesos vapores de ese mi baño, y fue como si ahora yo hubiese ofrecido el mismo espejo indigno al cuerpo del Señor y en lugar de observar los estragos pasajeros que la intemperie me impuso, pude ver las taras permanentes que la herencia dejó en él, los abscesos, los chancros, las bubas, las visibles úlceras del cuerpo, la prematura debilidad de sus partes. El agua hirviente me llagaba, me llenaba los muslos y la espalda de ampollas; por fin la sentí, grité y le rogué que se retirara. El instante me lo pidió; pero también el tiempo más largo; no quería que mi marido volviese a penetrar el sagrado de mi alcoba; sabía que la vergüenza de ese momento sería el mejor cerrojo de mi anhelada soledad; y esta vergüenza culminó con las palabras que el Señor mi esposo dijo al retirarse:

—¿Qué cosa nacería de nuestra unión, Isabel?

Felipe se retiró con una actitud que quería decir más de lo dicho por el espantoso contraste entre sus palabras de amor ideal y su cuerpo de asquerosas taras; su silencio me pedía que atara cabos, dedujera, perdonara. Carecí de fuerzas para ello. Salí del baño; caminé envuelta en sábanas por las vastas galerías del alcázar. Alucinada, vi a la larga fila de mis dueñas que me daban la espalda mientras pasaba. Sus figuras se recortaban a contraluz; ofrecían los rostros invisibles a las ventanas de emplomados blancos y a mí las espaldas cubiertas por hábitos monjiles y las cabezas cubiertas por cofias negras. Me acerqué a cada una, preguntando:

—¿Qué habéis hecho de mis muñecas? ¿Dónde están mis huesos de durazno?

Terra nostra

La independencia

VERACRUZ, 1819

1

La Virgen de Guadalupe no tuvo tiempo de abrir los brazos, imitando a su hijo en la cruz, antes de recibir la descarga.

Permaneció con las manos unidas en oración y la mirada baja y dulce, hasta que las balas le perforaron los ojos y la boca, y en seguida el manto azul y los cálidos pies maternales.

Se hicieron polvo las estrellas, se quebraron en mil pedazos los cuernos de la luna, los querubes huyeron escandalizados.

El comandante del fuerte de San Juan de Ulúa volvió a repetir la orden: «Apunten, fuego», como si un solo fusilamiento de la imagen de la virgen independentista no bastase y apenas dos ejecuciones diarias mereciese la efigie venerada por los pobres y los alborotadores que la portaban en sus escapularios y en las banderas de su insurgencia.

El cura Hidalgo en Guanajuato, el cura Morelos en Michoacán, y ahora el cura Quintana aquí en Veracruz: todos se lanzaban a la revuelta con el pendón de la Guadalupana en alto. Y aunque a ellos, al cabo, se les capturaba y decapitaba —pero ese maldito Quintana aún andaba suelto—, a ella, a la Virgen, se le podía fusilar a placer cuando faltaban cabecillas rebeldes que poner en su lugar.

Baltasar Bustos miró esta ceremonia del fusilamiento de la Virgen al llegar a Veracruz de Maracaibo, y decidió que había llegado al más extraño país de América.

Terminaba la década de la revolución, y si en América del Sur San Martín y Bolívar, Sucre y O'Higgins, habían batido sin posibilidad de respuesta a los españoles, en México el sacrificio de los pobres párrocos que encabezaron el único levantamiento de la gleba india y campesina, armada con palos y picas, dejaba a la independencia el azar de un acuerdo entre guerreros: los militares cansados del ejército español, representantes de la reacción restaurada después del Congreso de Viena y el regreso de Fernando VII, más estúpido y ultramontano que nunca, al trono, por una parte. Y por la otra, la nerviosa (y enervada) oficialidad criolla, encabezada por Agustín de Iturbide, que ya no podía ofrecer (u ofrecerse) máscaras fernandinas o excusas carlotinas para pretender que seguíamos siendo fieles a la Corona. En cambio, los militares criollos prometían proteger los intereses de las clases altas e impedir que las razas malditas, indios, negros, zambos, mulatos, cambujos, cuarterones y tentenelaires, se apoderasen del gobierno.

La Virgen de Guadalupe, pues, murió fusilada una vez más esa mañana del arribo de Baltasar Bustos a Veracruz, y por los ojos perforados de la Madre de Dios pasaron los rayos de un sol tropical y plomizo. Baltasar Bustos entraba a México: era la etapa final de su campaña guerrera y amorosa; diez años ya desde que sustrajo al niño blanco y puso en su lugar al negro en Buenos Aires; pero dos meses apenas desde que la Lutecia, la *madame* del burdel del Arlequín, la antigua Luz María peruana, le entregó esa nota tan simple y directa, fechada en Veracruz: «Ven ya, Ofelia.» Baltasar traía algo más que esa nota desde Maracaibo: entraba a México con los documentos de un oficial español flaco y nervioso como un galgo, al que le volaron la cara y que murió en brazos de Baltasar en el hospital maracucho.

Entraba a Veracruz buscando primero, como le indicó la Lutecia, al cura Quintana. Y entrar a Veracruz era entrar a un fogón encendido.

Baltasar, apenas entregó los papeles al comandante del puerto —capitán Carlos Saura, Quinto Regimiento de Granaderos de la Virgen de Covadonga—, se quitó la chaqueta de oficial realista y con ella cubrió a un miserable muerto en la calle de la Aduana, para el cual, dijeron unos cuantos miserables que lo rodeaban, no había dinero para enterrarlo.

—Nadie quiere enterrarlos gratis, ni los curas ni el gobierno.

2

—¿Buscas al padre Quintana? ¡Pues a ver si tú mismo lo encuentras! —se rió el orizabeño molacho cuando Baltasar Bustos llegó a la vista de la ciudad lluviosa junto al volcán, ocupada por las fuerzas insurgentes del cura Anselmo Quintana sin más propósito —decían las malas lenguas del puerto de Veracruz— que estropear los depósitos de tabaco de los españoles o —decían las buenas lenguas del mismo puerto— para habilitar a sus tropas con uniformes del excelente paño producido en Orizaba o —decían los cínicos— porque los gachupines ricos escondían sus haberes en los conventos y este cura, lo sabían bien, no respetaba a las monjas, seguramente había tenido con una que otra religiosa uno que otro de sus múltiples bastardos, y todo el propósito de su campaña era espantar españoles y luego entrar a las ciudades más opulentas y recoletas a saquearlas antes de largarse con el botín y montar la siguiente campaña...

—Dios mío, ¡cuándo habrá paz! —decían las señoras criollas abanicándose frente a la parroquia del puerto.

—Toda nuestra fe está puesta en Iturbide y los oficiales realistas criollos —le dijo otra de éstas a Baltasar Bustos.

—Que se acabe la guerra, aunque se vayan los españoles. Pero por Dios, que no se apoderen de todo los indios y los negros, como ese cura Quintana, excomulgado y hereje, que tiene ocupada la ciudad de Orizaba. Toda la gente decente se ha venido al puerto, huyendo de los desmanes del maldito cura ese —decía en el portal de las Diligencias un cafetalero de Cempoala, de apellido Menchaca, venido a tratar franquicias para exportar sus costales—. Aquí se dice que los indios hicieron la Conquista, pues sin ellos los aztecas se hubieran merendado a Cortés y sus quinientos gachupines. Ahora nos toca a los criollos hacer la independencia, para que los indios no se tomen la revancha.

—¿Que quién es el párroco Quintana? —le decían a Baltasar los caballeros que jugaban billares y fumaban en las cantinas cercanas a los muelles, junto a un mar aletargado—. Tipo de peligro. Mujeriego. Tiene un montón de hijos. Se carcajea de los edictos de la Inquisición en que se le excomulga. Era párroco aquí juntito cerca de La Antigua. Si no lo conoceremos. Le gustaba bañarse encuerado en el río Chachalacas con sus feligreses. Tipo inmoral. Apostaba a los gallos. ¿Sabe usted por qué se rebeló, señor capitán Saura? Porque en 1804 la ley de consolidación borbónica le quitó el fuero al bajo clero. Perdieron sus privilegios, sobre todo el de quedar a salvo de la justicia civil. Eso es todo. Y ahora se tomaron el privilegio de saquear cuanta hacienda encuentran en su camino. Igual que Hidalgo, Morelos y Matamoros. Ésta es tierra de curas alzados, que se aprovechan de la religión para engañar a los pendejos y comportarse como corsarios.

—Es un fanfarrón. Viste casacas de lujo. Se cubre la cabeza con una cofia colorada, como un cardenal.

—Es el heredero de Hidalgo y Morelos —le dijo un joven abogado al golpearle la cara con un guante mientras las fichas del juego interrumpido de dominó se regaban por el piso del portal—. Es nuestra última esperanza de que los criminales y bribones como usted y sus reyes, señor capitán, ya no podrán explotar a México ni un minuto más. ¡Muera Iturbide! ¡Mueran los criollos! ¡Arriba el padre Quintana y la igualdad de las razas!

Baltasar Bustos tuvo que darle cita en duelo al abogadillo jarocho a las seis de la mañana en el camino a la Boca del Río, pero esa misma noche salió a caballo rumbo a Orizaba, montaña arriba, y dos amaneceres más tarde, a la vista de la brumosa ciudad donde el trópico se colgaba los velos de una cuaresma eterna, entró, sin fatigas, a la ciudad ocupada por el famoso cura Quintana, último defensor, lo decían todos, de una revolución igualitaria en la América septentrional, y unos pocos, que la tal revolución no tardaba en ser traicionada por Iturbide y la oficialidad criolla.

Pues mal iba a triunfar esta revolución y con razón sería la última, nos escribió más tarde Baltasar a sus amigos de Buenos Aires, si su descuido era tal que cualquier hijo de vecino podía entrar a caballo hasta el campamento del generalísimo Quintana y preguntar por él sin ser detenido por un solo guardia o sin que se le pidiese santo y seña. ¿Por qué?

—Porque aquí el padre Quintana dice que si alguien lo quiere avanzar, ni el mismísimo Papa lo podría proteger.

El orizabeño molacho que le dijo esto miró a Baltasar —pantalón de paño azul, camisa de Bretaña, chaqueta de indianilla, sombrero de Guayaquil y el caballo que le regaló, por pura simpatía, el mentado cafetalero Menchaca— como dándole a entender que un riquillo criollo como éste, con todo y anteojos dorados, no era pieza para amenazar al cura Quintana. Y una vez dentro de la boca del lobo, ¿cuánto duraría el caballerito de nariz recta, patillas alborotadas y bucles color de miel, si intentase alguna travesura?

—Así como todo nuestro ejército se protege gracias a la noche y la montaña, que son nuestro verdadero santo y seña, el cura Quintana dice: «El que me busca, me encuentra.» Inténtelo usted, jovencito —animó el molacho a Baltasar—. Encuentre a Anselmo Quintana por sí solo, pues aquí hay instrucciones de nunca señalarlo con el dedo.

Los caminos de Veracruz son intransitables en el verano. La lluvia es interminable, pero toda el agua parece originarse en Orizaba y recalar allí mismo. Baltasar vadeó los ríos cuando los caminos desaparecían bajo el lodazal. Desayunaba, antes del viaje de cada día, piñas y mangos tibios aún del sol. Pero en Orizaba olía a tierra mojada y las frutas —naranjas, fresas, membrillos, tejocotes— hervían en inmensas calderas para hacer mermeladas.

No era muy impresionante el armamento, después de haber visto el de José de San Martín en Valparaíso y el paso de armas por Maracaibo. Se veían algunos fusiles, muchas lanzas y hasta hondas primitivas. Pero a cambio de la escasez de artillería, lo que abundaban eran archivos... Montañas de papeles a la entrada de los antiguos depósitos de tabaco donde se había instalado el cuartel; fojas y más fojas, hasta competir con la altura de la montaña celosa, el Pico de Orizaba, que los indios llamaban Citlaltépetl, Cerro de la Estrella, y corriendo como ratones alrededor de estos grandes quesos de pergamino, secretarios y abogados, redactores de proclamas, agentes y propagandistas de toda laya y más abundantes, se diría a primera vista, que el ejército rebelde mismo.

Bastante había visto Baltasar Bustos de la revolución en la América española para distinguirlos sin necesidad de que se los señalaran. Estaban allí para dar fe de las hazañas, convencer a los incrédulos, desmentir a los maliciosos, redactar leyes y elucubrar constituciones. La estrella de su cerro legal era la palabra, fácil, abundante, solemne y seductora a la vez: volcanes retóricos. Y si eran ambiciosos, estos abogados de la independencia no eran, sin embargo, cínicos. Dorrego y yo, Varela, componiendo sin tregua nuestros relojes en Buenos Aires, comentábamos a veces que en la revolución de independencia no servía para nada la apuesta de Pascal acerca de la existencia de Dios: creer en Dios es una apuesta infalible. Si Dios existe, gano. Si no existe, no importa.

En nuestras revoluciones (y sobre todo en una tan frágil y acosada como la del cura Quintana en las costas del Golfo de México), si la independencia perdía, los insurgentes eran pasados por las armas. Era necesaria, me decía Xavier Dorrego cuando nos juntábamos a admirar su más reciente adquisición de relojería en la finca que había adquirido en el rumbo de San Isidro, una fe comparable a la del otro Anselmo, el santo, quien argumentó que si Dios es lo más grande que puede concebirse, la inexistencia de Dios sería imposible, porque apenas negamos a Dios, su lugar es ocupado por lo más grande que puede concebirse; a saber, Dios. Pero yo, un poquitín más jacobino que nuestro amigo Dorrego, prefería contentarme con la fórmula de Tertuliano como base de la creencia en Dios: —Es cierto porque es absurdo.

Ambos argumentos —el de Anselmo, el de Tertuliano— eran necesarios, nos decíamos en aquella Anarquía del Año XX en la Argentina, para seguir creyendo en los méritos de la independencia... Mal imaginábamos a nuestro tercer ciudadano del Café de Malcos, el hermano menor, Baltasar Bustos, empeñado en jugarse la vida (¿y la fe?) en la primera línea de la última revolución, que era la mexicana, y encontrándose rodeado, según la peor de las maldiciones gitanas, de abogados, teólogos de la ley, padres de la Iglesia de la incipiente Nación... Agitándose como si ganar la guerra dependiese del papel y como si sólo lo escrito, en nuestras nuevas naciones, pudiese ser lo real y, lo real, mero espejismo, despreciable en la medida en que no se ceñía al ideal escrito.

—La ley es lo más grande que puede concebirse.

—Es cierto porque es absurdo.

Moscardones, cagatintas e intrigantes, y en ellos se vio retratado y nos vio retratados, acaso, a hombres como yo, Manuel Varela, impenitente impresor convencido de que podía cambiar al mundo a golpe de palabras, y como Xavier Dorrego, criollo rico convencido de que una elite ilustrada podría, guiada por la razón, salvar a estas pobres patrias destruidas por la tiranía primero, la anarquía en seguida y la simple, aplastante y numerosa mayoría de ignorantes siempre... Pero, ¿no éramos todos nosotros, también, los portadores de la escasa cultura provinciana de nuestro tiempo, los autodidactas instruidos por libros censurados, introducidos en la América, precisamente, dentro de los ornamentos y vasos sagrados de estos humildes curas, que no pagaban derechos ni eran objeto de pesquisa, y esto era lo que la modernizante ley borbónica había prohibido?

¿No éramos nosotros —Balta, Dorrego y yo, Varela; Echagüe y Arias, muertos ya; el padre Ríos y el preceptor Rodríguez— los pacientes amasadores de una civilización que aún no era pan, ni lo repartía?

Estos pensamientos eran como un puente que nos unía, en el Río de la Plata, con nuestro hermano menor en el Golfo de México.

Pero no era entre nosotros y los que se nos parecían donde Baltasar encontraría a quien buscaba.

Las mujeres de la tropa iban y venían con cestos de ropa limpia en las cabezas, ellas batían el chocolate en grandes ollas con molinillos gigantes, ellas se hincaban a lavar, ellas parían las tortillas en la postura servil y materna ante el metate, y una de ellas, más activa que las demás, parecía atenderlo todo y atenderlos a todos a la vez, despeinada, descalza y limpiándose la nariz que le escurría con un molesto catarro.

Tropa en mangas de camisa y con pañuelos amarrados a la cabeza; tropa de machete y espada, de chinacos garridos como antiguos condotieros, sentados sobre cajas de parque, y vanos también, con sus pañuelos de seda de extremos anudados flotando sobre el cuello, sus botas de campaña bien lustradas, sus chaquetillas de gamuza con chapas de plata, sus pantalones acampanados y con bordados de lentejuela y gusanillo de oro. Y el que no se sentaba sobre caja de parque, usaba sillas de paja que, de tan gastadas, también parecían oro. Pero ninguno de ellos podía ser Quintana, a menos que la mirada cegatona aunque nerviosa y rápida de Baltasar Bustos no alcanzara a distinguir al jefe, sin duda porque el jefe no se distinguía de nadie.

Quizás fue la idea de la paja y el oro la que lo obligó a voltear la cara para mirar una cabellera rubia que rápidamente se escondió en una de las casuchas del depósito de tabacos, confundiéndose con las risas de muchos niños escondidos allí, jugando a la gallina ciega, pues el niño rubio salió con un pañuelo ocultándole los ojos y más blanco que la mugre de su camisa y pantalón de manta, se tropezó contra el cuerpo de Baltasar y salió corriendo de vuelta al depósito, mientras crecían las risas de sus compañeritos.

Lo asombró la serenidad de la tropa y los que la seguían, niños y mujeres moviéndose con los soldados de un lugar a otro, venciendo las distancias del enorme continente sólo gracias a la guerra, y quizás asociando la idea de la guerra al fin de un aislamiento de siglos, justificando íntimamente la muerte, el dolor, los fracasos, en nombre del movimiento y el encuentro con otros hombres, mujeres y niños.

¿Serenidad, o fatalidad? Apenas si volteaban a mirar a Baltasar, contestando todas sus preguntas con frases cortas, casi lapidarias. Sólo una pregunta se quedaba sin respuesta: ¿Dónde está Quintana? ¿Cuál de ustedes es el padre?

Parecían decirse que si logró entrar hasta aquí, este hombre joven era de los nuestros, y si no, pues no lo dejaremos salir vivito... Entretanto, ¿para qué ponerse nerviosos?

—Antes de ser cura, fue labrador y arriero; se conoce el terreno mejor que cualquier oficial criollo o gachupín, y si no acaba de ganar esta guerra, la mera verdad es que nunca les ha dado la victoria a nuestros enemigos...

—Siempre fue pobre y lo sigue siendo. Es lo que se llama un cura de misa y olla. Otros sacerdotes tenían rentas y obvenciones. Él no. Sólo tenía su fuero, y hasta eso se lo quitó el rey de España, nomás por taimado y prepotente.

—Ándale, Hermenegildo, no le hagas creer al señor que el padre Quintana sólo se rebeló porque le quitaron el fuero...

—No, yo creo que se rebeló contra su soledad en el mundo. Míralo allí sentado.

—Cuidado, Hermenegildo, chitón, tenemos órdenes...

—Perdón, Atanasio. Se me fue el santo al cielo.

—A ver si lo encuentra usted —le dijo el tal Atanasio a Baltasar—. No se fíe de mi mirada. Estoy más ciego que un murciélago.

—¿Dijiste la soledad? Quién sabe. Le gustaban los gallos y el juego, allá en su pueblo. Andaba entre la gente. Quién sabe si empezó a pelear para no jugar más.

—O para poder volver a jugar al terminar la guerra —se carcajeó uno que pasaba, timboncito y alegre. Pero tampoco era Quintana, se dijo Baltasar escudriñando los rostros morenos, algunos zambos y mulatos, muy pocos indios y la mayor parte mestizos.

—Vi a unos niños rubios jugando. ¿De dónde son?

—De aquí mismo. No ve usted que Veracruz es el paso de cuanto extranjero ha habido, desde Hernán Cortés, y hay mucho muchachito de ojo azul y pelito güero por este rumbo...

—¡Todos hijos del mal dormir!

—No, si es muy bueno nuestro jefe para esconderse. Una vez en Guanajuato, fíjese nomás, andaba huyendo de los españoles en una época en que no teníamos armas, y acabó haciéndose amante de la esposa de un famoso abogado de la Corona, diciéndonos con un guiño: «En el lecho de esta señora, ahí sí que a nadie se le ocurre buscarme.»

—¿Encontrar al padre Quintana? ¿Y qué tal si ya se murió y nosotros no queremos que nadie se entere?

—¿Y qué tal si nunca existió y lo inventamos nosotros nomás para espantar gachupines?

—Ah, señor, pero no se lo ande usted creyendo, porque los que dan por muerto al Tata Anselmo, nomás se mueren de miedo al verlo reaparecer...

—Creen que ya lo derrotaron, que se muere de hambre, que vive en una cueva, que se volvió cobarde. Pero Quintana resucita, regresa y vuelve a empezar de nuevo. Por eso, lo seguimos a donde sea. Nunca se da por vencido.

—Y es que no tiene nada que perder. ¡Cura de misa y olla! Te digo que el fuero era la única riqueza de los curas más pobres de la Nueva España.

—Cómo va a tener nada, si se lanzó a la guerra porque sostiene que el clero no debe poseer nada, porque la ley de Roma lo prohíbe...

—Ándale, que sí que le gusta ponerse uniformes elegantes, eso lo sabemos todos...

—¿Pues a quién no? ¿Para qué darle gusto a los gachupines que nos tratan de mendigos y desharrapados? El hombre necesita verse bien de cuando en cuando, sobre todo en los desfiles, en las batallas y cuando lo entierran, ¿o no?

—Y lo mejor de todo, señor, es que se preocupa porque nosotros tengamos buenos uniformes.

—Y no acepta a nadie en las filas si no puede darle por lo menos una espada y un fusil.

—Yo en los que pienso son en los pobres sastres de mi generalísimo el señor cura don Anselmo Quintana, que cuando los gachupines le pesquen sus casacas, van a irse a matar contra los pobres sastres que se las hicieron...

—¡La rabia que le tienen!

—No seas bruto. Por eso las casacas de mi general no tienen ni una sola etiqueta.

—Ni los pagarés quedan, ni una sola indicación en los diarios de entradas y salidas —dijo un abogado cargado de rollos de papel que pasó por allí, deteniéndose mientras la mujer acatarrada le daba una taza de café hirviente y a cambio de ello se ofrecía a llevarle los papeles de un archivo al siguiente. El abogado se los dio y miró a Baltasar—. ¿Buscas a Quintana? Pues ya te dieron la contraseña. ¿No? Puedes encontrarlo si quieres. O si puedes.

—¿Está aquí?

—Tampoco eso te lo puedo decir. ¿Quién eres?

—No lo diré. Que la regla sea pareja.

—No hablas como mexicano. Pero tampoco como español.

—Es que este continente es muy grande. Es difícil conocerse todos.

—Pues déjame advertirte una cosa. El generalísimo parece muy campechano, pero es un tigre de intransigencia. Ándate con pies de plomo. No juegues con él.

—¿Qué quieres decir?

—¿De cuándo acá te atreves a tutearme?

—Usted me trató de tú.

—Yo soy licenciado en jurisprudencia de la Real Universidad Nicolaíta de Valladolid en Michoacán.

—Está bien. ¿Qué quiere decirme entonces su señoría?

—Quiero contarte lo que le pasó a uno parecido a ti que anduvo con nosotros en las campañas de Oaxaca. Un oficialillo criollo, como de tu edad, se le indisciplinó al señor general Quintana. Desobedeció órdenes para irse a ver a una mujer. Pero la encontró en brazos del comandante español de la plaza. Y el comandante, en paños menores, se sintió ridículo y vencido. ¿Qué es un oficial, criollo o gachupín, sin su uniforme? ¡Nada! Nuestro joven oficial lo amenazó, y el comandante despepitó los secretos militares. Nuestro oficialito salió corriendo a contar lo que sabía, no encontró a nadie en nuestro cuartel, y tomó la iniciativa de atacar sin permiso, por la retaguardia, a la guarnición española en Xoxotitlán, en el camino a Oaxaca. Esta acción nos permitió tomar la antigua Antequera, ¿señor...?

—Está bien. Es usted muy curioso e impertinente.

—A verdad sabida y buena fe guardada, como decimos los jueces...

—Soy el capitán Baltasar Bustos y mi última comisión fue al lado del general José de San Martín en la campaña de los Andes...

—Señor capitán... Le ruego mil excusas. Se ve usted tan...

—Imberbe. Está bien. Me interesa su historia. Siga.

—De mil amores. Pues verá usted. Y tome asiento aquí en esta caja de parque. No abundan las comodidades.

—Cuente nomás. Quintana se encontró con un dilema. ¿Castigar o no al oficial?

—Exactamente, señor capitán. Su perspicacia es asombrosa.

—No es menor que su malicia, señor licenciado.

—Me halaga usted, señor capitán. Así fue. Castigarlo. O permitir que aflore una tradición de desorden y capricho. Bastantes dolores de cabeza tiene el señor cura Quintana defendiéndose de los edictos de excomunión y los anatemas de herejía.

—¿No iba a añadir la indisciplina a la excomunión?

—Y no podía permitir a los criollos aristocráticos, perdón si lo ofendo, señor capitán, ponerse por encima de la ley...

—Que usted representa, señor licenciado...

—Así es... Y salirse con sus caprichos.

—De manera que lo fusiló.

—Precisamente. Es bueno advertírselo a los que llegan por aquí alegando que abandonaron a su clase de origen y se hicieron de los nuestros.

—Mire nuestras pieles, señor capitán —dijo un soldado de camisa blanca abierta, sentado en una caja de parque, enfrente de dos botellas de vino, a las que miraba alternativamente, mientras fabricaba cartuchos de papel—. Usted es blanco, yo soy bien moreno. ¿Qué me importa su libertad si no incluye mi igualdad?

—¿Qué hace usted? —le preguntó Baltasar a este soldado cuya cara parecía tan flexible y áspera como una bota de vino, llena de verrugas y con labios gruesos y entreabiertos.

—Trato de escoger entre las dos botellas.

—¿Por qué?

—Hay un alcohol enemigo y otro misericordioso. Miro las botellas y me pregunto: ¿cuál será cuál?

—No lo sabía. ¿Qué hace usted con esos papeles?

—Convierto en cartuchos los edictos de excomunión de la Santa Inquisición contra nuestro jefe el padre Quintana.

—Pero si usted es el padre Quintana —dijo Baltasar.

—¿Cómo lo sabe? —levantó la cara prieta y averrugada el soldado.

—Porque es usted el único en todo este campamento que está dudando entre dos cosas, así sean dos botellas de vino. Y otra cosa. Me está usted mostrando la cabeza desnuda, mientras todos los demás la traen cubierta. No quiere que lo identifique con la cofia que siempre trae puesta. Su cofia lo delata, pero aún más el hecho de que se la quite.

—No —dijo Quintana sin aspavientos, cubriéndose la cabeza crespa y negra con una cofia de color leonado y con largas lengüetas laterales colgándole sobre las orejas—. No es el alcohol lo que me preocupa, sino las hostias. Las estamos haciendo de maíz, de camote, de lo que podemos. No hay trigo en esta región. Y yo tengo que pensar en el efecto de la comunión no sólo sobre el cuerpo de Cristo, sino el mío también, ¿me entiendes?

Mantuvo la mirada en los ojos claros de Baltasar, sin dejar de fabricar los cartuchos, y añadió que el muchacho, si se iba a unir a ellos, debía saber en seguida que todos los jueves —y mañana lo era— había que vivir sufriendo sin el Padre, sólo una vez por semana, de jueves a viernes, todas las semanas sin excepción, aceptando la hostia y el vino, literalmente, como el cuerpo y la sangre, pero no sólo de Cristo, sino de quien comulga, Quintana, Bustos..., aquel molacho, esta mujer acatarrada, los niños que andan jugando a la gallina ciega, y no averigüe cuáles son los míos, porque en medio de la guerra yo mismo ya perdí la cuenta, hasta esos abogados estreñidos que me llenan la cabeza de proyectos y leyes —levantó Quintana la voz para que lo oyeran los interesados— porque ellos quisieran conducir esta revolución a su manera, en orden, con leyes, pero que sin mí no ganarían batallas ni contra sus señoras suegras:

—Todos, le digo mi capitán Bustos, todititos, de jueves a viernes, nos quedamos sin el Padre porque Cristo se nos muere en la cruz y sólo lo recuperamos en la hostia; todos tenemos que vivir de jueves a viernes esta angustia y esta esperanza, o no tenemos derecho a seguir llamándonos cristianos; pero sólo yo, mi capitán, me doy el gusto de mezclar en mi boca la hostia con vino y liberar con la saliva y el alcohol dos cuerpos: el mío y el de Cristo. ¡No basta guardar los primeros viernes sólo porque Cristo le hizo una promesa graciosa a la beata Santa Margarita María! No se trata de beatitud y de gracia, se trata de dolor y de exigencia: todas las semanas al menos, y si no todos los días, es sólo por no escandalizar a nadie...

Tomó aire el cura Anselmo Quintana, miró en torno suyo con una singular mezcla de arrogancia, humor, ironía y entrega a su gente, y concluyó: —Por eso tengo que escoger muy bien qué vino bebo en la misa. Y ya ve usted, con las excomuniones yo hago cartuchos y se los regreso como cohetes de feria a los gachupines. Y ahora véngase a comer algo y a platicar, que debe venir usted muy cansado.

Se puso de pie.

—Ah, y déjeme chocarla con alguien que se batió al lado de José de San Martín. Pero antes, vamos a fumarnos un puro.

3

No hubo tiempo de fumar nada esa mañana de un miércoles con olor a tormenta en Orizaba, porque una vez resuelto el enigma que todo el campamento le propuso al recién llegado, el enjambre de leguleyos y redactores se le vino encima al cura Quintana con recomendaciones, advertencias, solicitudes y novedades, que si los archivos ocupan ya más de diez carretas, «qué hacemos con ellos», «quémenlos», dice Quintana, «pero entonces no va a quedar fe de lo que hacemos; su campaña, señor general, se ha distinguido porque no sólo ha ganado batallas sino que ha dictado leyes, ha emancipado las tierras y a los que las trabajan, ha dado constituciones y pactos federales si no para hoy, seguramente para mañana», «¿entonces qué quieren?, ¿espulgar, quemar unos papeles y salvar otros?, me traen loco sus papeles, hagan lo que quieran con ellos, sólo sálvenme dos, porque ésos sí los quiero guardar y recordar para siempre», «¿y cuáles serán, señor general?»

El padre se detuvo en la carrera hacia los depósitos de tabaco a donde quería llevar a Baltasar y sacó el puro del parche de la camisa, sin llevárselo a los labios y encenderlo. Lo manipuló como un hisopo, o un fuete, o una verga, ante los ojos de los abogados y redactores.

—Uno es mi primer acta de bautismo como cura, señores. En aquellos tiempos la costumbre era ocultar la procedencia racial de los niños, pues todos querían pasar por españoles y nadie quería la infamia de ser calificado como negro, mestizo o saltapatrás. De manera que a ese primer niño que bauticé le puse, naturalmente, «de raza española». Ese papel me lo guardan, además, porque el primer niño al que le puse la crisma era mi propio hijo. Y el otro papel es una ley que yo les dicté a ustedes en el Congreso de Córdoba, y que dice que de ahora en adelante ya no habrá negros ni indios ni españoles, sino puros mexicanos. Esa ley me la guardan, pues las demás tienen que ver con la libertad, pero ésta con la igualdad, sin la cual todo derecho es una quimera. De modo que las demás, quémenlas y ya dejen de joder.

Pero no lo hicieron; formaron círculos veloces en torno a Quintana y Baltasar, bajo los manglares mojados que competían con el creciente aroma de tabacos almacenados (y éstos olían a tierra fértil y muslo de hembra, a cabellera de humo y a mandrágora, onagro, velorio y trufa, todo revuelto, iba murmurando Quintana): —Hay que tomar providencias, Calleja del Rey dice que vive obsesionado con agarrarlo vivo a usted antes de la inevitable derrota de las fuerzas realistas. Van en aumento, señor general, las ejecuciones, la toma de rehenes, los premios a los pueblos que nos niegan ayuda, la destrucción de los que nos auxilian... Lo peor es que son los oficiales criollos mexicanos los más ensañados contra usted, no lo quieren en el horizonte político cuando ellos secuestren a la independencia.

—¿Y qué me aconsejan? —los miró esta vez Quintana con un temblor nervioso del párpado izquierdo.

—Pactar, señor general, salve usted algo y sobre todo sálvese a sí mismo.

—Óyelos, Baltasar, así se pierden las revoluciones y hasta los cojones...

—Pacte, señor general...

—¿Al cuarto para las doce, cuando mi enemigo actual, España, va a perder, y mi siguiente enemigo, en todo caso, es la oficialidad criolla? Pero si durante diez años no pacté con el rey de España, que por lo menos desciende de doña Isabel la Católica, ¿por qué voy a pactar con un criollito como don Agustín de Iturbide? ¿Por quién me toman, señores? ¿No han aprendido nada en diez años?

—¿Entonces qué va usted a hacer?

Los abogados se hicieron esta pregunta más entre sí que a Quintana.

—Lo mismo que hicimos desde un principio. Como no teníamos armamento, lo suplimos con el número y la violencia de los hombres. Empezamos la campaña buscando armas. La terminaremos del mismo modo. Salimos con veinticinco hombres, cuatro escopetas y veinte lanzas. Acabaremos igual. Si nos ponen sitio, comeremos cortezas, jabón y alimañas, igual que cuando nos unimos a Morelos en Cuautla. Si nos capturan y enjuician, encomendaremos nuestras almas a Dios.

Que no fuera tan fatalista, que pensara en ellos, que se adelantara a Iturbide y él mismo, Anselmo Quintana, con su fuerza entre el pueblo, se proclamara Alteza Serenísima y formara con ellos, sus consejeros, una Junta de Notables para el reino...

—Yo no conozco más junta que la de dos ríos, ni más alteza que la de un cerro. Y México será república, no reino. Y al que no le guste el gusto, ya puede liar el hato y largarse. Hay mucho de dónde escoger. Ya saben adónde van conmigo. Y sin mí, no vamos a ningún lado. Júntense a los españoles. Los fusilarán. Ya pasó la hora del perdón. Júntense con Iturbide. Los va a humillar. Y perdonen mi arrogancia. Ya sé que es un grave pecado.

Quintana tomó de la mano a uno de los abogados, el que antes habló con Baltasar, se la besó y, sin soltarla, se hincó ante él con la cabeza inclinada, pidiendo que lo perdonaran por sus arranques de soberbia, él los respetaba, él era un cura ignorante y respetuoso de los hombres instruidos; los respetaba por encima de todo, pues lo que ellos hacían quedaba y lo que él hacía se lo llevaba el viento y sólo servía para cagarrutas de pájaro; «no hay más gloria que un libro —dijo con la cabeza inclinada—, no hay infamia mayor que un triunfo militar; perdónenme, comprendan que sin la revolución mi vida habría sido muy oscura y sin mayores incidentes que los amoríos con mujeres anónimas. Ustedes no me necesitan a mí».

Se puso de pie y los miró a los ojos, uno por uno.

—Perdónenme de veras, pero mientras dure esta campaña, aquí no hay más barrigón que yo...

Soltó otra carcajada, les dio la espalda y los dejó medio atarantados con su verbo rápido, jarocho, antileguleyo y a veces inspirado, pero ridículo, se dijeron entre sí los abogados, dándole la espalda y caminando de regreso a sus improvisadas oficinas entre las montañas de papeles; pero no era la primera vez que les hacía esto y ellos allí seguían, ¿por qué?, pues porque diez años son toda una vida cuando aquí nadie vive, sino por milagro, más allá de los cuarenta y porque el cura tiene razón: a estas alturas, somos de él como sus hijos, sus mujeres o, si prefieren, sus padres, y nadie nos creería si nos cambiamos de bando. Pero la apuesta de Pascal no funcionaría porque si no ganan los realistas, ganan los criollos. Nadie nos creería...

—Qué va —dijo un abogado que ni en la campaña se quitaba la chistera negra y el levitón fúnebre, frunciendo la nariz para que los anteojos no se le resbalaran—. En esta Nueva España no hay salida más segura que la traición. Cortés traicionó a Moctezuma, los tlaxcaltecas traicionaron a los aztecas, Ordaz y Alvarado traicionaron a Cortés... Ya verán ustedes que los traidores ganan y Quintana pierde.

Pero éstos eran hombres que para su desgracia, a pesar de todo, pensaban más en la posteridad que en la ventaja inmediata; por eso, también a pesar de todo, andaban con Quintana, y el cura, a pesar de sus bromas, los respetaba. Si querían un lugar honorable en la historia, era éste, con el cura. Y si el camino de la gloria dependía de redactar una espléndida serie de leyes aboliendo la esclavitud, devolviéndoles tierras a los pueblos y estableciendo las garantías individuales, pues entonces hasta la muerte frente al pelotón se la jugaban.

Quintana lo sabía y si cotidianamente los fregaba con sus insultos, mensualmente, al lado de su comunión religiosa, hacía una especie de comunión civil:

—Nunca en la historia de México ha habido ni habrá un grupo de hombres más patriotas y honrados que ustedes. Me siento orgulloso de haberlos conocido. Quién sabe qué horrores vengan después. Ustedes, los insurgentes, habrán salvado para siempre el honor del país.

No combatían. Escribían leyes. Y eran capaces de morir por lo que pensaban y escribían. «Tenían razón», nos escribió Baltasar a Dorrego y a mí, Varela. ¿No era la ley la realidad misma? Así, el círculo de lo escrito se cerraba sobre sus autores, capturándolos en la noble ficción de su propia inventiva: lo escrito es lo real y nosotros somos sus autores.

¿Puede haber gloria mayor, o certidumbre más firme, para un abogado de la América española?

—¿Y quién, de la Argentina a México, Varela —me sonrió Dorrego leyendo esta carta—, no tiene encerrado en su pecho a un abogado tratando de escaparse y echar un discurso?

Pero Quintana, más zorro que sus pastores, le dijo a Baltasar cuando al fin encendieron los puros bajo el alero de un portal a la entrada de los depósitos de la hoja:

—Puede que me abandonen. Puede que no. Pero todos saben que su personalidad me la deben a mí. Aunque por su gusto, todititos me enviarían de regreso al curato de mi pueblo.

—Nunca cesarán de asombrarme las contradicciones del carácter humano —suspiró Dorrego cuando le leí estas líneas: él, tozudamente, se empeñaba en echar a andar un reloj de carroza cubierto con un vidrio ovalado.

4

Algo más dijo Quintana sobre su pasado mientras comía solo con Baltasar en la cocina de la empresa tabacalera. Un humo espeso salía de los braseros abanicados por las mujeres mientras que una sola de ellas, la hembra servicial y acatarrada que Baltasar había distinguido al llegar al campamento, les iba colocando en platos de metal los tamales costeños envueltos en hojas de plátano, los vasos de campechanas donde se mezclaban ostiones, camarones y callos de hacha en jugo de limón, y los moles amarillos de la cocina de Oaxaca, aromáticos de azafrán y chiles.

Dijo también que no debía ser juzgado como un rebelde simplemente por la cuestión del fuero, aunque admitía que ésa había sido la motivación original de su insurrección. Sin embargo, eso se parecía demasiado a una venganza y ésta se parece mucho al rencor, y sobre el rencor no crece nada bueno. Baltasar también debía considerar que las reformas de los Borbones proponían ajustarse a la ley. Perfectamente. En ese caso, nadie, ni el Papa, tenía derecho a poseer más de lo que necesitaba para su decoro personal. Lo inadmisible es que el clero fuese propietario de tierras, tesoros, y palacios, pues eso la ley canónica lo prohibía.

Vino la revolución de independencia y él, Quintana, empezó a pensar todo esto y a buscar una razón mejor que el rencor para hacerse guerrillero. No era fácil, al cabo, y con diez años menos, dejar la tranquilidad de un curato y lanzarse a exponer la vida.

—¿Debía quedarme allí, no hacer nada? Pude hacerlo. Era posible. ¿Por qué me lancé a la revolución? Si te vuelvo a negar que fue porque la Corona nos quitó el fuero a los curas pobretones y mi fuero era mi única riqueza, te voy a aburrir y además vas a dejar de creerme. Si te digo que di un paso de más y me dije que si se trataba de respetar la ley había que ir a fondo, no me vas a creer si no te explico algo todavía más importante, y esto es que para abandonar mi tranquilidad, o para no quedarme hecho un pendejo en mi curato mientras todos tomaban partido, tenía que creer que lo que hacía importaba, no sólo para mí, o para la independencia de la nación, sino para mi fe, mi religión, mi espíritu... Y aquí empiezan las dificultades, porque yo voy a tratar de convencerte de que mi rebelión política es inseparable de mi rebelión espiritual. Yo sé, porque sé quién eres, Baltasar, porque te veo la cara y sé lo que saben los muchachos como tú, cuánto han leído y todo esto, que para ti no puede haber libertad con religión, independencia con Iglesia, o razón con fe.

Suspiró y se echó en la boca, ruidosamente, un trozo de tamal que de tan enchilado y rojo parecía una herida.

—Pero para hablar de eso nos hace falta tiempo y ocasión. Ahora no nos sobran.

Agarró la muñeca impaciente de Baltasar.

—Ya sé que vienes por otras razones, no a oírme hablar.

—Se equivoca. Yo lo respeto a usted.

—Ten paciencia. Una cosa conduce a la otra. Sabes, había en mi pueblo un mendigo ciego al que siempre acompañaba su perro. Un día el perro se escapó y el ciego volvió a ver.

Baltasar miró largo rato al cura, que siguió comiendo con ruido y gusto, saboreando hasta el último grano de arroz de su mole amarillo.

Por fin se resolvió a decirle: —¿Por qué me tiene usted tanta confianza, padre?

Quintana se limpió los labios y miró con una complicidad candorosa y cálida al joven argentino.

—Llevamos el mismo tiempo luchando por la misma causa. ¿No te parece razón suficiente?

—Es un dato. No me satisface.

—Piensa entonces que yo veo en ti algo más y mejor de lo que tú ves en ti mismo. Siento que en el fondo tú te sientes un poco insatisfecho con todo lo que has hecho.

—Es verdad. Tengo culpas y tengo pasiones, pero no tengo grandeza. Me doy risa.

—No te preocupes por la grandeza. Preocúpate por tu alma.

—Le advierto que no creo en la Iglesia, ni en Dios, ni en el poder absoluto de absolución que usted cree tener.

—Mejor. Descansa hoy y mañana nos vemos al mediodía en la capilla aquí de la fábrica. Recuerda que va a ser jueves y que yo me vuelvo muy fuerte, muy espiritual, cada día jueves. Prepárate para luchar conmigo. Luego tendrás tu recompensa y todo se resolverá. Creo que tus diez años de lucha no habrán sido en vano.

Baltasar no permitió que allí concluyera la conversación. Tenía la impresión —nos escribiría más tarde— de que el cura tenía razón y que éstas eran las horas finales de su larga campaña por el amor y la justicia.

—¿Qué ve usted en mí, padre, que me trata con tanto respeto... o sólo interés, perdone mi osadía...?

Quintana iba a mirarlo duro y directo a los ojos... prefirió sopear con una tortilla los restos del mole.

—Te has hecho cargo de otras vidas.

—Pero yo...

—Todos hemos cometido crímenes. ¿Quieres que te diga algo? ¿Quieres conocer los míos?

—Padre, en nombre de la justicia cambié a un niño rico por un niño pobre en su cuna. El niño pobre murió por mi culpa. El rico se lo arrebaté a su madre y lo condené quién sabe a qué destino. Y aun así me atreví a amar a la madre, a perseguirla ridículamente por media América. Diez años, padre, sin éxito, sin compensación, hecho como usted dice, un pendejo... ¿Eso se llama justicia? ¿Eso merece respeto? ¿Lo merece que haya abandonado sin pestañear a mi hermana, indiferente a su destino, en nombre de mi pasión? No le di aliciente o ternura finales a mi padre. ¿Soy digno de compasión por haber sobrevivido en Chacabuco mientras mis compañeros morían? ¿No falté a la misericordia gritándole una verdad cruel al Marqués de Cabra en su lecho de muerte? Padre Quintana... maté a un hombre en una batalla.

—Es normal.

—No lo maté como soldado. Lo maté como hombre, como hermano. Lo maté por ser indio. Lo maté por ser más débil que yo. Lo maté individualmente, abusando de él, aunque no sepa su nombre ni me acuerde de su cara...

Quintana le dijo que se callara con una fuerza que le venía de la convicción total. —No me obligues a confesarte mis propios pecados.

—¿Que es usted mujeriego, que juega a los gallos, que tiene hijos regados por todas partes, que le gustan las casacas de lujo? ¿Ésos son sus grandes pecados, padre?

—Mañana me confesaré delante de ti —dijo con un gran cansancio súbito el padre—. Lo haré mañana. Te lo juro. Me confesaré ante ti que no crees en el poder de absolver los pecados. Me confesaré ante mi hermano menor, que en Maracaibo se hizo cargo de la mujer caída y del enemigo herido. Lo haré mañana. Mañana jueves le hablaré a mi hermano en la misericordia.

5

Esa noche Baltasar se quedó dormido en una hamaca. Pero más que el chinchorro, lo arrulló un cansancio que no era ya de este día, sino de diez años acumulados.

Era el sueño de algo a punto de terminar; un sueño inminente que le decía: «Hasta aquí llegamos tú y yo; ahora tendrás que cambiar, ahora deberás tomar cuenta del debe y el haber, como lo hacen esos pagadores y secretarios que acompañan al padre Quintana.»

¿Sería Quintana el verdadero notario de la vida de Baltasar Bustos?

Mañana era jueves, iban a verse, el padre lo citó en la capilla a las doce del día... ¿Tenían algo más que decirse? Baltasar pensó que él ya se había confesado esta tarde con el cura, y los pecados de éste eran la comidilla de Veracruz... ¿Qué más iban a decirse? ¿A qué ceremonia lo invitaba este hombre orgulloso pero señalado, también, por el aura de una oscura abnegación?

Le dijo a Baltasar que en el joven veía a un hombre que se hacía cargo de los demás. Las mujeres de la casa del Arlequín, *la Duquesa*, el oficial flaco y desfigurado... Era un escaso haber frente a la columna de deberes que Baltasar enumeró a Quintana.

Pero ahora, durmiéndose mecido en la hamaca (¿y quién lo mecía?, no había brisa, el cielo de Orizaba estaba de luto pero no lloraba y él descendía inmóvil hacia el sueño), Baltasar sólo se reprochaba una insinceridad mayor, y ésta era no haberle dicho al cura rebelde que todo lo que había hecho, lo bueno y lo malo, tenía un propósito erótico, sexual, amatorio, como el cura gustase llamarlo, y era llegar a Ofelia Salamanca, tocarla al fin, después de diez años de pasión romántica paseada por todo el continente entre suspiros y chascarrillos parejos, cantada en corridos, cuecas y zambas.

Para llegar a ella, manteniendo obsesiva y única su pasión, había sacrificado el amor de la linda chilenita Gabriela Cóo, pues serle infiel a Ofelia Salamanca, aunque ella no lo supiese, era traicionar, también, a la adorable Gabriela...

Verla a los ojos. Decirle: «Te quiero.» Decirle: «Perdóname.» Decirle: «Te perdono.» ¿A cuál de las dos se lo decía? ¿No alimentaba una el amor hacia la otra, y no se alimentaban sus dos amores de una fuente común, que era la ausencia? ¿Sólo las deseaba tanto porque no las poseía?

Abrió los ojos. La hamaca dejó de mecerse. Los volvió a cerrar, acongojado por el tamaño de su presunción. ¿Qué iba a perdonarle él a Ofelia Salamanca? ¿Qué sabía sobre ella sino, en efecto, chismes, decires, coplas que a veces inventaban la verdad sólo para que rimara? ¿Cómo se atrevía? ¿No se lo había dicho Gabriela en Santiago de Chile: actuar es insincero, es pasajero, y no deja más huella de su presencia que las palabras?

Entonces volvía a despeñarse de la cima de su conciencia alertada a una inconsciencia placentera, narcotizada por la premonición de la paz y el reposo después de diez años de exaltación... Y en la profundidad de su sueño él estaba siempre de regreso en El Dorado. Regresaba de la mano de Simón Rodríguez a ese altísimo abismo, a ese profundo promontorio, al corazón de la montaña quechua, al ombligo del sueño, y allí se acusaba a sí mismo, con rabia, con desolación, con un terrible sentimiento de la oportunidad perdida, por no haberse detenido un instante a mirar el paso de los sueños en las miradas luminosas de los habitantes de la ciudad donde todo se movía en la luz, de ella nacía y a ella regresaba...

Despreció los sueños. Pasó por alto la posibilidad de entenderlo todo a través de un sueño que no era el suyo, que no estaba atado al sueño de la razón, la fe en el progreso material, la certeza de que la perfectibilidad humana es algo infalible, y la celebración de que al fin la felicidad y la historia, el sujeto y el objeto, iban a coincidir de una vez por todas...

La otra historia, la advertencia pero también la salida posible, quizás estaban en los ojos de los habitantes de El Dorado, donde la luz era necesaria porque todo era tan oscuro y por eso ellos podían ver con los ojos cerrados y revelar sus sueños en el cancel de sus párpados, advirtiéndole a él, a Baltasar Bustos, que por cada razón hay una sinrazón sin la cual la razón dejaría de ser razonable: un sueño que niega y afirma, al mismo tiempo, a la razón. Que por cada ley hay una excepción que la hace parcial y tolerable... Pero su sensación más vívida, al abandonar El Dorado, no era ésta de que las cosas se complementan, sino otra, extrema, de una negación:

El mal es sólo lo que nuestra razón oculta y se niega a contemplar.

El pecado es separar al mundo sensible del mundo espiritual.

Entonces, en su sueño, Ofelia Salamanca dejaba de ser una proyección visible sobre el muro animado de una caverna india, visible pero intocable, hablándole en este espacio pero desde otro tiempo, para volverse cuerpo tocable, tan deleitoso como sus ojos se lo anunciaron aquella lejanísima noche de mayo desde un balcón en Buenos Aires...

Ahora ella era objeto de su tacto (era un solo interminable animal de seda pulsante), de su oído (era una misa en el desierto, una voz anterior a la conciencia diciéndole desde entonces, sin darle oportunidad de contestar: —¡Me quieres! —¡No me quieres!), de su olfato (era la peste más deliciosa, el hedor sin el cual no hay amor, el perfume de un trébol mancillado) y de su vista: Ofelia Salamanca tenía ojos en los pezones que lo miraban con saña, con seducción, con desprecio, con ridículo, hasta obligarlo a despertar con un sobresalto...

La hamaca dejó de mecerse. Ofelia Salamanca era la dueña del mundo.

6

Anselmo Quintana estaba de pie frente al altar. La silueta de Baltasar Bustos se dibujó a contraluz a la entrada de la capilla y el cura esperó hasta que cesara el taconeo de las botas sobre las baldosas de ladrillo quebradizo, demasiado frescas para este paraje lluvioso. Entonces, al tenerlo cerca, le puso la mano sobre el hombro y le dijo:

—Ayer no me dejaste confesarme, hoy tú te vas a sentar en mi lugar en el confesionario y yo me voy a hincar a tu lado para hablar en secreto a través de la rejilla... Ya sé que no crees en este sacramento. Entonces no debe importarte dónde nos ubicamos. En cambio, a mí sí me importa estar de rodillas para hablarte. Hoy es jueves, y de aquí al viernes, todas las semanas, Jesucristo vuelve a morir por nosotros. Muchos lo olvidan; yo no. Lo más importante que yo hago es recordarle a quien me quiera oír que si estamos aquí, vivitos, es porque Jesús se sacrificó para darnos la vida en la tierra. Ten presente entonces, Baltasar, que lo que te voy a decir es una preparación para el acto supremo de la fe, que es la eucaristía. La eucaristía es inseparable del sacrificio de Cristo. Y aunque el Calvario fue un acto suficiente, cada vez que yo bebo la sangre y como el cuerpo de Cristo, añado al tamaño de su sacrificio y actúo en nombre de los vivos y de los muertos. Todo confluye en la Cruz: sacrificio, vida y muerte. El Calvario es suficiente en sí, nos enseñaron en el seminario. Pero para mí la eucaristía es la aproximación a esa suficiencia sacrificial. No tengo camino más seguro hacia Cristo que la eucaristía...

Las palabras de Quintana no admitían respuesta y de todos modos la fuerza con la que condujo a Baltasar hasta el confesionario era en sí misma inapelable.

Baltasar cayó sentado en el lugar del confesor con un sentimiento plomizo, que lo anclaba allí como en un calabozo detestado, remedo mortal de un féretro, oloroso a gatos escondidos entre sus terciopelos gastados...

Anselmo Quintana se hincó afuera, cerca de la oreja involuntaria de Baltasar.

—Ayer no me dejaste confesarme —dijo el padre.

—Ya le dije que no creo en su poder de absolución.

—Lo que pasa es que te imaginas que yo quiero hablar de tus pecados y por eso te me cierras. Pero tus pecados no me interesan. Me interesa tu destino. Y lo que te confieso es también parte de mi destino. Vamos ya: me confieso, hermano, de haber mandado matar a cien soldados españoles en cárceles e incluso en hospitales, para vengar la muerte de mi hijo mayor a manos de los realistas. Los mandé degollar. La idea del perdón ni siquiera pasó por mi cabeza. Estaba cegado. Dime si me hubieras perdonado en caso de ser yo tu padre y tú mi hijo muerto.

Baltasar no dijo nada. Un sentimiento de pudor creciente se apoderaba de él, un respeto y una compasión inseparables hacia este hombre cuya voz se iba volviendo negra, gruesa, gutural, revirtiendo a viejas raíces africanas, una voz casi de salmodia, que Baltasar no quería interrumpir hasta escucharla por completo, idéntica, quizás, al acto propiciatorio que le permitía a un creyente repetir el sacrificio del Calvario sin restarle un ápice a la suficiencia del martirio de Cristo.

Se decidió a escucharlo por completo, sin argumentos, diciéndole allí hincado y con el rostro de una vieja pelota de cuero pateada: —Entiendo tu silencio, Baltasar, comprendo tu reticencia, pero entiende tú también los míos; comparto tu temor a nuestras flaquezas y temo como tú que una palabra dicha en confianza se la lleve el que nos escucha, se pierda con nuestro secreto entre la multitud y quedemos a su merced si un día, por desesperación o por necesidad, la repite a otros; si no crees en mí, en mi investidura sacerdotal o en mi poder para perdonar los pecados, te repito que te entiendo y por eso no te pido a ti que te confieses formalmente conmigo, sino que aceptes mi humildad hincado ante ti, exponiéndome a que seas tú el que se lleve mi secreto y, no creyendo en este sacramento, se lo entregues al mundo; te doy el ejemplo, me confieso ante ti, Baltasar, porque ayer tú me dijiste cosas de las cuales yo tengo que hacerme cargo también, y no me parece justo que toda la carga de nuestra relación, que apenas empieza, que quizás no dure demasiado, caiga sobre mí: vamos a dar cuenta, un día, no sólo de nosotros sino de cada uno de los seres a los que les hemos dicho algo o a los que les hemos escuchado algo; esto te pido que lo aceptes y no creas que ayer sólo hablaste tú descargando tu conciencia y hoy sólo lo hago yo: nuestra responsabilidad, juntos tú y yo esta mañana, es dar cuenta de todos los seres que nos han hecho el favor de escucharnos; ¿sabes una cosa?, te conté mi crimen contra los prisioneros y tú debes entender que igual que tú cuando has pecado, yo cometí un crimen contra la moral universal, pues San Pablo nos explica que el pecado es un atentado contra la ley natural inscrita en la conciencia de cada ser humano; pero en mi caso personal, también fue una violación de los votos de mi sacerdocio, que incluyen el perdón, la misericordia y el respeto a la voluntad de Dios, único capaz de dar y quitar la vida; temí por ello, de veras, los castigos del infierno aquel día en que vengué a mi pobre hijo, un muchacho de veinte años que se entregó a la lucha por la independencia, un chico gallardo, con su pañuelo rojo atado a la cabeza, de manera que no se le notó la sangre cuando lo ajustició el temible capitán español Lorenzo Garrote, que se me escapó con vida y amargó la mía... pero me di cuenta también, Baltasar, de que yo no temía a un infierno común y corriente, de llamas y sufrimientos físicos, sino a mi infierno imaginado, y ese infierno es un lugar donde nadie habla: el lugar del silencio eterno, total, para siempre; nunca más una voz; jamás una palabra; por eso me hinco ante ti y te pido que me escuches, para aplazar ese infierno del silencio, aunque tú no me hables, aunque una punta de desdén se asome en medio de tu taimado silencio, no importa, mi hermanito, palabra que no importa, con tal de que no dejemos que se nos muera la palabra; escúchame, entonces: admito que me rebelé por descontento cuando perdí el fuero, pero ahora mi rebelión va mucho más allá que eso; mi rebelión me condujo a una ganancia detrás de otra: esto es lo que quiero comunicarte, esto es lo que debes entender, gané la fe racional sin perder la fe religiosa: pude haber dicho, simplemente, soy un cura rebelde, tienen razón los que me excomulgaron, voy a entregarme a la independencia, a las luces del siglo, a la fe en el progreso, y mandar al carajo la fe religiosa: todo se unía contra mi fe: mi coraje cuando me declararon hereje y blasfemo, mi temor cuando me negaron la hostia, mi rencor cuando me mataron a mi hijo, mi tentación de ser solamente un rebelde racionalista: ésta ha sido mi lucha más terrible, peor que cualquier batalla militar, peor que la sangre derramada y el deber de ajusticiar: no rendirme ante mis jueces, no darles la razón, ni el gusto de decir miren, teníamos razón, era un hereje, era un ateo, merecía ser excomulgado. Ellos me piden el arrepentimiento; no saben que eso sería entregarme al infierno; sería admitir el mal absoluto en mí: la razón sin la fe; porque yo puedo perder a la Iglesia que me ha expulsado, pero no puedo perder a Dios; y arrepentirme sería eso, regresar a la Iglesia pero perder a Dios; no a la Razón que puede coexistir con la Iglesia, sino a Dios que puede existir sin la Iglesia y sin la Razón.

Quintana bajó la cabeza y Baltasar sólo vio la tela color ladrillo de su célebre cofia ocultándole el pelo ensortijado y oscuro que el cura reveló, al llegar aquí Baltasar, para no distinguirse de los demás hombres en el campamento, pero revelándose con más clamor que si lo hubiese proclamado en voz alta: Sólo Anselmo Quintana usa cofia en medio de los sombreros de copa de los abogados y los pañuelos rojos de la tropa; luego Anselmo Quintana es ese que no usa cofia para disfrazarse, pero no se pone ni la chistera ni se amarra el pañuelo, sino que mira intensamente a dos botellas para escoger entre el buen y el mal alcohol, como puede escoger entre la Razón y la Iglesia, pero a Dios no se le escoge, Dios es, con o sin Iglesia, Razón o Creyentes: —...en eso se ha centrado mi verdadera rebelión —continuó el cura Anselmo—, te lo digo a ti, Baltasar, que eres como el hermano menor del mundo y también te rebelas contra sus leyes pero permaneces abierto a nuevas persuasiones: mi verdadera rebelión fue sufrir el calvario de perder a mi Iglesia, pero no a mi Dios... Imagina lo que pasó por mi alma cuando me levanté en armas en la costa del Golfo, irritado por la pérdida de mi fuero, chato y ciego, hace diez años nomás, lleno de concupiscencias, amante del juego, de las mujeres, un cura de la chingada, pues, con un montón de hijos regados por todas partes, un seductor de mujeres que venían a hincarse a mi lado y para obtener el perdón creían que tenían que entregarse a mí, y a veces yo no las desengañaba... Me levanté en armas, muchacho, un tipo como yo, y encima me cae la excomunión y la lluvia de adjetivos: apóstata contra la sagrada religión católica, libertino, sedicioso, revolucionario, cismático, enemigo implacable del cristianismo y del Estado, deísta, materialista y ateísta, reo de lesa majestad divina y humana, seductor, protervo, lascivo, hipócrita, traidor al rey y a la patria: no se dejaron nada en el tintero, Baltasar; la Santa Inquisición no se olvidó de un solo delito, me los echó todos sobre mi pobre cabeza y cada vez que una acusación me hería entre los ojos, yo decía: tienen razón, deben tener razón, es cierto, merezco esto y mi pobre, jodido motivo para rebelarme me hace reo de todo lo demás, que también debe ser cierto... Pero yo creo, hermano Baltasar, que a la Inquisición se le fue la mano, como siempre; me acusaron de demasiadas cosas, unas eran ciertas, otras ni por asomo, y yo me dije entonces: Dios no puede verme con tanta injusticia como mis jueces. En el vocabulario de Dios debe haber pocas palabras para mí, pero seguramente hay un diccionario común a Jesucristo y a su siervo Anselmo Quintana; me arrojan encima muchas palabras, pero no bastantes como para que todas las semanas, de jueves a viernes, Tú no puedas todavía hablar, Señor Mío Jesucristo, con el más lascivo, seductor y protervo de tus servidores... El verbo es lo único que nos une cuando todo lo demás se vuelve inservible, engañoso, amenazante. El verbo es la realidad última de Cristo, su vigilia entre nosotros, lo que nos permite, sin soberbia, decir: soy como Él...

Levantó la voz Quintana al decir esto, como si toda su fe pudiese reducirse a estas cuantas palabras, y Baltasar, en la penumbra del confesionario, vio a través del cancel no las lengüetas agitadas de la cofia del padre Anselmo Quintana, sino la cabeza coronada de nubes y yuyos de Gabriela Cóo. Tuvo que apartar esta visión adorable porque la voz del cura continuaba, más baja ahora, pero más convencida también: —...desde entonces sólo hablé con Él, pero Él resultó más severo que todos mis jueces juntos, porque a Él no se le engaña, con Él no valen jueguitos, Dios es el ser supremo que todo lo sabe, incluso lo que imaginamos sobre Él, y se nos adelanta y primero nos imagina a nosotros; y si nos andamos creyendo que de nosotros depende creer o no en Él, Él también se nos adelanta y ve la manera de decirnos que Él seguirá creyendo en nosotros, pase lo que pase, aunque lo abandonemos y reneguemos de Él: ésa es la voz que yo escuché en la noche de mi alma conturbada por los edictos de expulsión de la Iglesia y los llamados a arrepentirme, la voz de Cristo diciéndome Yo voy a seguir creyendo en ti, Anselmo Quintana, aunque seas seductor, lascivo, libertino e hipócrita, que lo eres, cómo carajos no lo vas a ser, pero lo que no eres, Anselmo m'ijo, es apóstata y hereje, ateísta o traidor a tu patria, eso sí que no... Óyeme bien, tu Dios te lo dice: esa mentira yo no la dejo pasar para nada.

Levantó la mirada para decirle a Baltasar que le bastó oír estas razones de la voz de Dios para luchar durante diez años —... no ceder en mi batalla por la patria ni en mi otro combate por el amor y la confianza de mi Creador: imagínate lo que para mí hubiera sido una cosa sin la otra; ni la Patria, ni Dios; esa sí que sería mi angustia, y ellos lo saben, por eso me tratan de hereje y me excomulgan y me piden que me arrepienta y vuelva al redil; pero a mí Jesús me dijo: Anselmo hijo mío, no seas un cristiano cómodo, hazle la vida de la chingada a la Iglesia y al rey, ellos adoran a los católicos tranquilos. Yo en cambio adoro a los cristianos encabronados como tú; no ganas nada con ser un católico sin problemas, un creyente simple, un hombre de fe que ni siquiera se da cuenta de que la fe es absurda y por eso es fe, y no razón; la razón no puede ser ilógica, la fe lo es y tiene que serlo porque hay que creer en Mí en contra de toda evidencia y si Yo fuera lógico, no sería Dios, no me hubiera sacrificado, habría aceptado todas las tentaciones del Desierto y sería —¿me escuchas, hijo Anselmo, me escuchas, hermano Baltasar?— sería el mismísimo Diablo coletudo y mandinga que inventó la frase esa de «Pienso, luego existo»... ¡Qué pretensión! Ni mi pensamiento es mío, ni mi existencia tampoco. Ni pienso ni existo solo. Cada palabra la comparto, con Dios, contigo, Baltasar, y cada latido del corazón también. Entonces supe otra cosa, y ésta fue que mi deber, en nombre de los simples de este mundo, era ser complicado, y hazte tú esa pregunta, ahora mismo mientras yo te miro, te oigo y creo que estás siendo muy simple con tu propia fe secular en la razón y el progreso, eres tan beato como esas beatas que se hacen viejas en la iglesia, barriendo y prendiendo velas toda su santa vida. O sea, que yo te lo pido, por favor, Baltasar, sé siempre un problema, sé un problema para tu Rusó y tu Montescú y todos tus filósofos, no los dejes pasar por tu alma sin pagar derechos de aduana espiritual; a ningún gobernante, a ningún Estado secular, a ninguna filosofía, a ningún poder militar o económico, no les des tu fe sin tu enredo, tu complicación, tus excepciones, tu maldita imaginación deformante de todas las verdades... ¡Vaya! —exclamó con humor el padre Quintana—, ¿hubiera agradecido perder la fe y evitarme todas estas angustias? No señor, porque entonces no hubiera luchado por la independencia. Así de sencillo. Me hubiera dejado vencer a la primera de cuentas. La fe en la Nación que yo quiero, libre, sin esclavos, sin la horrible necesidad de miles y miles de jodidos, ignorantes y muertos de hambre, todo esto, Baltasar, no hubiera sido posible para mí sin la fe en Dios. Tú tendrás tu receta. Ésta es la mía. No te pido que creas como yo, no soy tan simple. Te pido que compliques tu propia fe secular. Vienes de muy lejos y este continente es muy grande. Pero tenemos dos cosas en común. Nos entendemos hablando en español. Y nos guste o no nos guste, llevamos tres siglos de cultura católica cristiana, marcada por los símbolos, los valores, las necedades, los crímenes y los sueños de la cristiandad en América. Conozco a los muchachos como tú: todos han pasado por aquí, ya los has visto, aunque un poquitito más estropeados que tú, como abogados, notarios, autores de leyes y proclamas en mi propia compañía... Con todos ustedes he platicado durante diez años. Ustedes me han dado la educación que por desgracia no tuve. Soy hijo de arrieros de la costa. Tuve un seminario religioso de joven, y ahora, ya maduro, el seminario laico de todos ustedes. Pero vamos, que no estoy previendo algo, lo estoy viviendo bajo mis narices por chatas y golpeadas que estén. Todos ustedes quisieran acabar con ese pasado que les parece injusto y absurdo, olvidarlo. Sí, qué bueno hubiera sido ser fundados por Montescú en vez de Torquemada. Pues nomás no. ¿Queremos ahora ser europeos, modernos, ricos, regidos por el espíritu de las leyes y de los derechos universales del hombre? Pues yo te digo que nomás no se va a poder si no cargamos con el muertito de nuestro pasado. Lo que te estoy pidiendo es que no sacrifiquemos nada, m'ijo, ni la magia de los indios, ni la teología de los cristianos, ni la razón de los europeos nuestros contemporáneos; mejor vamos recobrando toditito lo que somos para seguir siendo y ser finalmente algo mejor. No te dejes separar y encandilar por una sola idea, Baltasar. Pon en un platillo de la balanza todas tus ideas, y cuanto las niega en el otro, y entonces andarás más cerca de la verdad. Obra en contra de tu fe secular, hermano, pon al lado de ella mi fe divina, pero como lastre, gravedad, contraste y parte de tu laicismo, pues yo hago lo mismo, desde mi propia fe, con la tuya... Tómame en cuenta, más, mucho más mañana que hoy, y piensa en serio que si yo no sólo me uní, sino que seguí hasta el fin en revolución, fue para que la Historia no dejará atrás a la Iglesia, a mi Iglesia. Tú haz por ver que tampoco dejé atrás a tu propia Iglesia de filósofos románticos y anticlericales. No quiero saber, dentro de diez años, que eres un enfermo más de utopías frustradas, de ideales traicionados... Y no creas, yo agradezco el escepticismo de todos ustedes, mi buena compañía de licenciados. Pero tengo lo que les falta a ustedes, con perdón y humildad sea dicho. Yo tuve que quemarme las pestañas leyendo a Tomás de Aquino, Alberto Magno, San Buenaventura y Duns Escoto. Rusó y Voltér me sirven de correctivo y hasta de revulsivo. Pero a ustedes, los muchachos modernos, ¿qué cosa va a servirles de corrección a lo que han aprendido? La experiencia, sin duda. Pero la experiencia sin ideas no se convierte en destino, en alma... ¿Pues qué es el alma, se pregunta Santo Tomás, sino la forma del cuerpo? Piénsalo y verás que no es una paradoja: el alma es la forma del cuerpo. Sin ella, el cuerpo no dura y en seguida comienza a apestar y a desintegrarse... Dale alma a tu cuerpo, Baltasar, y ojalá nos volvamos a ver dentro de diez años... Bah, quizás mañana mismo sea capturado y por eso me urgía que platicáramos hoy. Quiero que pienses en mí cuando sepas de mi fin. Quiero que también te hagas cargo de mi memoria.

El cura se quedó callado un largo rato y más tarde también Baltasar Bustos se recriminaría lo que, con la distancia, acabaría viendo como una cobardía que refrendaba las peores facetas de su carácter, argumentativo sin nobleza, envidioso de lo que él no era, abusivo con el débil, tentado por humillar al que consideraba inferior... No se engañó, más tarde. Pero en ese momento, cuando Quintana dejó de hablar, creyó que obraba como se lo pedía el cura que acababa de entregarle el alma, mientras, ofuscado, Baltasar Bustos creía que sólo le había dado una lección...

—Me iba preguntando, mientras lo escuchaba, qué cosa me molestaría más en usted, si el cura solitario y casto, o el cura promiscuo y con hijos...

Quintana trató de penetrar con los ojos la rejilla que los dividía para que Baltasar se diera cuenta de que el cura tenía la mirada herida, silenciada por un asombro repentino más que por el cansancio abrumador.

—¿Quieres pelearte conmigo?

—Usted me pidió que fuera conflictivo. Yo sólo quiero imaginarme que un santo día el Papa le levanta la excomunión y usted piensa que todo lo que hizo fue inútil, un fracaso...

—Perdóname, no sigo bien tu pensamiento...

—Quiero decirle que ojalá no esté usted vivo cuando la Iglesia lo perdone y diga: «Me equivoqué.»

—La hazaña de intentar algo que es bueno siempre se basta a sí misma.

—¿Aunque fracase?

—Por Dios, Baltasar, no te extravíes. Lo único que he querido decirte es que tú y yo nos asemejamos. Los dos luchamos por el alma, aunque tú la confundas con la materia. No tiene importancia. Puede que tengas razón. El alma es la forma del cuerpo. Pero tú y yo... Después vendrán los que luchan por el dinero y el poder. Eso es lo que temo, ése será el fracaso de la Nación. Y entonces tú y yo, o lo que tú y yo dejemos en este mundo, debemos ayudar a los ladrones y a los ambiciosos a recuperar el alma. Ésa sería mi respuesta a los que me perdonen dentro de doscientos años.

—Pero usted, en parte, les dio la razón —Baltasar trató de adivinar el rostro maltratado de Quintana, cuadriculado y afeado aún más por el cancel carcelario de la confesión—. Usted sí ha sido lascivo, hipócrita, seductor...

—¿Sabes lo que significa la palabra «diablo»? —dijo el padre con la mirada baja y el ceño severo—. Mi problema ha sido no estar a salvo de las tentaciones del cuerpo. El tuyo, en cambio, va a ser no estar a salvo de las tentaciones del alma. «Diablo» quiere decir «calumniador».

—Ya ve, me juzga con la misma severidad con que ha sido juzgado...

—Ah, y también quiere decir «acusador». Yo quiero que tú sepas cómo me van a juzgar, Baltasar. Me van a degradar de rodillas frente al obispo. Van a repetir la excomunión y los anatemas. Luego me pondrán a disposición de la autoridad secular. Me fusilarán de espaldas y, otra vez, de rodillas. Seré decapitado, hermanito. Pondrán mi cabeza en una jaula de hierro en la plaza de Veracruz. Seré un ejemplo para todo el que sienta la tentación de rebelarse...

No pudo terminar la frase porque Baltasar ya estaba fuera del confesionario donde llevaba una hora ocupando el sitio del sacerdote y ahora en cambio abrazaba al padre, pidiéndole perdón, pidiéndole razón de lo que hacía por él, sintiendo la fuerza de océano bravo con la que Quintana retenía su propia emoción, como los mares helados que en medio de las grandes borrascas parecen gigantescamente inmóviles, dejando que el viento, y no el agua, sea el protagonista de la tempestad.

Pero el cura abrazó a Baltasar, le besó la cabeza, le dio la bienvenida y así Baltasar supo que el padre Anselmo se hacía cargo de él para que él, Baltasar, se hiciera cargo, al fin, de lo que lo esperaba aquí...

7

Con su fuerza de arriero y de combatiente antiguo, el padre Anselmo Quintana volvió a mover el cuerpo crispado de su hermano menor, el capitán porteño Baltasar Bustos, obligándole a mirar hacia la entrada de la capilla.

En el mismo cuadro de luz que él ocupó una hora antes, dos siluetas se dibujaban ahora, nítidamente, contrastando el sexo y la ropa. Eran una mujer y un niño.

—Vengan hasta acá, entren...

La pareja se fue acercando, sin hacer ruido, al contrario de Baltasar, pues ellos venían descalzos y en silencio. Pero éste no acabó de apagar el taconeo marcial de las botas de Baltasar, suspendido físicamente entre sus dos personalidades, la del joven gordo y miope y la del combatiente esbelto e hirsuto; el de los balcones de Buenos Aires y el de las campañas montoneras del Alto Perú; el de los salones de Lima y el de los burdeles febriles de Maracaibo...

Ahora Baltasar había alcanzado el equilibrio, al entrar a los treinta y cinco años, entre la mirada cegatona pero inquisitiva, el cuerpo robusto pero ágil, y el bigote lacio que le daba firmeza a los labios demasiado pequeños, aunque abultados. La melena no se domeñaba; tenía, al parecer, vida propia, vida de sobra para nuestro siglo romántico, como decidimos llamarlo, en Buenos Aires, Dorrego y yo, Varela, cuando empezaron a llegar al Nuevo Mundo las noticias y los poemas de Byron y Shelley... Y la hermosa nariz romana le dio siempre a Baltasar un aire de nobleza, resistente, estoica. Los espejuelos dorados se posaban, incómodos, en el caballete de la nariz.

En cambio ellos, la pareja que se acercaba, no eran reconocibles a simple vista, aunque el niño era el mismo que ayer jugaba a la gallina ciega, un chico rubio de unos diez años de edad, cuya claridad debía adivinarse entre la maraña de pelo sucio y la suciedad de la camisa y el pantalón de manta.

Y ella era una mujer de edad indefinida, peinada hacia atrás y con un chongo mal sostenido por horquillas. Sobre la frente atravesada de arrugas caían algunos mechones y los surcos de la edad no se disimulaban en los labios despintados y en las líneas, muy marcadas, de las comisuras y la barbilla. La mujer, descalza como el niño, se arropaba con los brazos cruzados en una chalina inexistente y su cuerpo trémulo hacía sentir la falsedad del trópico de Orizaba, anunciando, en cambio, la humedad y la lluvia perpetuas de esta ciudad. Tenía un mal catarro que se estaba convirtiendo en tos.

—Ofelia —dijo con su voz más cariñosa el padre—: ya le expliqué al capitán que estás de acuerdo en que el niño regrese con él a la Argentina.

Y mirando a Baltasar, que era una sola pieza inmóvil, suspendido para siempre en la más secreta e inconmovible de las melancolías, mirando a la cara la totalidad de su vida que ni siquiera lo miraba a él, demasiado ocupada en sonarse la nariz, Quintana le dijo que el niño había nacido diez años antes en Buenos Aires y luego secuestrado en circunstancias misteriosas, pero su madre logró recuperarlo de las nodrizas negras que lo salvaron de un incendio pero luego pidieron dinero por el rescate. El hecho es que ella lo mandó hasta Veracruz y a cargo del cura Quintana, en espera de que alguien viniera a recogerlo y se hiciera cargo de él...

—Porque desde ayer te lo dije, hermano. Tu destino es hacerte cargo de los que te necesitan. Y tu patria los va a necesitar a ti y a este muchacho. Que se vaya contigo. Aquí vamos a sobrevivir. Somos muy antiguos. Ustedes, los argentinos, son los niños de América, los hermanos menores de este viejo continente. Llévalo al niño contigo y enséñale lo mejor del mundo con tus buenos amigos. Ustedes tendrán paz y prosperidad. Nosotros no.

—¿Y ella? —logró balbucear Baltasar.

—Ofelia Salamanca ha sido el agente más fiel de la revolución de independencia en la América —dijo Quintana, mirando fijamente a la mujer, que parecía estar ausente y no escucharlo—. Ha mantenido viva nuestra lucha mediante la comunicación que tan difícil nos resulta en este continente. Si yo he estado en contacto con San Martín y Bolívar, ha sido gracias a ella. Gracias a ella hemos sabido a tiempo qué refuerzos españoles salían de El Callao a Acapulco, o de Maracaibo a Veracruz. Es una heroína, Baltasar, una mujer digna de nuestro máximo respeto, que sacrificó su reputación para extraer secretos y para mancharse con la sangre de traidores que pasaban por insurgentes y en verdad servían a la causa realista. Un día se escribirá su historia. ¡Qué ingeniosa fue a veces! Usó una red de canciones que recorrieron América con más velocidad que un rayo, aprovechando unos supuestos amores suyos con un oficialillo criollo de Buenos Aires, para mandarnos noticias.

—Padre, yo soy ese oficial, las canciones dicen mi nombre, no me engañe usted...

—Ni una palabra más, Baltasar. Ella mandó llamar hasta aquí a otro héroe de la independencia, que igual que ella pretendió ser realista para obtener noticias y difundir rumores falsos... Ella quiere que ese héroe que eres tú, se haga cargo de su hijo... por eso le escribió a su amiga Luz María en Maracaibo, pidiendo que vinieras.

Quintana arrojó un brazo sobre los hombros de Ofelia. —Ahora ella está muy mal y no podrá ocuparse del niño ni trabajar más para nosotros. Está de acuerdo en que su hijo viaje de regreso a la Argentina contigo. Supongo que tú...

—Sí —dijo sencillamente Baltasar—. Yo estoy de acuerdo también.

El capitán porteño se acercó a Ofelia Salamanca en el momento en que se separó de ella el padre Quintana, y ella perdió el equilibrio. Baltasar se apresuró a ayudarla para ponerse de pie. Era la primera vez que la tocaba. Ella le dijo con la voz apagada:

—Gracias.

En seguida se separaron. Ella nunca le dirigió la mirada. Él no quiso ver la tristeza mortal de esos ojos que tanto añoró. En cambio, rodeó de un brazo los hombros del niño y le dijo algo así como «te hace falta un buen baño, vas a ver, te va a gustar la estancia en la pampa, vas a ser, de ahora en adelante, mi hermanito menor...».

Escondido en el puño, Baltasar llevaba el listón rojo que una noche de mayo Ofelia Salamanca lució alrededor del cuello. El joven miope se lo había robado al Marqués de Cabra, la noche de otra muerte, en Lima.

Le hubiera gustado devolvérselo ahora a Ofelia, colocárselo de vuelta en el pecho; pero la mirada ausente de la mujer se lo impidió.

La campaña

Entre la anarquía y la dictadura

SANTA ANNA, *EL QUINCEUÑAS*

Despojados de la cúpula protectora de la Corona española que nos gobernó durante trescientos años, los hispanoamericanos buscamos desesperadamente modelos de progreso en las naciones sinónimas de la modernidad: Francia, Inglaterra y los Estados Unidos. Le dimos la espalda a nuestra tradición. A la española, por colonial y retrógrada. A la india y a la negra, por bárbaras. Caímos en lo que Gabriel Tarde llamaría la «imitación extralógica». Los modelos poco o nada tenían que ver con nuestra realidad. El país legal no tenía nada que ver con el país real. «La Constitución de Colombia fue escrita para los ángeles, no para los hombres», escribió Victor Hugo. Pero que los europeos no nos pidan a los hispanoamericanos hacer en diez años lo que a ellos les tomó un milenio, se quejó Simón Bolívar.

A la deriva, oscilamos entre la anarquía y la dictadura. Ayer como hoy, el tirano apareció para salvarnos de la anarquía y sólo engendró más anarquía, productora, a su vez, de nuevas tiranías. Como todas las dictaduras, las nuestras se rigieron por el terror. En la Argentina, el tirano local, Facundo Quiroga, inmortalizado en el libro más importante de nuestro siglo XIX (*Facundo. Civilización y barbarie* de Domingo Faustino Sarmiento) era el retrato mismo de la barbarie. La negra barba le subía hasta los pómulos y los largos rizos negros se le derramaban sobre la frente «como las serpientes de la cabeza de Medusa». De acuerdo con

Sarmiento, Facundo era capaz de darle muerte a un hombre a patadas. En una ocasión le abrió la cabeza a su hijo con un hacha simplemente porque el niño lloraba. E incendió la casa donde vivían sus propios padres cuando éstos se negaron a prestarle dinero.

Pero al lado de los tiranuelos locales, aparecieron los dictadores nacionales. En la Argentina, este papel lo asumió durante un cuarto de siglo Juan Manuel de Rosas: ramillete de contradicciones, autoproclamado federalista, autonomista y regionalista, pero gobernando como unitario centralista, Rosas entregó el poder a las fuerzas centralizantes (la aduana de Buenos Aires, la hegemonía de la capital, de la estancia y del saladero, la compra de aliados gracias a la confiscación de bienes de los enemigos políticos). Y los aliados le pagaron con un despliegue de sicofancia: Rosas, escribió uno de sus aduladores, era «el más perfecto ejemplo del político, del héroe, del guerrero y del gran ciudadano». Para mantenerse en el poder, Rosas organizó «la mazorca», acaso el primer escuadrón de la muerte latinoamericano, a fin de silenciar a sus enemigos. En Córdoba, el jefe local de «la mazorca», un tal Bárcena, llegó a un baile y arrojó sobre la pista la cabeza de tres jóvenes cuyas horrorizadas familias se encontraban presentes. El tirano se premiaba a sí mismo haciendo tirar su carroza por un grupo de mujeres y ordenando que se quemase incienso frente a su retrato en las iglesias. Rosas dirigió magistralmente su teatro político. Nominalmente federalista, de hecho centralista, aprovechó la oposición entre las dos fuerzas para diezmar a su oposición y concentrar el poder en su persona.

Tiranos: virginales o promiscuos

Del otro lado del río fronterizo con la Argentina, sobre las riberas del Paraná, otro caudillo nacional gobernó al Paraguay como «dictador perpetuo» entre 1814 y 1840. El doctor Gaspar Rodríguez de Francia explotó el nacionalismo paraguayo en su favor. Arrinconado entre las ambiciones de Brasil y Argentina, no se resignó, en contraste con el destino de la pequeña República del Uruguay, a ser un simple Estado colchón entre los gigantes de la América del Sur. Basándose en la premisa de que Paraguay no estaba dispuesto a cambiar la dominación de España por la de

Brasil o la de Argentina, el Doctor Francia efectivamente aisló a su nación de cualquier contacto con el extranjero.

Aislado en el corazón de Sudamérica, sin litorales propios, el Paraguay había sido la reserva colonial de los jesuitas. Ahora, rodeado por vecinos ambiciosos, el Doctor Francia convirtió el hecho del aislamiento paraguayo en su virtud nacionalista, efectivamente clausurando al país con el pretexto de salvarlo de la absorción. Se nombró a sí mismo «El Supremo», prohibió el comercio, el viaje al extranjero, y aun el servicio de correos entre su nación fortaleza y el mundo exterior. Como en una novela de Evelyn Waugh, el extranjero que lograba entrar al Paraguay permanecía ahí para siempre.

El Doctor Francia arropó su chauvinismo de hierro con una capa populista. Por necesidad, su república introvertida era autárquica; creó una economía de subsistencia; favoreció el gobierno demagógico de la multitud bajo la dirección del tirano. Atacó y debilitó a la Iglesia. Sin embargo, igual que en Argentina, el tirano finalmente protegió y fortaleció los intereses oligárquicos, tanto antiguos como recientes. El prolongado reino del Doctor Francia demuestra el hecho, a menudo ignorado, de que el nacionalismo latinoamericano tiene sus orígenes en la derecha e ilumina la noción de que el populismo despótico sólo logra disfrazar la parálisis impuesta por el tirano a la sociedad: dando la impresión de que todo se mueve, nada cambia.

La «dictadura suprema» del virginal Doctor Francia terminó en 1840, cuando el dictador murió a los 74 años de edad. No logró salvar a su nueva nación de la infelicidad y el conflicto constante. Entre 1865 y 1870, Paraguay combatió a Brasil y Argentina con el resultado de que la mayor parte de la población masculina de la pequeña nación pereció en combate. Asediada por continuas guerras en torno a la selva del Chaco con Bolivia, Paraguay continuaría bajo la bota de las dictaduras hasta nuestros días.

EL QUINCEUÑAS

El equivalente y contemporáneo de Rosas y Francia en México, el general Antonio López de Santa Anna, fue menos afortunado que sus colegas. En contraste con Francia, quien es el protagonista de una poderosa novela de Augusto Roa Bastos, nadie ha sido capaz de hacerle verdadera justicia literaria a Santa Anna, un personaje que parece escapar de las manos de la recreación literaria, por el simple hecho de que su vida es mucho más ficticia que cualquier imaginación novelística. En la biografía de Santa Anna, la realidad derrota a la ficción. Aparece pintado en los murales contemporáneos por Diego Rivera que, en sí mismos, a menudo parecen historietas cómicas glorificadas. Pero ello conviene a Santa Anna, el prototipo del dictador latinoamericano de opereta. Astuto y seductor, logró combinar estas características con una enorme dosis de audacia y caradura, ejerciendo la presidencia de México once veces entre 1833 y 1854. Figura grotesca, jugador de gallos y tenorio, Santa Anna incluso cayó en la tentación de darse golpes de Estado a sí mismo.

En 1838, Santa Anna perdió una pierna en la Guerra de los Pasteles contra Francia, así llamada porque una escuadra naval francesa bombardeó Veracruz para defender los reclamos de un panadero francés cuya pastelería había sido saqueada durante un motín en la ciudad de México. Santa Anna enterró su extremidad en la Catedral de México con pompa y la bendición arzobispal. La pierna fue desenterrada y arrastrada por turbas enardecidas cada vez que Santa Anna caía del poder, sólo para ser enterrada de nuevo, otra vez con pompa y bendiciones, cuando el tirano regresaba a la silla. Cabe preguntarse: ¿fue siempre la misma pierna, o, finalmente, un sustituto teatral, una extremidad de utilería? En todo caso, de allí en adelante fue motejado «El Quinceuñas».

Si el Doctor Francia fue un tirano virginal y ascético, Santa Anna fue un dictador promiscuo y cómico. Pero nadie rió cuando, gracias a su ineptitud, perdió la provincia de Texas primero, y en seguida todo el alero norteño de territorios mexicanos, incluyendo Arizona, Nuevo México, Colorado, Nevada, California y partes de Utah, en aras del «destino manifiesto» del expansivo y juvenil gigante, los Estados Unidos de América, en su carrera imperial hacia el océano Pacífico. «La guerra de Polk», como la llamaron sus críticos, fue denunciada por un solitario representante en el Congreso norteamericano, Abraham Lincoln. El escritor Henry David Thoreau, como Edmund Wilson durante la guerra de Vietnam, se negó a pagar impuestos para financiar la guerra. Pero en 1848, México perdió la mitad de su territorio nacional y la nueva frontera sobre el Río Bravo se convirtió, para muchos mexicanos, en una herida abierta.

Santa Anna, además, le regaló a los Estados Unidos una costumbre nacional norteamericana. Capturado en la batalla de San Jacinto mientras dormía la siesta, a la sombra de un encino, en 1836 escapa a ser fusilado por los texanos porque les resulta más útil como prisionero que como cadáver. Le ponen grilletes, lo suben a un tren y lo mandan a Washington. Allí, haciendo antesala para que lo reciba el presidente Andrew Jackson, masca tranquilamente una goma producida en su hacienda veracruzana, Manga de Clavo. Entra el secretario del interior norteamericano, Mr. Adams, y le pregunta qué hace. Santa Anna le pasa un pedazo de chicle y Adams hace fortuna. Chiclets Adams.

A cambio de una goma de mascar, Santa Anna ha perdido la mitad del territorio de México.

La reacción liberal: Benito Juárez

En 1854, Santa Anna, quien se hizo proclamar como «su Alteza Serenísima», se cubría con una capa de armiño, gastando una buena parte del erario nacional importando de París uniformes de satín amarillo para sus guardias de palacio. Lo derrocó una reacción de disgusto y dignidad nacional, encabezada por el partido liberal, en cuyas filas militaba una figura diametralmente opuesta al hombre fuerte con el pecho constelado de medallas. Benito Juárez era un austero abogado oaxaqueño, de raza indígena zapoteca. De niño creció como pastor, iletrado e ignorante de la lengua española, hasta que a los doce años fue llevado por su hermana, sirviente doméstica en la casa de un párroco laico, a la ciudad de Oaxaca. Ahí, Juárez aprendió a leer y escribir español. Su mente era aguda y su ambición enorme. Siempre llamó a su protector, el franciscano Salanueva, «mi padrino». Pero Juárez no estudió para el sacerdocio, como lo esperaba Salanueva. En 1828, a la edad de veintidós años, el joven indígena dejó la casa del clérigo para embarcarse en una carrera jurídica que eventualmente lo transformaría en el más grande reformista y presidente liberal de México durante el siglo XIX.

Su primera decisión consistió en separar a la Iglesia del Estado. Las Leyes de Reforma confiscaron la vasta e improductiva riqueza de la Iglesia, poniéndola a circular. Despojaron a los militares y a la aristocracia de sus tribunales particulares. Establecieron la prioridad del derecho civil y de leyes generales aplicables a toda la ciudadanía. Este conjunto de leyes no tardó en ser denunciado por el partido conservador. Juárez y los liberales habían optado claramente por una solución: sujetar al Ejército y a la Iglesia al dominio del Estado nacional, y en seguida sujetar a todos, incluido el Estado, al control de la ley.

Durante tres años, los conservadores libraron la guerra contra Juárez y sus reformas. Cuando Juárez finalmente los derrotó en el campo de batalla en 1860, los conservadores miraron hacia el extranjero y encontraron apoyo en la corte de Napoleón III en Francia, quien acababa de conquistar Indochina y soñaba, ahora, con extender la influencia imperial francesa en las Américas. Éste era el sueño de la emperatriz, la española Eugenia de Montijo, quien imaginó un imperio latino en las Américas, capaz de enfrentarse a la creciente influencia y el poder de los Estados Unidos. Pero ahora éstos se encontraban divididos por la guerra de secesión. Napoleón III vio en todo ello la oportunidad de emular la grandeza de su tío, Napoleón el Grande.

Apoyados por Napoleón el Pequeño, los conservadores mexicanos fueron en peregrinación hasta el Castillo de Miramar sobre el Adriático, donde el archiduque Maximiliano de Habsburgo representaba a su hermano, el emperador austriaco Francisco José, como gobernador de Trieste. Allí, le ofrecieron la Corona de México. Maximiliano, un joven atractivo, alto, rubio y barbado, era, sin embargo, un hombre de escasa voluntad. Carlota, su mujer, ambiciosa y políticamente alerta, hija del rey Leopoldo de Bélgica, presionó a Maximiliano para que aceptase la Corona.

Los dos hermanos, Maximiliano y Francisco José, tenían ideales políticos diferentes. En Viena Francisco José, después de aplastar los levantamientos nacionalistas liberales de 1848, gobernó en la manera autocrática propia de los Habsburgo. En Trieste, y antes en Lombardía, Maximiliano, por lo contrario, simpatizó con las reformas liberales y apoyó el *aggiornamento* de la Iglesia y del Imperio. Los conservadores mexicanos que se presentaron en Miramar en 1862 pasaron por alto estas sutilezas.

México necesitaba a Maximiliano para restaurar el orden contra los revolucionarios bárbaros y anárquicos. El pueblo mexicano le rogaba aceptar. El ejército francés había ocupado el territorio de México y ahora necesitaba a Maximiliano para pacificarlo. Un referendo fraudulento, manipulado por los franceses, había favorecido a Maximiliano y a la monarquía. Y la pareja imperial de Maximiliano y Carlota no tenía oportunidad de reinar en Viena. En México, se propusieron crear una monarquía moderna e ilustrada que haría sonrojar de vergüenza a Francisco José. La rivalidad fraternal fue, de esta manera, el *modus operandi*, revelado en la correspondencia que circuló entre Trieste, Viena, Bruselas y, al fin, México. Carlota convenció a Maximiliano que si dejaban pasar la oportunidad mexicana, nunca encabezarían un reino, sino que sólo lo servirían.

Pero si Carlota fue cegada por la ambición, así como por una honesta necesidad de probarse digna de la educación política de su padre, sus ojos debieron abrirse cuando el *Novara* atracó en Veracruz, revelando el tortuoso camino de la costa a la capital, más allá de las flores y los arcos triunfales ofrecidos por los indios. Cortés había seguido la misma ruta, a pie, trescientos cincuenta años antes, pero el emperador Carlos V jamás se había desplazado hasta el Nuevo Mundo. Y Maximiliano y Carlota no eran Hernán Cortés; ni siquiera eran Carlos V. Su carroza real, dorada y con enormes ruedas, subió con trabajo por los caminos rurales de México, sufriendo calamidad tras calamidad, averías, atascamientos y hasta volcaduras.

La saga imperial se inició con incidentes cómicos. Cuando llegó a la ciudad de México, la pareja real ocupó los apartamentos de Santa Anna en el Palacio Nacional. Las chinches los obligaron a dejar las camas y dormir sobre la mesa de billar. Pronto, sin embargo, se trasladaron a la comodidad del Castillo de Chapultepec, que hasta hacía poco había sido la escuela militar mexicana, desde donde seis jóvenes cadetes saltaron a la muerte, envueltos en la bandera, antes de rendirse a las fuerzas invasoras norteamericanas.

El mismo ánimo contra la intervención extranjera empezó a unificar a los mexicanos de todas las tendencias, con la excepción de los conservadores puros y duros que esperaban, gracias a Maximiliano, recuperar las tierras confiscadas por los liberales. Por supuesto, entre ellos se encontraba la jerarquía eclesiástica. Pero Maximiliano, a fin de probar su idealismo y darle su sello personal a los asuntos del Estado, decidió mantener la legislación reformista de Benito Juárez. Los gritos de indignación se escucharon desde las haciendas de Jalisco hasta los corredores de San Pedro. ¿No entendía Maximiliano que había sido enviado a México para mantener el privilegio, no para abolirlo? Maximiliano invitó a Juárez a ser primer ministro del régimen imperial. Pero Juárez rehusó: si Maximiliano deseaba una democracia, que tratara de obtenerla en Austria, liberando a los súbditos de su hermano Francisco José. México continuaría combatiendo.

El comandante francés, Aquiles Bazaine, midió la fuerza y extensión de la resistencia mexicana y obligó al Emperador a comprender que no habría paz si no eran derrotadas las fuerzas de Juárez y sus partidarios republicanos. Bazaine obligó al Emperador a firmar un decreto condenando a ejecución sumaria a cualquier mexicano al que se encontrase portando armas. La ley fue conocida como el Decreto Negro y, al firmarla el 2 de octubre de 1865, Maximiliano firmó su propia sentencia de muerte.

Al lado de la carroza dorada de Maximiliano en el Castillo de Chapultepec, se encuentra hoy la sencilla carroza negra de Benito Juárez. En ella, el presidente de México recorrió los desiertos del Norte, cargado de archivos, librando la guerra de guerrillas contra los franceses.

Sobre su oficina en ruedas, Juárez se convirtió en la encarnación misma de la fatalidad indígena, la legalidad romana y el estoicismo hispano. Quiso convertir en realidad los sueños de Simón Bolívar y José de San Martín: instituciones fuertes, no hombres fuertes: supremacía del gobierno civil, en el que nadie se encuentra por encima de la ley. Pero imaginemos, una vez más, los sentimientos de este hombre, un niño pastor indígena, en seguida un abogado formado en los ideales de la civilización francesa, que súbitamente vio a esa misma civilización voltearse contra él y negarle a México el derecho a la independencia. Imaginemos también la voluntad de Juárez, sin más oficina que su carruaje, para defender a México a cualquier precio, a fin de establecer el principio de que ninguna potencia extranjera tenía el derecho de determinar el gobierno de una nación latinoamericana.

Maximiliano y Carlota, a la cabeza de una corte fantasmal, no tenían en realidad nada que ofrecer y nada con qué derrotar a Juárez. Los caprichos independentistas de Maximiliano fueron risibles. El Emperador no era independiente, era simplemente el títere de Napoleón III, apoyado por las bayonetas francesas. Cuando en 1867 el emperador francés decidió abandonar a Maximiliano, la caída del Emperador era inevitable. Otros asuntos, mucho más urgentes, ocupaban la atención de Napoleón el Pequeño, como su enemigo, Victor Hugo, le llamó. La guerra civil norteamericana había terminado. Napoleón había apoyado al Sur y el Sur había apoyado a Napoleón: ambos deseaban un México añadido al sistema de la esclavitud y la plantación feudal. Pero ahora habían triunfado Lincoln y el Norte, en tanto que sobre las fronteras orientales de Francia, Bismarck había logrado unificar a Alemania bajo la hegemonía militar de Prusia, y ahora miraba hacia el Occidente, en espera de mayores triunfos y conquistas. Los guerrilleros mexicanos, campesinos de día y soldados de noche, desaparecían en el paisaje, mimetizados, rápidos en sus movimientos, dignos herederos de la tradición de resistencia establecida por Viriato contra Roma. No se dejaron vencer por Maximiliano y los franceses. Y en Francia misma, un movimiento público de protesta contra la guerra de México, ataques en la prensa y manifestaciones públicas, exigieron el fin de la sangría mexicana y protestaron contra los miles de jóvenes franceses que regresaban a su patria en ataúdes. Sólo una estrella imperial brillaba en el ojal de Napoleón. Había conquistado el sureste asiático, del Golfo de Tonkín al Delta del Mekong. El Juárez de Indochina libraría la misma guerra cien años más tarde. Su nombre sería Ho Chi-Minh.

Cuando las tropas francesas se retiraron, Carlota viajó deprisa a París y en las Tullerías regañó a Napoleón por su infidelidad. De nada sirvió. Con sólo un grupo leal de oficiales mexicanos, Maximiliano se rindió en Querétaro el 15 de mayo de 1867. Fue fusilado cerca de ahí, en el Cerro de las Campanas. Juárez no cedió ante los llamados internacionales pidiendo la vida de Maximiliano. Miles de mexicanos, víctimas del Decreto Negro, se levantaron entre Juárez y la clemencia.

Carlota había continuado su campaña en Europa. Durante una audiencia para defender la causa de su marido ante el papa Pío Nono, se

MORTON COLLEGE
Learning Resources Center
3801 S. Central Avenue
Cicero, IL 60804

enfermó seriamente y hubo de pasar la noche en el Vaticano —oficialmente, la primera mujer en hacerlo—. La joven Emperatriz había enloquecido. A los veintisiete años, fue recluida en el castillo de Bouchutz en su Bélgica nativa. Desde ahí, continuó escribiéndole cartas a su amado Maximiliano. Nunca se enteró de que había muerto. Sólo comió nueces y bebió de los manantiales, convencida de que Napoleón quería envenenarla. Rara vez se le vio públicamente, en entierros y funciones ceremoniales, encogida, cada vez más pequeña, cada vez más distante. Cuando su primo, el káiser Guillermo II, invadió Bélgica en 1915, puso guardias en el castillo para proteger a «Su Majestad, la Emperatriz de México».

Finalmente, en 1927, Carlota murió a la edad de 87 años. Hay una fotografía de ella en su féretro, con una cofia negra, sus manos manchadas envueltas en un rosario, su perfil muerto una curiosa mezcla de la avidez y la inocencia. Qué lejos estaba esta anciana del brillante retrato imperial del pintor Winterhalter, la Emperatriz envuelta en tafetas y velos, su piel brillante, su pelo oscuro, su arrogancia templada, un destello de inteligencia y humor en su mirada.

Maximiliano también yacía para siempre en la cripta de los Habsburgo en Viena. El pelotón de ejecución mexicano le había volado un ojo. El embalsamador no pudo encontrar un solo ojo azul artificial en todo Querétaro, de tal suerte que, al cabo, el ojo negro de una virgen queretana fue ensartado en la cuenca del emperador fusilado. Desde lo hondo de la gruta de los Capuchinos, Maximiliano mira a la muerte con un ojo azul austriaco y un ojo indígena negro. Al fin, los Habsburgo, que conquistaron a México en 1521, habían puesto el pie en el antiguo imperio de Moctezuma. Más de una vez, Maximiliano debió reflexionar sobre la ironía de representar a Carlos V y Felipe II. Pero México, terreno para la épica de los distantes monarcas españoles, se había convertido en escenario de la tragedia de su descendiente Maximiliano. Su corona, como lo tituló el autor dramático mexicano Rodolfo Usigli, fue una corona de sombras.

En cambio, el manto de armiño de Santa Anna, Alteza Serenísima, pronto se apolilló. Derrotado por los liberales en 1854, huye en vapor al puerto de Turbaco en Colombia. Desde allí, sueña con regresar a México y retomar el poder. Cree que la invasión francesa es su oportunidad. Regresa a Veracruz y se pone a las órdenes del «ilustre príncipe» Maximiliano. El comandante francés, Bazaine, lo expulsa sin miramientos de México. Santa Anna busca entonces el apoyo norteamericano para luchar contra los franceses en nombre de la Doctrina Monroe. Los gringos se ríen de él. Santa Anna no ceja: ofrece su espada a Juárez y escribe estar dispuesto a «derramar hasta la última gota de mi sangre» por México.

No hace falta. Los franceses abandonan México y Juárez fusila a Maximiliano. Santa Anna llega a Veracruz y termina en una mazmorra de San Juan de Ulúa. Liberado, anda a salto de mata por las Antillas y sólo le permiten regresar a México, ya muerto Juárez, en 1874. Su Alteza Serenísima es un anciano doblegado y cojitranco, acogido a la compasión del gobierno liberal, que le pasa una modesta pensión. Con ese dinero, su esposa contrata mendigos callejeros para que le hagan antesala al Señor Presidente Santa Anna y le pidan favores. Algunos pícaros tratan de venderle huesos de su famosa pata. Pero sus ojos ya están velados por las cataratas. Vive de la caridad de sus yernos. Le entrega a su esposa sus últimos cuatro pesos y muere dormido, a los ochenta y dos años de edad, en 1876.

Otro dictador, éste eficaz, perseverante y astuto, tomaría el poder un año después de la muerte de Santa Anna y gobernaría a México durante treinta años bajo los lemas «Poca política, mucha administración» y «Mátalos en caliente». Su nombre: Porfirio Díaz. Su meta: Progreso sin libertad.

El espejo enterrado (versión aumentada)

La resistencia republicana

BENITO JUÁREZ

Ayayay despertó gritando el abuelo Rigoberto Palomar: una pesadilla. No es nada, lo consoló la abuela Susana Rentería, recostada a su lado; estabas soñando. Un levantamiento?, dijo asombrado don Rigoberto. No, puras bolas, se rió la señora. Ay muchachita inocente, le dijo el general Palomar mi bisabuelo a su esposa mi bisabuela de sesenta y cinco años, nada más porque él tiene noventa y uno y te acuerdas Susy?

—No me digas que soñaste conmigo, Rigo.

Sonrió la señora, pausando, y le acarició el bigote sedosamente blanco a su marido.

—Porque recuerda que dijiste que era una pesadilla.

Él se le fue encima a besos, en el pelo, en los cachetes, en la boca, hasta que la manga de su piyama a rayas cafés y amarillas se le descosió en el hombro y los dos se rieron. Ella le pidió que se quitara la camisa del piyama y se sentó a cosérsela al filo de la cama, balanceando en el aire, como en un columpio, sus piernas demasiado cortas para pisar tierra, *sus pies ideales*.

Don Rigoberto, bien flaco el viejo, se abrazó a sí mismo sentado al filo del lecho. Ella suspiró: —Cuéntame lo que soñaste, Rigo.

Pues tú verás, niña inocente. Yo tendría unos veinte años y andaba en la guardia del señor Juárez por el norte de la República, perseguidos por los franceses y los traidores mexicanos que los auxiliaban. Dos años

179

de viaje, Su, tú figúrate lo que era eso entonces, en calesas desvencijadas y carretas tiradas por bueyes, cargando con los archivos de la nación a cuestas y el señor presidente Juárez con uno como escritorio portátil en su carroza negra, donde escribía y firmaba.

Imagínate, muchachita pura, de Mapimí a Nazas a San Pedro del Gallo a La Zarca a Cerro Gordo a Chihuahua y de allí por el desierto al mero Norte. Cada vez menos soldados, menos agua, menos comida. Él aguantaba todo, porque según nos dijo cuando empezamos el viaje: «Esta oportunidad no se volverá a presentar en nuestra historia», y cuando nos cansábamos, Susana, o nos preguntábamos qué chirriones andábamos haciendo aquí empujando carretas cargadas de papeles viejos por lodazales y peñascos, recordábamos sus palabras y las entendíamos rete bien. La oportunidad que teníamos era la de salvar a México de una invasión extranjera y un Imperio impuesto por las armas.

La oportunidad de defender la legalidad que por el momento se reducía a unos archivos viejos y un escritorio sobre ruedas.

Creo que nunca fue nuestro país más pobre y más querido por los mexicanos que entonces. Tú has visto, escuinclita del alma, cómo se hace feo este país con la riqueza y la arrogancia? Pues lo hubieras visto bonito, en mi sueño.

Yo qué iba a decir entonces, muñequita? Nada: lancero con cara de palo, a caballo, protegiendo al Señor Presidente que decidió un día poner a circular la riqueza de la Iglesia, hacer respetar la ley de los hombres para que se respetara mejor la ley de Dios, y quitarles sus fueros al Ejército y a la aristocracia y vámonos, que le cae encima la de Dios es Cristo con todas las furias del cielo y del infierno también. Derrotó a los conservadores; pero los conservadores le heredaron una deuda externa de 15 millones de pesos, que era el precio de unos bonos comprados por negociantes franceses a cambio de una libra de carne mexicana. Los bonos no tenían valor real. La deuda reclamada por Francia sí. Juárez decretó la suspensión de pagos. Napoleón III le contestó con una invasión y un Imperio. Lo miraba nomás a don Ben, tan serio, tan digno, tan, cómo te diré? Susanita, tan seguro de su papel en la historia. Como no dudaba un minuto que a pesar de todos los pesares México acabaría siendo un país independiente y democrático, por eso tampoco dudaba que a él le correspondía que así fuera, ni más ni menos. Yo tenía ganas de preguntarle, oiga don Benito, y si usted falta, este país se hunde, ya no lucha, o qué? No sé qué me hubiera contestado. Muchos decían saberlo: se creía indispensable. Y como era heroico, pobre, y legalista, ni quien se lo disputara. Algo más también: era esposo y padre perfecto. Protegía a su familia; la mandó a Estados Unidos para que estuvieran seguros; les escribía puntual y amorosamente a su mujer y a sus hijos. Perdóname, Susy, pero me empezó a enervar: lo veía sentado como un ídolo dentro de su carroza, imperturbable, vestido de negro todo él, capa negra, levita y pantalón, chistera, un ídolo zapoteca vestido de qué?

De tanto mirarlo, acabé por decirme, óyeme bien adorada mía, que ese hombre estaba disfrazado de algo que amaba y temía al mismo tiempo. Por qué era tan singular? A veces lo dejaba escapar en su conversación; había sido niño indio, pastor de ovejas en Oaxaca, iletrado y sin la castilla, hasta los doce años; entre los doce y veintidós años, imagínate paloma mía, ese niño agrario, heredero desposeído de una cultura espectral, tan antigua cuanto muerta, Susana, ese niño perdido en la luz de una simplicidad mágica, aprende a ver su pasado como una noche irracional, lo imaginas muchachita?, un horror del cual hay que salvar a los mexicanos: en diez años aprende a hablar español, aprende a leer y escribir, se convierte en un abogado liberal, admirador de las revoluciones europeas, de la democracia norteamericana, de la burguesía legalista de Francia, se casa con burguesa blanca, se viste de profesionista occidental, y cuando así se encuentra armado, con todas las letras y leyes de la civilización occidental, zas mi Susy, que ese mismo mundo que él tanto admira se le vuelve en contra, le niega el derecho de modernizar a México, le niega a México la independencia y lloré por Benito Juárez, palabra angelita, cuando entendí esto: este hombre estaba triste, dividido, enmascarado por su gran contradicción que iba a ser de allí en adelante la nuestra, la de todos los mexicanos: sentirnos incómodos con nuestro pasado, pero mucho más con nuestro presente. Estar de pleito permanente con nuestra modernidad que dizque iba a hacernos felices de un rayo y sólo nos trajo desgracias. Cómo miraba con tristeza el señor Juárez esos desiertos que dejaba atrás rápidamente, que ni ese huizache era suyo, ni esas yucas.

Y yo que quería decirle, déjese ir, don Ben, no se contenga tanto, yo su lancero más amolado se lo digo porque lo quiero bien y me la paso mirándolo a través de la ventanita de su carruaje, lo miro a usted al ritmo bronco y famélico de mi caballo y usted al ritmo quebrado y violento de su carricoche; la tinta se le riega, Señor Presidente, los papeles se le manchan, el sombrero de copa se le va de lado, pero usted impasible, como si estuviera presidiendo un juzgado en Poitiers cuando está aquí nomás, con nosotros, rodeado de mezquite y pluma de apache; mire nomás para afuera, mire nomás lo que es Durango, lo que es Coahuila... ay nanita.

La primera vez que lo vi quebrarse tantito fue cuando el sentido común le dijo, oiga, ya no puede usted seguir cargando los archivos de la República desde la presidencia de Guadalupe Victoria hasta la fecha como si fuera un paquetito de cartas de amor: son toneladas de papel, don Benito, por más que crea usted que la realidad la crea el papel, como todos los santos leguleyos de nuestra santa tradición jurídica romana, hay un límite: los papeles nos van a ahogar, vamos a perder la guerra de los papeles como perdimos en el 38 la guerra de los pasteles contra estos mismos gabachos? Palabra que se le quebró un poco la máscara cuando se resignó a dejar los archivos escondidos en una cueva en la Sierra del Tabaco, allá en Coahuila. Se despidió de esos papeles como de sus propios hijos: como si hubiera enterrado cada una de esas hojas que para él tenían alma.

Nunca cerraba su puerta. Era un principio suyo: la puerta siempre abierta para que entrara el que lo quisiera ver. También para que vieran siempre que no tenía nada que esconder.

Él era cristalino. A veces se daba el lujo hasta de sentarse a escribir de espaldas a la puerta de los jacales, las viejas misiones derruidas, las casas de amigos en este camino que todos creíamos era el del destierro —él que no, era sólo el del desierto, que no es lo mismo. El punto es que para un lancero encargado de protegerlo, él me hacía la vida muy difícil con sus conscientes valentías de prócer destinado al mármol.

Una vez en el mero desierto de Chihuahua se cansó de escribir toda la noche y me miró vigilando la puerta abierta que daba sobre el desierto, medio dormido yo porque iba a amanecer, pero apoyado sobre mi lanza bien clavada en esa tierra dura. Sonrió y dijo que las matas grises que nos rodeaban eran más sabias que los hombres. Que mirara yo este amanecer toda la loma punteada de matas espaciadas perfectamente, con una simetría casi legal, como la de un buen código civil, dijo. Sabía yo por qué era así? Yo que no. Y él que las matas guardaban su distancia porque sus raíces son muy venenosas. Matarían a cualquier planta que creciera a su lado. Hay que mantener las distancias para respetarnos y sobrevivir. Ésa es la condición de la paz, dijo, y caminó deprisa a sentarse otra vez, a escribir algo rápido y corto y seguramente lapidario.

No, le hubiera querido decir, no es que quiera verlo a usted yendo al baño, limpiándose, o expulsando un gas, don Benito, o sacándose un moco, Señor Presidente, eso no, pero algo que no hiera su dignidad o la mía, eso sí, quisiera verlo lavarse los dientes, señor Juárez, o dándole grasa a sus botines, porque no me diga que no lo hace usted, aquí andamos rodando entre el palo verde y las biznagas y usted sin ayuda de cámara como Maximiliano pero con los zapatos más lustrosos siempre que un archiduque austriaco: Cómo le hace? Perdería algo su dignidad si se deja ver lustrando sus zapatos, señor?

Celebramos el Día de la Raza, el 12 de octubre de 1864, en la ciudad de Chihuahua y el presidente Juárez se la pasó leyendo periódicos atrasados en inglés que habían llegado de Nueva Orleans, quién sabe cómo, pero él tenía recuerdos de ese puerto de la Louisiana adonde fue exiliado por el dictador Santa Anna y se ganó la vida enrollando puros en una fábrica de tabaco (ay, y ahora sus amados papeles estaban enrollados también en la Sierra del Tabaco, pensó con alguna ironía) y aprendió inglés, como ahora lo hacían sus hijos en sus escuelas de Nueva York.

Leyó una noticia que le llamó la atención: un gringo llamado E. L. Drake había descubierto una nueva materia excavando pozos de veinte metros en el oeste de Pennsylvania. Según la noticia, la materia fue extraída por los pozos desde hondos yacimientos de rocas sedimentarias. Esta materia es líquida o gaseosa, leyó el señor Juárez, pero en cualquier forma puede sustituir con ventaja, según Mister Drake al aceite de ballena cada vez más escaso para proporcionar iluminación brillante y barata a las ciudades modernas. El señor Juárez meneó la cabeza oscura, pensando quizás en los cabitos de vela que en las rancherías del Norte le servían para escribir de noche.

Comentó la novedad con otros huéspedes del señor Creel en Chihuahua y un ingeniero dijo que lo de la luz era importante, claro, pero más la aplicación de ese famoso petróleo, como lo habían bautizado, a la locomoción, a las máquinas de vapor, a los trenes, a las fábricas. Vi en ese instante el pasaje de un ensueño por la mirada casi siempre impenetrable de Benito Juárez, Susanita, como si se imaginara viajando velozmente por la desolación de la República, liberado de los accidentes del terreno y el clima, tan hoscos ambos, mi muchacha, tan enojadotes con el hombre.

Sacudió la cabeza; exilió el sueño. Si lo importante, precisamente, era recobrar la República palmo a palmo, lentamente, en el amor y la pobreza, quizás don Benito Juárez, chula, hasta llegó a imaginarse, quién quita?, volando en aeroplano de México a El Paso, Texas, con escala técnica en Chihuahua; pero entonces hubiera perdido el país: se trataba de demostrar que el país era nuestro, que aquí estábamos y que, como el ocotillo, teníamos raíces hondas y espinas por todas las ramas: a ver quién nos arrancaba de aquí; a ver quién se venía a vivir con nosotros en esta penuria, no en esta fiesta. Ésa era la oportunidad irrepetible como él la miraba: «Esta oportunidad no se volverá a presentar en nuestra historia.» No el petróleo, Susanita, sino la dignidad. Te imaginas a don Benito Juárez aprovechando la lana del auge petrolero de los setentas para irse en un jet Grumman a París de francachela, Susy, con escala técnica en Las Vegas para echarse, qué sé yo, un pokarito en el Hotel Sands? Vaya, vaya.

Pero regresemos a mi sueño. Mi sueño que se llenó de muerte. Vas a ver. Primero se enteró de que su hijo predilecto, el niño Pepe, estaba enfermo. Toda la intuición, todo el atavismo, diría que toda la fatalidad, le salieron entonces a este zapoteca disfrazado de abogado francés. El fatalismo indio le dijo, Susy inocente, que Pepito ya estaba muerto y que no se lo decían para no hacerlo sufrir, para respetar a la estatua, cómo dices? Tú lo hubieras visto entonces en Chihuahua, chiquilla, temiendo por su chiquilín, su hijo que dijo era su «encanto, mi orgullo y mi esperanza». Se desmoronó; dijo que perdió la cabeza y llenó de borrones sus cartas. Luego se repuso; pero yo lo vi como una víctima de lo que él creía haber dejado atrás para siempre: el sentimiento fatal del indio. Su voluntad se impuso. Volvió a ser el de siempre. No le escribían de su casa. Cosas del correo; accidentes del tiempo, tan accidentado.

Cuando su premonición se cumplió, Susana mía, sólo anduvo repitiendo como fantasma, paseándose por los corredores de la casona de Creel en Chihuahua:

—Murió mi adorado hijo... murió mi adorado hijo... Ya no tiene remedio!

Yo sentí que la muerte de Pepe precipitó un desastre tras otro; poco tiempo después, el señor Juárez recibió allí mismo la noticia de la muerte del presidente Abraham Lincoln y luego, en julio, los franceses lanzaron una ofensiva general contra la resistencia republicana en el Norte y en agosto tuvimos que salir de Chihuahua hasta la frontera —pero no más allá de ella, capturados en México, arrinconados en México, pero nunca fuera de México, dijo, nunca un exiliado al que pudieran echarle en cara el abandono del país:

—Señor don Luis (le oí decirle a su amigo el gobernador Creel, quien lo instaba a salvarse cruzando la frontera), usted conoce mejor que nadie el estado. Señáleme el cerro más inaccesible, más alto, más árido, y allí me subiré y allí me moriré de hambre y de sed, envuelto en la bandera de la República, pero sin salir de la República.

Salimos dando de tumbos otra vez, en las calesas, con las carretas, por la huizachiza y la biznaga, mi Susanita, allí donde no hay de piña, mi señor, sólo de horchata... Qué te cuento, pues. Que una noche en una ranchería del desierto de Chihuahua, de guardia yo, apostado contra un muro de adobes derruidos, él cerró la puerta. Se va a dormir temprano hoy, me dije. Pero al rato lo oí llorar. No me atreví a interrumpirlo; pero anduve activo al día siguiente y cuando me tocó apostarme con mi lanza medio doblada, Susy, me dije, si no llora otra vez, ahí la dejamos. Pues como dijo le dijo Tallarines a Napoleón, ni yo que soy la portera me asomo tanto al zaguán; y ahí muere el asunto. Pero si el viejo llora otra vez...

—Le ocurre algo, Señor Presidente?

—No, Rigo. No es nada.

—Perdone entonces, Señor Presidente.

—Sí, Rigo?

—Usted sabe que yo no me meto en lo que no me llaman...

—Sí.

—Pero, no me abre usted tantito?

No era un santo, no tenía por qué serlo, le bastaba con ser un héroe, y héroes hay muchos que ni conocemos ni nadie les dedicó una calle y menos una estatua: pero un santo, para qué? Me habló esa noche de sus amores, de sus hijos fuera de la familia, de Tereso que era feo y valiente y andaba luchando igual que su padre, en la resistencia contra el invasor; y de la pobre, dolorosa Susana —como tú, mi amor, ya ves, el mismo nombre, lo sabías?—, su hija inválida en Oaxaca, virgen condenada, narcotizada para aliviar su dolor, y el mío por mi hija grande, qué?, lejana, dolorosa, extraña hija capturada dentro de un sueño artificial: Susana...

Le dije a la rancherita que entrara, que no fuera modosa, esto era bueno, ella lo sabía, el señor Juárez también; que la mirara como la miré yo Rigoberto Palomar del segundo cuerpo de lanceros de la República, ni más ni menos; pues todos andábamos en campaña y no por eso se acabó la vida; que la mirara con sus cachetes de manzana y sus ojos de capulín, sus trenzas hasta la cintura y el talle de alfarería nueva; tiene un nombre, es Dulces Nombres, así se llama, le cruje el almidón de la blusa, viene descalza para no hacer ruido, un día va a morir porque sus manos ya anuncian el luto, la quise para mí, señor Juárez, pero se la entrego a usted, a usted le hace falta, a nosotros nos hace falta que a usted le haga falta esta moza púdica y cachonda a la vez, a usted le hace falta una noche de amor ilícito, don Benito, sabroso, tierno, dulce como una panochita de canela y fuerte como un temblor tan cercano a la vida de donde sale, que a usted quizás hasta le parezca ya, en la inmediatez de su entrega, una respuesta de la muerte: éntrele, señor Juárez, cójase a la rancherita, sáquese la tristeza, gane la guerra, recupere el país, quiera a esta muchacha como quiso a su hijo muerto, como quiere a su hija inválida: esto es tan digno como cerrar la puerta para ir al baño o abrirla para recibir a los amigos: no se me convierta en estatua, señor Juárez, todavía no se nos muere usted.

—Cerré la puerta detrás de ellos, Susana, y corrí el riesgo de que me castigaran, pero abandoné mi puesto. Ves, chiquilina inocente, yo no quería oír nada. Esta noche era suya; él se la merecía como nadie. Rogué que fuera feliz, pero no quise robarle ni el pensamiento de su gusto. Por eso me puse a pensar en cosas tristes e imposibles, Susanita. Pon tú que el señor Juárez gane. Va a estar más pobre que nunca la República. Cómo va a pagar las deudas acumuladas por los conservadores, el Imperio, la guerra? Cómo va a reconstruir al país? Ay, me dije cerrando los ojos en la noche del desierto frío que es como una recámara en el fondo del mar: si el señor Juárez tuviera ese invento del gringo Drake en Pennsylvania para iluminar como un ascua todas las ciudades del mundo! Ay, si en vez de deberle quince millones de pesos a los franceses don Benito Juárez hubiese recibido todos los años quince mil millones de dólares por exportar fósiles líquidos! Por eso grité, Susana. Tuve esa horrenda pesadilla.

—No te preocupes, Rigoberto. Tu sueño va a terminar bien.

Cristóbal Nonato

La corona de sombras

TLACTOCATZINE, DEL JARDÍN DE FLANDES

19 Sept. ¡El licenciado Brambila tiene cada idea! Ahora acaba de comprar esa vieja mansión del Puente de Alvarado, suntuosa pero inservible, construida en tiempos de la Intervención Francesa. Naturalmente, supuse que se trataba de una de tantas operaciones del licenciado, y que su propósito, como en otra ocasión, sería el de demoler la casa y vender el terreno a buen precio, o en todo caso construir allí un edificio para oficinas y comercios. Esto, como digo, creía yo entonces. No fue poca mi sorpresa cuando el licenciado me comunicó sus intenciones: la casa, con su maravilloso *parquet*, sus brillantes candiles, serviría para dar fiestas y hospedar a sus colegas norteamericanos —historia, folklore, elegancia reunidos. Yo debería pasarme a vivir algún tiempo a la mansión, pues Brambila, tan bien impresionado por todo lo demás, sentía cierta falta de calor humano en esas piezas, de hecho deshabitadas desde 1910, cuando la familia huyó a Francia. Atendida por un matrimonio de criados que vivían en la azotea, mantenida limpia y brillante —aunque sin más mobiliario que un magnífico Pleyel en la sala durante cuarenta años—, se respiraba en ella (añadió el licenciado Brambila) un frío muy especial, notoriamente intenso con relación al que se sentiría en la calle.

—Mire, mi güero. Puede usted invitar a sus amigos, a charlar, a tomar la copa. Se le instalará lo indispensable. Lea, escriba, lleve su vida habitual.

Y el licenciado partió en avión a Washington, dejándome conmovido ante su fe inmensa en mis poderes de calefacción.

19 Sept. Esa misma tarde me trasladé con una maleta al Puente de Alvarado. La mansión es en verdad hermosa, por más que la fachada se encargue de negarlo, con su exceso de capiteles jónicos y cariátides del Segundo Imperio. El salón, con vista a la calle, luce un piso oloroso y brillante, y las paredes, apenas manchadas por los rectángulos espectrales donde antes colgaban los cuadros, son de un azul tibio, anclado en lo antiguo, ajeno a lo puramente viejo. Los retablos de la bóveda (Zobeniga, el embarcadero de Juan y Pablo, Santa María de la Salud) fueron pintados por los discípulos de Francesco Guardi. Las alcobas, forradas de terciopelo azul, y los pasillos, túneles de maderas, lisas y labradas, olmo, ébano y boj, en el estilo flamenco de Veit Stoss algunas, otras más cercanas a Berruguete, al fasto dócil de los maestros de Pisa. Especialmente, me ha gustado la biblioteca. Ésta se encuentra a espaldas de la casa, y sus ventanas son las únicas que miran al jardín, pequeño, cuadrado, lunar de siemprevivas, sus tres muros acolchonados de enredadera. No encontré entonces las llaves de la ventana, y sólo por ella puede pasarse al jardín. En él, leyendo y fumando, habrá de empezar mi labor humanizante de esta isla de antigüedad. Rojas, blancas, las siemprevivas brillaban bajo la lluvia; una banca al viejo estilo, de fierro verde retorcido en forma de hojas, y el pasto suave, mojado, hecho un poco de caricias y persistencia. Ahora que escribo, las asociaciones del jardín me traen, sin duda, las cadencias de Rodenbach... *Dans l'horizon du soir où le soleil recule... la fumée éphémère et pacifique ondule... comme une gaze où des prunelles sont cachées; et l'on sent, rien qu'à voir ces brumes détachées, un douloureux regret de ciel et de voyage...*

20 Sept. Aquí se está lejos de los «males parasitarios» de México. Menos de veinticuatro horas entre estos muros, que son de una sensibilidad, de un fluir que corresponde a otros litorales, me han inducido a un reposo lúcido, a un sentimiento de las inminencias; en todo momento, creo percibir con agudeza mayor determinados perfumes propios de mi nueva habitación, ciertas siluetas de memoria que, conocidas otras veces en pequeños relámpagos, hoy se dilatan y corren con la viveza y lentitud de un río. Entre los remaches de la ciudad, ¿cuándo he sentido el cambio de las estaciones? Más: no lo sentimos en México; una estación se diluye en otra sin cambiar de paso, «primavera inmortal y sus indicios»; y las estaciones pierden su carácter de novedad reiterada, de casilleros con ritmos, ritos y voces propios de fronteras a las que enlazar nostalgias y proyectos, de señas que nutran y cuajen la conciencia. Mañana es el equinoccio. Hoy, aquí, sí he vuelto a experimentar, con un dejo nórdico, la llegada del otoño. Sobre el jardín que observo mientras escribo, se ha desbaratado un velo gris; de ayer a hoy, algunas hojas han caído del emparrado, hinchando el césped; otras, comienzan a dorarse, y la lluvia incesante parece lavar lo verde, llevárselo a la tierra. El humo del otoño cubre el jardín hasta las tapias, y casi podría decirse que se escuchan pasos, lentos, con peso de respiración, entre las hojas caídas.

21 Sept.   Por fin, he logrado abrir la ventana de la biblioteca y salido al jardín. Sigue esta llovizna, imperceptible y pertinaz. Si ya en la casa rozaba la epidermis de otro mundo, en el jardín me pareció llegar a sus nervios. Esas siluetas de memoria, de inminencia, que noté ayer, se crispan en el jardín; las siemprevivas no son las que conozco: éstas están atravesadas de un perfume que se hace doloroso, como si las acabaran de recoger en una cripta, después de años entre polvo y mármoles. Y la lluvia misma remueve, por el pasto, otros colores que quiero insertar en ciudades, en ventanas; de pie en el centro del jardín, cerré los ojos... tabaco javanés y aceras mojadas... arenque... tufos de cerveza, vapor de bosques, troncos de encina... Girando, quise retener de un golpe la impresión de este cuadrilátero de luz incierta, que hasta a la intemperie parece filtrarse por vitrales amarillos, brillar en los braseros, hacerse melancolía aún antes de ser luz... y el verdor de las enredaderas, no era el acostumbrado en la tierra cocida de las mesetas; tenía otra suavidad, en que las copas lejanas de los árboles son azules y las piedras se cubren con limos grotescos... ¡Memling, por una de sus ventanas había yo visto este mismo paisaje, entre las pupilas de una virgen y el reflejo de los cobres! Era un paisaje ficticio, inventado. ¡El jardín no estaba en México!... y la lluviecilla... Entré corriendo a la casa, atravesé el pasillo, penetré al salón y pegué la nariz en la ventana: en la avenida del Puente de Alvarado, rugían las sinfonolas, los tranvías y el sol, sol monótono. Dios-Sol sin matices ni efigies en sus rayos, Sol-piedra estacionario, sol de los siglos breves. Regresé a la biblioteca: la llovizna del jardín persistía, vieja, encapotada.

21 Sept. He permanecido, mi aliento empañando los cristales, viendo el jardín. Quizás horas, la mirada fija en su reducido espacio. Fija en el césped, a cada instante más poblado de hojas. Luego sentí el ruido sordo, el zumbido que parecía salir de sí mismo, y levanté la cara. En el jardín, casi frente a la mía, otra cara, levemente ladeada, observaba mis ojos. Un resorte instintivo me hizo saltar hacia atrás. La cara del jardín no varió su mirada, intransmisible en la sombra de las cuencas. Me dio la espalda, no distinguí más que su pequeño bulto, negro y encorvado, y escondí entre los dedos mis ojos.

22 Sept. No hay teléfono en la casa, pero podría salir a la avenida, llamar a mis amigos, irme al Roxy... ¡pero si estoy viviendo en mi ciudad, entre mi gente! ¿por qué no puedo arrancarme a esta casa, diría mejor, a mi puesto en la ventana que mira al jardín?

22 Sept. No me voy a asustar porque alguien saltó la tapia y entró al jardín. Voy a esperar toda la tarde ¡sigue lloviendo, día y noche! y agarrar al intruso... Estaba dormitando en el sillón, frente a la ventana, cuando me despertó la intensidad del olor a siempreviva. Sin vacilar, clavé la vista en el jardín —allí estaba. Recogiendo las flores, formando un ramillete entre sus manos pequeñas y amarillas... Era una viejecita... tendría ochenta años, cuando menos, ¿pero cómo se atrevía a entrar, o por dónde entraba? Mientras desprendía las flores, la observé: delgada, seca, vestía de negro. Falda hasta el suelo, que iba recogiendo rocío y tréboles, la tela caía con la pesantez, ligera pesantez, de una textura de Caravaggio; el saco negro, abotonado hasta el cuello, y el tronco doblegado, aterido. Ensombrecía la cara con una cofia de encaje negro, ocultando el pelo blanco y despeinado de la anciana. Sólo pude distinguir los labios, sin sangre, que con el color pálido de su carne penetraban en la boca recta, arqueada en la sonrisa más leve, más triste, más permanente y desprendida de toda motivación. Levantó la vista; en sus ojos no había ojos... era como si un camino, un paisaje nocturno partiera de los párpados arrugados, partiera hacia adentro, hacia un viaje infinito en cada segundo. La anciana se inclinó a recoger un capullo rojo; de perfil, sus facciones de halcón, sus mejillas hundidas, vibraban con los ángulos de la guadaña. Ahora caminaba, ¿hacia...? No, no diré que cruzó la enredadera y el muro, que se evaporó, que penetró en la tierra o ascendió al cielo; en el jardín pareció abrirse un sendero, tan natural que a primera vista no me percaté de su aparición, y por él, con... lo sabía, lo había escuchado ya... con la lentitud de los rumbos perdidos, con el peso de la respiración, mi visitante se fue caminando bajo la lluvia.

23 Sept.   Me encerré en la alcoba; atranqué la puerta con lo que encontré a mano. Posiblemente no serviría para nada; por lo menos, pensé que me permitiría hacerme la ilusión de poder dormir tranquilo. Esas pisadas lentas, siempre sobre hojas secas, creí escucharlas a cada instante; sabía que no eran ciertas, hasta que sentí el mínimo crujido junto a la puerta, y luego el frotar por la rendija. Encendí la luz: la esquina de un sobre asomaba sobre el terciopelo del piso. Detuve un minuto su contenido en la mano; papel viejo, suntuoso, palo-de-rosa. Escrita con una letra de araña, empinada grande, la carta contenía una sola palabra...

TLACTOCATZINE

23 Sept.   Debe venir, como ayer y anteayer, a la caída del sol. Hoy le dirigiré la palabra; no podrá escaparse, la seguiré por su camino, oculto entre las enredaderas...

23 Sept.   Sonaban las seis cuando escuché música en el salón; era el famoso Pleyel, tocando valses. A medida que me acerqué, el ruido cesó. Regresé a la biblioteca: ella estaba en el jardín; ahora daba pequeños saltos, describía un movimiento... como el de una niña que juega con su aro. Abrí la ventana. Salí. Exactamente no sé qué sucedió; sentí que el cielo, que el aire mismo, bajaban un peldaño, caían sobre el jardín; el aire se hacía monótono, profundo, y todo ruido se suspendía. La anciana me miró, su sonrisa siempre idéntica, sus ojos extraviados en el fondo del mundo; abrió la boca, movió los labios: ningún sonido emanaba de aquella comisura pálida; el jardín se comprimió como una esponja, el frío metió sus dedos en mi carne...

24 Sept. Después de la aparición del atardecer, recobré el conocimiento sentado en el sillón de la biblioteca; la ventana estaba cerrada; el jardín, solitario. El olor de las siemprevivas se ha esparcido por la casa; su intensidad es particular en la recámara. Allí esperé una nueva misiva, otra señal de la anciana. Sus palabras, carne de silencio, querían decirme algo... A las once de la noche, sentí cerca de mí la luz parda del jardín. Nuevamente, el roce de las faldas largas y tiesas junto a la puerta; allí estaba la carta:

Amado mío:
La luna acaba de asomarse y la escucho cantar; todo es tan indescriptiblemente bello.

Me vestí y bajé a la biblioteca; un velo hecho luz cubría a la anciana, sentada en la banca del jardín. Llegué junto a ella, entre el zumbar de abejorros; el mismo aire, del cual el ruido desaparece, envolvía su presencia. La luz blanca agitó mis cabellos, y la anciana me tomó de las manos, las besó; su piel apretó la mía. Lo supe por revelación, porque mis ojos decían lo que el tacto no corroboraba: sus manos en las mías, no tocaba sino viento pesado y frío, adivinaba hielo opaco en el esqueleto de esta figura que, de hinojos, movía sus labios en una letanía de ritmos vedados. Las siemprevivas temblaban solas, independientes del viento. Su olor era de féretro. De allí venían, todas, de una tumba; allí germinaban, allí eran llevadas todas las tardes por las manos espectrales de una anciana... y el ruido regresó, la lluvia se llenó de amplificadores y la voz, voz coagulada, eco de las sangres vertidas que aún transitan en cópula con la tierra, gritó:

—*Kapuzinergruft! Kapuzinergruft!*
Me arranqué a sus manos, corrí a la puerta de la mansión —hasta allá me perseguían los rumores locos de su voz, las cavernas de una gar-

ganta de muertes ahogadas—, caí temblando, agarrado a la manija, sin fuerza para moverla.

De nada sirvió; no era posible abrirla.

Está sellada, con una laca roja y espesa. En el centro, un escudo de armas brilla en la noche, su águila de coronas, el perfil de la anciana, lanza la intensidad congelada de una clausura definitiva.

Esa noche escuché a mis espaldas —no sabía que lo iba a escuchar por siempre— el roce de las faldas sobre el piso; camina con una nueva alegría extraviada, sus ademanes son reiterativos y delatan satisfacción. Satisfacción de carcelero, de compañía, de prisión eterna. Satisfacción de soledades compartidas. Era su voz de nuevo, acercándose, sus labios junto a mi oreja, su aliento fabricado de espuma y tierra sepultada:

—... y no nos dejaban jugar con los aros, Max, nos lo prohibían; teníamos que llevarlos en la mano, durante nuestros paseos por los jardines de Bruselas... pero eso ya te lo conté en una carta, en la que te escribía de Bouchot, ¿recuerdas? Pero desde ahora, no más cartas, ya estamos juntos para siempre, los dos en este castillo... Nunca saldremos; nunca dejaremos entrar a nadie... Oh, Max, contesta, las siemprevivas, las que te llevo en las tardes a la cripta de los capuchinos, ¿no saben frescas? Son como las que te ofrendaron cuando llegamos aquí, tú, Tlactocatzine... Nis tiquimopielia inin maxochtzintl...

Y sobre el escudo leí la inscripción:

CHARLOTTE, KAISERIN VON MEXIKO

Los días enmascarados

La dictadura

LA LÍNEA DE LA VIDA

Una noche de marzo, el aire sabía a polvo y la luna cicatrizaba el valle, cuando Enrique Cepeda, gobernador del Distrito Federal, llegó a la cárcel de Belén. De los automóviles bajaron treinta hombres armados, limpiándose la nariz con la manga, encendiendo los pequeños cigarrillos deshebrados, lustrando los botines de cuero contra los muslos. El calvo Islas le gritó a la guardia de la prisión: *¡Aquí está el Gobernador del Distrito!* y Cepeda llegó contoneándose ante el primer oficial y eructó:

—Aquí está el Gobernador del Distrito...

Gabriel Hernández dormía en una bartolina. Sus ojos de aceite, su máscara de obsidiana se quebraron con el puntapié de una bota negra:

—Ándele, vístase... —Hernández irguió su pequeño cuerpo mongoloide, y por el rabo del ojo distinguió a la escolta apostada fuera de la celda.

—¡Al patio! —dio la orden el Subalcalde.

Aire morado, muros grises de Belén. El gran muro acribillado, con sus florones de pólvora. Cepeda, Islas, Casa Eguía, se ofrecían cigarrillos unos a otros, se carcajeaban en complicidad, mientras la escolta, con el rebelde Gabriel Hernández en el centro, avanzaba hacia el paredón.

—Si tuviera un arma no me asesinarían.

La mano gorda de Cepeda cruzó el rostro de Hernández.

Cinco tiradores hirieron el cuerpo, entre los ecos de risa del Gobernador. Con el último tiro, cesaron las carcajadas. Cepeda frotó la mano sobre la tierra: —Hagan una pira, aquí mismo... —y se apoyó contra el muro.

Mientras el fuego consumía el cadáver de Hernández y el olor de carne tostada ennegrecía las facciones de Cepeda, Gervasio Pola y tres prisioneros más escapaban de Belén, escondidos en el carro recolector de basura.

Durante el recorrido de Belén al depósito de desperdicios, Pola pensó que así se debían sentir los muertos, con ganas de gritar y decirles a los enterradores que en realidad estaban vivos, que no acababan de morir, que sólo los sofocaba una pestilencia muda, una rigidez transitoria, que no les clavaran el féretro, que no les echaran la tierra encima. Los cuatro hombres, boca abajo, sepultados por el cúmulo de basura, concentraban todo su terror en el acto de respirar. Sobre el suelo del coche, entre las planchas de madera, pegaban la nariz a los resquicios, aspirando la tierra suelta de las calles. Uno de los evadidos confundía su ronco jadeo con sollozos; Pola hubiera querido robarle ese aire desperdiciado. Los pulmones se le congestionaban de hierbas podridas y excrementos, cuando el coche se detuvo. Gervasio Pola codeó a su compañero próximo, y todos esperaron el momento en que se abrieran las puertas, entrara la noche a alumbrar de viento el estrecho sudario, y las palas de los basureros empezaran a pulverizar de inmundicia el potrero.

Estaban en el llano, por el rumbo de San Bartolo. Los dos basureros no habían ofrecido resistencia; yacían amarrados a las ruedas del carro. Los montículos de basura gris, blanda, coronados de moscas, se extendían desde el camino hasta el pie del cerro más cercano. El desaliento invadió a Gervasio Pola cuando pudo distinguir las caras embarradas, los cuerpos mojados, de sus tres compañeros.

—De aquí a mañana tenemos que ganar el primer campamento zapatista —dijo uno.

Pola se quedó mirándole los pies descalzos. Luego, con la vista baja, recorrió las piernas desnudas y enclenques del segundo, los tobillos heridos de grillete, supurantes, del tercero. La Luna les patinaba en las uñas, como joyas de tierra. El viento de la serranía empezó a desbaratar los montones de basura. Tenían que decidirse a la caminata —la fuga se fabricaría de roca y espina.

Gervasio la inició, rumbo al cerro. En fila india, como por costumbre, lo seguían los otros. Aquí, en el llano, las piernas se hundían en el lodo de hierba; allá, a partir de la pendiente, la carne comenzaría a rasgarse más, a punzar la sangre las dagas del bosque. Gervasio, al pie de la sierra, aflojó los muslos. El viento seco rechinaba entre el huizache.

—No hay más remedio que separarse —murmuró sin levantar la vista—. Aquí salimos juntos hasta antes de Tres Marías. Allí Pedro y yo nos desviamos por el rumbo fácil, pero por donde hay que esquivar la caseta de los federales. Tú que conoces mejor el rumbo de Morelos te vas con Sindulfo y tomas la desviación de la izquierda. Si antes de la noche no hemos encontrado el campamento, volvemos a separarnos, ahora cada cual solo, y nos escondemos hasta la madrugada, o esperamos que pase un destacamento de Zapata para unírnosle. Y si no resulta, hasta vernos en Belén.

—Pero es que aquí Sindulfo no va a aguantar con la pata amolada —dijo Froilán Reyero—. Y el camino de la izquierda es el más fácil. Mejor que Sindulfo se vaya contigo, Gervasio, y Pedro conmigo.

—Mejor es andar juntos, por lo que pase —interrumpió Sindulfo, el del tobillo supurante.

Pola levantó la cara: —Ya oyeron lo que dije. Por lo menos que uno salve el pellejo. Más vale que uno viva solo y no que los cuatro mueran juntos. Se sigue el proyecto original.

Entonces les azotó el pecho el frío que anuncia el fin de la redonda medianoche y el principio de la madrugada de terrones de hora, y Gervasio tomó la vereda que iba trenzando el escarpado cerro de cigarras.

A veces, la inmensidad no empequeñece. Gervasio sintió que, con su banda, formaba una falange de heroicidad, y que los pies arrastrados por las veredas del monte llegarían a sonar como tropel, como cascos de metal, hasta superar la grandeza de la sierra, y hacerla esclava de su marcha. El sol naciente desparramaba los pinos mientras los cuatro hombres ascendían. Pola quiso mirar el valle seco; lo circundaba la lejanía. Los hombres no hablaban; el ascenso era lento.

Mira Froilán, quién te iba a decir que aquí en la sierra ibas a sentirte más preso que en la cárcel, más solo. ¿Qué me quebraron allá? Ahora recuerdo la noche en que escuché los primeros aullidos. Tantas primeras no-

ches, primeras madrugadas. Todas iguales, todas nuevas. Primera noche de aullidos. Primera madrugada de tambores y descargas en el patio. Sólo me llegaban los ruidos, uniformes. Pero sabía que cada uno era distinto. Todo igual, siempre diferente. Yo nunca el primero, nunca el siguiente, nunca el próximo. Nunca la hora de levantarse y decirles que estaba listo, que yo no tenía miedo, que no hacía falta vendarme la vista. Siempre esperándola. Ya quería que me chamuscaran, para demostrarles quién era yo. Nunca me dejaron. Otros murieron llorando y pataleando, y pidiendo clemencia. No sabían que yo estaba allí, en la solitaria, esperando la hora de escupirles su clemencia en la cara. Cada uno que fue al paredón me dejó esperando, con ganas de ir en su lugar con la cara en alto, y de regresar a mi celda. Les regalo la muerte; yo podría haber sustituido a cada uno en la marcha de la bartolina al patio. Eso nunca me lo permitieron. Me quebraron.

Pedro se rajó la planta del pie con un vidrio y apretó los labios.

Que se me raje todo. Que se me quede la sangre hecha polvo en el cerro. Pero que no me dejen solo. Juntos aguantamos. Juntos nos pescaron y nos volverán a pescar. Acabarán por fusilarnos a los cuatro juntos. Pero no me van a dejar solo en el cerro.

Y Sindulfo no pensaba, sólo alargaba los brazos tratando de tocarse los tobillos sin dejar de caminar.

Se detuvieron al mediodía, acercándose ya a las cumbres más altas, donde debían separarse. Pero aún no entraban en la neblina; se sentaron a la sombra de un pino.

—No hay agua por aquí para lavarle a Sindulfo las heridas —dijo Froilán Reyero.

—No piensen en agua... —exclamó cabizbajo Sindulfo.

—No piensen en comida —dijo riéndose Gervasio.

Pedro murmuró:

—Comida...

—No piensen en comida —apretó los dientes Gervasio.

—Ya vamos a llegar a Tres Marías.

—Sí. Ahí empieza la desbandada.

—A mí me quebraron, Gervasio. A mí me quebraron.

—Tú conoces mejor que nadie los rumbos de Morelos; no te quejes. El que las va a pasar duras soy yo...

—Hace falta alguien que las pase duras para que salgamos los cuatro. —Froilán se mascaba el bigote lacio.

—Con uno que se salve... —dijo, con la mirada dura en las piedras, Gervasio.

—Allá en el pueblo un viejo quiso morirse solo; dicen que siempre lo había querido. Se figuraba a la muerte desde hacía mucho; no lo iba a coger de sorpresa. Y cuando sintió que se le acercaba, mandó correr a todos los de la casa para recibirla sin compañía, como para gozar solo lo que tanto había esperado. Y en la noche, cuando ya le andaba rondando, y la voz se le caía como caliche, salió arrastrándose hasta la puerta con los ojos pelados, queriendo contarles a los demás cómo era la muerte. Esto yo lo vi, porque me había metido a su huerto a robarle las naranjas. Me agradeció que no lo viera morirse, con las cejas pegadas a la tierra.

Pedro calló.

—Hace falta a quien contarle las cosas... antes, un minuto antes.

—Se las cuentas a un federal.

—No te dan tiempo. Te encuentran solo y ahí se acabó. Te encuentran acompañado y entonces cruzas la mirada con el amigo antes de caer.

—Hace falta quien te perdone —dijo Pedro.

Y Gervasio pensó que perdonaban los buitres, que perdonaba la tierra cuando se convertía en único corazón de los despojos, que hasta el gusano nos perdonaba la porquería al cumplir su banquete. De pie bajo un pino, alargó la mano sobre el valle: percibió en ese instante que, lejos de las heridas de sus compañeros, lejos de la imagen encadenada de la tierra triste, pulmón de polvo, o más allá de su fondo acuoso secado por los penachos sangrientos y el rumor de sacrificios inconscientes, o más arriba del piélago de montes labrados por la sequía y la tala —en la otra orilla del mundo indiferenciado, masivo, de México— cabía la salvación de un hombre como él, teñido de basura y fatiga, ausente de la memoria de los demás hombres mexicanos, pero fiel, sólo fiel a ellos cuando era fiel a sí mismo. *Salvarme hoy, a mí, a mi piel, para salvar mañana a los demás. Ellos quieren que muera con ellos; esta muerte impersonal, de todos, sería reconfortante para mis hombres. Creen que cumplo mi deber sucumbiendo con ellos. Incluso prefieren que yo muera antes y alivie su muer-*

te. Estoy dispuesto a salvarlos, si se dejan salvar. Pero sólo salvándome pue-
do salvarlos hoy a ellos y mañana a otros.

—Ya vieron desde la torre —iba diciendo Froilán—. Era Gabriel Hernández, ese que fusilaron y echaron al fuego. Se lo llevaron solito. Es lo que nos espera si nos vuelven a agarrar. Más vale aquí en la sierra, los cuatro juntos.

—Yo no quiero morir solo en el monte, o rodeado de enemigos, en la cárcel —sollozó entonces Sindulfo.

Pola se regresó y con una rama seca azotó las espaldas de Sindulfo; la luz del valle amortiguaba la cólera en los ojos:

—¡Pendejo! ¿Para qué tienes que hablar? ¿No te das cuenta de que bastante hemos hecho cargándote con todo y tu maldita pata tullida? ¿Para qué tienes que venir a lloriquear, a destrozarnos? ¡Ándale!

—Ya, ya, jefecito..., no más.

—No le pegues más, Gervasio —Froilán le detuvo el brazo, mientras leves espirales de humo comenzaban a surgir del bosque, impulsando un olor a hojas quemadas y a pino seco.

—Bueno, vámonos. Ya están cocinando en los campamentos: miren el humo. Cada columna de ésas puede indicar un amigo, un enemigo. Pero el que tenga hambre nada más, que se vaya derecho a cualquiera...

Cerca de Tres Marías se separaron. Froilán sosteniendo a Sindulfo, abrazándolo de la cintura. Y Gervasio con Pedro detrás, cabizbajo y frotándose los brazos para combatir la niebla helada de la montaña.

La tierra se sentía fría y amortajada bajo los pies de Gervasio y Pedro; su rostro húmedo, de roca y abetos, se hinchaba a cada paso, ascendiente y lívido. Había que salvar la caseta federal, de soldados ateridos y chozas con olor a frijoles refritos, que se interponía entre ellos y el primer campamento zapatista. Al atardecer, Pedro se agarró a dos manos el estómago y cayó de rodillas. Luego empezó a vomitar. Sombras de crepúsculo se alargaban en la maraña sombría del bosque, y Pedro, con la vista y la boca convulsivas, pedía en silencio un descanso, un momento de respiro.

—Ya va a caer la noche, Pedro. Tenemos que seguir juntos un trecho, luego nos separamos. Ándale, levántate.

—Como Gabriel Hernández, así, dijo Froilán. Primero fusilado, luego quemado. Eso es lo que nos espera, Gervasio. Más vale quedarse aquí, en el monte, y morir solos, con Dios. ¿Adónde vamos? Dime, Gervasio, ¿adónde vamos?

—No hables más. Dame la mano y ponte de pie.

—Sí, tú eres el jefe, el fuerte, tú sabes que hay que caminar y caminar. Lo que no sabes es adónde. ¿A unirnos con Zapata? ¿Y luego qué?

—Estamos en una lucha, Pedro. No hay que pensar ahora, hay que luchar.

—Luchar sin darse cuenta, como si uno no tuviera recuerdos y presentimientos. ¿Qué crees que va a salir de todo esto? ¿Crees que importa algo que yo y tú luchemos? Ahorita que estamos solos aquí, medio perdidos en un bosque, y yo con la fiebre que se me viene encima, ponte a pensar. ¿Qué podemos, tú y yo, solos aquí? ¿Qué importa lo que hagamos o digamos? ¿No se resolverá todo por su cuenta? ¿No es el nuestro un sacrificio más, en balde? Vámonos, Gervasio, lejos de aquí, lejos de la bola. Que pase el viento sobre nuestras cabezas. Nada va a cambiar.

—¿Qué propones?

—Vamos a Cuautla a ver quién consigue ropa, o dinero... Y luego cada quien para su tierra...

—Te buscarán, te encontrarán, Pedro. Ya no puedes salirte de esto. Tú no quieres que te arrastren. Yo sólo puedo dejarme arrastrar. Ni remedio. Además, ya no hay tierra que valga. Ya no habrá escondrijos en México. Nos va a tocar a todos por igual.

—¿Y después?

—Cada quien a su lugar, después. Al que le corresponda.

—¿Lo mismo que antes?

—No preguntes. No hay que andarse haciendo preguntas cuando te metes a la revolución. Tenemos que cumplir. Es todo.

—¿Quién va a ganar, en serio? ¿Nunca te has puesto a pensar?

—No sabemos quién va a ganar. Todo gana, Pedro. Todo está vivo. Gana lo que sobrevive. Aquí todo sobrevive. Ándale, de pie.

—Ya me volvió la fiebre, Gervasio. Como si los murciélagos hubieran nacido en mi estómago.

—Vamos. Ya va a caer la noche.

Pedro se puso de rodillas: —Hay que dormir aquí. No puedo más.

Cuando el aire se llenó de chicharras y comenzó a soplar por las laderas frías, Pedro se frotaba los brazos y sus dientes rechinaban. La noche súbita del espacio los rodeó.

—No me dejes, Gervasio, no me dejes... Sólo tú puedes llevarme adonde hay que ir... No me dejes, por tu mamacita...

Pedro alargó el brazo y arañó la tierra: —Pégate, por favor, que tengo frío... Nos calentaremos los dos.

Trató de alargarlo más y rodó, besando el polvo: —Gervasio, háblame; háblame, no sea que aquí me entierres...

Quiso mirarse las manos, para darse cuenta de que vivía; una tiniebla espesa cubría el monte. Con los ojos redondos recorrió el bosque negro y gritó: —Hay mucha tierra para el poco polvo que dejo; arrástrame lejos de aquí, Gervasio; vámonos de vuelta a la prisión. Le tengo miedo a este monte pelón de almas; tengo miedo de andar suelto, sin grilletes... Que me los pongan, pronto, Gervasio, ¡Gervasio!...

Pedro apretó los puños en torno a los tobillos, y, por un minuto, volvió a sentirse libre prisionero. *Prisionero de hombres quiero ser, no prisionero del frío y el dolor y la noche. Que me pongan los grilletes, mamacita, para no andar rodando. Quiero quedar sujeto. Nací sujeto. Ahí está la pena:* —¡Gervasio! No me dejes solo, por tu mamacita... Tú eres el jefe; llévame..., Gervasio.

El monólogo de Pedro silbaba entre las peñas. Gervasio Pola ya corría monte abajo, hacia la fogata amarilla del valle de Morelos.

El general Inés Llanos se limpió los dedos en el ombligo y tomó asiento junto al vivac. Los sombrerones ocres de la tropa brillaban, con los ojos indios, a sus espaldas, en la noche.

—Sírvase bien, no tenga pena. Éntrele. ¿Así que usted se les escapó de Belén?

—Sí, mi general. Yo solo me escapé y crucé el monte en un día —repuso, soplando el aliento entre las palmas heladas, Gervasio Pola. —Me salvé solito. Y ahora estoy a sus órdenes para unirme al general Zapata y seguir la lucha contra el dictador.

—Ah qué atrasado y tarugo será usted —carcajeó el general Llanos mientras tomaba otra tortilla del brasero—. ¿A poco usted no lee? ¿Qué dice el verdadero Plan de Ayala? Ahí se pone verde a Madero por su falta de entereza y debilidad suma, dice el escrito. ¿Y quién lo tiró? Pues mi general Victoriano Huerta, qu'es ahora nuestro jefe...

—¿Y Zapata?

—Qué Zapata ni qué nada. Aquí está usted frente a Inés Llanos, su servidor, fiel a las fuerzas del gobierno legítimo, y mañana está usted de regreso en Belén. Ahora prepárese su taquito, que el viaje es largo y abochorna.

Gervasio Pola volvió a penetrar los muros grises de Belén. La tierra achicharrada del patio señalaba el sitio de la incineración de Hernández. Pola pasó pisando las cenizas, y ahí empezaron a temblarle las piernas. En la solitaria quería dormir; los párpados le pesaban, cuando entraron dos oficiales.

El capitán Zamora, rubio y esbelto, con los bigotes cuidadosamente encerados, le dijo: —No hay necesidad de avisarle que va usted derecho al paredón. —Miraba continuamente el techo—: Pero antes va a decirnos por qué rumbo tomaron los prisioneros evadidos Pedro Ríos, Froilán Reyero y Sindulfo Mazotl.

—Si al fin los han de agarrar..., qué más da.

—Da que queremos matarlos a los cuatro juntos, como ejemplo y escarmiento. Decídase, o mañana mismo pasa usted solo frente al pelotón.

La puerta de la celda se cerró con un estruendo acerado, y luego Gervasio escuchó el taconeo sobre las losas de piedra de la larga galería de Belén. Un viento clausurado se arremolinaba entre los barrotes. Gervasio se tiró al suelo.

Mañana paso solo frente al pelotón; mañana, siempre una calavera anda escondida en la esquina de mañana... Ya las piernas empezaron a temblarme, cuando pasé encima de las cenizas de Gabriel Hernández; vamos a ser un puente de cenizas para las botas de los ajusticiados; luego pasa Pedro sobre mis cenizas, y Sindulfo sobre las de Pedro, y Froilán sobre las de Sindulfo. Sin que nos toque decirnos adiós más que con las botas. Solo frente al pelotón; ahí voy por la galería en la hora débil y pequeña, tratando de olvidar lo que sabía y de recordar lo que he olvidado... ¿Va a haber tiempo para el arrepentimiento? Ni que me regalaran la vida de nuevo para arrepentirse de cada cosa; pero, ¡ay venganza que te tomas, muerte calaca, por andar uno creyendo que eres distinta de la vida! Tú eres todo, la vida te invade, te hiere. No es más que una excepción de la muerte. Ahí vamos dando tumbos, que dizque vamos a ser héroes, para acabar pensando ¿qué se siente cuando una bala de plomo, y luego otra, y otra más, se te clavan en la barriga y en el pecho, qué carajos se siente? ¿Vas a darte cuenta de tu propia sangre regada, de los ojos que dicen se te paran como cebollas? ¿Vas a saber cuándo se acerca otro hombre a darte el tiro de gracia, en la mera nuca, y tú ya no puedes hablar y pedir piedad? Ya la agotamos, la piedad, Diosito santo, ya la agotamos nosotros, ¿cómo vamos a pedírtela a ti? Tengo miedo, Diosito santo, tengo puro miedo... y tú no vas a morir conmigo; ¡no quiero hablarle de mi muerte a los que no van a morir conmigo! Quiero contársela a mis camaradas, para que callemos juntos y muramos juntos, juntos, juntos. Se dejan cosas, cosas sin hacer... eso es la muerte...

De pie, Gervasio le gritó al guardia: —¡Que venga el capitancito ese...!

(Pedro se quedó en el monte a la derecha de Tres Marías, apenas pasada la caseta federal. Tenía fiebre. Ahí debe estar todavía. Froilán y Sindulfo se fueron por la parte difícil a la izquierda. El terreno es duro, y Sindulfo anda tullido; no deben haber avanzado mucho. Y tampoco habíamos comido en mucho tiempo, y con ese frío...)

La madrugada de un domingo, antes de que las campanas parroquiales comenzaran a tañer, Gervasio caminó amodorrado por la galería hueca de Belén. Se palpaba los hombros, la cara, el estómago, los testículos: tenían más derecho a vivir que él, y era eso lo que moría. Traía los ojos cegados de carne. Luego quiso recordar todo, recorrer toda su vida; el recuerdo se le fijó en un ave mojando sus alas en un río de Tierra Caliente. Quería brincar a otras cosas, a las mujeres, a los padres, a su esposa, al hijo que desconocía, y sólo veía al ave mojada. El pelotón se detuvo y de otra celda salieron Froilán, Pedro y Sindulfo. No les vio las caras, pero sabía que eran ellos, porque en seguida dejó de recordar y se dio cuenta de que marchaban a la cabeza de los condenados. Iban a morir los cuatro juntos. La madrugada le bañó el rostro. Pensó lo mismo que en la sierra: se sintió grande. Marcharon hasta el paredón, y dieron media vuelta, para enfrentarse a los fusiles.

—Nos salvamos juntos —murmuró Gervasio Pola a sus compañeros.

—Ah que la muerte más cabrona —suspiró, a su lado, Sindulfo—. Nomás sirve para alejarnos un poquito.

—Para caer juntos —dijo Gervasio llenando de aire los pulmones—. Dame la mano. Diles a los demás que se las den.

Entonces vio los ojos de sus compañeros, y sintió que por ellos se aparecía primero la muerte, y cerró los suyos para que la vida no se le fuera antes de tiempo.

—¡Viva Madero! —gritó Froilán en el instante de la descarga.

El ave cayó despedazada en el río de Tierra Caliente, y el capitán se acercó a dar el tiro de gracia a los cuatro hombres que se retorcían en el polvo de Belén.

—A ver si aprenden ya a matarlos con la pura descarga —le dijo al pelotón; y se fue mirándose las líneas de la mano.

La región más transparente

La revolución

LOS DÍAS HEROICOS

(1913)

Él sintió el hueco de la rodilla de la mujer, húmedo, junto a su cintura. Siempre sudaba de esa manera ligera y fresca: cuando él separó el brazo de la cintura de Regina, allí también sintió la humedad de cristales líquidos. Extendió la mano para acariciar toda la espalda, lentamente, y creyó dormirse: podría permanecer así durante horas, sin más ocupación que acariciar la espalda de Regina. Cuando cerró los ojos, se dio cuenta de la infinidad amorosa de ese cuerpo joven abrazado al suyo: pensó que la vida entera no bastaría para recorrerlo y descubrirlo, para explorar esa geografía suave, ondulante, de accidentes negros, rosados. El cuerpo de Regina esperaba y él, sin voz y sin vista, se estiró sobre la cama, tocando los barrotes de fierro con las puntas de las manos y de los pies: se alargó hacia ambos extremos de la cama. Vivían dentro de este cristal negro: la madrugada aún estaba lejos. El mosquitero no pesaba y los aislaba de todo lo que quedaba fuera de los dos cuerpos. Abrió los ojos. La mejilla de la muchacha se acercó a la suya; la barba revuelta raspó la piel de Regina. No bastaba la oscuridad. Los ojos largos de Regina brillaban, entreabiertos, como una cicatriz negra y luminosa. Respiró hondo. Las manos de Regina se unieron sobre la nuca del hombre y los perfiles volvieron a acercarse. El calor de los muslos se fundió en una sola llama. Él respiró: recámara de blusas y faldones almidonados, de membrillos abiertos sobre la mesa de nogal, de veladora apagada. Y más cerca, el tufo marino de la mujer humedecida y blanda. Las uñas hicieron un ruido de gato entre las sábanas; las piernas volvieron a levantarse, ligeras, para apresar la cintura del hombre. Los labios buscaron el cuello. Las puntas de los senos temblaron alegremente cuando él acercó sus labios, riendo, apartando la larga cabellera revuelta. Si Regina hablara: él sintió el aliento cercano y le tapó los labios con la mano. Sin lengua y sin ojos: sólo la carne muda, abandonada a su propio placer. Ella lo entendió. Se apretó más junto al cuerpo del hombre. Su mano descendió al sexo del hombre y la de él al monte duro y casi lampiño de esta niña: la recordó desnuda, de pie, joven y dura en su inmovilidad, pero ondulante y suave en cuanto caminaba: a lavarse en secreto, correr las cortinas, abanicar el brasero. Volvieron a dormir, cada uno poseído del centro del otro. Sólo las manos, una mano, se movió en el sueño sonriente.

«—Te seguiré.

»—¿En dónde vivirás?

»—Me colaré a cada pueblo antes de que lo tomen. Y allí te esperaré.

»—¿Lo dejas todo?

»—Me llevaré unos cuantos vestidos. Tú me darás para comprar fruta y comida y yo te esperaré. Cuando entres al pueblo, ya estaré allí. Con un vestido tengo.»

Esa falda que ahora descansaba sobre la silla del cuarto alquilado. Cuando despierta, le gusta tocarla y tocar también las otras cosas: las peinetas, las zapatillas negras, los pequeños aretes dejados sobre la mesa. Quisiera, en esos momentos, ofrecerle algo más que estos días de separaciones y encuentros difíciles. Ya en otras ocasiones alguna orden imprevista, la necesidad de dar caza al enemigo, alguna derrota que los hacía retroceder al Norte, los separó durante varias semanas. Pero ella, como una gaviota, parecía distinguir, por encima de las mil incidencias de la lucha y la fortuna, el movimiento de la marea revolucionaria: si no en el pueblo que habían dicho, aparecería tarde o temprano en otro. Iría de pueblo en pueblo, preguntando por el batallón, escuchando las respuestas de los viejos y mujeres que quedaban en las casas:

«—Hace ya como quince días que pasaron por aquí.

»—Dicen que no quedó ni uno vivo.

»—Quién sabe. Puede que regresen. Dejaron unos cañones olvidados.

»—Tenga cuidado con los federales, que andan tronando a todo el que le da ayuda a los alzados»

y acabarían por encontrarse de nuevo, como ahora. Ella tendría el cuarto listo, con frutas y comida, y la falda estaría arrojada sobre una silla. Lo esperaría así, lista como si no quisiera perder un minuto en las cosas innecesarias. Pero nada es innecesario. Verla caminar, arreglar la cama, soltarse el pelo. Quitarle las últimas ropas y besar todo el cuerpo, mientras ella permanece de pie y él se va hincando, recorriéndola con los labios, saboreando la piel y el vello, la humedad del caracol: recogiendo en la boca los temblores de la niña erguida que acabará por tomar la cabeza del hombre entre las manos para obligarlo a descansar, a dejar los labios en un solo lugar. Y se dejará ir de pie, apretando la cabeza del hombre, con un suspiro entrecortado, hasta que él la sienta limpia y la cargue a la cama en brazos.

«—Artemio, ¿te volveré a ver?

»—Nunca digas eso. Haz de cuenta que sólo nos conocimos una vez.»

Nunca lo volvió a preguntar. Se avergonzó de haberlo hecho una vez, de haber pensado que su amor podría tener fin o medirse como se mide el tiempo de otras cosas. No tenía por qué recordar en dónde, o por qué, conoció a ese joven de veinticuatro años. Era innecesario cargarse de algo más que el amor y los encuentros durante los escasos días de descanso, cuando las tropas tomaban una plaza y se detenían para reponerse, asegurar su presencia en el territorio arrebatado a la dictadura, abastecerse y proyectar la siguiente ofensiva. Así lo decidieron, los dos, sin decirlo nunca. Jamás pensarían en el peligro de la guerra ni en el tiempo de la separación. Si uno de ellos no se presentaba a la siguiente cita, cada cual seguiría su camino sin decir nada: él hacia el Sur, hasta la capital; ella de regreso al Norte, a las costas de Sinaloa donde lo conoció y se dejó querer.

«—Regina... Regina...

»—¿Te acuerdas de aquella roca que se metía al mar como un barco de piedra? Allí ha de estar todavía.

»—Allí te conocí. ¿Ibas mucho a ese lugar?

»—Todas las tardes. Se forma una laguna entre las rocas y uno puede mirarse en el agua blanca. Allí me miraba y un día apareció tu cara junto a la mía. De noche, las estrellas se reflejaban en el mar. De día, se veía al sol arder.

»—No sabía qué hacer esa tarde. Veníamos peleando y de repente aquello se hundió, los pelones se rindieron y uno ya estaba acostumbrado a otra vida. Entonces me empecé a acordar de las demás cosas y te encontré sentada sobre esa roca. Con las piernas mojadas.

»—Yo también lo quería. Apareciste a mi lado, en mi lado, reflejado en el mismo mar. ¿No te diste cuenta que lo quería yo también?»

La madrugada tardó en llegar, pero un velo gris descubrió el sueño de los dos cuerpos, unidos por las manos. Él despertó primero y miró el sueño de Regina. Parecía el hilo más tenue de la telaraña de los siglos: parecía un gemelo de la muerte: el sueño. Las piernas recogidas, el brazo libre sobre el pecho del hombre, la boca húmeda. Les gustaba el amor de la aurora: lo vivían como una fiesta para celebrar el nuevo día. La luz opaca apenas recogía los perfiles de Regina. Dentro de una hora, se escucharían los ruidos del pueblo. Ahora, sólo la respiración de la joven morena que duerme llena de serenidad, que es la parte viva del mundo en reposo. Sólo una cosa tendría derecho a despertarla, sólo una felicidad tendría derecho a interrumpir esta felicidad del cuerpo sereno en el sueño, recortado sobre la sábana, envuelto en sí mismo con una tersura de luna enlutada. ¿Tiene derecho? La imaginación del joven saltó por encima del amor: la contempló dormida como si reposara del nuevo amor que en breves segundos la despertaría. ¿Cuándo es mayor la felicidad? Acarició el seno de Regina. Imaginar lo que será una nueva unión; la unión misma; la alegría fatigada del recuerdo y nuevamente el deseo pleno, aumentado por el amor, de un nuevo acto de amor: felicidad. Besó la oreja de Regina y vio de cerca su primera sonrisa: acercó el rostro para no perder el primer gesto de alegría. Sintió que la mano volvía a jugar con él. El deseo floreció por dentro, sembrado de gotas grávidas: las piernas lisas de Regina volvieron a buscar la cintura de Artemio: la mano llena lo sabía todo: la erección escapó a los dedos y despertó con ellos: los muslos se separaron temblando, llenos, y la carne erguida encontró la carne abierta y entró acariciada, rodeada del pulso ansioso, coronada de huevecillos jóvenes, apretada entre ese universo de piel blanda y amorosa: reducidos al encuentro del mundo, a la semilla de la razón, a las dos voces que nombran en silencio, que adentro bautizan todas las cosas: adentro, cuando él piensa en todo menos en esto, piensa, cuenta las cosas, no piensa en nada, para que esto no se acabe: trata de llenarse la cabeza de mares y arenas, de frutos y vientos, de casas y bestias, de peces y siembras, para que esto no se acabe: adentro, cuando levanta el rostro con los ojos cerrados y el cuello se estira con toda la fuerza de las venas hinchadas, cuando Regina se pierde y se deja vencer y contesta con el aliento grueso, frunciendo el ceño y con los labios sonrientes que sí, que sí, que le gusta, que sí, que no la deje, que siga, que sí, que no se acabe, que sí, hasta darse cuenta de que todo ha sucedido al mismo tiempo, sin que uno haya podido contemplar al otro porque ambos eran la misma cosa y decían las mismas palabras:

«—Ahora soy feliz.

»—Ahora soy feliz.

»—Te quiero, Regina.

»—Te amo, mi hombre.

»—¿Te hago feliz?

»—No termina nunca; cómo dura; cómo me llenas» mientras en las calles sonó un cubetazo de agua sobre el polvo y los patos silvestres pasaron graznando junto al río y un chiflido anunció las cosas que nadie podría detener: las botas arrastraron el ruido de espuelas, los cascos volvieron a sonar y los olores de aceite y manteca corrieron entre las puertas y las casas. Él alargó la mano y buscó los cigarrillos en el parche de la camisa. Ella se acercó a la ventana y la abrió. Permaneció allí, respirando, con los brazos abiertos, sobre las puntas de los pies. El círculo de montañas pardas avanzó con el sol hacia los ojos de los amantes. Ascendió el olor de la panadería del pueblo y, de más lejos, el sabor de arrayanes enredados con la maleza de las barrancas podridas. Él sólo vio el cuerpo desnudo, de brazos abiertos que querían, ahora, tomar las espaldas del día y arrastrarlo con ella a la cama.

—¿Quieres tu desayuno?

—Es muy temprano. Déjame acabarme el cigarrillo antes.

La cabeza de Regina se recostó sobre el hombro del joven. La mano larga y nervuda acarició la cadera. Los dos sonrieron.

—Cuando era niña, la vida era bonita. Había muchos momentos bonitos. Las vacaciones, los descansos, los días de verano, los juegos. No sé por qué cuando crecí empecé a esperar cosas. De niña no. Por eso empecé a ir a esa playa. Me dije que era mejor esperar. No sabía por qué había cambiado tanto durante aquel verano y había dejado de ser niña.

—Lo eres todavía, ¿sabes?

—¿Contigo? ¿Con todo lo que hacemos?

Él rió y la besó y ella dobló la rodilla, en la posición de un ave de alas cerradas, anidada en el pecho de él. Se colgó del cuello del hombre, entre risas y lloriqueos fingidos:

—¿Y tú?

—Yo no recuerdo. Te encontré y te quiero mucho.

—Dime. ¿Por qué supe, en cuanto te vi, que ya no iba a importar nada más? Sabes: me dije que en ese mismo momento tenía que decidirme. Que si tú pasabas de largo, perdería toda mi vida. ¿Tú no?

—Sí, yo también. ¿No creíste que era un soldado más, buscando en qué divertirse?

—No, no. No vi tu uniforme. Sólo vi tus ojos reflejados en el agua y entonces ya no pude ver mi reflejo sin el tuyo a mi lado.

—Linda; amor; anda y ve si tenemos café.

Cuando se separaron, esa mañana idéntica a todas las de un amor de siete meses jóvenes, ella le preguntó si la tropa volvería a salir pronto. Él dijo que no sabía qué pensaba hacer el general. Quizás tendrían que salir a desbaratar algunos grupos de federales derrotados que todavía quedaban por la comarca, pero en todo caso el cuartel permanecería en este pueblo. Había agua abundante y ganado en las cercanías. Era un buen lugar para detenerse un rato. Venían cansados, desde Sonora, y merecían un asueto. A las once debían reportarse todos en la comandancia de la plaza. Por cuanto pueblo pasaba, el general averiguaba las condiciones de trabajo y expedía decretos reduciendo la jornada a ocho horas y repartiendo las tierras entre los campesinos. Si había una hacienda en el lugar, mandaba quemar la tienda de raya. Si había prestamistas —y siempre estaban allí, si no habían huido con los federales— declaraba nulas todas las deudas. Lo malo era que la mayor parte de la población andaba en armas y casi todos eran campesinos, de manera que faltaba quien se encargara de aplicar los decretos del general. Entonces era mejor que le quitaran en seguida el dinero a los ricos que quedaban en cada pueblo y esperaran a que triunfara la revolución para legalizar lo de las tierras y lo de la jornada de ocho horas. Ahora había que llegar a México y correr de la presidencia al borracho Huerta, el asesino de don Panchito Madero. ¡Qué de vueltas! —murmuró mientras se fajaba la camisa caqui dentro del pantalón blanco— ¡qué de vueltas! De Veracruz, de la tierra, hasta la ciudad de México y de allí hasta Sonora, cuando el maestro Sebastián le pidió que hiciera lo que los viejos ya no podían: ir al Norte, tomar las armas y liberar al país. Si era un escuincle entonces, aunque estuviera por cumplir los veintiún años. Palabra, ni siquiera se había acostado con una mujer. Y cómo le iba a fallar al maestro Sebastián, que le había enseñado las tres cosas que sabía: leer, escribir y odiar a los curas.

Dejó de hablar cuando Regina colocó las tazas de café sobre la mesa.

—¡Cómo arde!

Era temprano. Salieron al camino abrazados del talle. Ella con su falda almidonada; él con el sombrero de fieltro y la túnica blanca. El caserío donde vivían estaba cerca de la barranca; las flores de campana colgaban sobre el vacío y un conejo destrozado por los colmillos del coyote se pudría entre el follaje. En lo hondo, corría un riachuelo. Regina trató de verlo, como si esperara encontrar, otra vez, el reflejo de su ficción. Las manos se unieron: el camino hacia el pueblo se encaramaba a la vera de la hondonada y de las montañas bajaban ecos de zorzal. No: ruido de cascos ligeros, perdidos entre las nubes de polvo.

—¡Teniente Cruz! ¡Teniente Cruz!

Ese rostro siempre sonriente de Loreto, el ayudante del general, se perdió, al detenerse el caballo con un solo relincho seco, detrás del sudor y el polvo que lo embalsamaba. —Véngase prontito —jadeó mientras se limpiaba la cara con un pañuelo—; hay novedades: salimos luego luego. ¿Ya desayunó? En el cuartel están sirviendo huevos.

—Ya tengo los míos —contestó él con una sonrisa.

El abrazo de Regina fue un abrazo de polvo. Sólo al alejarse el caballo de Loreto, al descansar la tierra, emergió la mujer entera, prendida a los hombros de su joven amante.

—Espérame aquí.

—¿Qué crees que sea?

—Debe haber grupos dispersos en los alrededores. Nada grave.

—¿Te espero aquí?

—Sí. No te muevas. Estaré de regreso esta noche, o a más tardar mañana temprano.

—Artemio... ¿Un día volveremos allá?

—Quién sabe. Quién sabe cuánto dure. No pienses en eso. ¿Sabes que te quiero mucho?

—Y yo a ti. Mucho. Creo que siempre.

Afuera, en el patio central del cuartel, en las caballerizas, la tropa había recibido la nueva orden de marcha y preparaba las cosas con la calma de un rito. Rodaban los cañones en fila, empujados por mulas blancas y ojerosas; les seguían los armones cargados de parque sobre los rieles que comunicaban el patio con la estación. La tropa de caballería amarraba riendas, descolgaba las bolsas de pienso, se aseguraba de la firmeza de las monturas, acariciaba las crines hirsutas de estos caballos de guerra, tan dóciles y lentos en su trato con los hombres: manchados de pólvora, con las panzas invadidas por las garrapatas del llano: doscientos caballos se movían pausadamente frente al cuartel, overos, rodados, de un negro polvoso. La infantería aceitaba los rifles y pasaba en fila frente al enano risueño que distribuía los cartuchos. Sombreros del Norte: sombreros de fieltro gris, de ala doblada. Pañoletas amarradas al cuello. Cananas amarradas a la cintura. Pocas botas: pantalón de mezclilla y zapato de cuero amarillo, cuando no huaraches. Camisa a rayas, sin cuello. Aquí y allá —en las calles, los patios, la estación— sombreros yanquis adornados con ramas: los músicos con las varas entre las manos y los instrumentos metálicos al hombro. Los últimos tragos de agua caliente. Braseros colmados de enfrijoladas. Platos de huevos rancheros. Una gritería se levantó desde la estación: una plataforma llena de indios mayos llegaba al pueblo, con un tamborileo agudo y una agitación de arcos de colores y flechas rústicas.

Él se abrió paso: adentro, frente al mapa mal claveteado sobre un muro, el general explicaba: —Los federales han lanzado una contraofensiva a nuestras espaldas, en territorio liberado por la revolución. Pretenden coparnos por la retaguardia. Esta madrugada, un vigía divisó desde la montaña que se levantaba una humareda espesa en la dirección de los pueblos ocupados por el coronel Jiménez. Bajó a contarlo, y yo me acordé que el coronel, en cada pueblo, había mandado formar un gran montón de tablas y durmientes para incendiarlo en caso de ser atacado y darnos aviso. Así están las cosas. Tenemos que dividirnos. La mitad regresa al otro lado de la montaña para ayudar a Jiménez. La otra mitad sale a darle duro a los grupos que derrotamos ayer, y a ver si no se nos viene otra gran ofensiva desde el Sur. En este pueblo sólo quedará una brigada. Pero parece difícil que se lleguen hasta aquí. Mayor Gavilán... teniente Aparicio... teniente Cruz: usted regresa al Norte.

Los fuegos encendidos por Jiménez se estaban apagando cuando él pasó, hacia el mediodía, el puesto de vigilancia en el corte de la montaña. Allá abajo, se veía el tren colmado de gente: corría sin pitar y llevaba los morteros y los cañones, las cajas de parque y las ametralladoras. El grupo de caballería descendió las laderas escarpadas con dificultad, y los cañones, desde la vía, empezaban a disparar sobre los pueblos que se suponían ocupados de nuevo por los federales.

—Vamos más deprisa —dijo él—. Ese fuego durará unas dos horas y luego entramos nosotros a explorar.

Nunca comprendió por qué, al tocar los cascos de su caballo el primer terreno llano, bajó la cabeza y perdió la noción de la tarea concreta que le había sido encomendada. La presencia de sus hombres se desvaneció, junto con el sentimiento firme de alcanzar un objetivo y en su lugar apareció esa ternura, ese plañir interno por algo perdido, ese deseo de regresar y olvidarlo todo entre los brazos de Regina. Era como si la esfera inflamada del sol hubiese vencido la presencia cercana de la caballería y el rumor lejano de la cañonada: en vez de ese mundo real otro, soñado, en el que sólo él y su amor tenían derecho a la vida y razón para salvarla.

«—¿Te acuerdas de aquella roca que se metía al mar como un barco de piedra?»

La contempló de nuevo, deseando besarla, temiendo despertarla, seguro de que contemplándola ya la hacía suya: sólo un hombre es dueño —pensó— de todas las imágenes secretas de Regina y ese hombre la posee y jamás renunciará a ella. Al contemplarla, se contemplaba a sí mismo. Las manos soltaron las riendas: todo lo que es, todo su amor, está hundido en la carne de esa mujer que los contiene a los dos. Quisiera regresar... explicarle cuánto la ama... los detalles de su sentimiento... para que Regina sepa...

El caballo relinchó y se encabritó; el jinete cayó sobre el terreno duro, de tepetate y arbolejos espinosos. Las granadas de los federales llovieron sobre la caballería y él, al levantarse, sólo pudo distinguir, entre el humo, el pecho ardiente de su caballo, la coraza que detuvo el fuego. Alrededor del cuerpo caído caracolearon sin sentido más de cincuenta caballos: más arriba, no había luz: el cielo descendió un peldaño y era un cielo de pólvora, no más alto que los hombres. Corrió hacia uno de los árboles bajos: las ráfagas de humo escondían más que esas ramas pelonas. A treinta metros, comenzaba un bosque bajo pero tupido. Una gritería sin sentido llegó a sus oídos. Saltó para agarrar las riendas de una montura suelta y trepó una sola pierna sobre las ancas: escondió su cuerpo detrás del caballo y lo acicateó: El caballo galopó y él, con la cabeza colgándole y los ojos llenos de su propio pelo revuelto, se agarró a la silla y a las bridas con desesperación. Desapareció al fin la brillantez de la mañana; la sombra le permitió abrir los ojos, desprenderse de la carne del animal y rodar hasta pegar con un tronco.

Y allí volvió a sentir lo de antes. Le rodeaban todos los rumores confusos de la batalla, pero entre la cercanía y el rumor que llegaba a sus oídos, se interpuso una distancia insalvable: aquí, la leve agitación de las ramas, los movimientos escabullidos de las lagartijas, se escuchaban minuciosamente. Solo, reclinado contra el tronco, volvió a sentir esa vida dulce, serena, que fluía con languidez por su sangre: ese bienestar del cuerpo que se imponía a cualquier intento rebelde del pensamiento. ¿Sus hombres? El corazón latió parejo, sin sobresaltos. ¿Lo estarían buscando? Los brazos, las piernas se sintieron contentos, limpios, cansados. ¿Qué harían sin sus órdenes? Los ojos buscaron, entre el techo de hojas, el vuelo escondido de algún pájaro. ¿Habrían perdido la disciplina; correrían, ellos también, a esconderse en este bosquecillo providencial? Pero a pie no podía cruzar de nuevo la montaña. Debía esperar aquí. ¿Y si lo tomaban prisionero? Ya no pudo pensar: un quejido apartó las ramas, cerca del rostro del teniente, y un hombre se desplomó entre sus brazos: sus brazos lo rechazaron por un instante y en seguida volvieron a tomar ese cuerpo del cual colgaba un trapo rojo, sin fuerza, de carnes rasgadas. El herido apoyó la cabeza en el hombro del compañero:

—Están... dando... duro...

Sintió el brazo destruido sobre su espalda, manchándola y escurriendo una sangre azorada. Trató de apartar el rostro torcido de dolor: pómulos altos, boca abierta, ojos cerrados, bigote y barba revueltos, cortos, como los suyos. Si tuviese los ojos verdes, sería su gemelo...

—¿Hay salida? ¿Estamos perdiendo? ¿Sabes algo de los de la caballería? ¿Se han retirado?

—No... no... se han ido... pa'lante.

El herido trató de señalar, con el brazo sano, el otro, destruido por la metralla, sin perder esa mueca terrible que parecía sostenerlo y prolongar su existencia.

—¿Avanzan? ¿Cómo?

—Agua, compañero... muy mal...

El herido se desmayó, abrazado a él con una fuerza extraña, llena de solicitudes silenciosas. El teniente detuvo ese peso de plomo labrado sobre su propio cuerpo. Los temblores del cañón regresaron a su oído. Un viento inseguro mecía las copas de los árboles. Otra vez, el silencio y la quietud rotos por la metralla. Tomó el brazo sano del herido y se desembarazó del cuerpo arrojado sobre el suyo. Lo tomó de la cabeza y lo recostó sobre el suelo de raíces nudosas. Destapó la cantimplora y bebió un trago largo: la acercó a los labios del herido: el agua escurrió por el mentón ennegrecido. Pero el corazón latía: cerca del pecho del herido, él, de rodillas, se preguntó si seguiría latiendo por mucho tiempo. Aflojó la pesada hebilla de plata del cinturón del herido y le dio la espalda. ¿Qué sucedería allá afuera? ¿Quién iría ganando? Se puso de pie y caminó bosque adentro, lejos del herido.

Caminó palpándose, apartando a veces las ramas bajas, palpándose siempre. No estaba herido. No necesitaba ayuda. Se detuvo junto a un ojo de agua y llenó la cantimplora. Un riachuelo, muerto antes de nacer, escurría del ojo de agua e iba a perderse fuera del bosque, bajo el sol. Él se quitó la túnica y con las dos manos se enjuagó el pecho, las axilas, los hombros ardientes, secos, lijosos, los músculos estirados de los brazos, la piel verdosa, lisa, de escamas recias. El burbujeo lo impidió: quiso mirarse reflejado en el ojo de agua. Ese cuerpo no era de él: Regina le había dado otra posesión: lo había reclamado con cada caricia. No era de él. Era más de ella. Salvarlo para ella. Ya no vivían solos y aislados; ya habían roto los muros de la separación; ya eran dos y uno solo, para siempre. Pasaría la revolución; pasarían los pueblos y las vidas, pero eso no pasaría. Era ya su vida, la de ambos. Se enjugó el rostro. Salió de nuevo al llano.

La cabalgata de revolucionarios venía del llano hacia el bosque y la montaña. Corrieron velozmente a su lado mientras él, desorientado, bajó hacia los pueblos en llamas. Escuchó el chicoteo sobre las ancas de la caballada, el tronido seco de algunos fusiles y quedó solo en la llanura. ¿Huían? Giró sobre sí mismo, llevándose las manos a la cabeza. No entendía. Era preciso partir de un lugar, con una misión clara, y jamás perder ese hilo dorado: sólo de esa manera era posible comprender lo que sucedía. Bastaría un minuto de distracción para que todo el ajedrez de la guerra se convirtiera en un juego irracional, incomprensible, hecho de movimientos jironados, abruptos, carentes de sentido. Esa nube de polvo... esos caballos furiosos que avanzaban a galope... ese jinete que grita y agita un fierro blanco... ese tren detenido en la distancia... esa polvareda cada vez más cercana... ese sol cada minuto más próximo a la cabeza aturdida... esa espada que le roza la frente... esa cabalgata que pasa a su lado y lo arroja al suelo...

Se levantó acariciando la herida de la frente. Debía ganar el bosque de nuevo: era lo único seguro. Se tambaleó. El sol derritió la mirada y esfumó en costras el horizonte, la pradera seca, la línea de montañas. Al llegar a la arboleda, se agarró de un tronco; desabotonó la túnica y rasgó la manga de la camisa. Escupió sobre ella y se llevó la humedad a la frente lacerada. Amarró el pedazo de trapo alrededor de la cabeza: la cabeza que se le partía cuando las ramas secas tronaron a su lado, bajo el peso de unas botas desconocidas. La mirada adolorida ascendió por las piernas cercanas: el soldado era de la tropa revolucionaria y cargaba sobre las espaldas otro cuerpo, un saco sangriento, desbaratado, con el brazo coagulado.

—Lo encontré a la entrada del bosque. Se estaba muriendo. Le volaron el brazo, mi... mi teniente.

El soldado alto y prieto aguzó los ojos hasta distinguir las insignias.

—Creo que se me murió. Pesa como un muerto.

Descargó el cuerpo y lo recostó contra el árbol: lo mismo había hecho él media hora, quince minutos antes. El soldado acercó su rostro a la boca del herido; él volvió a reconocer la boca abierta, los pómulos altos, los ojos cerrados.

—Sí. Ya se murió. Si hubiera llegado un poco antes, puede que lo salvara.

Le cerró los ojos al muerto con la mano cuadrada. Enganchó la hebilla de plata y al inclinar la cabeza dijo entre sus dientes blancos:

—Caray, mi teniente. Si no hubiera unos cuantos valientes como éste en el mundo, ¿dónde estaríamos los demás?

Él le dio la espalda al soldado y al muerto y volvió a correr hacia el llano. Era preferible. Aunque no oyera ni viera nada. Aunque el mundo pasara como una sombra desgranada a su lado. Aunque todos los rumores de la guerra y los de la paz —cenzontles, viento, bramidos lejanos— que persistían se convirtieran en ese tambor único, sordo, que englobaba todos los ruidos y los reducía a una tristeza pareja. Tropezó con un cadáver. Se hincó a su lado, sin saber por qué lo hacía, minutos antes de que esa voz se abriera paso entre el tamborileo opaco de todos los ruidos.

—Teniente... teniente Cruz...

La mano se detuvo sobre el hombro del teniente; él levantó el rostro.

—Está usted malherido, teniente. Venga con nosotros. Los federales huyeron. Jiménez mantuvo la plaza. Regrese con nosotros al cuartel en Río Hondo. Las fuerzas de caballería dieron la gran batalla; se multiplicaron, de verdad. Venga. No se ve usted bien.

Él se prendió a los hombros del oficial. Murmuró:

—Al cuartel. Sí, vamos.

El hilo estaba perdido. El hilo que le permitió recorrer, sin perderse, el laberinto de la guerra. Sin perderse: sin desertar. No tenía fuerza para tomar las riendas. Pero el caballo iba amarrado a la montura del mayor Gavilán, durante ese paseo lento a través de la montaña que separa el llano del combate del valle donde ella le espera. El hilo quedó atrás. Allá abajo, el pueblo de Río Hondo no ha cambiado: es el mismo caserío de tejas rotas y muros de adobe, rosa, rojizo, blanco, cercado de nopales, que abandonó esa mañana. Creyó distinguir junto a los labios verdes de la barranca la casa, la ventana donde Regina debe esperarlo.

Gavilán trotaba enfrente de él. Las sombras del atardecer arrojaron la ficción de la montaña sobre los cuerpos cansados de los dos militares. El caballo del mayor se detuvo un instante, esperando que el del teniente se emparejara. Gavilán le ofreció un cigarrillo. Apenas se apagó la mecha, los caballos volvieron a trotar. Pero él ya vio, al encender el cigarro, todo el dolor en el rostro del mayor y bajó la cabeza. Lo tenía merecido. Sabrían la verdad de su deserción durante la batalla y le arrancarían las insignias. Pero no sabrían la verdad entera: no sabrían que quiso salvarse para regresar al amor de Regina, ni lo entenderían si lo explicara. Tampoco sabrían que abandonó a ese soldado herido, que pudo salvar esa vida. El amor de Regina pagaría la culpa del soldado abandonado. Así debía ser. Bajó la cabeza y creyó que por primera vez en su vida sentía vergüenza. Vergüenza: no era eso lo que asomaba en los ojos claros, directos, del mayor Gavilán. El oficial se acarició con la mano libre la barba de vello rubio, empastado de polvo y sol.

—Les debemos la vida, teniente. Usted y sus hombres detuvieron el avance. El general le hará un recibimiento de héroe... Artemio... ¿Puedo llamarlo Artemio?

El mayor trató de sonreír. Colocó la mano libre sobre el hombro del teniente y prosiguió, con una risa seca:

—Llevamos tanto tiempo peleando juntos y ya ve usted, ni siquiera nos tuteamos.

Con los ojos, el mayor Gavilán solicitó una respuesta. La noche descendió con su cristal sin materia y el último resplandor surgió detrás de las montañas, lejanas ya, escondidas en la oscuridad, recogidas. En el cuartel, ardían llamas que en la tarde no pudieron verse de lejos.

—¡Son unos perros! —dijo de repente el mayor con la voz cortada—. Entraron por sorpresa al pueblo, como a eso de la una. Claro que no pudieron llegar al cuartel. Pero se vengaron en los barrios aledaños; allí hicieron de las suyas. Han prometido vengarse de todos los pueblos que nos ayudan. Tomaron diez rehenes y mandaron decir que los iban a colgar si no rendíamos la plaza. El general les contestó con fuego de morteros.

Las calles estaban llenas de soldados y gente, de perros sueltos y niños, sueltos como los perros, que lloraban en los quicios de las puertas. Algunos incendios no acababan de apagarse y las mujeres estaban sentadas a media calle sobre los colchones y los equipales rescatados.

—El teniente Artemio Cruz —murmuró Gavilán, agachándose para alcanzar la oreja de algunos soldados.

—El teniente Cruz —corrió el murmullo de los soldados a las mujeres.

La gente abrió paso a los dos caballos: el retinto del mayor, nervioso entre la multitud que lo apretujaba, y el negro del teniente, de testuz baja, que se dejaba conducir por el primero. Algunas manos se alargaron: eran los hombres del grupo de caballería comandado por el teniente. Le apretaron la pierna en señal de saludo; indicaron hacia la frente donde la sangre había manchado el trapo amarrado; murmuraron una felicitación sorda por el triunfo. Cruzaron el pueblo: al fondo se despeñaba la barranca y los árboles se mecían en la brisa nocturna. Él levantó la mirada: el caserío blanco. Buscó la ventana, todas estaban cerradas. El fulgor de las velas iluminaba la entrada de algunas casas. Los grupos negros, enrebozados, estaban de cuclillas en distintas entradas.

—¡Que no los descuelguen! —gritó el teniente Aparicio, desde su caballo, mientras lo hacía caracolear y apartaba con el fuete las manos que se levantaban implorando—. ¡Que se les grabe a todos! ¡Que sepan bien contra quién peleamos! Obligan a hombres del pueblo a matar a sus hermanos. Vean bien. Así mataron a la tribu yaqui, porque no quiso que le arrebataran sus tierras. Igual mataron a los trabajadores de Río Blanco y Cananea, porque no querían morirse de hambre. Así matarán a todos si no les partimos la madre. Vean.

El dedo del joven teniente Aparicio recorrió el montón de árboles cercanos a la barranca: las sogas de henequén, mal hechas, crudas, arrancaban, todavía, sangre a los cuellos; pero los ojos abiertos, las lenguas moradas, los cuerpos inánimes apenas mecidos por el viento que soplaba de la sierra, estaban muertos. A la altura de las miradas —perdidas unas, enfurecidas otras, la mayoría dulces, incomprensivas, llenas de un dolor quieto— sólo los huaraches enlodados, los pies desnudos de un niño, las zapatillas negras de una mujer. Él descendió del caballo. Se acercó. Abrazó la falda almidonada de Regina con un grito roto, flemoso: con su primer llanto de hombre.

Aparicio y Gavilán lo condujeron al cuarto de la muchacha. Lo obligaron a recostarse, le cambiaron el trapo sucio por una venda, le limpiaron la herida. Cuando salieron, él abrazó la almohada y escondió el rostro. Quería dormir, nada más, y en secreto se dijo que acaso el sueño podía volver a igualarlos, a reunirlos. Se dio cuenta de que era imposible; de que ahora, sobre esa cama de mosquiteros amarillentos, podía percibirse con una intensidad superior a la de la presencia el olor de la cabellera húmeda, del cuerpo liso, de los muslos tibios. Estaba allí como nunca lo había estado en realidad, más viva que nunca en la cabeza afiebrada del joven: más ella, más suya, ahora que la recordaba. Quizás, durante sus breves meses de amor, nunca vio la belleza de los ojos con tanta emoción, ni pudo compararlos, como ahora, con sus gemelos brillantes: joyas negras, hondo mar quieto bajo el sol, fondo de arena mecida en el tiempo, cerezas oscuras del árbol de carne y entrañas calientes. Nunca le dijo eso. No hubo tiempo. No hubo tiempo para decirle tantas cosas del amor. Nunca hubo tiempo para la última palabra. Acaso cerrando los ojos ella regresaría entera, a vivir de las caricias ansiosas que pulsaban en las yemas de los dedos del hombre. Acaso bastaría imaginarla para tenerla siempre a su lado. Quién sabe si el recuerdo puede realmente prolongar las cosas, entrelazar las piernas, abrir las ventanas a la madrugada, peinar el cabello y resucitar los olores, los ruidos, el tacto. Se incorporó. Buscó a tientas, en el cuarto oscuro, la botella de mezcal. De repente no servía para olvidar, como dicen todos, sino para sacar fuera los recuerdos más deprisa.

Regresaría a las rocas de aquella playa, mientras el alcohol blanco le prendía lumbre al estómago. Regresaría. ¿A dónde? ¿A esa playa mítica, que nunca existió? ¿A esa mentira de la niña adorada, a esa ficción de un encuentro junto al mar, inventado por ella para que él se sintiera limpio, inocente, seguro del amor? Arrojó el vaso de mezcal al piso. Para eso servía el licor, para desbaratar las mentiras. Era una hermosa mentira.

«—¿Dónde nos conocimos?

»—¿No recuerdas?

»—Dímelo tú.

»—¿No recuerdas esa playa? Yo iba allí todas las tardes.

»—Ya recuerdo. Viste el reflejo de mi rostro junto al tuyo.

»—Recuérdalo: y ya nunca quise verme sin su reflejo junto al mío.

»—Sí, recuerdo.»

Él debía creer en esa hermosa mentira, siempre, hasta el fin. No era cierto: él no había entrado a ese pueblo sinaloense como a tantos otros, buscando a la primera mujer que pasara, incauta, por la calle. No era verdad que aquella muchacha de dieciocho años había sido montada a la fuerza en un caballo y violada en silencio en el dormitorio común de los oficiales, lejos del mar, dando la cara a la sierra espinosa y seca. No era cierto que él había sido perdonado en silencio por la honradez de Regina: cuando la resistencia cedió al placer y los brazos que jamás habían tocado a un hombre lo tocaron por primera vez con alegría y la boca húmeda, abierta, sólo repetía, como anoche, que sí, que sí, que le había gustado, que con él le había gustado, que quería más, que le había tenido miedo a esa felicidad. Regina de la mirada soñadora y encendida. Cómo aceptó la verdad de su placer y admitió que estaba enamorada de él; cómo inventó el cuento del mar y el reflejo en el agua dormida para olvidar lo que después, al amarla, podría avergonzarlo. Mujer de la vida, Regina, potranca llena de sabor, limpia hada de la sorpresa, mujer sin excusas, sin palabras de justificación. Nunca conoció el tedio; nunca lo apesadumbró con quejas dolientes. Estaría allí siempre, en un pueblo o en otro. Quizá ahora mismo se disiparía la fantasía de un cuerpo inerte colgando de una soga y ella... ella ya estaría en otro pueblo. Nada más se adelantó. Sí: como siempre. Salió sin molestar y se fue hacia el Sur. Atravesó las líneas de los federales y encontró un cuartito en el siguiente pueblo. Sí; porque ella no podría vivir sin él, ni él sin ella. Sí. Todo era cuestión de salir, tomar el caballo, empuñar la pistola, continuar la ofensiva y encontrarla en el siguiente descanso.

Buscó en la oscuridad la túnica. Se cruzó las cartucheras sobre el pecho. Afuera, el caballo negro, el tranquilo, estaba amarrado a un poste. La gente no se separaba de los ahorcados, pero él ya no miró hacia ese lado. Montó el caballo y corrió rumbo al cuartel.

—¿Para dónde jalaron esos hijoeputa? —le gritó a uno de los soldados de guardia en el cuartel.

—P'al otro lado de la barranca, mi jefe. Dicen que están atrincherados junto al puente, en espera de refuerzos. Que'zque quieren tomar este pueblo otra vez. Éntrele, cómase algo.

Desmontó. Caminó sin prisa a las hogueras del patio, donde se mecían sobre los palos cruzados las ollas de barro y se levantaba el rumor de las manos de mujer cacheteando la masa de harina. Metió el cucharón en el caldo hirviente del menudo, pellizcó la cebolla, el chile en polvo, el orégano; masticó las tortillas norteñas, duras, frescas; las patas de cerdo. Estaba vivo.

Arrancó del círculo de fierro oxidado la tea que alumbraba la entrada al cuartel. Hundió las espuelas en la panza del caballo negro: los que aún caminaban por la calle se hicieron a un lado; el caballo sorprendido trató de encabritarse, pero él apretó las bridas, volvió a hundir las espuelas y sintió, al fin, que el caballo entendía. Ya no era el caballo del hombre herido, del hombre dudoso que esa tarde atravesó la montaña. Era otro caballo: entendió. Agitó la crin para que él entendiera: contaba con una montura de guerra, tan furiosa y veloz como su jinete. Y el jinete levantaba la tea e iluminaba, ya, el campo por donde se rodeaba el pueblo para desembarcar en el puente sobre la barranca.

Una fogata, también, iluminaba la entrada al puente. Los kepís de los pelones reverberaban con palidez rojiza. Pero los cascos del caballo negro arrastraban toda la fuerza de la tierra, iban recogiendo hierba y polvo y espina, iban dejando una estela de chispas derramadas por la tea empuñada por el hombre que se lanzó sobre el puesto del puente, saltó por encima de la fogata, disparó la pistola contra los ojos azorados, contra las nucas oscuras, sobre los cuerpos que no entendían, que hacían retroceder los cañones, que no sabían distinguir en la noche la soledad del jinete que debe llegar al Sur, al siguiente pueblo, donde lo esperan...

—¡Abran paso, pelones jijos de su repelona! —gritan las mil voces de ese hombre.

La voz del dolor y del deseo, la voz de la pistola, el brazo que arrima la tea a las cajas de pólvora y hace estallar los cañones y pone en fuga a los caballos sin jinete, en medio del caos de relinchos y llamaradas y estallidos que ahora tienen un eco lejano en las voces perdidas del pueblo, en la campana que comienza a repicar en la torre rojiza de la iglesia, en el latir de la tierra que soporta los cascos de la caballería revolucionaria, que ahora cruza el puente y encuentra la destrucción y la fuga y las fogatas apagadas, pero que no encuentra ni a los federales ni al teniente, el que cabalga hacia el Sur, con la tea en alto, con los ojos incendiados de su caballo: hacia el sur, con el hilo entre las manos, hacia el Sur.

La muerte de Artemio Cruz

(1914)

El gringo viejo sonrió cuando el general Tomás Arroyo se sopló el mechón de pelo cobrizo que le cubría los ojos, adelantando el labio inferior para sacar el aire antes de decir su nombre y plantársele en jarras al extranjero.

—Yo soy el general Tomás Arroyo.

El nombre propio salió disparado por delante, pero su flecha personal era el título militar y a partir de ese momento el gringo sabía que todos los lugares comunes del machismo mexicano le iban a ser arrojados sobre la blanca cabeza, uno tras otro, para ver hasta dónde podían llegar con él, probarlo, sí, pero también disfrazarse ante él, no mostrarle a él sus caras verdaderas.

Lo vitorearon después de la hazaña de la Colt y le regalaron un sombrero de alas anchas; le obligaron a comer tacos de criadillas con chile serrano y moronga; le mostraron la botella de mezcal para espantar payos, con un gusanito asentado en la base del licor.

—Conque tenemos un general gringo con nosotros.

—Oficial cartógrafo —dijo el viejo—. Noveno Regimiento de Voluntarios de Indiana. Guerra civil norteamericana.

—¡La guerra civil! Pero si eso pasó hace cincuenta años, cuando aquí andábamos defendiéndonos de los franceses.

—¿Qué tienen los tacos?

—Testículos de toro y sangre, general indiano. Las dos cosas las vas a necesitar si entras al ejército de Pancho Villa.

—¿Qué tiene el alcohol?

—No te preocupes, general indiano. El gusanito no está vivo. Nomás le alarga la vida al mezcalito.

Las soldaderas le dieron los tacos. Arroyo y los muchachos se miraron entre sí y sin expresión alguna. El gringo viejo comió en silencio, tragándose enteros los chiles, sin que los ojos le lloraran o la cara se le pusiera roja.

—Los gringos se quejan de que en México se enferman del estómago. Pero ningún mexicano se muere de diarrea por comer o beber en su propio país. Es como la botella esta —dijo Arroyo—. Si la botella y tú cargan al gusanito toda la vida, los dos se hacen viejos muy a gusto. El gusano se come algunas cosas y tú te comes otras. Pero si sólo comes cosas como las que yo vi en El Paso, comida envuelta en papel y sellada pa que no la toquen ni las moscas, entonces el gusano te ataca porque ni tú lo conoces a él, ni él te conoce a ti, general indiano.

Pero el gringo viejo decidió esperar con toda la paciencia de sus antepasados protestantes, desapasionados y salvados de antemano por su fe, a que el general Tomás Arroyo le ofreciera una cara desconocida al mundo.

Estaban en el carro privado del general, que al gringo viejo le pareció como el interior de uno de los prostíbulos que le gustaba frecuentar en Nueva Orleans. Se sentó en un sillón hondo, de terciopelo rojo, y acarició con sorna las borlas de las cortinas de lamé dorado. Los candelabros que colgaban precariamente sobre sus cabezas tintinearon cuando el tren empezó a arrancar bufando y el joven general Arroyo se echó el vaso de mezcal y el viejo lo imitó sin decir palabra. Pero a Arroyo no se le había escapado la mirada sardónica del viejo cuando observaba el suntuoso carruaje con sus paredes laqueadas y sus techos acolchados. El gringo viejo estaba frenando todo el tiempo su capacidad de juego, su ironía, diciéndose a cada rato: «Todavía no.»

Lo raro es que entonces sintió, desde el principio, que debía meterle rienda a otro sentimiento, y éste era el de afecto paternal hacia Arroyo. Quería frenar los dos, pero Arroyo sólo se dio cuenta (o sólo quiso darse cuenta) de la mirada de burla retenida. Sus ojos se perdieron detrás de las angostas ranuras y el tren pareció decidir que esta vez no iba a quedarse parado. Agarró velocidad pareja, abriéndose paso por el desolado atardecer del desierto, alejándose de las montañas que aún daban pruebas de la lucha titánica en la que unas engendraron a las otras, metién-

dose los hombros unas a otras y sosteniéndose entre sí, a veces a regaña-
dientes, apoyando sus inmensas torres, coronadas al atardecer de rojo y
oro, estriadas en sus vastos cuerpos azules y verdes. Ahora el mar silencioso del desierto estaba a sus pies y el viejo, desde la ventanilla, podía
nombrar y distinguir el crecimiento culpable del fustete, que en inglés se
llamaba el árbol del humo.

Arroyo dijo que el tren le había pertenecido a una familia muy rica,
dueña de la mitad del estado de Chihuahua y parte de los estados de Durango y Coahuila también. ¿Había notado el gringo a esa tropa que lo recibió?, por ejemplo a uno de angostos ojos verdes, a una puta astrosa;
¿seguramente notó al niño que lo llevó hasta su presencia y luego se quedó con la moneda ardiente y el águila descabezada? Bueno, pues ahora
ese tren era de ellos. Arroyo dijo que él entendía la necesidad de tener un
tren así, lo dijo con una especie de mueca biliosa, puesto que tomaba dos
días y una noche para atravesar la posesión de la familia Miranda.

—¿Los dueños? —dijo el viejo con cara de palo.

—¡Pruébalo! —le ladró Arroyo.

El viejo se encogió de hombros:

—Usted lo acaba de decir. Éstas son sus posesiones.

—Pero no sus propiedades.

Una cosa era tener algo tomado, aunque no fuera nuestro, como la
familia Miranda tenía estas tierras ganaderas del Norte, cercadas por un
desierto que ellos quisieron estéril y duro para protegerse, un muro de
sol y de mezquite para deslindar lo que se agarraron, dijo Arroyo, y otra
cosa era ser realmente dueños de algo porque trabajamos para obtener-
lo. Dejó caer su mano de la cortina de lamé y le dijo al viejo que contara los callos en ella. El viejo estuvo de acuerdo en que el general había
sido peón de la hacienda de los Miranda y ahora se estaba desquitando,
paseándose en este carro privado de relumbrón que antes fue de los
amos, ¿no era así?

—No entiendes, gringo —dijo Arroyo con una voz gruesa e incré-
dula—. De veras que no entiendes nada. Nuestros papeles son más viejos que los de ellos.

Se acercó a una caja fuerte escondida detrás de un montón de suaves cojines de damasco y la abrió, sacando una caja muy plana y larga de

terciopelo verde gastado y de palisandro astillado. La abrió enfrente del viejo.

El general y el gringo vieron los papeles quebradizos como seda antigua.

El general y el gringo se miraron hablándose en silencio y en las alturas opuestas de un barranco: las miradas eran sus palabras y la tierra que corría por la ventanilla del tren a espaldas de cada uno de ellos contaba tanto la historia de los papeles que era la historia de Arroyo como la historia de los libros que era la historia del gringo (pensó el viejo con una sonrisa amarga: papeles al cabo, pero qué diferente manera de saberlos, ignorarlos, guardarlos: *este archivo del desierto va corriendo y no sé a dónde va a ir a dar, no lo sé* —eso lo aceptó el gringo viejo—, *pero yo sé lo que quiero*): vio en los ojos de Arroyo lo que Arroyo le estaba contando con otras palabras, vio en el paso de la tierra de Chihuahua, que era el ademán trágico de una ausencia, menos de lo que Arroyo pudo decirle pero más de lo que él mismo sabía: este gringo no iba a pisar un palmo de tierra sin conocer la historia de esa tierra; este gringo iba a saber hasta el último hecho de la tierra escogida para regalarle setenta y un años de hueso y pellejo: como si la historia siguiese corriendo sin parar al ritmo del tren, pero también al ritmo de la memoria de Arroyo (el gringo supo que Arroyo recordaba y él sólo sabía: el mexicano acarició los papeles como acariciaría la mejilla de una madre o la cintura de una amante); los dos vieron la marcha, la fuga, el movimiento en los ojos del otro: huir de los españoles, huir de los indios, huir de la encomienda, agarrarse a las grandes haciendas ganaderas como el mal menor, preservar como islotes preciosos las escasas comunidades protegidas en su posesión de tierras y aguas por la Corona española en la Nueva Vizcaya, evadir el trabajo forzado y unos cuantos: pedir respeto a la propiedad comunal otorgada por el Rey, negarse a ser cuatreros o esclavos o rebeldes o tobosos pero al cabo ellos también, los más recios, los más honorables, los más humildes y orgullosos a la vez, vencidos también por el destino del mal: esclavos y cuatreros, nunca hombres libres salvo cuando eran rebeldes. Ésa era la historia de esta tierra y el viejo gusano de bibliotecas americanas lo sabía y miró los ojos de Arroyo para confirmar que el general lo sabía también: esclavos o cuatreros, nunca hombres libres, y sin embargo dueños de un derecho que les permitía ser libres: la rebelión.

—¿Ves, general gringo? ¿Ves lo que está escrito? ¿Ves la letra? ¿Ves este precioso sello colorado? Estas tierras siempre fueron nuestras, de los escasos labriegos que recibimos protección lo mismo contra la encomienda que contra los asaltos de indios tobosos. Hasta el rey de España lo dijo. Hasta él lo reconoció. Aquí está. Escrito con su puño y letra. Ésta es su firma. Yo guardo los papeles. Los papeles prueban que nadie más tiene derecho a estas tierras.

—¿Puede usted leer, mi querido general?

El gringo dijo esto con un destello sonriente en la mirada. El mezcal estaba bien calientito y tentaba a los espíritus chocarreros. Pero también los tentaba el sentimiento paterno. De manera que Arroyo tomó la mano del gringo con fuerza, aunque sin amenaza. Casi la acarició y fue el sentimiento de cariño lo que arrancó brutalmente al viejo de su tibio jugueteo obligándolo a pensar, con un vértigo repentino y doloroso, en sus dos hijos. El general le pedía que mirara hacia afuera antes de la puesta del sol, que mirara las formas veloces de la tierra que iban dejando atrás, las esculturas torcidas y sedientas de las plantas luchando por preservar su agua, como para decirle al resto del desierto moribundo que había esperanza y que a pesar de las apariencias, aún no habían muerto.

—¿Crees que la biznaga puede leer y yo no? Eres un tonto, gringo. Yo soy analfabeto, pero también me acuerdo. No puedo leer los papeles que guardo para mi gente, eso me hace el favor de hacerlo por mí el coronelito Frutos García. Pero yo sé lo que mis papeles significan mejor que los que puedan leerlos. ¿Te enteras?

El viejo sólo contestó que la propiedad cambia de manos, así operan las leyes del mercado; no hay riqueza que nazca de una propiedad que nunca circula. Sintió un rubor caliente en la mejilla junto a la ventana y por un minuto creyó que su temperatura era sólo la sensación interna del sol que cada atardecer nos abandona con un destello de terror. Suyo y nuestro: miró derecho a los salvajes ojos amarillos de Tomás Arroyo. El general se pegó repetidas veces con el dedo índice en la sien: todas las historias están aquí en mi cabeza, toda una biblioteca de palabras; la historia de mi pueblo, mi aldea, nuestro dolor: aquí en mi cabeza, viejo. Yo sé quién soy, viejo. ¿Lo sabes tú?

No fue el sol lo que, ausentemente, quemó la mejilla del gringo viejo junto a la ventana. Era un fuego en el llano. El sol ya se había puesto. El fuego tomó su lugar.

—Ah que los muchachos —suspiró con una especie de orgullo el general Arroyo.

Corrió hasta la plataforma trasera del carro y el viejo lo siguió con toda la dignidad posible.

—Ah que los muchachos. Se me adelantaron.

Señaló hacia el incendio y le dijo, mira viejo, la gloria de los Miranda convertida en puritito humo. Les había dicho a los muchachos que llegaría al atardecer. Se le adelantaron. Pero no le quitaron su placer, sabían que éste era su placer, llegar cuando la hacienda agarraba fuego.

—Buen cálculo, gringo.

—Mal negocio, general.

La banda tocó la marcha *Zacatecas* cuando el tren entró a la estación de la Hacienda Miranda. El gringo no pudo distinguir el olor de hacienda quemada del olor de tortilla quemada. Una niebla espesa y cenicienta envolvía a hombres y mujeres, niños y cocinas improvisadas, caballos y ganado suelto, trenes y carretas abandonadas. El griterío de las órdenes del coronelito Frutos García e Inocencio Mansalvo se dejaba oír encima del otro tumulto, insensible y casi natural:

—Convoy, alt...!

—¡El maíz del caballo de mi general!

—¡Brigada alerta!

—¡Vamos a echarnos un zarampahuilo!

Ladraron los perros cuando el general Arroyo descendió del carro y se puso su sombrerote cuajado de parrería de plata como una corona de guerra sobre su faz ensombrecida. Levantó la mirada y vio al gringo. Por primera vez, el viejo mostraba miedo. Los perros le ladraban al extranjero que no se atrevía a dar el siguiente paso sobre el peldaño para bajar a tierra.

—A ver —le ordenó a Inocencio Mansalvo—, espántele los perros aquí al general gringo —luego le sonrió—. Ah que mi gringo valiente. Los federales son más bravos que cualquier canijo perrito de éstos.

No había placer en la cara de Arroyo mientras el gringo viejo lo siguió, alto y desgarbado, contrastando con la forma más baja, joven, muscular y dramática del general, caminando por el llano polvoso más allá de la estación al vasto caserío en llamas con un clamor metálico de espuelas y cinturones y pistolas y artillería rápidamente retirada y el murmullo tardío del viento del desierto sobre las únicas hojas a la mano: las del sombrero de mi general.

Un silbido colectivo se impuso a todos y el gringo viejo miró, con un temblor atávico, las filas de los colgados de los postes de telégrafo, con las bocas abiertas y las lenguas de fuera. Todos silbaban, meciéndose en el suave viento desértico, desde la alameda que progresaba hacia la hacienda incendiada.

* * *

Unas risas secretas y una trompeta desafinada. Luego un silencio repentino.

—Nos han visto —murmuró Harriet, arrimándose al pecho del viejo.

Se vieron a sí mismos.

El salón de baile de los Miranda era un Versalles en miniatura. Las paredes eran dos largas filas de espejos ensamblados del techo hasta el piso: una galería de espejos destinados a reproducir, en una ronda de placeres perpetua, los pasos y vueltas elegantes de las parejas llegadas de Chihuahua, El Paso y las otras haciendas, a bailar el vals y las cuadrillas en el elegante parqué que el señor Miranda mandó traer desde Francia.

Los hombres y mujeres de la tropa de Arroyo se miraron a sí mismos. Paralizados por sus propias imágenes, por el reflejo corpóreo de su ser, por la integridad de sus cuerpos. Giraron lentamente, como para cerciorarse de que ésta no era una ilusión más. Fueron capturados por el laberinto de espejos. El viejo se dio cuenta de que la señorita Harriet y él ni siquiera se habían fijado en los espejos al entrar, ambos condicionados sin duda a los salones de baile, él en los grandes y modernos hoteles construidos en San Francisco después del terremoto, ella en algún baile militar en Washington, en alguna invitación elegante de su novio.

El viejo sacudió la cabeza: no miró los espejos al entrar porque sólo tuvo ojos para miss Harriet.

Uno de los soldados de Arroyo adelantó un brazo hacia el espejo.

—Mira, eres tú.

Y el compañero señaló hacia el reflejo del otro.

—Soy yo.

—Somos nosotros.

Las palabras hicieron la ronda, somos nosotros, somos nosotros, y una guitarra se dejó oír, una voz se unió a otra, los de la caballería entraron también y volvió a haber fiesta y baile y broma en la hacienda de los Miranda, insensible a la presencia de los gringos, pero empezó una polka norteña junto con la aparición de un acordeón y las espuelas de los jinetes se arrastraron al bailar sobre el fino piso taraceado, rasgándolo y astillándolo. El viejo detuvo el impulso de Harriet.

—Es su fiesta —le dijo el viejo—. No se meta usted.

Gringo viejo

(1915)

Él se envolvió en la manta azul, porque el viento helado de esas horas desmentía, con un rumor de rastrojo agitado, el calor vertical del día. Habían pasado toda la noche en campo abierto, sin comer. A menos de dos kilómetros se levantaban las coronas de basalto de la sierra, con la raíz hundida en el desierto duro. Desde tres días antes, el destacamento de exploración caminaba sin pedir rumbo ni señas, guiado sólo por el olfato del capitán, que creía conocer las mañas y las rutas de las columnas, ahora jironeadas y en fuga, de Francisco Villa. Detrás, a sesenta kilómetros de distancia, quedaron las fuerzas que sólo esperaban la llegada, a matacaballo, de un emisario del destacamento para lanzarse sobre los restos de Villa e impedirles que se unieran con tropas frescas en Chihuahua. Pero, ¿dónde estarían esos jirones del cabecilla? Él creía saberlo: en algún vericueto de la montaña, siguiendo el camino más difícil. Al cuarto día —éste— el destacamento debería internarse en la Sierra mientras las fuerzas leales a Carranza avanzaban hacia el lugar que, al alba, él y sus hombres habrían de dejar. Desde ayer, se habían agotado las bolsas de pinole. Y el sargento que al anochecer salió a caballo, cargando con las cantimploras de todo el destacamento, hacia el riachuelo que se derrumbada por las rocas y se agotaba al primer contacto con el desierto, no lo encontró. Sí pudo ver el cauce de vetas rojizas, limpio y arrugado, vacío. Y que es que dos años antes habían pasado por este mismo lugar en época de aguas y ahora sólo un astro redondo se mecía, del alba al crepúsculo, sobre las cabezas hirvientes de los soldados. Habían acampado sin prender lumbres; algún vigía podría distinguirlos desde la montaña. Además, no era necesario. Ningún alimento se cocinaría, y en la inmensidad del llano desértico, mal podría calentar a nadie una fogata aislada. Envuelto en el sarape, él se acarició el rostro delgado; la prolongación del bigote crespo en la barba de los últimos días; las incrustaciones de polvo en las comisuras de los labios, en las cejas, en el caballete de la nariz. Dieciocho hombres formaban el campo, a unos metros del jefe: él duerme o vigila solo, siempre, con un tramo de tierra que lo separa de sus hombres. Cerca, las crines de los caballos se agitaban con el viento y sus siluetas negras se recortaban sobre la piel amarilla de la tierra. Quería ascender: El nacimiento del arroyo estaba en la montaña y entre sus rocas se formaba ese derrame de frescura breve y solitario. Quería ascender: el enemigo no debía andar lejos. Su cuerpo se sintió tenso esa noche. El ayuno y la sed le ahondaron y abrieron más los ojos, esos ojos verdes de mirada pareja y fría.

La máscara teñida de polvo permaneció fija y despierta. Esperaba la primera línea del alba para ponerse en marcha: al cuarto día, de acuerdo con lo convenido. Casi nadie dormía, porque lo miraban de lejos, sentado con las rodillas dobladas, envuelto en la manta, inmóvil. Los que intentaban cerrar los ojos luchaban contra la sed, el hambre y el cansancio. Los que no miraban al capitán miraban la fila de caballos con los tupés doblados. Las bridas fueron amarradas a un mezquite grueso que emergía, como un dedo perdido, de la tierra. Hacia la tierra miraban los caballos cansados. El sol debía aparecer detrás de la montaña. Ya era tiempo.

Todos esperaban ese momento en que el jefe se incorporó, arrojó el sarape azul y descubrió el pecho cargado de cananas, la hebilla brillante de la túnica de oficial, las polainas de cuero de marrano. Sin decir palabra, el destacamento se puso de pie y se acercó a las cabalgaduras. Tenía razón el capitán: el resplandor abanicado apareció detrás de las cimas más bajas y lanzó un arco de luz que corearon los pajarillos invisibles, lejanos, pero dueños del vasto silencio de la tierra abandonada. Él le hizo una seña al yaqui Tobías y le dijo en su idioma: —Tú te quedas hasta atrás, para que en cuanto divisemos al enemigo salgas a la carrera a avisar.

El yaqui asintió, colocándose el sombrero chaparro, de copa redonda, adornado por una pluma roja clavada en la banda. El capitán saltó a la silla y la fila de hombres inició el trote ligero hacia la puerta de la Sierra: el cañón de desfiladeros ocres.

Tres cornisas se volaban en el corte del cañón. La tropa agarró hacia la segunda: la menos ancha, pero capaz de admitir el paso de las cabalgaduras en fila india: la que conducía al surtidor. Las cantimploras vacías golpeaban hueco los muslos de los hombres; la caída de los pedruscos bajo las herraduras repetía ese sonido vacío y hondo, que se perdía sin ecos, con el único golpe seco de un tambor estirado, a lo largo del cañón. Desde lo alto del desfiladero, la corta columna se veía cabizbaja, avanzando a tientas. Sólo él mantenía la vista en las cimas, guiñando los ojos contra el sol, dejando que el caballo atendiera los accidentes del suelo. Al frente del destacamento, no sentía temor ni orgullo. El miedo había quedado atrás, no en los primeros, sino en los repetidos encuentros que habían hecho del peligro la vida habitual y de la tranquilidad el elemento sorprendente. Por eso, este silencio total del cañón le alarmaba en secreto y por eso apretaba las riendas y, sin darse cuenta, preparaba los músculos del brazo y de la mano para tomar velozmente la pistola. Creía no conocer la soberbia. El temor antes, la costumbre después, lo habían impedido. No podía sentir orgullo cuando las primeras balas le silbaban cerca del oído y esa vida milagrosa se imponía cada vez que el proyectil perdía el blanco: entonces sólo podía sentir asombro ante la sabiduría ciega de su cuerpo para esquivar, para levantarse o agacharse, para esconder el rostro detrás de un tronco de árbol; asombro y desprecio, cuando pensaba en la tenacidad con que el cuerpo, más veloz que la voluntad, se defendía a sí mismo. No podía sentir orgullo cuando, más tarde, ni siquiera escuchaba ese silbido pertinaz, acostumbrado. Sólo vivía una zozobra, dominada y seca, en estos momentos en que la tranquilidad imprevista le rodeaba. Adelantó la quijada, con el gesto de la duda.

El silbido insistente de un soldado, a sus espaldas, le confirmó en el peligro de este paseo por el cañón. Y el silbido fue roto por una descarga repentina y un aullido bien conocido: los caballos villistas eran lanzados por sus jinetes de boca, verticalmente, desde el tope del cañón en un descenso suicida, mientras los fusiles parapetados en el tercer risco herían a los hombres del destacamento y los caballos sangrantes se encabritaban y rodaban, envueltos en un estruendo de pólvora, hasta el fondo de las rocas picudas: él sólo pudo volver la cara y ver a Tobías desbarrancarse, imitando a los villistas, por las laderas cortadas a pico, en un intento inútil de cumplir las órdenes: el caballo del yaqui perdió pie y voló durante un segundo, antes de estrellarse en el fondo del desfiladero y aplastar bajo su peso al jinete. El aullido creció, acompañado de un fuego tupido; él se desprendió del lomo izquierdo del caballo y rodó, dominando su caída con volteretas y apoyos, hacia el fondo: en su visión quebrada, las panzas de los caballos encabritados pulsaban en los altos, junto con los disparos, inútiles también, de los hombres sorprendidos sobre aquel risco estrecho, sin posibilidad de guarecerse o maniobrar sus monturas. Cayó, arañando las laderas, y cayeron los jinetes de Villa sobre el segundo risco, a librar el encuentro cuerpo a cuerpo. Ahora continuaba la rodadera salvaje de cuerpos entrelazados y caballos locos, mientras él tocaba con las manos ensangrentadas el fondo oscuro del cañón y desenfundaba la pistola. Sólo le aguardaba un nuevo silencio. Las fuerzas habían sido aniquiladas. Se arrastró, con el brazo y la pierna adoloridos, hacia una roca gigantesca.

—Salga, capitán Cruz, ríndase ya...

Y contestó la garganta seca: —¿A que me fusilen? Aquí aguanto.

Pero la mano derecha, tullida por el dolor, apenas podía sostener la pistola. Al levantar el brazo, sintió una punzada profunda en el vientre: disparó, con la cabeza caída, porque el dolor le impedía levantar la mirada: disparó hasta que el gatillo sólo repitió una imitación metálica. Arrojó la pistola al otro lado del peñasco y la voz de arriba volvió a gritar:

—Salga con las manos sobre la nuca.

Del otro lado de la roca, yacían más de treinta caballos, muertos o moribundos. Algunos trataban de levantar la cabeza; otros se apoyaban en una pata doblada; los más lucían florones rojos en la frente, en el cuello, en el vientre. Y a veces encima, a veces debajo de las bestias, los hombres de ambos bandos ocupaban posturas distraídas: boca arriba, como si buscaran el chorro del arroyo seco; boca abajo, abrazados a las rocas. Muertos todos, con excepción de ese hombre que gemía, atrapado por el peso de una yegua marrón.

—Déjenme sacar a éste —le gritó al grupo de la cima—. Puede ser uno de ustedes.

¿Cómo? ¿Con qué brazos? ¿Con qué fuerza? Apenas se dobló para tomar de las axilas el cuerpo apresado de Tobías, una bala de acero chifló y pegó contra la piedra. Levantó la mirada. El jefe del grupo vencedor —un sarakof blanco, visible desde la sombra de la cima— apaciguó al tirador con un movimiento de los brazos. El sudor emplastado, polvoso, le escurrió por las muñecas y si una casi no podía moverse, la otra logró arrastrar el tórax de Tobías con una voluntad concentrada.

Escuchó, a sus espaldas, los cascos veloces de los villistas que se desprendieron de la columna para capturarlo. Estaban encima de él cuando las piernas rotas del yaqui salieron debajo del cuerpo del animal. Las manos de los villistas le arrancaron las cananas del pecho.

Eran las siete de la mañana.

Casi no recordaría, al entrar a las cuatro de la tarde a la prisión de Perales, la marcha forzada que el coronel villista Zagal impuso a sus hombres y a los dos prisioneros para librar, en nueve horas, los vericuetos de la sierra y descender al poblado chihuahuense. En la cabeza atravesada de dolores espesos, él apenas supo distinguir el camino que tomaba. El más difícil, en apariencia. El más sencillo para quien, cómo Zagal, había acompañado a Pancho Villa desde las primeras persecuciones y llevaba veinte años de recorrer estas sierras y apuntar sus escondites, pasos, cañones, atajos. La forma de hongo del sarakof ocultaba la mitad del rostro de Zagal, pero sus dientes largos y apretados sonreían siempre, enmarcados por el bigote y la barbilla negros. Sonrieron cuando él fue montado con dificultades sobre el caballo y el cuerpo roto del yaqui fue recostado, boca abajo, sobre las ancas de la misma bestia. Sonrieron cuando Tobías alargó el brazo y se prendió al cinturón del capitán. Sonrieron cuando la columna emprendió la marcha, adentrándose por una boca oscura, una verdadera cueva de dos aperturas, desconocida por él y por los demás carrancistas, que permitía cumplir en una hora un trayecto de cuatro sobre los caminos abiertos. Pero de todo esto sólo se dio cuenta a medias. Sabía que ambos bandos de la guerra de facciones fusilaban inmediatamente a los oficiales del grupo contrario y se preguntó por qué motivo, ahora, el coronel Zagal le conducía a un destino desconocido.

El olor lo adormeció. El brazo y la pierna, magullados por la caída le colgaban inertes y el yaqui seguía abrazándole y gimiendo, con el rostro congestionado. Los túmulos de roca escarpada se sucedieron y ellos marcharon cobijados por las sombras, en la base de las montañas, descubriendo valles interiores de piedra, hondas barrancas que descansaban sobre cauces abandonados, caminos en los que los abrojos y matorrales ofrecían un techo de decepción para el paso de la columna. Quizás sólo los hombres de Pancho Villa han cruzado esta tierra, pensó, y por eso pudieron ganar, antes, ese rosario de victorias guerrilleras que quebraron el espinazo de la dictadura. Maestros de la sorpresa, del cerco, de la fuga veloz después del golpe. Todo lo contrario de su escuela de armas, la del general Álvaro Obregón, que era la de la batalla formal, en llano abierto, con dispositivos exactos y maniobras sobre terreno explorado.

—Juntos, en orden. No se me desperdiguen —gritaba el coronel Zagal cada vez que se desprendía de la cabeza de la columna y cabalgaba hacia atrás, tragando polvo y afilando los dientes—. Ahora salimos de la montaña y quién sabe qué nos espere. Listos todos; agachados; ojos vivos para distinguir las polvaredas; todos juntos vemos mejor que yo solito...

Las masas de roca se iban abriendo. La columna estaba sobre una cima aplanada y el desierto de Chihuahua, ondulante, moteado de mezquite, se abría a sus pies. El sol era cortado por ráfagas de aire alto: capa fresca que nunca tocaba los bordes ardientes de la tierra.

—Vamos a tomar por la mina, para bajar más aprisa —gritó Zagal—. Que se agarre bien su compañero, Cruz, que la bajada es a pico.

La mano del yaqui apretó el cinturón de Artemio; pero había en su presión algo más que el deseo de no caer: una insistencia comunicativa. Artemio bajó la cabeza, acarició el cuello del caballo y luego volvió el rostro hacia la cara congestionada de Tobías.

El indio murmuró en su lengua: —Vamos a pasar junto a una mina abandonada hace mucho. Cuando pasemos junto a una de las bocas de entrada, rueda del caballo y corre hacia adentro; eso está lleno de chiflones y allí no te han de encontrar...

Él no dejó de acariciar la crin. Volvió a levantar la cabeza y trató de distinguir, en el descenso hacia el desierto, esa entrada de la que hablaba Tobías.

El yaqui murmuró: —Olvídate de mí. Tengo las piernas rotas.

¿Las doce? ¿La una? El sol era cada vez más pesado.

Aparecieron unas cabras sobre un risco y algunos de los soldados les apuntaron con los rifles. Una huyó, la otra cayó redonda desde su pedestal y un soldado villista se desmontó y la cargó sobre las espaldas.

—¡Que sea la última vez que alguien venadea! —dijo Zagal con su voz ronca y sonriente—. Esos balazos te van a faltar algún día, cabo Payán.

Después, alzándose sobre los estribos, le dijo a toda la columna: —Entiendan una cosa, cabrones: que vamos con los carranclanes pisándonos las patas. No me vuelvan a desperdiciar el parque. ¿Qué se andan creyendo? ¿Que vamos victoriosos hacia el Sur, como antes? Pues no. Vamos derrotados, hacia el Norte, de donde salimos.

—Oiga mi coronel —gimió con su voz cerrada el cabo—, pero ya tenemos un poco de merienda.

—Lo que tenemos es muy poca madre —gritó Zagal.

La columna rió y el cabo Payán amarró la cabra muerta sobre las ancas de su caballo.

—Nadie toque l'agua o el pinole hasta llegar allá abajo —ordenó Zagal.

Pero él ya tenía el pensamiento fijo en los vericuetos del descenso. Allí estaba, a la vuelta de ese recodo, la boca abierta de la mina.

Las herraduras de Zagal chocaron contra los rieles estrechos que avanzaban medio metro fuera de la entrada. Ahora Cruz se arrojó del caballo y rodó por la ligera pendiente cuando los fusiles sorprendidos apenas se alistaban y cayó de rodillas en la oscuridad: sonaron los primeros tiros y las voces de los villistas se alborotaron. El frío repentino aligeró la cabeza del hombre; la oscuridad la mareó. Hacia adelante: las piernas corrieron olvidando el dolor, hasta que el cuerpo se estrelló contra la roca:

al abrir los brazos, los alargó hacia dos tiros divergentes. Por uno soplaba un viento fuerte; en el otro, un calor enclaustrado. Las manos extendidas sintieron, en las yemas de los dedos, estas temperaturas opuestas. Volvió a correr, por el lado caliente, que debía ser el más hondo. Atrás corrían también, con su música de espuelas, los pies de los villistas. Un fósforo lanzó su resplandor anaranjado y él perdió el suelo y cayó por un chiflón vertical y sintió el golpe seco de su cuerpo sobre unas vigas carcomidas. Arriba, el ruido de las espuelas no cesaba y un murmullo de voces rebotaba sobre las paredes de la mina. El perseguido se levantó penosamente; trató de distinguir las dimensiones del lugar en el que había caído, la salida por donde continuar la fuga.

«Más vale esperar aquí...»

Las voces de arriba crecieron, como si discutieran. Luego se escuchó, claramente, la carcajada del coronel Zagal. Las voces se retiraron. Alguien chifló a lo lejos: un solo chiflido de atención, ríspido. Al escondite llegaron otros rumores indefinibles, pesados, que se prolongaron durante varios minutos. Después, nada. Los ojos empezaron a acostumbrarse: la oscuridad.

«Parece que se han ido. Puede que sea una celada. Más vale esperar aquí.»

En el calor del chiflón abandonado, se tocó el pecho, se palpó el costado adolorido por los golpes. Estaba en un redondo espacio sin salida: seguramente, el punto final de una excavación. Algunas vigas rotas estaban por tierra; otras sostenían el débil techo de arcilla. Se cercioró de la estabilidad de una de ellas y se recargó, sentado, a esperar el paso de las horas. Una de las maderas se prolongaba hacia el boquete por donde había caído: no era difícil trepar por ella y alcanzar otra vez la cueva de entrada. Tocó varias roturas en su pantalón, en la túnica cuyas espiguillas doradas se habían desprendido. Y cansancio, hambre, sueño. Un cuerpo joven estiró las piernas y sintió el pulso fuerte en los muslos. La oscuridad y el reposo, el leve jadeo y los ojos cerrados. Pensó en las mujeres que quisiera conocer; el cuerpo de las conocidas huía de su imaginación. La última fue en Fresnillo. Una prostituta endomingada. Una de esas que lloran cuando se les pregunta, «¿De dónde eres? ¿Por qué viniste a dar aquí?» La pregunta de siempre, para empezar la conversación y porque a todas les encanta inventar cuentos. Ésa no; nada más lloraba. Y la guerra sin acabarse. Claro que éstas eran las últimas operaciones. Cruzó los brazos sobre el pecho y trató de respirar regularmente. Una vez que dominaran al ejército desbaratado de Pancho Villa, habría paz. Paz.

«¿Qué voy a hacer cuando esto se acabe? ¿Y para qué pensar que se va a acabar? Así nunca pienso yo.»

Quizás la paz significaría buenas oportunidades de trabajo. En su recorrido en crucigrama por el territorio de México, sólo había asistido a la destrucción. Pero se destruían campos que podrían sembrarse de nuevo. En el Bajío, una vez, vio un campo precioso, junto al cual podría construirse una casa de arcadas y patios floreados y vigilar las siembras. Ver cómo crece una semilla, cuidarla, atender el brote de la planta, recoger los frutos. Podría ser una buena vida, una buena vida...

«No te duermas, estáte listo...»

Se pellizcó el muslo. Los músculos de la nuca le tiraron la cabeza hacia atrás.

Ningún ruido descendía de lo alto. Podía explorar. Se apoyó en la viga ascendente para alcanzar, con el pie, las postillas rocosas del boquete. Se fue columpiando, con el brazo fuerte, de postilla en postilla, hasta clavar las uñas en la plataforma superior. Emergió su cabeza. Estaba en el tiro caliente. Pero ahora parecía más oscuro y sofocado que antes. Caminó hacia la cueva de distribución. La reconoció porque al lado del tiro mal ventilado estaba el otro, el del ventarrón. Pero más lejos, la luz no entraba por la apertura original. ¿Habría anochecido? ¿Habría perdido la cuenta de las horas?

A ciegas, sus manos buscaron la entrada. No era la noche la que la había clausurado, sino una barricada de rocas pesadas, levantadas por los villistas antes de partir. Lo habían sellado en esta tumba de vetas agotadas.

Sintió en los nervios del estómago eso: que estaba aplastado. Automáticamente, ensanchó las ventanillas de la nariz en un esfuerzo imaginario de respiración. Se llevó los dedos a las sienes y las acarició. El otro tiro, el ventilado. Ese aire venía de afuera, subía del desierto, lo chicoteaba el sol. Corrió hacia el segundo pasaje. Su nariz se pegó a ese aire dulce, corriente, y con las manos apoyadas sobre los muros fue dando traspiés en la oscuridad. Una gota le mojó la mano. Acercó la boca abierta al muro, buscando el origen del agua. En el techo negro goteaban esas perlas lentas, aisladas. Recogió otra con la lengua; esperó la tercera, la cuarta. Colgó la cabeza. El tiro parecía terminar. Husmeó el aire. Venía de abajo, lo sentía alrededor de los tobillos. Se arrodilló, buscó con las manos. De esa apertura invisible, de allí surgía. Era el tiro encajonado lo que le daba una fuerza mayor que la del origen. Las piedras estaban sueltas. Comenzó a tirar de ellas, hasta que la rendija se amplió y, al cabo, se derrumbó: una nueva galería, iluminada por venas plateadas, se abría detrás del derrumbe. Coló el cuerpo y, en el nuevo pasaje, se dio cuenta de que no podía caminar de pie: sólo cabía de estómago. Así fue arrastrándose, sin saber a dónde conducía su carrera de reptil. Vetas grises, reflejos dorados de las espiguillas de oficial: sólo estas luces disparejas iluminaban su lentitud de culebra amortajada. Los ojos reflejaban los rincones más negros de la oscuridad y un hilo de saliva le corría por el mentón. Sintió la boca llena de tamarindos: acaso el recuerdo involuntario de una fruta que aun en la memoria agita las glándulas salivales, quizá el mensajero exacto de un olor desprendido de una huerta lejana y que, acarreado por el aire inmóvil del desierto, habría llegado hasta el estrecho pasaje. El olfato despierto percibió algo más. Una bocanada completa de aire. Un pulmón lleno. Un sabor inconfundible de tierra cercana: inconfundible para uno que llevaba tanto tiempo encerrado en el gusto de roca. La galería baja iba en descenso; ahora se detenía abruptamente y caía, a tajo, sobre un ancho espacio interior y un suelo de arena. Se descolgó de la galería alta y se dejó caer en el lecho blanco. Algunos brazos vegetales habían entrado hasta aquí. ¿Por dónde?

«Sí, ahora vuelve a subir. ¡Pero si es luz! Parecía un reflejo de la arena ¡y es luz!»

Corrió, con el pecho lleno, hacia la apertura bañada de sol.

Corrió sin escuchar ni ver. Sin escuchar el guitarreo lento y la voz que lo coreaba, una voz guanga y sensual de soldado cansado.

Las muchachas duranguеñas se visten de azul y verde,
de las ocho en adelante, la que no pellizca muerde...

Sin ver el pequeño fuego sobre el cual se mecía el esqueleto de la cabra cazada en la montaña y los dedos que le arrebataban jirones de pellejo.

Cayó, sin escuchar ni ver, sobre la primera franja de tierra iluminada. Cómo iba a ver, bajo ese sol de las tres de la tarde, derretido, que iluminaba como un hongo de cal el sarakof del hombre que reía y le alargaba la mano.

—Ándele, capitán, que nos va a hacer llegar tarde. Mire nomás cómo le entra el yaqui al rancho. Y ahora sí, las cantimploras pueden usarse.

Las muchachas chihuahuenses ya no saben ni qué hacer,
pidiendo a Dios que haya un hombre que las sepa bien querer...

El prisionero levantó el rostro y antes de ver al grupo reclinado del coronel Zagal, dejó que los ojos se le perdieran en el paisaje seco, de pedruscos y órganos espinosos, largo y lento, silencioso y aplomado. Después, se incorporó y llegó hasta el pequeño campamento. El yaqui lo miraba fijamente. Él alargó el brazo, arrancó un jirón chamuscado del lomo de la cabra y se sentó a comer.

Perales.

Era un pueblo de adobes, que en poco se distinguía de los demás. Sólo una cuadra, la que pasaba frente a la presidencia municipal, estaba empedrada. Las demás eran de polvo aplanado por los pies desnudos de los niños, los tarsos de los guajolotes que se esponjaban en las bocacalles, las patas de la jauría de perros que a veces dormían al sol y a veces corrían todos juntos, ladrando, sin rumbo. Quizás había una o dos casas buenas, con portones grandes y chapas de fierro y canales de latón: eran siempre la del agiotista y la del jefe político (cuando uno y otro no eran el mismo), ahora huyendo de la justicia expedita de Pancho Villa. Las tropas habían ocupado las dos residencias llenando los patios —escondidos detrás de los largos muros que daban su rostro de fortaleza a la calle— de caballada y paja, cajas de parque y herramientas: lo que la División del Norte, derrotada, lograba salvar en su marcha hacia el origen. El color del pueblo era pardo; sólo la fachada de la presidencia lucía un tono rosa, que en seguida se perdía, por los costados y los patios, en el mismo tono grisáceo de la tierra. Había un aguaje cercano; por eso se fundó el pueblo, cuya riqueza se limitaba a unos cuantos pavos y gallinas, unas cuantas milpas secas cultivadas sobre las callejas de polvo, un par de forjas, una carpintería, una tienda de abarrotes y algunas industrias domésticas. Se vivía de milagro. Se vivía en silencio. Como en la mayoría de las aldeas mexicanas, era difícil saber dónde se escondían sus moradores. En la mañana como en la tarde, en la tarde como en la noche, podría quizá escucharse el golpe de un martillo, insistente, o el chillido de un recién nacido, pero sería difícil encontrarse en las calles ardientes con un ser vivo. Los niños se asomaban a veces, pequeñísimos, descalzos. También la tropa permanecía detrás de los muros de las casas incautadas o escondida en los patios de la residencia, que era hacia donde se encaminaba la columna fatigada. Cuando desmontaron, un piquete se acercó y el coronel Zagal señaló al indio yaqui.

—Ése al calabozo. Usted venga conmigo, Cruz.

Ahora el coronel no reía. Abrió las puertas del despacho encalado y con una manga se secó el sudor de la frente. Se aflojó el cinturón y se sentó. El prisionero lo contempló de pie.

—Jálese una silla, capitán, y vamos platicando a gusto. ¿Quiere un cigarro?

El prisionero lo tomó y el fuego del mechero acercó los dos rostros.

—Bueno —volvió a sonreír Zagal—, si la cosa es muy sencilla. Usted podría decirnos cuáles son los planes de los que nos vienen persiguiendo y nosotros lo pondríamos en libertad. Le soy franco. Sabemos que estamos perdidos, pero así y todo nos queremos defender. Usted es buen soldado y entiende eso.

—Seguro. Por eso mismo no voy a hablar.

—Sí. Pero sería muy poco lo que tendría que contarnos. Usted y todos esos muertos que se quedaron en el cañón formaban un destacamento de exploración, eso se veía claro. Eso quiere decir que el grueso de las tropas no andaban lejos. Hasta se olieron la ruta que hemos tomado hacia el Norte. Pero como ustedes no conocen bien ese paso por la montaña, seguro que han tenido que atravesar todo el llano y eso toma varios días. Ahora: ¿cuántos son, hay tropas que se hayan adelantado por tren, en cuánto calcula usted sus provisiones de parque, cuántas piezas de artillería vienen arrastrando? ¿Qué táctica han decidido? ¿Dónde se van a juntar las brigadas sueltas que nos vienen siguiendo la pista? Fíjese qué sencillo: usted me cuenta todo esto y sale libre. Palabra que sí.

—¿De cuándo acá esas garantías?

—Caramba, capitán, si de todas maneras vamos a perder. Yo le soy franco. La División está desintegrada. Se ha fraccionado en bandas que se perderán por las montañas, cada vez más deshilachadas, porque a lo largo del camino se van quedando en sus pueblos, en sus rancherías. Estamos cansados. Son muchos años de pelear, desde que nos levantamos contra don Porfirio. Luego peleamos con Madero, luego contra los colorados de Orozco, luego contra los pelones de Huerta, y luego contra ustedes los carranclanes de Carranza. Son muchos años. Ya nos cansamos. Nuestras gentes son como las lagartijas, van tomando el color de la tierra, se meten a las chozas de donde salieron, vuelven a vestirse de peones y vuelven a esperar la hora de seguir peleando, aunque sea dentro de cien años. Ellos ya saben que esta vez perdimos, igual que los zapatistas en el Sur. Ganaron ustedes. ¿Para qué ha de morírsenos usted cuando la pelea está ganada por los suyos? Déjenos perder dando la batalla. Nomás eso le pido. Déjenos perder con tantito honor.

—Pancho Villa no está en este pueblo.

—No. Él va más adelante. Y la gente se nos va quedando. Ya somos muy pocos.

—¿Qué garantías me dan?

—Lo dejamos vivo aquí en la cárcel hasta que sus amigos lo rescaten.

—Eso, si los nuestros ganan. Si no...

—Si los derrotamos, le doy un caballo para que se largue.

—Y así pueden fusilarme por la espalda cuando salga corriendo.

—Usted dirá...

—No. No tengo nada que contar.

—En el calabozo está su amigo el yaqui y el licenciado Bernal, un enviado de Carranza. Espere usted con ellos la orden de fusilamiento.

Zagal se incorporó.

Ninguno de los dos tenía sentimientos. Eso, cada cual, en su bando, lo había perdido, limado por los hechos cotidianos, por el remache sin tregua de su lucha ciega. Habían hablado automáticamente, sin comprometer sus emociones. Zagal solicitaba la información y daba la oportunidad de escoger entre la libertad y el paredón, el prisionero negaba la información: pero no como Zagal y Cruz, sino como engranajes de dos máquinas de guerra opuestas. Por esto, la noticia del fusilamiento era recibida por el prisionero con indiferencia absoluta. Una indiferencia, justamente, que le obligaba a darse cuenta de la tranquilidad monstruosa con que aceptaba su propia muerte. Entonces también él se puso de pie y cuadró la quijada.

—Coronel Zagal, llevamos mucho tiempo obedeciendo órdenes, sin darnos tiempo para hacer algo ¿cómo le diré?, algo que diga: esto lo hago como Artemio Cruz; ésta me la juego yo solo, no como oficial del Ejército. Si me ha de matar, máteme como Artemio Cruz. Ya lo dijo usted que esto se va a terminar, que estamos cansados. Yo no quiero morir como el último sacrificado de una causa victoriosa y usted tampoco ha de querer morir como el último de una causa perdida. Sea usted hombre, coronel, y déjeme serlo. Le propongo que nos batamos con pistolas. Trace una raya en el patio y salgamos los dos armados de dos esquinas opuestas. Si usted logra herirme antes de que yo cruce la raya, me remata. Si yo la cruzo sin que usted me pegue, me deja libre.

—¡Cabo Payán! —gritó Zagal con un brillo en los ojos—. Condúzcalo a la celda.

Luego le dio la cara al prisionero. —No se les avisará la hora de la ejecución, de manera que estén listos. Como puede ser dentro de una hora, puede ser mañana o pasado. Usted nomás piense en lo que le dije.

Por los barrotes entraba el sol poniente y recortaba en amarillo las siluetas de esos dos hombres, uno de pie, el otro recostado. Tobías trató de murmurar un saludo; el otro, el que se paseaba nerviosamente, se acercó a él en cuanto la puerta de la celda rechinó y las llaves del cabo de guardia rasparon la cerradura.

—¿Usted es el capitán Artemio Cruz? Yo soy Gonzalo Bernal, enviado del Primer Jefe Venustiano Carranza.

Vestía traje de civil: un traje de casimir café con cinturón postizo en la parte trasera. Y él lo observó como a todos los civiles que de vez en cuando se arrimaban al núcleo sudoroso de los que peleaban: con una mirada rápida de burla e indiferencia, hasta que Bernal continuó, pasándose un pañuelo por la frente amplia y el bigote rubio:

—Está muy mal el indio. Tiene una pierna rota.

El capitán se encogió de hombros. —Para lo que va a durar.

—¿Qué sabe usted? —preguntó Bernal y detuvo el pañuelo sobre los labios, de manera que las palabras salieron sofocadas.

—Nos van a tronar a todos. Pero no dicen a qué horas. No habíamos de morirnos de catarro.

—¿No hay esperanzas de que lleguen los nuestros antes?

Ahora fue el capitán el que se detuvo —había estado girando, observando el techo, las paredes, la ventanilla embarrotada, el suelo de polvo: la búsqueda instintiva del boquete por donde huir— y miró a un nuevo enemigo: el delator plantado en la celda.

Preguntó: —¿Qué no hay agua?

—Se la bebió el yaqui.

El indio gimió. Él se acercó al rostro cobrizo recargado contra la cabecera de piedra de esa banca desnuda que servía de cama y asiento. Su mejilla se detuvo junto a la de Tobías y por primera vez, con una fuerza que lo obligó a retirarse, sintió la presencia de ese rostro que nunca había sido más que una plasta oscura, parte de la tropa, más reconocible en la integridad nerviosa y rápida de su cuerpo guerrero que en esta serenidad, este dolor. Tobías tenía un rostro; él lo vio. Centenares de rayas blancas —rayas de risa y enojo y ojos guiñados contra el sol— recorrían las esquinas del párpado y cuadriculaban los anchos pómulos. Los labios gruesos y prominentes sonreían con dulzura y en los ojos pardos, angostos, había algo semejante a un pozo de luz turbia, encantada, dispuesta.

—Verdad que has llegado —dijo Tobías en su lengua, aprendida por el capitán en el trato diario con las tropas de la sierra sinaloense.

Apretó la mano nervuda del yaqui. —Sí, Tobías. Más vale que sepas una cosa: nos van a fusilar.

—Así ha de ser. Igual harías tú.

—Sí.

Permanecieron en silencio, mientras el sol desaparecía. Los tres hombres se dispusieron a pasar la noche juntos. Bernal se paseaba lentamente por la celda: él se incorporó en seguida, se sentó otra vez sobre el polvo y trazó rayas en el piso. Afuera, en el corredor, se prendió una lámpara de petróleo y se escuchó el movimiento de los maxilares del cabo de guardia. Un viento frío se levantó sobre el campo desértico.

De pie nuevamente, él se acercó a la puerta de la celda: maderos gruesos, ocote sin pulir, y esa pequeña apertura a la altura de la mirada. Del otro lado, se levantaba la fumarola del cigarro de hoja que encendía el cabo. Él cerró los puños alrededor de los barrotes oxidados y observó el perfil chato de su guardián. Los mechones negros brotaban de la gorra de lona y se agotaban en el pómulo cuadrado y lampiño. El prisionero buscó su mirada y el cabo respondió con un gesto rápido, un «¿qué-quiere?» silencioso de la cabeza y la mano libre. La otra apretaba la carabina con la costumbre del oficio.

—¿Ya tienen la orden para mañana?

El cabo lo miró con los ojos largos y amarillos. No respondió.

—Yo no soy de aquí. ¿Y tú?

—De allá arriba —dijo el cabo.

—¿Cómo es el lugar?

—¿Dónde?

—Donde nos van a fusilar. ¿Qué se ve desde allí?

Se detuvo y le hizo una seña para que el cabo le pasara el mechero.

—¿Qué se ve?

Sólo entonces recordó que siempre había mirado hacia adelante, desde la noche en que atravesó la montaña y escapó del viejo casco veracruzano. Desde entonces no había vuelto a mirar hacia atrás. Desde entonces quería saberse solo, sin más fuerzas que las propias... Y ahora... no podía resistir esta pregunta —cómo es, qué se ve desde allí— que quizá era su manera de disfrazar esa ansia de recuerdo, esa pendiente hacia una imagen de helechos frondosos y ríos lentos, de flores tubulares sobre una choza, de una falda almidonada y un cabello suave, oloroso a membrillo...

—Ahí se los llevan al patio de detrás —iba diciendo el cabo— y lo que se ve, ¿pues qué ha de ser? Una pura pared alta, toda como cacariza de tanto afusilado como nos cae por aquí...

—¿Y la montaña? ¿No se ve la montaña?

—Pues la mera verdad no me acuerdo.

—¿Has visto a muchos...?

—Uuuuuh...

—Puede que el que fusile vea mejor que los fusilados lo que está pasando.

—¿A poco tú nunca has estado en un afusile?

(«Sí, pero sin fijarme, sin pensar nunca en lo que se podría sentir, en que alguna vez podría tocarme a mí. Por eso no tengo derecho a preguntarte a ti, ¿verdad? Tú sólo has matado como yo, sin fijarte en nada. Por eso nadie sabe lo que se siente y nadie puede contarlo. Si se pudiera regresar, si se pudiera contar qué es eso de escuchar una descarga y sentirla sobre el pecho, en la cara. Si se pudiera contar la verdad de eso, puede que ya no nos atreviéramos a matar, nunca más; o puede que a nadie le importaría morir... Puede ser terrible... pero puede ser tan natural como nacer... ¿Qué sabemos tú y yo?»)

—Oye capitán, las espiguitas ésas ya no te han de servir. Dámelas.

El cabo introdujo la mano entre los barrotes y él le dio la espalda. El soldado rió con un chillido sofocado.

Ahora el yaqui estaba murmurando cosas en su lengua y él se fue arrastrando los pies hasta la cabecera dura, a tocar con la mano la frente afiebrada del indio y a escuchar sus palabras. Corrían con un sonsonete dulce.

—¿Qué dice?

—Cuenta cosas. De cómo el gobierno les quitó las tierras de siempre para dárselas a unos gringos. De cómo ellos pelearon para defenderlas y entonces llegó la tropa federal y empezó a cortarles las manos a los hombres y a perseguirlos por el monte. De cómo subieron a los jefes yaquis a un cañonero y desde allí los tiraron al mar cargados de pesas.

El yaqui hablaba con los ojos cerrados. —Los que quedamos fuimos arrastrados a una fila muy larga y desde allá, desde Sinaloa, nos hicieron caminar hasta el otro lado, hasta Yucatán.

—De cómo tuvieron que marchar hasta Yucatán y las mujeres y los viejos y los niños de la tribu se iban quedando muertos. Los que lograron llegar a las haciendas henequeneras fueron vendidos como esclavos y separados los esposos de sus mujeres. De cómo obligaron a las mujeres a acostarse con los chinos, para que olvidaran su lengua y parieran más trabajadores...

—Volví, volví. Apenas supe que había estallado la guerra, volví con mis hermanos a luchar contra el daño.

El yaqui rió quedamente y él sintió ganas de orinar. Se levantó y abrió la bragueta del pantalón caqui; buscó un rincón y escuchó el chapoteo contra el polvo. Frunció el ceño pensando en el desenlace acostumbrado de los valientes que mueren con una mancha húmeda en el pantalón militar. Bernal, ahora con los brazos cruzados, parecía buscar, a través de los altos barrotes, un rayo de luna para esta noche fría y oscura. A veces, ese martilleo persistente del pueblo llegaba hasta ellos; los perros aullaban. Algunas conversaciones perdidas, sin sentido, lograban atravesar las paredes. Él se espolvoreó la túnica y se acercó al joven licenciado.

—¿Hay cigarros?

—Sí... creo que sí... Por aquí andaban.

—Ofrécele al yaqui.

—Ya le ofrecí antes. No le gustan los míos.

—¿Trae los suyos?

—Parece que se le acabaron.

—Puede que los soldados tengan cartas.

—No; no me podría concentrar. Creo que no podría...

—¿Tienes sueño?

—No.

—Tienes razón. No hay que dormir.

—¿Crees que algún día te vas a arrepentir?

—¿Cómo?

—Digo, de haber dormido antes...

—Está chistoso eso.

—Ah, sí. Entonces más vale recordar. Dicen que es bueno recordar.

—No hay mucha vida por detrás.

—Cómo no. Ésa es la ventaja del yaqui. Puede que por eso no le guste hablar.

—Sí. No, no te entiendo...

—Digo que el yaqui sí tiene muchas cosas que recordar.

—Puede que en su lengua no se recuerde igual.

—Toda esa caminata, desde Sinaloa. Lo que nos contó hace un rato.

—Sí.

—...

—Regina...

—¿Cómo?

—No. Nomás repito nombres.

—¿Qué edad tienes?

—Voy para veintiséis. ¿Y tú?

—Veintinueve. Tampoco tengo mucho que recordar. Y eso que la vida se volvió tan agitada, tan de repente.

—¿Cuándo se empezará a recordar la niñez, por ejemplo?

—Es cierto; cuesta trabajo.

—¿Sabes? Ahora, mientras hablábamos...

—¿Sí?

—Bueno; me repetí unos nombres. ¿Sabes? Ya no me suenan; y no quieren decir nada.

—Va a amanecer.

—No te fijes.

—Me suda mucho la espalda.

—Dame el cigarro. ¿Qué pasó?

—Perdón. Toma. Puede que no se sienta nada.

—Eso dicen.

—¿Quién lo dice, Cruz?

—Seguro. Los que matan.

—¿Te importa mucho?

—Pues...

—¿Por qué no piensas en...?

—¿Qué? ¿Que todo va a seguir igual, aunque nos maten?

—No, no pienses para adelante, sino para atrás. Yo pienso en todos los que ya han muerto en la revolución.

—Sí; recuerdo a Bule, Aparicio, Gómez, el capitán Tiburcio Amarillas... a unos cuantos.

—Apuesto que no le sabes el nombre ni a veinte. Y no sólo a ellos.

¿Cómo se llamaban todos los muertos? No sólo los de esta revolución; los de todas las revoluciones y todas las guerras y hasta los muertos en su cama. ¿Quién se acuerda de ellos?

—Mira: dame un cerillo.

—Perdón.

—Ahora sí ya salió la luna.

—¿Quieres verla? Si te apoyas en mis hombros, puedes alcanzar...

—No. No vale la pena.

—Menos mal que me quitaron el reloj.

—Sí.

—Quiero decir, para no llevar la cuenta.

—Seguro, sí entendí.

—La noche pareció más... más larga...

—Pinche meadera ésta.

—Mira al yaqui. Se durmió. Menos mal que nadie mostró miedo.

—Ahora, otro día metidos aquí.

—Quién sabe. De repente entran al rato.

—Éstos no. Les gusta su juego. Hay demasiada costumbre de fusilar al alba. Van a jugar con nosotros.

—¿No que era tan impulsivo?

—Villa sí. Zagal no.

—Cruz... ¿qué no es como muy absurdo?

—¿Qué?

—Morir a manos de uno de los caudillos y no creer en ninguno de ellos.

—¿Qué iremos los tres juntos o nos sacarán uno por uno?

—Es más fácil de un jalón, ¿qué no? Tú eres el militar.

—¿No se te ocurre ninguna treta?

—¿Te cuento una cosa? Mira que es para morirse de la risa.

—¿Qué cosa?

—No te lo diría si no estuviera seguro que de aquí no salgo. Carranza me mandó en esta misión con el puro objeto de que me agarraran y fueran ellos los responsables de mi muerte. Se le metió en la cabeza que más le valía un héroe muerto que un traidor vivo.

—¿Tú traidor?

—Depende de cómo lo mires. Tú nada más has andado en las batallas; has obedecido órdenes y nunca has dudado de tus jefes.

—Seguro. Se trata de ganar la guerra. Qué, ¿tú no estás con Obregón y Carranza?

—Como podía estar con Zapata o Villa. No creo en ninguno.

—¿Y entonces?

—Ése es el drama. No hay más que ellos. No sé si te acuerdas del principio. Fue hace tan poco, pero parece tan lejano... cuando no importaban los jefes. Cuando esto se hacía no para elevar a un hombre, sino a todos.

—¿Quieres que hable mal de la lealtad de nuestros hombres? Si eso es la revolución, nomás: lealtad a los jefes.

—Sí. Hasta el yaqui, que primero salió a pelear por sus tierras, ahora sólo pelea por el general Obregón y contra el general Villa. No, antes era otra cosa. Antes de que esto degenerara en facciones. Pueblo por donde pasaba la revolución era pueblo donde se acababan las deudas del campesino, se expropiaba a los agiotistas, se liberaba a los presos políticos y se destruía a los viejos caciques. Pero ve nada más cómo se han ido quedando atrás los que creían que la revolución no era para inflar jefes sino para liberar al pueblo.

—Ya habrá tiempo.

—No, no lo habrá. Una revolución empieza a hacerse desde los campos de batalla, pero una vez que se corrompe, aunque siga ganando batallas militares ya está perdida. Todos hemos sido responsables. Nos hemos dejado dividir y dirigir por los concupiscentes, los ambiciosos, los mediocres. Los que quieren una revolución de verdad, radical, intransigente, son por desgracia hombres ignorantes y sangrientos. Y los letrados sólo quieren una revolución a medias, compatible con lo único que les interesa: medrar, vivir bien, sustituir a la elite de don Porfirio. Ahí está el drama de México. Mírame a mí. Toda la vida leyendo a Kropotkin, a Bakunin, al viejo Plejanov, con mis libros desde chamaco, discute y discute. Y a la hora de la hora, tengo que afiliarme con Carranza porque es el que parece gente decente, el que no me asusta. ¿Ves qué mariconería? Les tengo miedo a los pelados, a Villa y a Zapata... «Continuaré siendo una persona imposible mientras las personas que hoy son posibles sigan siendo posibles...» Ah sí. Cómo no.

—Te descaras a la hora de la muerte...

—«Tal es el defecto radical de mi carácter: el amor por lo fantástico, las aventuras nunca vistas, las empresas que abren horizontes infinitos e imprevisibles...» Ah sí. Cómo no.

—¿Por qué nunca dijiste eso allá afuera?

—Se lo dije desde el año '13 a Iturbe, a Lucio Blanco, a Buelna, a todos los militares honrados que nunca pretendieron convertirse en caudillos. Por eso no supieron pararle el juego al viejo Carranza, que toda su vida se ha dedicado a sembrar cizaña y a dividir, porque de otra manera, ¿quién no le iba a comer el mandado, viejo mediocre? Por eso ascendía a los mediocres, a los Pablo González, a los que no podían hacerle sombra. Así dividió a la revolución, la convirtió en guerra de facciones.

—¿Y por eso te mandaron a Perales?

—Con la misión de convencer a los villistas de que deben rendirse. Como si no supiéramos todos que van huyendo derrotados y en su desesperación pasan por las armas a cuanto carranclán se les pone enfrente. Al viejo no le gusta ensuciarse las manos. Prefiere que el enemigo le haga los trabajos sucios. Artemio, Artemio, los hombres no han estado a la altura de su pueblo y de su revolución.

—¿Por qué no te pasas a Villa?

—¿A otro caudillo? ¿Para ver cuánto dura y luego pasarme a otro y otro más, hasta que me vuelva a encontrar en otra celda esperando otra orden de fusilamiento?

—Pero te salvas esta vez...

—No... Créeme, Cruz, me gustaría salvarme, regresar a Puebla. Ver a mi mujer, a mi hijo. A Luisa y a Pancholín. Y mi hermanita Catalina, que tanto depende de mí. Ver a mi padre, mi viejo don Gamaliel, tan noble, tan ciego. Tratar de explicarle por qué me metí en esto. Él nunca comprendió que hay deberes que es necesario cumplir aunque se sepa de antemano que se va al fracaso. Para él aquel orden era eterno; las haciendas, el agio disfrazado, todo eso... Ojalá hubiera alguien a quien pudiera encargarle que fuera a verlos y a decirles cualquier cosa de mi parte. Pero de aquí nadie sale vivo, lo sé. No; todo es un siniestro juego de eliminaciones. Ya estamos viviendo entre criminales y enanos, porque el caudillo mayor prohíja pigmeos que no le hagan sombra y el caudillo menor tiene que asesinar al grande para ascender. Qué lástima, Artemio. Qué necesario es todo lo que está pasando y qué innecesario es corromperlo. No es esto lo que quisimos cuando hacíamos la revolución con todo el pueblo, en el '13... Y tú, vete decidiendo. En cuanto eliminen a Zapata y Villa, quedarán sólo dos jefes, tus jefes actuales. ¿Con cuál vas a jalar?

—Mi jefe es el general Obregón.

—Menos mal que te has decidido ya. A ver si no te cuesta la vida; a ver si...

—Te olvidas de que nos van a fusilar.

Bernal rió con sorpresa, como si hubiese intentado volar y el peso olvidado de unos grilletes se lo hubiese impedido. Apretó el hombro del otro prisionero y dijo...

—¡Maldita manía política! O puede que sea intuición. ¿Por qué no te pasas tú con Villa?

No pudo distinguir bien el rostro de Gonzalo Bernal, pero en la oscuridad sintió esos ojillos burlones, ese airecillo de sabelotodo de estos licenciadetes que nunca peleaban, que nada más hablaban mucho mientras ellos ganaban batallas. Alejó bruscamente su cuerpo del de Bernal.

—¿Qué hubo? —sonrió el licenciado.

Él gruñó y encendió su cigarro apagado. —Así no se habla —dijo entre dientes—. ¿Qué? ¿Te hablo derecho? Pues me cagan los cojones los que se abren sin que nadie les pida razón y más a la hora de la muerte. Quédese callado, mi licenciado, y dígase para sus adentros lo que quiera, pero a mí déjeme morir sin que me raje.

La voz de Gonzalo se cubrió con una capa metálica: —Oye, machito, somos tres hombres condenados. El yaqui nos contó su vida...

Y la rabia era contra sí mismo, porque él se había dejado llevar a la confidencia y a la plática, se había abierto a un hombre que no merecía confianza.

—Ésa fue una vida de hombre. Tenía derecho.

—¿Y tú?

—Nomás peleando. Si hubo más, no me acuerdo.

—Quisiste a alguna mujer...

Apretó los puños.

—... tuviste padres; qué sé yo si hasta tienes un hijo. ¿Tú no? Yo sí, Cruz...; yo sí pienso que tuve vida de hombre, que quisiera estar libre para seguirla; ¿tú no?; ¿tú no quisieras ahorita estar acariciando...?

La voz de Bernal se descomponía cuando las manos de él lo buscaron en la oscuridad, lo azotaron contra la pared, sin decir palabra, con un mugido opaco, con las uñas clavadas en la solapa de casimir de este nuevo enemigo armado de ideas y ternuras, que sólo estaba repitiendo el mismo pensamiento oculto del capitán, del prisionero, de él: ¿qué sucederá después de nuestra muerte? y Bernal lo repetía, a pesar de los puños cerrados que lo violaban:

—... ¿si no nos hubieran matado antes de cumplir treinta años?... ¿qué habría sido de nuestras vidas?; yo quería hacer tantas cosas...

Hasta que él, con la espalda sudorosa y el rostro muy cerca del de Bernal, también murmuró: —... que todo va a seguir igual, ¿a poco no lo sabes?; que va a salir el sol; que van a seguir naciendo escuincles, aunque tú y yo estemos bien tronados, ¿a poco no lo sabes?

Los dos hombres se desprendieron del abrazo violento. Bernal se dejó caer sobre el piso; él caminó hacia la puerta de la celda, decidido: le contaría un plan falso a Zagal, pediría la vida de yaqui, dejaría a Bernal correr su suerte.

Cuando el cabo de guardia, canturreando, lo condujo hacia la presencia del coronel, él sólo sentía ese dolor perdido de Regina, esa memoria dulce y amarga que tanto había escondido y que ahora brotaba a flote, pidiéndole que siguiera viviendo, como si una mujer muerta necesitara del recuerdo de un hombre vivo para seguir siendo algo más que un cuerpo devorado por los gusanos en un hoyo sin nombre, en un pueblo sin nombre.

—Va a ser difícil que nos tome el pelo —dijo con su eterna voz sonriente el coronel Zagal—. Ahoritita mismo salen dos destacamentos a ver si lo que nos cuenta es cierto y si no lo es, o si el ataque viene por otro lado, vaya encomendándose al cielo y piense que nomás ganó unas cuantas horas de vida, pero a costa de su honor.

Zagal estiró las piernas y movió en escala los dedos encalcetinados de los pies. Las botas estaban sobre la mesa, cansadas y sin armazón.

—¿Y el yaqui?

—Eso no estaba en lo pactado. Mire: la noche se está haciendo larga. ¿Para qué ilusionar a esos pobrecitos con un nuevo sol? ¡Cabo Payán!... Vamos a mandar a mejor vida a los dos presos. Sáquemelos de la celda y llévenlos allá atrás.

—El yaqui no puede caminar —dijo el cabo.

—Denle marihuana —carcajeó Zagal—. A ver, sáquenlo en camilla y apóyenlo como puedan contra el muro.

¿Qué vieron Tobías y Gonzalo Bernal? Lo mismo que el capitán, aunque éste les ganara en altura, parado junto a Zagal sobre la azotea de la presidencia. Allá abajo, el yaqui era sacado en camilla y Bernal caminaba cabizbajo y los dos hombres eran colocados contra el paredón y entre dos lámparas de petróleo.

Una noche en la que los resplandores del alba tardaban en hacerse sentir y en la que la silueta de las montañas no se dejaba ver, ni siquiera cuando los fusiles tronaron con espasmos rojizos y Bernal alargó la mano para tocar el hombro del yaqui. Tobías se quedó apoyado contra el muro, parapetado por la camilla. Las lámparas alumbraron su rostro deshecho, marcado por las balas. Sólo iluminaron los tobillos del cuerpo caído de Gonzalo Bernal, por donde empezaron a correr los hilos de sangre.

—Ahí tiene sus muertos —dijo Zagal.

Y otra fusilata, lejana y tupida, comentó sus palabras y en seguida se le unió un cañón ronco que hizo volar una esquina del edificio. La gritería de los villistas ascendió confusa hasta la azotea blanca donde Zagal gritaba con una interrogación desarticulada:

—¡Ya llegaron! ¡Ya nos hallaron! ¡Son los carranclanes! Mientras él lo derribaba y apretaba la mano —rediviva, concentrada con toda su fuerza— sobre la funda de la pistola del coronel. Sintió en sus manos la sequedad metálica del arma. La clavó en la espalda de Zagal y con el brazo derecho rodeó el cuello del coronel, lo apretó y lo mantuvo sobre el suelo, con las quijadas duras y la espuma entre los labios. Por encima de la cornisa, pudo ver la confusión que reinaba en el patio de ejecuciones. Los soldados del pelotón corrían, pisoteando los cadáveres de Tobías y Bernal, volteando las lámparas de petróleo: las explosiones granizadas se sucedían en todo el pueblo de Perales, acompañadas de gritos e incendios, de galopes y relinchos. Más villistas salieron al patio, poniéndose las guerreras, fajándose los pantalones. Las luces caídas dibujaban una línea dorada en cada perfil, en cada cinturón, en cada botonadura. Las manos se alargaron para tomar los fusiles y las cartucheras. La tranca del establo fue abierta con prisa y los caballos relinchantes salieron al patio, fueron montados por los jinetes y arrancaron por el portón abierto. Algunos rezagados corrieron detrás de la caballería y al fin el patio quedó desierto. Los cadáveres de Bernal y el yaqui. Dos lámparas de petróleo. La gritería se alejó; iba al encuentro del ataque enemigo. El prisionero soltó a Zagal. El coronel se mantuvo de rodillas, tosiendo, acariciándose el cuello estrangulado. La voz apenas pudo levantarse: —No se rindan. Aquí estoy yo.

Y la mañana, al fin, mostró su párpado azul sobre el desierto.

Cesó el estruendo inmediato. Por las calles corrían villistas al encuentro del sitio. Sus blusas blancas se tiñeron de azul. Ni un murmullo ascendió desde el patio. Zagal se puso de pie, desabotonándose la túnica grisácea, en ademán de ofrecer el pecho. El capitán se adelantó también, con la pistola en la mano.

—Vale lo ofrecido —le dijo con una voz seca al coronel.

—Vamos abajo —dijo Zagal y soltó los brazos.

En la oficina, Zagal tomó la Colt que tenía en una gaveta.

Caminaron, armados los dos, a través de los pasillos fríos hasta el patio. Calcularon la mitad del cuadrángulo. El coronel hizo a un lado, con el pie, la cabeza de Bernal. El capitán levantó las lámparas de petróleo.

Cada uno se colocó en una esquina. Avanzaron.

Zagal disparó primero y su bala hirió de nuevo al yaqui Tobías. El coronel se detuvo y una esperanza iluminó sus ojos negros: el otro avanzaba sin disparar. El acto se consumada como un gesto de honor. El coronel se aferró —un segundo, dos segundos, tres segundos— a la esperanza de que el otro respetaría su valentía, de que los dos se encontrarían a la mitad del patio sin un nuevo disparo.

Ambos se detuvieron a la mitad del patio.

La sonrisa volvió al rostro del coronel. El capitán atravesó la línea imaginaria. Zagal, riendo, hizo un gesto de amistad con la mano cuando dos tiros repetidos le atravesaron el estómago y el otro lo miró doblarse y caer a sus pies. Entonces soltó la pistola sobre el cráneo empapado de sudor del coronel y permaneció, sin moverse, de pie.

El viento del desierto le sacudió los mechones rizados de la frente, las rasgaduras de la túnica manchada de sudor, las tiras rotas de las polainas de cuero. La barba de cinco días se erizaba sobre las mejillas y los ojos verdes se perdían detrás de las pestañas polvosas y las lágrimas secas. De pie, héroe solitario sobre el campo cercado de los muertos. De pie, héroe sin testigos. De pie, rodeado de abandono, mientras la batalla se libraba fuera del pueblo, con ese latido de tambores.

Bajó la mirada. El brazo muerto del coronel Zagal se extendía hacia la cabeza muerta de Gonzalo. El yaqui estaba sentado, con el cuerpo contra el paredón; su espalda había dejado una firma rayada sobre la lona de la camilla. Se hincó junto al coronel y le cerró los ojos.

Se incorporó velozmente y respiró un aire en el que quiso encontrar, agradecer, dar nombre a su vida y a su libertad. Pero estaba solo. No tenía testigos. No tenía compañeros. Un grito sordo se le escapó de la garganta, apagado por la metralla pareja en la lejanía.

«Estoy libre; estoy libre.»

Juntó los puños sobre el estómago y el rostro se torció de dolor.

Levantó la mirada y vio, por fin, lo que debía ver un ajusticiado al alba: la lejana línea de montañas, el cielo ya blanquecino, los muros de adobe del patio. Escuchó lo que debía escuchar un ajusticiado al alba: los chirríos de los pájaros escondidos, un grito agudo de niño hambriento, ese martilleo extraño de algún trabajador del pueblo, ajeno al estruendo invariable, monótono, perdido, del cañoneo y la fusilata que continuaban a sus espaldas. Trabajo anónimo, más fuerte que el estruendo, seguro de que pasada la lucha, la muerte, la victoria, el sol volvería a salir, todos los días...

La muerte de Artemio Cruz

La post-revolución

FEDERICO ROBLES

—Pueden criticarnos mucho, Cienfuegos, y creer que el puñado de millonarios mexicanos —por lo menos la vieja guardia, que por entonces se formó— nos hemos hecho ricos con el sudor del pueblo. Pero cuando recuerda uno a México en aquellas épocas, se ven las cosas de manera distinta. Gavillas de bandoleros que no podían renunciar a la bola. Paralización de la vida económica del país. Generales con ejércitos privados. Desprestigio de México en el extranjero. Falta de confianza en la industria. Inseguridad en el campo. Ausencia de instituciones. Y a nosotros nos tocaba, al mismo tiempo, defender los postulados de la revolución y hacerlos trabajar en beneficio del progreso y el orden del país. No es tarea sencilla conciliar las dos cosas. Lo que sí es muy fácil es proclamar ideales revolucionarios: reparto de tierras, protección a los obreros, lo que usted guste. Ahí nos tocó entrarle al torito y darnos cuenta de la única verdad política, el compromiso. Aquello fue el momento de crisis de la revolución. El momento de decidirse a construir, incluso manchándonos las conciencias. De sacrificar algunos ideales para que algo tangible se lograra. Y procedimos a hacerlo bien y bonito. Teníamos derecho a todo, porque habíamos pasado por ésas. A éste lo había agarrado la Acordada, a aquél le habían violado a la madre, al otro robado las tierras. Y a todos, el porfirismo no nos abría caminos, nos había cerrado las puertas de la ambición. Ahora era la de armarnos, Cienfuegos, la nuestra, sí, pero siempre trabajando por el país, no gratuitamente como los del viejo régimen.

De pie junto a la ventana, Robles señaló la extensión anárquica de la ciudad de México. Cienfuegos prolongaba sus columnas de humo, silencioso.

—Mire para afuera. Ahí quedan todavía millones de analfabetos, de indios descalzos, de harapientos muertos de hambre, de ejidatarios con una miserable parcela de tierras de temporal, sin maquinaria, sin refacciones, de desocupados que huyen a los Estados Unidos. Pero también hay millones que pudieron ir a las escuelas que nosotros, la revolución, les construimos, millones para quienes se acabó la tienda de raya y se abrió la industria urbana, millones que en 1910 hubieran sido peones y ahora son obreros calificados, que hubieran sido criadas y ahora son mecanógrafas con buenos sueldos, millones que en treinta años han pasado del pueblo a la clase media, que tienen coches y usan pasta de dientes y pasan cinco días al año en Tecolutla o Acapulco. A esos millones nuestras industrias les han dado trabajo, nuestro comercio los ha arraigado. Hemos creado, por primera vez en la historia de México, una clase media estable, con pequeños intereses económicos y personales, que son la mejor garantía contra las revueltas y el bochinche. Gentes que no quieren perder la chamba, el cochecito, el ajuar en abonos, por nada del mundo. Esas gentes son la única obra concreta de la revolución, y ésa fue nuestra obra, Cienfuegos. Sentamos las bases del capitalismo mexicano. Las sentó Calles. Él acabó con los generales, construyó las carreteras y las presas, organizó las finanzas. ¿Que en cada carretera nos llevamos un pico? ¿Que los comisarios ejidales se clavaron la mitad de lo destinado a refacciones? ¿Y qué? ¿Hubiera usted preferido que para evitar esos males no se hubiera hecho nada? ¿Hubiera usted preferido el ideal de una honradez angelical? Le repito: nosotros habíamos pasado por ésas, y teníamos derecho a todo. Porque nos habíamos criado en jacales teníamos —así, sin cortapisas— derecho a una casota con techos altos y fachadas labradas y jardines y un Rolls a la puerta. Lo demás es no entender qué cosa es una revolución. Las revoluciones las hacen hombres de carne y hueso, no santos, y todas terminan por crear una nueva casta privilegiada. Yo le aseguro que si no hubiera sabido aprovechar las circunstancias y todavía estuviera labrando la tierra en Michoacán, igual que mi padre, no me quejaría. Pero el hecho es que aquí estoy, y le soy más útil a México como hombre de empresa que como campesino. Y si no yo, otros habrían surgido para exigir esas prebendas, ocupar el lugar que yo ocupo, hacer lo que yo hago. Nosotros también éramos del pueblo, y en nuestras casas y nuestros jardines y nuestros automóviles, triunfaba en cierta manera el pueblo. Además, éste es un país que se duerme muy pronto, pero que también se despierta muy de repente: ¿quién nos iba a decir, en aquellos días, qué cosa iba a pasar mañana? Había que asegurarse. Y para obtener todo eso, nos la jugábamos. Nada de esa politiquita fácil de ahora. Entonces se necesitaban, en primer lugar, güevos, en segundo lugar, güevos y en tercer lugar, güevos. Para hacer negocios, había que estar metido hasta el cogote en la circunstancia política y ser muy bragados. Entonces no había empresas de participación norteamericana que protegieran contra cualquier eventualidad. Entonces nos la jugábamos cada día. Y así inventamos el poder, Cienfuegos, el verdadero poder mexicano, que no consiste en el despliegue de la fuerza. Ya ve usted qué falsa ha resultado esa imagen del mexicano sometido por la tiranía. No hace falta. Lo demuestra el hecho de que llevemos treinta años sin actos proditorios. Hacía falta otra cosa: treparse en el cogote al país, jorobar a los demás, no dejarse, ser los grandes chingones. Entonces, lejos de revueltas, hay admiración. Nada es más admirado en México que el gran chingón.

Robles dejó caer el brazo. En la exaltación, su color era pizarra; volvía a ser su piel la piel del indio, tan cuidadosamente disfrazada por el casimir, los tonos de la camisa y la corbata, los toques de loción en el pañuelo.

—Nosotros tenemos todos los secretos. Sabemos lo que necesita el país, conocemos sus problemas. No hay más remedio que tolerarnos, o caer de vuelta en la anarquía. Pero eso lo impediría la clase media.

Ixca Cienfuegos apagó con movimientos lentos el cigarrillo y se dirigió a la ventana, encandilada por el sol de las tres de la tarde.

—Usted es muy mañoso, Cienfuegos, y nomás oye. No se crea que confío en usted ni que le hablo nomás por el gusto de escuchar mi propia voz. Usted sabe más de lo que enseña y de repente me quiere pegar un susto. Para eso le cuento estas cosas, para que sepa usted qué terreno pisa —nomás.

Cienfuegos no ocultó una franca y simpática sonrisa que, a pesar suyo, reblandeció las duras facciones de Federico Robles. Los ojos de Cienfuegos, sonrientes, absorbieron todo el físico, tenso y fláccido a la vez, del banquero y, en silencio, sus labios fueron repitiendo las palabras de otra entrevista, las palabras de otro hombre que inventó el poder mexicano, de otro gran chingón: «... México tiene ahora una clase media. La clase media es el elemento activo de la sociedad. Aquí y en todas partes. Los ricos se preocupan demasiado por sus riquezas y sus dignidades para ser útiles al bienestar general. Por otra parte, la clase menesterosa es, por regla general, demasiado ignorante para desarrollar poder. La democracia dependerá, para su desarrollo, de los esfuerzos de la clase media activa, trabajadora, amante del adelanto.»

Sin dejar de sonreír, Ixca pensó que esas anchas aletas nasales, esos ojos de saurio, ese cutis cuidadosamente blanqueado, de Robles, se asemejan a los de Porfirio Díaz. El banquero chupó por última vez su puro lánguido:

—Cuál no será la verdad de lo que le digo, Cienfuegos, cuál no será el instinto cabal del país, que hasta los gobiernos más izquierdistas han forzado la marcha hacia esa estabilidad burguesa. El capitalismo mexicano le debe gratitud a dos hombres: Calles y Cárdenas. El primero puso las bases. El segundo las desarrolló en vivo, creando la posibilidad de un amplio mercado interno. Aumentó los salarios, dio toda clase de garantías a la clase obrera, haciendo que se sintiera protegida y sin necesidad de armar borlotes, instaló definitivamente la política de gasto gubernamental en las obras públicas, aumentó los créditos, repartió las tierras y, en todos los ámbitos, logró desatar una vasta circulación de riqueza estancada. Éstos son los hechos vivos y permanentes. Su perniciosa demagogia me parece secundaria. Si Cárdenas no le imprime un carácter oficial al obrerismo, los gobiernos posteriores no hubieran podido trabajar en paz e incrementar de tal manera la producción nacional. Y, por sobre todas las cosas, con su política acabó Cárdenas con el feudalismo mexicano. Después de él, México podrá ser lo que se quiera, menos un país latifundista regido por una inútil plutocracia agraria. Plutocracia la puede haber, pero gracias a que crea mercados, abre fuentes de trabajo, impulsa a México. La Revolución Mexicana ha sido sabia: entendió temprano que, para que una revolución sea efectiva, la militancia ha de ser breve y la fortuna larga. Y no dejó un solo acto de importancia al arbitrio sin formas. Todos sus actos han sido meditados. El hombre necesario ha llegado en cada ocasión a la Presidencia. ¿Se imagina usted a este pobre país en manos de Vasconcelos, de Almazán o del general Henríquez? Ahí sí, para hablar sin ambages, que nos hubiera llevado la puritita... Los cuadros técnicos y administrativos de México están hechos, y no pueden ser sustituidos por advenedizos. Ya aquí se acabó el cuento.

Federico Robles se abotonó, llenando el pecho de aire, su saco cruzado. Ixca sospechó que su gordura era ficticia: una necesidad impuesta por la mímesis política.

—Mi esposa nos espera con un jaibolito —dijo Robles, y corrió las cortinas de gasa de la oficina.

La región más transparente

La ciudad

MI NOMBRE ES IXCA CIENFUEGOS

Mi nombre es Ixca Cienfuegos. Nací y vivo en México, D.F. Esto no es grave. En México no hay tragedia: todo se vuelve afrenta. Afrenta, esta sangre que me punza como filo de maguey. Afrenta, mi parálisis desenfrenada que todas las auroras tiñe de coágulos. Y mi eterno salto mortal hacia mañana. Juego, acción, fe —día a día, no sólo el día del premio o del castigo: veo mis poros oscuros y sé que me lo vedaron abajo, abajo, en el fondo del lecho del valle. Duende de Anáhuac que no machaca uvas —corazones; que no bebe licor, bálsamo de tierra —su vino, gelatina de osamentas; que no persigue la piel alegre: se caza a sí mismo en una licuación negra de piedras torturadas y ojos de jade opaco. De hinojos, coronado de nopales, flagelado por su propia (por nuestra) mano. Su danza (nuestro baile) suspendida de un asta de plumas, o de la defensa de un camión; muerto en la guerra florida, en la riña de cantina, a la hora de la verdad: la única hora puntual. Poeta sin conmiseración, artista del tormento, lépero cortés, ladino ingenuo, mi plegaria desarticulada se pierde, albur, relajo. Dañarme, a mí siempre más que a los otros: ¡oh derrota mía, mi derrota, que a nadie sabría comunicar, que me coloca de cara frente a los dioses que no me dispensaron su piedad, que me exigieron apurarla hasta el fin para saber de mí y de mis semejantes! ¡Oh faz de mi derrota, faz inaguantable de oro sangrante y tierra seca, faz de música rajada y colores turbios! Guerrero en el vacío, visto la coraza de la bravuconada; pero mis sienes sollozan, y no cejan en la búsqueda de lo suave: la patria, el clítoris, el azúcar de los esqueletos, el cántico frisado, mímesis de la bestia enjaulada. Vida de espaldas, por miedo a darlas; cuerpo fracturado, de trozos centrífugos, gimientes de enajenación, ciego a las invasiones. Vocación de libertad que se escapa en la red de encrucijadas sin vértebra. Y con sus restos mojamos los pinceles y nos sentamos a la vera del camino para jugar con los colores... Al nacer, muerto, quemaste tus naves para que otros fabricaran la epopeya con tu carroña; al morir, vivo, desterraste una palabra, la que nos hubiera ligado las lenguas en las semejanzas. Te detuviste en el último sol; después, la victoria azorada inundó tu cuerpo hueco, inmóvil, de materia, de títulos, de decorados. Escucho ecos de atabales sobre el ruido de motores y sinfonolas, entre el sedimento de los reptiles alhajados. Las serpientes, los animales con historia, dormitan en tus urnas. En tus ojos, brilla la jauría de soles del trópico alto. En tu cuerpo, un cerco de púas. ¡No te rajes, manito! Saca tus pencas, afila tus cuchillos, niégate, no hables, no compadezcas, no mires. Deja que toda tu nostalgia emigre, todos tus cabos sueltos; comienza, todos los días, en el parto. Y recobra la llama en el momento del rasgueo contenido, imperceptible, en el momento del organillo callejero, cuando parecía que todas tus memorias se hicieran más claras, se ciñeran. Recóbrala solo. Tus héroes no regresarán a ayudarte. Has venido a dar conmigo, sin saberlo, a esta meseta de joyas fúnebres. Aquí vivimos, en las calles se cruzan nuestros olores, de sudor y páchuli, de ladrillo nuevo y gas subterráneo, nuestras carnes ociosas y tensas, jamás nuestras miradas. Jamás nos hemos hincado juntos, tú y yo, a recibir la misma hostia; desgarrados juntos, creados juntos, sólo morimos para nosotros, aislados. Aquí caímos. Qué le vamos a hacer. Aguantarnos, mano. A ver si algún día mis dedos tocan los tuyos. Ven, déjate caer conmigo en la cicatriz lunar de nuestra ciudad, ciudad puñado de alcantarillas, ciudad cristal de vahos y escarcha mineral, ciudad presencia de todos nuestros olvidos, ciudad de acantilados carnívoros, ciudad dolor inmóvil, ciudad de la brevedad inmensa, ciudad del sol detenido, ciudad de calcinaciones largas, ciudad a fuego lento, ciudad con el agua al cuello, ciudad de letargo pícaro, ciudad de los nervios negros, ciudad de los tres ombligos, ciudad de la risa gualda, ciudad del hedor torcido, ciudad rígida entre el aire y los gusanos, ciudad vieja en las luces, vieja ciudad en su cuna de aves agoreras, ciudad nueva junto al polvo esculpido, ciudad a la vera del cielo gigante, ciudad de barnices oscuros y pedrería, ciudad bajo el lodo esplendente, ciudad de visera y cuerdas, ciudad de la derrota violada (la que no pudimos amamantar a la luz, la derrota secreta), ciudad del tianguis sumiso, carne de tinaja, ciudad reflexión de la furia, ciudad del fracaso ansiado, ciudad en tempestad de cúpulas, ciudad abrevadero de las fauces rígidas del hermano empapado de sed y costras, ciudad tejida en la amnesia, resurrección de infancias, encarnación de pluma, ciudad perra, ciudad famélica, suntuosa villa, ciudad lepra y cólera hundida, ciudad. Tuna incandescente. Águila sin alas. Serpiente de estrellas. Aquí nos tocó. Qué le vamos a hacer. En la región más transparente del aire.

La región más transparente

La provincia

VIEJA MORALIDAD

—¡Zopilotes negros! ¡Cuervos devoradores! ¡Fuera de mi vista! ¿Quieren que las plantas se sequen? ¡Tomen el otro camino, el que da la vuelta por la casa de doña Casilda, que al fin esa vieja beata se hincará cuando pasen! ¡Respeten la casa de un republicano juarista! ¿Cuándo me han visto entrar a su templo de tinieblas, buitres? ¡No les he pedido ninguna visita! ¡Fuera, fuera!

Mi abuelo agita su bastón, apoyado contra la barda del huerto. Seguro que nació con ese bastón. Creo que hasta en la cama duerme con él para no perderlo. El puño del bastón es igualito al abuelo, nada más que el puño es un león melenudo con los ojos muy estirados, como si estuviera viendo muchas cosas al mismo tiempo y el abuelo, pues, sí, también es un viejo melenudo con unos ojos amarillos que se le estiran hasta las orejas cuando ve venir la fila de curas y seminaristas que tienen que pasar al lado del huerto para ir más rápido a la iglesia. El seminario está un poco fuera de Morelia y mi abuelo jura que lo construyeron sobre el camino de nuestro rancho sólo para fastidiarlo. No es la palabra que él usa. Las tías dicen que las palabras que usa el abuelo son muy inmorales y que yo no debo repetirlas. Lo raro es que los curas siempre han de pasar por aquí, como si les gustara oír lo que grita, en vez de tomar el rodeo por el rancho de doña Casilda. Una vez lo hicieron, y ella se hincó para que le echaran la bendición y luego les convidó su chocolatito. No sé por qué prefieren pasar por aquí.

—¡Un día de éstos me los fastidio, curas de miércoles! ¡Un día les echo los perros encima!

La verdad es que los perros del abuelo ladran mucho dentro del rancho, pero en cuanto pasan la barda son bien mansitos. Cuando los curas bajan la loma en fila y empiezan a persignarse, los tres pastores ladran y aúllan como si se anduviera acercando el demonio. Les ha de extrañar que tantos hombres vengan vestidos con faldas y tan bien rasurados, ellos que ya se acostumbraron a las barbotas del abuelo, que nunca se las peina y a veces se me hace que hasta se las revuelve más, sobre todo cuando las tías nos visitan. La cosa es que los perros se vuelven mansitos al salir al camino y les lamen los zapatos y las manos a los curas y entonces los curas miran de lado y con una sonrisita a mi abuelo, que golpea la barda con su bastón, lleno de coraje, y se le traban las palabras. Aunque la verdad no sé si lo que están mirando los curas es otra cosa. Porque el abuelo siempre espera el paso de los señores con faldas bien abrazado a la cintura de la Micaela, y la Micaela, que es mucho más joven que él, se aprieta contra el abuelo y se desabotona la blusa y se ríe mientras come un plátano dominico y luego otro y luego otro más y los ojos le brillan igual que los dientes cuando pasan los curas.

—¿No les da muina mi hembra, sanguijuelas? —grita el abuelo y aprieta más a la Micaela—. ¿Quieren que les cuente dónde está el reino eterno?

Lanza una carcajada y le levanta las faldas a la Micaela y los curas se ponen a trotar como conejitos asustados, de esos que a veces bajan de los bosques cerca del huerto y esperan a que yo les aviente zanahorias. El abuelo y la Micaela se ríen mucho y yo me río igual que ellos y tomo la mano de mi abuelo que llora de risa y digo:

—Mira, mira, saltan como conejitos. Ahora sí los asustaste. Puede que ya no vuelvan más.

El abuelo aprieta mi mano con la suya llena de nervios azules y callos amarillos, como los troncos de madera guardados en la covacha al fondo del huerto. Los perros regresan a la casa y empiezan a ladrar otra vez. Y la Micaela se abotona la blusa y le acaricia la barba al abuelo.

Pero casi siempre las cosas son más tranquilas. Aquí todos trabajamos a gusto, las tías dicen que es una inmoralidad que un muchacho de trece años trabaje en vez de ir a la escuela, pero yo no entiendo qué quieren decir. A mí me gusta levantarme temprano y correr a la recámara grande, donde la Micaela se está haciendo las trenzas mientras se mira al espejo, con las horquillas en la boca, y el abuelo todavía gruñe en la cama; seguro, si se acuesta con las lechuzas y no duerme más de cuatro horas, jugando al conquián con sus amigos hasta las dos de la mañana. Por eso a las seis, cuando yo entro a la recámara toda retacada de muebles, de mecedoras con almohaditas para la cabeza, de roperos enormes con espejos en los que uno se ve enterito, me trepo a la cama riendo. El abuelo se hace el dormido un rato y cree que yo no me doy cuenta. Yo le sigo el juego y de repente él lanza un gruñido de león que hasta el cristal del candelero tiembla y yo me hago el asustado y me escondo entre esas sábanas llenas de olores que no se dan en ninguna otra parte. Sí, a veces la Micaela dice: «Tú no eres un niño, eres un perro igual que ésos, que de seguro no ven nada pero nomás se dejan llevar por lo que huelen.» Lo ha de decir en serio porque de veras que entro a la cocina con los ojos cerrados y me voy derecho al jocoque, a los tarros de miel, a las quesadillas de flor, a las bateas de nata y a los mangos en dulce que la Micaela está preparando. Y sin abrir los ojos meto los dedos en la cazuela y acerco los labios al chiquihuite donde ella va amontonando las tortillas calientes. «Hombre, abuelo —le dije un día—, si me diera la gana iría a todos lados oliendo nomás, sin perderme, te lo juro.» Afuera es fácil. No acaba de salir el sol y los hombres ya están en el aserradero y es el olor de ocote fresco lo que me lleva hasta allá, al cobertizo donde los trabajadores colocan en montones los troncos y las ramas y luego van sacando las tablas del grueso y del ancho que quieren con los serruchos. Todos me saludan y me piden: «Alberto, danos una mano», porque saben que eso me enorgullece mucho y saben que yo sé que ellos saben. Hay montañas de aserrín por todas partes y un olor como si el verdadero bosque estuviera aquí, pues la madera no huele igual ni antes ni después, ni cuando es árbol ni cuando es mueble o puerta o viga en las casas. Una vez hablaron mal del abuelo en el periódico de Morelia, lo llamaron «rapamontes» y el abuelo bajó a Morelia armado con su bastón y le rajó el coco al periodista y después tuvo que pagar daños y perjuicios: así dijo el mismo periódico. El abuelo es un tipo vaciado, ni hablar. Pero quién lo viera tan encabronado con los curas y los periodistas y luego tan mansito en el invernadero que está detrás de la casa. No, no tiene plantas allí, sino pájaros. Sí, es un gran coleccionista de pájaros y yo creo que me quiere tanto porque le heredé el gusto y me paso la tarde observándolos y llevándoles alpiste y agua y al fin poniéndoles sus fundas encima cuando se duermen al meterse el sol.

Esto de los pájaros es cosa seria y el abuelo dice que hay que estudiar mucho para cuidarlos bien. Y tiene razón. Éstos no son unos gorriones cualquiera. Me he pasado horas leyendo las tarjetas que hay en cada jaula para explicar de dónde vienen y por qué son tan raros. Hay dos faisanes: el macho tiene todo el plumaje y también es el más vanidoso, mientras que la hembra es toda escurrida y sin colores. Y la cacatúa amazónica, muy blanca con sus ojeras azules y pálidas, como si estuviera desvelada. Y el pájaro australiano, que es rojo, verde, morado y amarillo. Y el pájaro en llamas, negro y naranja. Y la viuda real con su larga cola de cuatro puntas que le sale una vez al año, cuando busca marido, y luego la pierde. Y el faisán plateado de China, color de espejo, con la cara roja. Y sobre todo las urracas que se van sobre lo que brilla y lo esconden muy bien. Ya sé que me gusta entretenerme todas las tardes mirando a los pájaros más bonitos, pero luego llega el abuelo y me dice:

—Todos los pájaros saben quiénes son los demás, quiénes son sus amigos y cómo ocuparse jugando. Eso es todo.

Después cenamos los tres en la mesa larga y medio amolada que según el viejo es lo único clerical que acepta en su casa, pues viene de un convento.

—Y no me duele —dice mientras la Micaela nos sirve unos chiles rellenos de frijol y queso derretido— que una mesa de refectorio haya venido a dar a la casa de un liberal. El señor Juárez convirtió las iglesias en bibliotecas y la mejor prueba de que este pobre país va de mal en peor es que ahora han sacado los libros para meter otra vez las pilas de agua bendita. Ojalá que las mochas de tus tías por lo menos se laven las lagañas cada vez que van a misa.

—Pues se han de lavar rete seguido —ríe la Micaela cuando le pasa la jarra de pulque al abuelo— porque esas beatas no salen nunca de la sacristía. Huelen a puro trapo viejo y orinado.

El abuelo le abraza la cintura y todos reímos mucho y yo dibujo en mi cuaderno a las tres tías hermanas de mi difunta madre, como si fueran los pájaros más narigudos y metiches de la colección. Entonces todos volvemos a carcajearnos hasta que nos duelen las costillas y se nos salen las lágrimas y la cara del abuelo parece un jitomate y luego llegan los amigos a jugar al conquián y yo subo a dormir y al día siguiente entro temprano a la recámara donde duermen el abuelo y la Micaela y vuelven a pasar un poco las mismas cosas y todos contentos.

Pero hoy, desde el aserradero, oigo a los perros ladrar y me imagino que ahí van de paso los curas y no quiero perderme las palabrotas del abuelo, que son como chirimoyas aplastadas, pero se me hace raro que los curas pasen tan temprano y luego oigo el claxon y ya sé que han llegado las tías, a las que no veo desde la Navidad, cuando por fuerza me llevaron a Morelia y me aburrí como un ostión solitario mientras una de ellas tocaba el piano y otra cantaba y la de más allá le daba copitas de rompope al obispo. Decido hacerme el disimulado pero al rato me da curiosidad ver ese automóvil del año de la cachimba y salgo como quien no quiere la cosa, chiflando y pateando la viruta y los alcornoques. Todos han entrado. Pero frente a la reja está esa maquinota con un toldo lleno de flecos y asientos de terciopelo con cojines bordados a mano. INRI, SJ, ACJM. Averiguaré con el abuelo qué quieren decir esas letras bordadas. Luego. Ahora seguro que el viejo se las está refrescando a su gusto y para no apenarlo entro de puntitas a la casa y me escondo entre las macetotas y las plantas desde donde puedo verlos a todos sin que ellos me vean a mí.

El abuelo está de pie, apoyado con las dos manos sobre el puño del bastón y con un puro entre los dientes y echa humo como el expreso a Ciudad Juárez. La Micaela está con los brazos cruzados, riéndose, en la puerta de la cocina. Las tías están sentadas muy tiesas sobre el mismo sofá de mimbre. Las tres usan sus sombreros negros y sus guantes blancos y se sientan con las rodillas muy juntas. Dicen que dos son casadas y la de en medio soltera, pero no hay cómo averiguarlo, porque la tía Milagros Tejeda de Ruiz sólo es distinta en que un párpado se le frunce todo el tiempo como si tuviera una ceniza en el ojo y la tía Angustias Tejeda de Otero sólo es ella misma porque parece que usa una peluca que a cada rato se le ladea y la tía Benedicta Tejeda, la señorita, sólo se ve un poco más joven y a todas horas se pasa un pañuelo de encajes negros por la punta de la nariz. Pero fuera de eso, las tres son muy delgadas, muy blancas —casi amarillas—, con narices muy afiladas y se visten igual: con trajes de luto toda la vida.

—¡La madre era una Tejeda, pero el padre era un Santana, como yo, y eso me da todos los derechos a mí! —grita el abuelo y arroja humo por la nariz.

—Lo decente le viene de lo Tejeda, don Agustín —dice doña Milagros con ese ojo de farolito—. No lo olvide usted.

—¡Lo decente le viene de mis tompiates! —vuelve a gritar el abuelo y se sirve un vaso de cerveza y les gruñe a las tías que se han tapado los oídos al mismo tiempo—. Para qué les voy a explicar nada a ustedes, cacatúas. La saliva me sirve para cosas mejores.

—Mujeres —chilla doña Angustias al arreglarse la peluca—. Esa prostituta con la que usted vive amancebado. —Alcohol —murmura la señorita Benedicta con la mirada baja—. No nos sorprendería que el niño haya aprendido a emborracharse. —Explotación —grita doña Milagros, rascándose los cachetes—. Lo hace usted trabajar como un peón de raya. —Ignorancia —guiña sus ojitos doña Angustias—. Nunca ha puesto pie en una escuela cristiana. —Pecado —la señorita Benedicta une las manos—. Ya cumplió los trece y aún no recibe la hostia y jamás va a misa. —Irreverencia —doña Milagros alarga un dedo señalando al abuelo—. Irreverencia hacia la Santa Madre Iglesia y sus ministros a los que usted agrede soezmente todos los días. —¡Blasfemo! —la señorita Benedicta se seca los ojos con el pañuelo negro—. ¡Hereje! —doña Angustias agita la cabeza y la peluca le cae sobre las cejas—. ¡Amancebado! —doña Milagros ya no puede con la temblorina del párpado.

—¡Adiós mamá Carlota! —canta la Micaela y espolvorea su trapo de cocina.

—¡Adiós el mocho y el traidor! —truena el abuelo con el bastón en alto: las tías se toman de las manos y cierran los ojos—. Para visita familiar, ya duró mucho. Regresen a su carcacha y a sus rosarios y a sus inciensos y díganles a sus maridos que no se escondan detrás de las faldas, porque Agustín Santana de seráfico sólo tiene el apellido y aquí los espera para cuando de veras quieran llevarse al muchacho. Buenos días les dé Dios, señoras, porque sólo su misericordia puede hacer ese milagro. ¡Arre!

Pero si el abuelo levanta el bastón, doña Angustias muestra un papelote: —No nos espanta usted. Lea bien esta disposición del juzgado de menores. Es un acta civil, don Agustín. El muchacho no puede vivir más en este ambiente de inmoralidad descarada. Vendrán esta tarde dos gendarmes y lo llevarán a casa de nuestra hermana Benedicta, para cuya soltería será un goce criar a Alberto como un caballerito decente y cristiano. Vámonos, hermanitas.

La casa de la tía Benedicta está en el centro de Morelia y desde los balcones se ve una placita con bancas de fierro y muchas flores amarillas. Al lado hay una iglesia y la casa es vieja, igual a todas las casas grandes de la ciudad. Hay un zaguán y un patio y los criados viven abajo y allí está también la cocina, donde dos mujeres abanican todo el día las estufas de carbón. Arriba están las salas y los cuartos, que dan todos sobre el patio pelón. Ni hablar: la tía Milagros dijo que había que quemar toda mi ropa vieja (mis overoles, mis botas, mis sudaderas) y vestirme como ando ahora todo el tiempo, con un traje azul y una camisa blanca y tiesas de marica. Me han puesto a un viejo medio menso de profesor para que me enseñe a hablar gabacho antes de que empiecen las clases después de las vacaciones y se me está haciendo un hocico de marrano de tanto pronunciar la «u» como quiere el maestro. Seguro, tengo que ir todas las mañanas con la tía Benedicta a la iglesia y sentarme en las bancas duras, pero por lo menos eso es distinto y hasta me divierte. La tía y yo comemos solos casi todo el tiempo, aunque a veces vienen las otras tías con sus maridos, que me acarician el copete y dicen «pobrecito». Y luego me paseo solo por el patio o me meto a la recámara que me han dado. La cama es enorme y tiene un mosquitero. Hay una cruz en la cabecera y un bañito al lado. Y me aburro tanto que espero con ansias las horas de comer, que son las menos latosas, y desde media hora antes de la comida empiezo a rondar la puerta del comedor, visito a las dos mujeres que abanican los braseros, averiguo qué preparan y vuelvo a montar guardia junto a la puerta, hasta que una de las criadas entra a poner los platos y los cubiertos en los dos lugares y luego la tía Benedicta sale de su cuarto, me toma de la mano y entramos al comedor.

Dicen que la tía Benedicta no se ha casado porque es muy exigente y ningún hombre le cuadra; y que es muy vieja, que ya tiene treinta y cuatro años. Mientras comemos, la miro para averiguar si se le nota que es veinte años más vieja que yo y ella sigue sorbiendo la sopa sin mirarme ni hablarme. Nunca me habla, pero como además nos sentamos tan lejos en la mesa, ni a gritos nos entenderíamos. Trato de compararla con la Micaela, que es la única mujer con la que he vivido antes, pues mi madre murió cuando yo nací y mi padre cuatro años después y desde entonces vivo con el abuelo y la arrejuntada, como le dicen las tías.

Lo que pasa con la señorita Benedicta es que de plano nunca se ríe. Y sólo habla para decir cosas que ya sé o darme órdenes cuando yo ya me adelanté y estoy haciendo las cosas que ella quiere sin necesidad de que me las diga. Abusado. No sé si las comidas son o se me hacen largas pero trato de entretenerme de varias maneras. Una es ponerle la careta de la Micaela a la tía y esto es muy chistoso, porque me imagino las carcajadas y la cabeza echada para atrás y los ojos que siempre están preguntando si la cosa va en serio o es guasa —así es Micaela— saliendo de ese cuello bien abotonado y del vestido negro. Otra es hablarle en mi idioma de mi invención para pedirle que me pase el café:

—Óyeye titía, semapapa el feca.

La tía suspira y no ha de ser tan mensa, porque hace lo que le pido y sólo me da una clase de educación:

—Se dice *por favor*, Alberto.

Pero como iba explicando, en lo demás me la traigo corta, porque cuando llega muy seria a tocar en mi puerta para regañarme porque todavía no me levanto, yo le contesto desde el patio, muy bañado y muy catrín y entonces ella se esconde el coraje y me dice, todavía más seria, que es hora de ir a la iglesia y yo sonrío y le muestro el misal y ella ya no sabe qué decir.

Por fin me pescó un día, como al mes de vivir con ella, y todo por el cura chismoso. Me están preparando para la primera comunión y todos los niños que toman el catecismo se ríen de que un grandulón no sepa ni jota de que quién es el espíritu santo. Además, se ríen nomás porque soy el grandulón. Ayer me tocó al fin la platicada a solas con el cura para prepararme para la confesión. Habló mucho del pecado y de que yo no tenía la culpa de no saber nada de la religión y de haber crecido en un ambiente muy inmoral. Me pidió que no tuviera pena y le contara todo porque nunca había tenido que preparar a un muchacho tan lleno de pecados como yo, para quien la perversidad era cosa de todos los días y ya ni siquiera podía distinguir entre el bien y el mal. Yo nomás me exprimía el coco pensando en cuáles serían mis pecados tan feos y como los dos estábamos ahí, en la iglesia vacía, mirándonos las caras sin saber qué decir, me puse a recordar las películas que he visto y empecé a echar de mi ronco pecho: que si asalté un rancho y me llevé todo el dinero y además las gallinas, que si agarré a chicotazos a un pobre viejo ciego, que si le metí un puñal por la espalda a un policía, que si encueré a la fuerza a una muchacha y luego le mordía la cara. El cura levantó los brazos y se persignó y dijo que todas las cosas que sabía del abuelo eran pocas y salió corriendo como si yo fuera la piel de Judas que dicen.

Ahora sí la tía entró hecha una furia a mi recámara antes de que yo despertara. Hasta creí que la casa se estaba quemando. Abrió de par en par las puertas y gritó mi nombre. Yo me desperté y la vi ahí con los brazos abiertos. Luego vino a sentarse en la cama junto a mí y me dijo que me había burlado del señor cura y que lo peor no era eso. Había dicho todas esas mentiras para esconder mis verdaderos pecados. Yo nomás la miraba como si estuviera medio desnivelada de la azotea.

—¿Por qué no admites la verdad? —dijo y me tomó la mano.

—¿Qué cosa, tía? Palabra que no entiendo.

Entonces ella me acarició la cabeza y me apretó la mano:

—Que has visto a tu abuelo y a esa mujer en actitudes inconvenientes.

Seguro que mi cara de bobo no la convenció, pero juro que no entendí qué quiso decir y menos cuando siguió hablando con la voz medio atragantada, entre que lloraba y gritaba:

—Juntos. En pecado. Haciendo el amor. En la cama.

Así sí.

—Pues claro. Duermen juntos. El abuelo dice que un hombre nunca debe dormir solo o se seca, y una mujer lo mismo.

La tía me tapó la boca con los dedos. Nada más que se quedó así mucho tiempo y yo ya me andaba sofocando. Me miró rarísimo y luego se levantó y se fue muy despacio, sin decir nada, y yo me volví a dormir pero ella no regresó a levantarme para que fuéramos a misa. Me dejó en paz y yo me quedé acostado toda la mañana hasta la hora de la comida, mirando al techo sin pensar nada.

Hay muchas lagartijas en el patio. Ya sé que cuando uno las mira se ponen del color de la piedra o del árbol para disfrazarse. Pero yo les conozco el truco y no se me escapan. Hoy he pasado una hora siguiéndolas, riéndome de ellas porque creen que no sé fijarme en sus ojos negros como alfileres pintados. Todo el chiste es no perder de vista los ojos, porque eso no lo pueden disfrazar y como los abren y los cierran todo el tiempo, es como una señal que se apaga y se enciende en el cruce de vías y así sigo a una y luego a otra y cuando quiero —como ahora— les echo mano y las siento palpitar en mi puño, todas lisas por abajo y arrugadas por arriba y pequeñas pero con su propia vida, igual que uno. Si supieran que no les voy a hacer daño, no les latiría tanto el buche, pero así son las cosas. Ni modo que entiendan. Lo que a ellas les da miedo a mí me da gusto. La tengo bien capturada en la mano y la tía me está mirando desde el corredor de arriba, sin entender qué cosa hago. Subo corriendo las escaleras y llego hasta ella sin aire. Me pregunta qué andaba haciendo. Me pongo muy serio para que no se las huela. Ella se está abanicando en la sombra, pues hace mucho calor. Le acerco el puño cerrado y ella trata de sonreír; se ve que le cuesta. Abre la mano para tomar la mía y yo le pongo la lagartija sobre la palma y le obligo a doblar los dedos. Y ella no grita ni se asusta, como creí. No empieza a regañarme ni tira la lagartija. Sólo cierra más el puño y también los ojos y parece que quiere hablar y no puede y le tiembla la nariz y me mira como nadie me ha mirado nunca, como si quisiera llorar y le diera gusto. Y yo le digo que la pobre lagartija se va a sofocar y la señorita Benedicta se agacha hasta el piso y no quiere soltarla y al fin separa los dedos y la deja irse corriendo por las baldosas y luego treparse por la pared y desaparecer. Y entonces le cambia la cara a mi tía y se le tuerce la boca y veo que está enojada pero sin estarlo de veras. Yo sonrío con la cabeza metida en los hombros y me hago el disimulado y salgo corriendo de regreso al patio.

Me paso la tarde metido en el cuarto sin hacer nada. Me siento cansado y como con sueño pues se me está viniendo encima un catarrazo. Ha de ser la falta de sol y de aire libre en esta casa oscura. Empieza a darme muina todo. Empieza a hacerme falta el aserradero, igual que los dulces de la Micaela, los pájaros del abuelo, el relajo cuando pasan los curas y las risas a la hora de la cena y la entrada a la recámara todas las mañanas. Se me figura que hasta ahora la vida aquí en Morelia ha sido como una vacación pero llevo más de un mes metido aquí y ya me cansé.

Salgo del cuarto para cenar un poco tarde y la tía ya está sentada en la cabecera con su pañuelo negro en la mano y yo tomo mi lugar pero ella no me regaña por llegar tarde —y eso que lo hice a propósito—. Al contrario. Parece que tiene ganas de sonreír y ser amable. Nomás que yo tengo ganas de hacer un coraje y regresar al rancho.

—Te tengo una sorpresa.

Me ofrece un plato cubierto por otro y yo lo destapo. Son puras natas.

—La cocinera me dijo que te gustaban mucho.

—Gracias, tía —le digo muy serio.

Comemos en silencio y por fin a la hora del café con leche le digo que ya me aburrí de vivir en Morelia y que ojalá me dejara regresar con el abuelo, que es donde vivo a gusto.

—Ingrato —dice la tía y se seca los labios con su pañuelo. Yo no le contesto. Ella repite—: Ingrato.

Y ahora sí se levanta y viene hacia mí repitiendo eso y me toma la mano y yo sigo sentado muy serio y ella me pega con esa mano larga y huesuda en la cara y yo me aguanto las lágrimas y me vuelve a pegar y de repente se detiene y me toca la frente y abre los ojos y dice que tengo fiebre.

Ha de ser una fiebre de las feas, porque se me van las fuerzas y siento las rodillas guangas. La tía me lleva a la recámara y dice que debo desvestirme mientras ella busca al doctor. Pero en realidad se voltea mientras yo me quito el traje azul y la camisa blanca y los calzoncillos y me meto a la cama tiritando.

—¿No usas piyama?

—No, tía; siempre duermo en pura camiseta.

—¡Tienes fiebre!

Sale del cuarto con esos gestos de loca y yo me quedo temblando y trato de dormirme y digo que la fiebre es fea por decir algo; la verdad es que me duermo muy pronto y todos los pájaros del abuelo salen volando juntos, armando un jaleo padre pues al fin son libres: el cielo azul se llena de relámpagos naranja, rojo, verde, pero todo eso dura muy poco; los pájaros se asustan y como que quieren regresar a las jaulas; ahora hay relámpagos de verdad y los pájaros se quedan fríos y tiesos en la noche, sin poder volar más, y se van volviendo negros, pierden sus plumajes, dejan de cantar y cuando pasa la tormenta y amanece, resulta que son la fila de seminaristas con sus sotanas que van rumbo a la iglesia y el doctor me toma el pulso y la tía Benedicta se ve muy acongojada y el doctor se va entre sueños y la tía dice:

—Anda. Ponte de espaldas. Tengo que untarte este linimento.

Siento las manos heladas sobre mi piel caliente. El abuelo agita el bastón y les grita palabrotas a los curas. El linimento huele muy fuerte. Les suelta los perros a los curas. A eucalipto y alcanfor. Los perros nomás ladran asustados. Me friega muy duro y la espalda me empieza a arder. El abuelo grita pero sus labios se mueven en silencio. Ahora me frota el pecho y el olor me llega más fuerte. Los perros ladran pero tampoco hacen ruido. Estoy bañado en sudor y el linimento y todo me arde y me quiero dormir pero sé que ya estoy dormido al mismo tiempo que lo deseo. La mano fría me frota los hombros y las costillas y los sobacos. Y los perros salen sueltos, furiosos, a clavarle los colmillos a los seminaristas que de noche se vuelven pájaros. Y el estómago me arde igual que el pecho y la espalda y la tía frota y frota para curarme. Los seminaristas pelan los dientes y ríen y abren los brazos y se van volando como zopilotes, muertos de risa. Y yo río de contento con ellos, la enfermedad me llena de alegría y no quiero que ella deje de curarme, le pido que me cure más, tomo sus manos, la fiebre y el linimento me arden en los muslos y los perros corren por los campos aullando como coyotes.

Cuando desperté habían pasado una noche y una mañana y ya se estaba poniendo el sol. Lo primero que vi fueron las sombras del patio a través de los visillos de la puerta. Y luego me di cuenta que ella estaba sentada junto a la cabecera y me pedía que comiera un poco y me acercaba la cuchara a los labios. Probé la avena y luego miré a mi tía con su pelo caído sobre los hombros y una sonrisa como si me agradeciera algo. Dejé que me diera la avena como si yo fuera un niño, a cucharadas, y le dije que me sentía mejor y que le daba las gracias por haberme cuidado. Ella se puso colorada y luego dijo que al fin me enteraba de que en esta casa también me querían.

Me estuve como diez días en cama. Primero leía un montón de novelas de Alejandro Dumas y desde entonces se me ha quedado que las novelas van con la bronquitis como la lluvia con los sembrados. Pero lo curioso es que la tía salió a comprarlas como quien va a robar y luego las trajo escondidas y yo nomás me encogí de hombros y me lancé a leer como maquinita esa historia divina del tipo que sale de la cárcel haciéndose el muerto y lo tiran al mar y luego va a dar a la isla de Montecristo. Pero nunca había leído tanto y me cansé y me aburrí y me quedé pensando y mirando el paso de las horas con las luces y sombras que iban y venían por las paredes de mi cuarto. Y quien me hubiera visto habría dicho que estaba muy tranquilito, pero por dentro me estaban pasando cosas que no entendía. Y todo era que ya no estaba tan seguro como antes. Antes me hubieran dado a escoger entre regresar al rancho y quedarme aquí, y para luego es tarde: habría salido a todo galope a reunirme con el abuelo. Y ahora no sabía. No podía decidirme. Y la pregunta volvía, por más que trataba de esconderla o de distraerme pensando en otras cosas. Seguro, si alguien me hubiera preguntado, ya sé lo que habría contestado y ahí voy de regreso al rancho. Pero dentro de mí no; me daba cuenta de eso y de que era la primera vez que me pasaba una cosa así: que lo que pensaba por fuera era distinto de lo que pensaba por dentro.

No sé qué tenía que ver con todo esto la tía. Me dije que nada. Ella parecía la misma pero era otra. Sólo entraba a traerme ella misma la bandeja, a tomarme la temperatura y a ver que me tragara las medicinas. Pero yo la espiaba por el rabo del ojo y me daba cuenta que cuando más triste se veía, más contenta estaba, cuando más contenta se veía, más ganas de llorar o algo se le notaba y cuando se sentaba en la mecedora y se abanicaba —cuando parecía que estaba descansando muy quitada de la pena— más sentía yo que algo quería y cuando más trajinaba y hablaba, más sentía yo que no quería algo, que hubiera deseado irse de mi cuarto y encerrarse en el suyo.

Pasaron los diez días y ya no aguantaba el sudor y la mugre y los pelos tiesos. Entonces la tía dijo que ya estaba sano y que me podía bañar. Salté de la cama muy feliz pero ay caray, casi me caigo del mareo que me entró. La tía corrió a cogerme de los brazos y me llevó al baño. Me senté, muy mareado, mientras ella mezclaba el agua fría con la caliente, la movía con los dedos y dejaba que se llenara la tina. Luego me pidió que me metiera al agua y yo le dije que se saliera y ella me preguntó que por qué. Le dije que me daba vergüenza.

—Eres un niño. Haz de cuenta que soy tu mamá. O la Micaela. ¿Ella nunca te bañó?

Le dije que sí, cuando era muy escuincle. Ella dijo que era lo mismo. Dijo que casi era mi mamá, pues me había cuidado como a un hijo durante la enfermedad. Se acercó y empezó a desabotonarme el piyama y a llorar y a decir que yo había llenado su vida, que algún día me contaría su vida. Me cubrí como pude y entré a la tina y casi me resbalo. Ella me enjabonó. Empezó a frotarme igual que aquella noche y ella ya sabía que eso me gustaba y yo me dejé hacer mientras ella me decía que yo no sabía lo que era la soledad y lo repitió varias veces y luego dijo que apenas la Navidad pasada yo todavía era un niño y el agua era muy tibia y sentí el cuerpo a gusto, enjabonado, limpiándome del cansancio de la enfermedad, con las manos que me acariciaban. Ella supo antes que yo que ya no aguantaba y ella misma me levantó de la tina y me miró y se abrazó a mi cintura.

Ahora llevo cuatro meses viviendo aquí. Benedicta me pide que le diga «tía» enfrente de los demás. Me divierte escurrirme de noche y de madrugada por los pasillos y ayer casi me pesca la cocinera. A veces me canso mucho, sobre todo cuando Benedicta llora y grita y se hinca ante el crucifijo con los brazos abiertos. Ya nunca vamos a misa ni comulgamos. Y nadie ha vuelto a hablar de mandarme a la escuela. Pero de todos modos extraño la vida con el abuelo y ahí tengo escrita una carta donde le digo que ya venga a recogerme, que me hacen falta el aserradero y los pájaros y las cenas tan alegres. Nomás que nunca la mando. Eso sí, voy añadiéndole cosas todos los días y le echo indirectas medio pícaras a ver si el viejo se las huele. Pero no mando la carta. Lo que no sé describir muy bien es lo bonita que se ha puesto Benedicta, cómo ha cambiado de aquella señorita tiesa y enlutada que iba al rancho y quisiera contarle a la Micaela y al abuelo que si vieran, también Benedicta sabe ser muy cariñosa y tiene una carne muy blanda y unos ojos, pues distintos, brillantes y muy abiertos y es toda ella muy blanca. Lo único malo es que a veces gime y llora y se retuerce tanto. A ver si algún día mando la carta. Hoy sí me asusté y hasta la firmé, pero todavía no la cierro. Ahí se estuvieron cuchicheando un rato muy largo Benedicta y la tía Milagros en la sala, detrás de esa cortina de cuentas que hace ruido cuando uno entra y sale. Y luego la tía Milagros, con ese ojo que le tiembla, llegó a mi cuarto y me empezó a acariciar el pelo y me dijo que si no me gustaría pasar una temporada en su casa. Yo nomás me quedé muy serio. Luego estuve pensando. Lo que pasa es que no sé qué pensar. Le puse un párrafo más a la carta que le estoy escribiendo al abuelo: «Ven a buscarme, por favor. Se me hace que en el rancho hay más moralidad. Ya te contaré.» Y volví a meter la carta en el sobre. Pero todavía no me decido a mandarla.

Cantar de ciegos

El campo

LA MUERTE DE RUBÉN JARAMILLO

En la soledad y la altura, como un Macchu Picchu mexicano, se levanta el antiguo centro ceremonial tolteca. El silencio puede escucharse: el canto de los grillos en el atardecer, las patas de las cabras que descienden velozmente de las ruinas, el graznar de los zopilotes clavados sobre un perro muerto, no logran destruirlo. Es un silencio que cobija y esculpe, en complicidad con el sol poniente, la vasta extensión del Valle de Morelos. Xochicalco, atalaya de piedra, domina ese lienzo ondulante, de luces y sombras, que contiene todas las gamas del verde y parece prenderse al cielo de bloques oscuros, de nubes veloces, en cambio perpetuo. Todo, cielo y tierra, es ceñido por las montañas transparentes y cortadas, semejantes a las ubres de la loba clásica. Aquí murió Rubén Jaramillo.

¿QUIÉN ERA RUBÉN JARAMILLO?

«Rubén Jaramillo fue uno de los nuestros. Toda su vida luchó por nosotros. Por eso murió, porque se echó encima enemigos de poder. Miren ustedes, allá por el 38, siendo presidente del primer Consejo de Administración del ingenio de Zacatepec, creado por el general Cárdenas para nosotros, los ejidatarios, Jaramillo se propuso acabar con el vicio.

Hablaba, rogaba, convencía a los campesinos de que no bebieran, hasta que hubo de esconderse, amenazado de muerte por los pistoleros de los traficantes de alcohol. ¡Que no les cuenten! Nosotros lo recordaremos siempre porque nos ayudaba y veía por nuestro beneficio, sin nunca cobrar un centavo. Hasta gastaba en nosotros lo poco que tenía. Escribía nuestras demandas. Nos acompañaba a las autoridades. Nos asesoraba y organizaba. Ésa es la verdad. Todos por aquí le debemos mucho. Yo conocí a Rubén Jaramillo en 1942. Pero ya antes lo había oído mentar. En 1934, en la Convención del PNR en Querétaro, se presentó Jaramillo y habló por los campesinos de Morelos. El general Cárdenas habló con él y le dijo que si la voluntad popular lo favorecía, haría un ingenio para los cañeros de Morelos. Cárdenas cumplió su promesa y en 1938 comenzó a funcionar Zacatepec. Al principio las cosas iban bien, pero luego se descompusieron. En 1942, siendo gerente Ceferino Carrera Peña, los campesinos y los obreros nos juntamos para exigirle que rindiera cuentas. Rubén Jaramillo era nuestro líder. Hasta que intervino Elpidio Perdomo, el gobernador, y dijo: "Denle duro al peladaje." Eso somos nosotros para ellos, el peladaje. Desde entonces, Rubén no pudo vivir en paz. De noche, llegaban a la casa los del gobierno y lo amenazaban y lo insultaban. Para defender su vida, tuvo que huir al monte con ochenta o noventa de nosotros. Se fue a defender su vida, aunque claro, cuando los federales nos atacaban, les dábamos duro. Pero nosotros no estábamos levantados en armas contra el gobierno. Nomás nos defendíamos, ¡cómo nos íbamos a quedar en las ciudades para que nos quebraran! También teníamos un programa, que era el mismo programa de los gobiernistas, nomás que ellos no lo cumplían; teníamos un programa para que no se nos tomara por bandidos o salteadores. Y todos en el monte estaban con nosotros, nos ayudaban, nos daban de comer, nos avisaban cuando venían las tropas. En 1943, en un encuentro con federales, a mí me avanzaron. Tenía herida una pierna. Me llevaron a México y me presentaron ante el presidente Ávila Camacho, que me dijo que quería evitar muertes, que quería resolver los problemas de los campesinos de Morelos, que quería concederle la amnistía a Jaramillo. A mí me curaron en el Hospital Militar, bien atendido. Y fíjense ustedes: Jaramillo me visitó varias veces. Disfrazado, nada más, bajaba del monte y venía a las ciudades, y se llegaba hasta México. Una vez, cuando nos perseguían las tropas del Estado, Jaramillo y cincuenta de los nuestros fuimos a la capital a ver el desfile del 16 de Septiembre en el Zócalo, allí entre los soldados que estaban frente al Palacio. Jaramillo tenía los nervios de acero y era valiente, igual que su mujer. Sólo así, a traición, pudieron matarlo. Cuando salí del hospital me entrevisté de nuevo con el general Ávila Camacho y me pidió que Jaramillo fuera a verlo, que bajo su palabra no corría peligro. Unas semanas después nos presentamos allá. Jaramillo, respetuoso pero firme, le dijo al presidente que no era un bandolero, que sólo había defendido su vida, que sólo luchaba por los campesinos. Ávila Camacho le dijo que volviera, que se atenderían sus demandas. Recuerdo que estando presente en la conversación Luis Viñals, jefe del Estado Mayor presidencial, le dijo a Jaramillo que antes tenía que devolver las armas. A lo que el presidente Ávila Camacho repuso: —Las armas se le quedan para defenderse de sus enemigos... Jaramillo no era de los que se doblan. Un hombre del gobernador le dijo entonces que dejara todo aquello y que cuánto necesitaba para vivir bien con su familia. ¿Lo creen ustedes, decirle eso a Jaramillo? Rubén no era lo mismo. Pudo haber sido uno de esos que se enriquecen y roban al pueblo, como Eugenio Prado, el peor gerente de los que hemos tenido por acá en Zacatepec. Pero no quiso. Como las cosas empeoraban, Jaramillo siguió luchando. Y los gobernadores Castillo López y Escobar Muñoz también lo persiguieron. En 1946 fue candidato libre al gobierno del Estado. Poco después, los federales y la defensa rural, al servicio de los terratenientes, quisieron detenerlo en una asamblea de campesinos, pero pudo escapar. Y de nuevo al monte para salvar la vida; durante varios años, de Morelos a Guerrero y a Puebla y al estado de México, siempre protegido por la gente del campo. En 1952 fue partidario del general Henríquez Guzmán para presidente; por eso, desde entonces, durante todo el gobierno de Ruiz Cortines y del gobernador López de Nava, Jaramillo estuvo a la defensiva, perseguido y amenazado. Lo trataban de eliminar a toda costa. Pero él seguía en lo mismo. Creo que no hay uno solo de por acá que no lo quisiera y respetara. Cuando alguno de nosotros se desesperaba viendo que todo seguía igual, Jaramillo lo calmaba y le decía que tuviera confianza en la nueva gente del gobierno... Pero la autoridad todo lo deja para mañana. Primero, el señor Barrios del Departamento Agrario recibía a nuestras comisiones; después, ya no lo pudimos ver. Sus ayudantes no nos dejaban pasar: que se fue a inaugurar una escuela, que está en una comida con el Señor Presidente, que vengan mañana muchachos. Nosotros creíamos que aquello era por sus ocupaciones, y nos quedábamos esperando, siempre esperando. Pero a últimas fechas, pensamos que ya era demasiado. Acá en Zacatepec, las cosas no se arreglan, muchas promesas y nada. Últimamente, Jaramillo exigía el reparto a los campesinos sin tierra de los llanos de Michapa y El Guarín; y ya se lo habían concedido. Pero en febrero de este año los federales expulsaron a la gente por la fuerza. No se cumplió con la ley, aquí casi nunca se cumple con la ley, sobre todo con la ley que nos corresponde a nosotros. No sé quién mató a Jaramillo, pero creo que lo mataron todos los que tienen poder, los que son ricos y quieren todo para ellos sin importarles nada ni nadie.»

Esto nos dijo un viejo ejidatario de Tlaquiltenango, sentado en la penumbra de su miserable terraza al fondo de una miserable choza de una sola pieza que sirve para todo: cocinar, comer, descansar.

«SE MURIÓ EL JEFE»

Se escucha el silencio; se escucha más cuando lo rompen las pistolas y las ametralladoras al pie de las ruinas, en el paraje escondido a espaldas de la montaña de piedra. Quizás Rubén Jaramillo, su mujer y sus hijos sabían que tanto silencio estaba hecho para ser roto en una hondonada perdida a la vera del camino a Teclama. Deben haber sentido ese silencio aplastante, sobrenatural, desde que el automóvil de color plomo, en el cruce, se desvió de la ruta a Cuernavaca, adonde decían llevarlos, y tomó la de Xochicalco. Jaramillo trató de levantarse mientras el auto aceleraba; entonces recibió el primer culatazo pero no cayó, sostenido por los brazos de su mujer, Epifania; entonces Filemón, el hijo, desafió con su voz agresiva a quienes ya no ocultaban sus propósitos criminales.

—Cállate, chamaco, o te cortamos la lengua.

—Mejor se la llenamos de tierra.

A pesar del dolor del golpe, Jaramillo no cerró los ojos; necesitaba tenerlos abiertos para ver, hasta el final, la tierra que pasaba ardiente, iluminada por el sol de la tarde. ¡Cuántas veces, al regresar al monte, al acudir al caballo y al fusil como su única defensa y la de los campesinos que creían en él, había dicho: «Esta vez ya mero nos avanzaban!» Ahora sí lo habían avanzado, lo habían capturado. Lo llevaban con su mujer embarazada y sus hijos, creyendo que si los exterminaban a todos no quedarían Jaramillos capaces de seguir la lucha. No sabían que la muerte de cinco Jaramillos era el mejor abono para la vida y la acción de quinientos, de cinco mil nuevos Jaramillos. Eso nos dijo, hoy mismo, un campesino de la región:

—Se murió el jefe. Ahora todos somos Jaramillo.

¿POR QUÉ LUCHABA JARAMILLO?

«Pasen, pasen ustedes. De haber sabido, habríamos preparado algo. Bueno, por favor, sentados. Yo creo que una tortilla de rancho, una gorda con sal, sí podemos ofrecerla. Después iremos a ver el arrocito. A ver, mujeres, picante para los señores. No, no se afanen, masa no falta. Además, son mujeres fuertes, miren nomás esa muchacha, puede echar tortillas toda la tarde. Sí señores, me da mucho gusto tener visita; cuando la tengo, siento hasta ganas de hacer fiesta. Pero ahora estamos de luto. Se murió el jefe. Pero los problemas siguen. Y nuestros problemas son viejos, mis señores. Son los problemas de todos los campesinos de esta tierra. Aquí estamos luchando desde hace mucho porque se nos haga justicia. Hasta el miedo que teníamos al principio lo hemos perdido. Yo, como la Valentina, no tengo miedo de que me maten, si quieren lo pueden hacer lueguito; lo sentimos por nuestras gentes, por nuestras familias. Pero les digo verdad, la cosa está muy dura por este rumbo; por estos días hay mucho gobierno por el rumbo de Morelos; ahora, desde que mataron a Jaramillo, nos tienen más vigilados que antes, como si fueran peligrosos unos pobres campesinos. Mire lo que son estas cosas, ahora están ustedes aquí, platicando conmigo del arrocito y la parcela; pues para la noche, ya lo saben los guachos y los agentes del gobierno de Morelos. Yo conocí al difunto Jaramillo hace mucho, cuando empezamos la lucha contra el ingenio de Zacatepec. Luego seguimos en la lucha por lograr tierras, y siempre peleando contra el ingenio. Muchas veces el difunto vino por aquí; ahí mero, donde está usted sentado, se sentaba el difunto Jaramillo; y desde ahí me decía lo que teníamos que hacer, y lo que haríamos si nos daban justicia. Lo peor fue el tiempo de Eugenio Prado. Nos mataron muchos campesinos y jamás nos dieron cuentas de nuestra ganancia en el ingenio. Por aquí sigue Prado; tiene mucha tierra. Ya ven señores, buscándole encuentra uno muchos latifundios, y aquí los campesinos estamos muy pobres; yo apenas tengo media hectárea con el arrocito que ustedes vinieron a ver. ¿Para eso peleó Zapata, para eso se murió Zapata? Desde los tiempos de Prado, el ingenio es lo mismo que una hacienda de los tiempos de don Porfirio. Yo me recuerdo que el difunto Jaramillo decía que el ingenio lo hizo Lázaro Cárdenas para los campesinos y los obreros; pero aquí la verdad es otra, la verdad es que estamos peor que los peones de las viejas haciendas. No, hasta eso, Merino Fernández, el nuevo gerente, quiere ayudarnos. Pero no puede hacer nada, la administración es la misma, las gentes son las mismas. Los miembros del Consejo de Administración y Vigilancia no son nunca elegidos por nosotros. Ellos deberían defendernos. Pero no son de los nuestros, son incondicionales de la autoridad. Son impuestos por la gente que dirige esto. Ahora dicen en el ingenio y en el gobierno que dizque somos comunistas. Puede que a lo mejor lo somos: si pedir tierras y pedir que dejen de robarnos es ser comunistas, a lo mejor lo somos. Porque en el ingenio todo es puro robar. La tienen muy bien armada. En la báscula nos mochan el peso. Nosotros sabemos lo que llevamos; pero allá la pesa de Zacatepec dice otro número. En los últimos diez años la tonelada de caña sólo ha subido dos pesos. Ni ahora que le han quitado el azúcar a Cuba nos la pagan mejor. Nosotros, con eso de la cuota, no hemos ganado nada. Sólo ganan los de la administración. Nos hacen trampa en el peso de la caña. Y ni siquiera podemos controlar su rendimiento en azúcar, en alcohol, en bagazo, en mieles finales. El químico de Zacatepec siempre encuentra que nuestra caña tiene menos dulce, nosotros sabemos que es mentira, pero ni modo de alegar. Todo eso nos baja el precio de la caña y parece que no se va a terminar nunca este relajo.

Como le decía, la armaron muy bien: no sabemos cómo andan las cuentas, ni cómo andan nuestros alcances. Pero se supone que esto es una cooperativa. Cada año hacen obritas; cualquier finquita de material resulta que vale mucho dinero, y como en el ingenio dicen que son fincas de servicio social, pues las pagamos los campesinos. Es la ley del embudo, señores. Aquí no hay democracia. Jamás se cumplen las promesas que se hacen. Ni becas para nuestros hijos ni servicio médico. Muchas veces nos dicen que llevemos otros representantes al Consejo de Administración y Vigilancia del ingenio, pero no tiene caso. El gerente pone en el consejo a los blandos; y cuando llega alguno un poquito duro, lo ablandan con centavos. El tal Jesús Vega es ahora el representante; ya ni para qué arrimarse. En esa lucha conocimos al difunto Jaramillo. Y también conocimos al tal José Martínez. Me recuerdo que Prado lo trajo de allá, de Chihuahua, y luego empezó a hacer méritos. El difunto Jaramillo había creado el Comité de Defensa Cañera para luchar contra Prado. Primero trataron de comprar a los de nuestro Comité y luego de meternos miedo. En aquellos tiempos el tal José Martínez era apenas teniente; recuerdo que nos entró a culatazo limpio durante una reunión en Zacatepec. A mí me tuvo agarrado y quería meterme al bote; entonces le grité en su mera cara:

»—¡Como dijo Vicente Guerrero, nada importa morir cuando la razón obliga!

»Además teníamos que aguantar las amenazas del general Cornejo Brum:

»—No se reúnan, muchachos, si lo hacen los ametrallamos.

»En esos días mataron a Ocampo, el basculero, que era de los nuestros y nos decía cómo andaba el trinquete del ingenio. Cuando lo mataron, dijeron que el tiro se le había ido al federal. Aquí está muy duro, mis amigos. A mí no me importa que me lleven con el juez. Si el gobierno dice que alcanzo pena de cárcel, pues la cumplo. Hasta si dice que alcanzo pena de muerte la aguanto. Pero no quiero que me maten en lo oscuro, junto con mis gentes, como al difunto Jaramillo. Si eso quieren, se van a encontrar con la ley de la pistola. Bueno, señores, yo creo que a lo que vinieron, vamos a ver el arrocito. ¿Quién mató al difunto Jaramillo? Pues hombre, la lucha que hizo porque le hicieran justicia al campesino y al obrero. Allá, en México, hablan mucho de libertad. ¡Qué libertad ni qué la fregada!»

Esto nos dijo un campesino que trabaja media hectárea de un arrozal, en su pequeña choza de adobe, junto al fogón.

NO HAY MIEDO

No; nadie llora; nadie se muestra asustado. Quizás los únicos asustados, aunque traten de disfrazarlo con sus sonrisas torcidas, sean estos criminales, estos oficiales de un ejército que se supone popular y revolucionario, estos agentes policiacos a las órdenes de los caciques, de los terratenientes, de los negociantes. Rubén Jaramillo, su mujer Epifania y sus hijos Ricardo, Filemón y Enrique, nunca han mostrado miedo. Nos lo han dicho todos los hombres y mujeres con quienes hemos hablado en Tlaquiltenango, El Higuerón, Galeana y Zacatepec. Sabían reír, sabían trabajar, pero no sabían tener miedo.

EL CACIQUE LLORICÓN

«Una vez, cuando andábamos levantados con Jaramillo, agarramos al cacique Ángel Abúndiz, uno que trafica con arroz y que nos echó a los guachos. Se puso a temblar y a llorar. El difunto Jaramillo nada más lo miraba y luego le dice:

»—No tenga miedo, don Ángel, no lo vamos a matar; nada más lo vamos a tener aquí con nosotros.

»Al cacique le dio tanto miedo que no quería ni comer. El difunto Jaramillo nada más lo miraba y luego dice:

»—Ándele, don Ángel, cómase las gordas. Y si sigue llorando entonces sí lo matamos.

»Luego cuando bajamos, lo soltamos; y de nada sirvió que lo tuviéramos. Ahí anda robando campesinos el mentado Angelito.»

Esto nos dice un viejo compañero de armas de Jaramillo en un jacal cerca de El Higuerón.

Y AHORA, ¿QUIÉN?

El auto se sale del camino asfaltado y toma a la derecha, por el sendero estrecho, hacia Teclama. Pero se detiene en seguida, junto a la hondonada seca, entre los abrojos, los árboles chaparros, los helechos polvosos, el reguero de palos sueltos, el cúmulo de piedras. Son las cuatro de la tarde y la montaña coronada por los templos, explanadas y juegos de pelota toltecas comienza a arrojar su sombra sobre el paraje escondido. Los bajan a empujones. Por la mirada de Rubén Jaramillo debe pasar un río de memoria y de anhelos. Debe preguntarse: ¿Y ahora quién va a defenderlos? ¿Quién va a exigir que las tierras de Michapa y El Guarín sean entregadas a los cinco mil campesinos sin tierras que tienen derecho a ellas y no a los caciques de Puente de Ixtla, Amacuzac, Huajinclán, Coatlán del Río, Tetecala y Mazatepec? ¿Quién va a impedir que los caciques vendan esas tierras, de valor multiplicado por las nuevas presas, a otros señores, nuevos terratenientes ausentistas, nuevos encomenderos, eternos amos del campo mexicano? ¿Quién va a luchar porque en Zacatepec los obreros y los campesinos tengan derecho a elegir libremente a sus representantes? ¿Quién va a pedir, todos los días, todos los años, escuelas, servicios médicos, participación de utilidades? ¿Quién, si matan al bandido Jaramillo, al asesino Jaramillo, al delincuente Jaramillo, al criminal Jaramillo que desde la infancia, desde los días de Zapata, viene luchando por todo esto? Debe pensarlo sólo un instante; debe rechazar ese pensamiento que nada tiene que ver con la verdadera fe de Jaramillo, una fe que comparte con los miles de hombres que le han seguido: ellos, todos juntos, van a exigir, a impedir, a luchar, a defender. «Se murió el jefe. Ahora todos somos Jaramillo.» Murió el llamado bandido. Lo mataron los verdaderos bandidos.

¿POR QUÉ MURIÓ JARAMILLO?

«Lo muy duro empezó en febrero, el mero día 15, cuando los guachos nos echaron de los llanos de Michapa y El Guarín. Ya habíamos estado en el Departamento Agrario y nos iban a dar la tierra; pero eran puras vueltas, ya habíamos hecho el censo y estábamos listos; pero luego, cuando los políticos supieron que esas tierras se iban a regar con las nuevas presas, nos dieron largas y nos sacaron a punta de carabina. Esos llanos son de 27.000 hectáreas; nosotros, que éramos cerca de cinco mil personas, nada más queríamos 14.000 y en el resto meter gente de otra parte, gente necesitada como nosotros, campesinos pobres y sin tierras. Todos nos hubiéramos hecho amigos. La tierra, cuando se la cultiva con amor, hace amigos de los desconocidos. Queríamos la tierra para todos.»

Esto nos dijo un joven campesino, con los tobillos hundidos en un arrozal serpentino cerca de Galeana.

EL CRIMEN

Los bajan a empujones. Jaramillo no se contiene; es un león del campo, este hombre de rostro surcado, bigote gris, ojos brillantes y maliciosos, boca firme, sombrero de petate, chamarra de mezclilla; se arroja contra la partida de asesinos; defiende a su mujer y a sus hijos, sobre todo al hijo por nacer; a culatazos lo derrumban, le saltan un ojo. Disparan las subametralladoras Thompson. Epifania se arroja sobre los asesinos; le desgarran el rebozo, el vestido; la tiran sobre las piedras. Filemón los injuria; vuelven a disparar y Filemón se dobla, cae junto a su madre encinta, sobre las piedras; aún vivo, le abren la boca, toman puños de tierra, le separan los dientes, y entre carcajadas, le llenan la boca de tierra. Ahora todo es rápido: caen Ricardo y Enrique acribillados; las subametralladoras escupen sobre los cinco cuerpos caídos. La partida espera el fin de los estertores. Se prolongan. Se acercan con las pistolas en la mano a las frentes de la mujer y de los cuatro hombres. Disparan el tiro de gracia.

Otra vez el silencio de Xochicalco.

El auto arranca.

Los buitres aletean, las cabras corren.

«Rubén estaba ahí, aserrando una viga en el patio para construir un gallinero. Vide a los federales. Uno de ellos le apuntaba con una ametralladora. Yo pegué una carrera y me abracé a él.

»—No sea cobarde, le grité al federal. Mi padre no les hace nada.

»Heriberto Espinosa llamado el Pintor, que en otra época había sido amigo de mi padre, entró a la casa y yo le cerré el paso:

»—No puede entrar si no me enseña una orden judicial.

»—Tienes razón, muchacha, contestó riéndose. Tú debías ser licenciada.

»—Usted ha vendido a Rubén, le contesté; usted es peor que Judas porque Judas no era un asesino.

»El capitán José Jiménez gritó desde afuera: —Si no sale Jaramillo, ametrallamos la casa.

»Los vecinos que estaban con nosotros protestaron. Un hombre fuerte, sin sombrero, que vestía una camisa amarilla y llevaba en la mano la pistola amartillada, le dijo a Martínez: —Hay familia adentro. No puede disparar.

»Mi cuñada, la esposa de Filemón, abrió la puerta y un montón de soldados entró al cuarto, apuntando a mi padre con sus armas. Aprovechando un descuido de los asaltantes, me eché el rebozo a la cabeza y volé a la Presidencia Municipal.

»—Ah, Señor, le dije al Presidente, se llevan a Rubén. Hay que defenderlo.

»Él me contestó: —No puedo hacer nada. Traen órdenes de la Procuraduría. Nomás lo van a detener, pero regresará dentro de media hora.

»Esto ocurrió el martes a las dos de la tarde. El jueves, la gente nos avisó que los habían matado y el viernes fui por ellos al hospital de Tetecala. Mi mamá y Ricardo estaban en las planchas: los demás, tirados en el suelo. Olían muy mal. A Filemón, que era un muchacho muy bravo, lo habían desfigurado y tenía la boca llena de tierra. A mi madre le dieron doce tiros; uno en la frente. Su rebozo, su vestido estaban desgarrados, manchados de sangre... Dicen que hasta a la criatura que iba a nacer le dieron un tiro.»

Esto nos dijo Raquel, hija de Epifania y adoptada por Jaramillo, en la casa de sus padres en Tlaquiltenango.

XOCHICALCO, EL ALTAR DE LA MUERTE

En la cima de la montaña, en el centro de la explanada, se levanta el templo de Xochicalco. Corre por sus cuatro costados un río de piedra: el friso de Quetzalcóatl, la Serpiente Emplumada. Los chorros de pluma líquida, la larga lengua, la trenza de violencia envuelve a los hombres, a los jaguares, a las ceibas esculpidos. La vida parece prisionera de la deidad. Las águilas, esculpidas en un granito carcomido, no pueden escapar a los anillos contráctiles de la serpiente. Los conejos caen muertos al contacto con la lengua venenosa, bífida. Las quijadas sueltas del friso devoran el sol de caracoles. Las volutas, los collares, los escudos, los penachos, se inclinan ante esta plenitud de la barbarie, y los siglos no han logrado borrar del todo los pigmentos amarillos de la larga, enorme, todopoderosa simbología de la muerte. Altar de piedra, altar de la muerte, receptáculo de los sacrificios: ¿en qué se distingue del otro altar, el levantado a la vera del camino, junto a la hondonada, sobre ese cúmulo de piedras sueltas donde cinco cadáveres yacen en silencio, donde hasta los árboles han sido acribillados por esas balas de calibre .45? Cae la noche sobre nosotros. Nos miramos sin hablar. Epifania le había dicho a Heriberto el Pintor, el Judas de Jaramillo:

—Usted come con sangre de sus semejantes y ahora va a comer de nosotros.

Otros son los jueces, los dignatarios, los sacerdotes; idéntica la barbarie de México, idéntico el terror, nocturno y solar, de México. Sentados en la silla de oro, los nuevos poderes de la barbarie y el terror mexicanos ofician en la vieja ceremonia de la sangre. El gobernador. El general. El cacique. El diputado. El hombre de negocios. El funcionario venal. Pero ellos no exigen sangre para alimentar a la deidad, al sol o la naturaleza, ni para apaciguar las furias de lo indomable. La exigen para engordar sus cuentas de banco, robar las tierras de quienes las trabajan, mantener en el hambre, la enfermedad y la ignorancia a los millones de campesinos para quienes la Revolución Mexicana es todavía una promesa del futuro a fuerza de ser una mentira del presente.

No, no es la fatal barbarie de los dioses; es la combatible injusticia de los hombres la que asesinó a Rubén Jaramillo y a los suyos.

«CUANDO MUERE UN BANDIDO...»

«He perdido a mi yerno Rubén, señor, que era el sostén de mi vida; he perdido a mi hija Epifania y a mis tres nietos, Ricardo de veintidós años, Filemón de dieciocho y Enrique de dieciséis. Rubén estaba recargado en una mesa.

»—¿Cómo se lo van a llevar?, pregunté.

»—Palabra de honor que no le pasará nada. No tenga cuidado, dijo el hombre de la pistola amartillada.

»—Tiene un amparo, tiene un papel del Presidente, le contesté.

»—Pues no vale el amparo ni el papel.

»Mi nieto Filemón le mostró entonces el amparo y el hombre se lo guardó en la bolsa, gritándole a Rubén: —Camine, desgraciado.

»—¿Hasta dónde llegarán de cobardes, de viles?, les dije sin poder contenerme.

»—Vamos a matar cuanta vieja haiga.

»—No me importa. Ustedes son unos cobardes.

»Rubén estaba cruzado de brazos, como un cordero que llevan al matadero. Yo sabía que los iban a matar. Los conozco. Son viles, señor, son cobardes. Así murió Porfirio, el hermano de Rubén, así se sacaron a don Pedro López, su compadre. Sabía que no regresarían nunca y cuando iban saliendo, rodeados de soldados, recé: Padre, entrego el alma de tus hijos en tus santísimas manos. Hágase tu voluntad. Me decía Rubén, me decía: "El que se mete a redentor, muere crucificado." Lo asesinaron porque hacía el bien a los pobres. Le pedían que ya un escrito, que ya un viaje a la capital, que ya una defensa porque a un hombre le habían robado su tierra y él trabajaba sin descanso. A veces, cuando estaba muy arrancado, le daban un cinco o un diez para el viaje o para los gastos del pleito. Nunca les pidió nada a los campesinos. Se sostenía con la parcela sembrando su jitomatito, su maicito, su arrocito. Los muchachos laboraban el campo y Epifania cosía vestidos y los vendía. Así íbamos tirando. El gobernador lo llamaba y lo aconsejaba:

»—Mira, Rubén, no te metas en este relajo de la tierra. Tú tienes qué comer, tienes tu parcela, tienes tu casa; deja que al peladaje se lo lleve la tiznada.

»—No, gobernador, contestaba Rubén; si como carne, quiero que otros coman carne; si tengo una parcela y una casa, quiero que otros tengan su parcela y su casa.

»Hace poco, un agente que no era malo le dijo:

»—Chíspate, porque tenemos órdenes de quebrarte.

»Rubén ya no deseaba andar como fugitivo; deseaba vivir en paz y defender a los campesinos. Ahora, en los papeles de México, lo pintan como a un bandido, como a una fiera, pero ésta es una nueva infamia. Cuando muere un bandido, muere solo. A Rubén lo acompañaron al panteón cinco mil campesinos. El Presidente Municipal de Jojutla firmó una letra de $1300 para que la funeraria nos diera los cinco cajones. La letra la pagó Reyes, el hermano de Rubén, pero se quedó con la parcela y con la cosecha de arroz. Nos han robado todos los papeles, nos han matado a los que eran las piernas y los brazos de los desamparados. Mi hija, ¡ah señor!, era mi única hija. Anoche dormí sentada, porque si me acuesto, con este mal, no puedo levantarme. Yo estoy más para allá que para acá y no necesito nada, no quiero nada; los míos han dado su vida por defender a los pobres y estoy contenta, pero yo tengo nietos y debo sostenerlos. La tierra de Rubén es nuestra tierra. Pelearemos por ella.»

Esto nos dice Rosa García, la madre de Epifania, una anciana de ochenta años, paralizada por un reumatismo deformante, sentada como una muñeca de trapo en la banca junto a la recámara de Rubén Jaramillo.

Tiempo mexicano

Los de arriba

EL DÍA DE LAS MADRES

Todas las mañanas el abuelo mezcla con fuerza su taza de café instantáneo. Empuña la cuchara como en otros tiempos la difunta abuelita doña Clotilde el molinete o como él mismo, el general Vicente Vergara, empuñó la cabeza de la silla de montar que cuelga de una pared de su recámara. Luego destapa la botella de tequila y la empina hasta llenar la mitad de la taza. Se abstiene de mezclar el tequila y el Nescafé. Que se asiente solo el alcohol blanco. Mira la botella de tequila y ha de pensar qué roja era la sangre derramada, qué límpido el licor que la puso a hervir y la inflamó para los grandes encuentros, Chihuahua y Torreón, Celaya y Paso de Gavilanes, cuando los hombres eran hombres y no había manera de distinguir entre la alegría de la borrachera y el arrojo del combate, sí señor, ¿por dónde se iba a colocar el miedo, si el gusto era la pelea y la pelea el gusto?

Casi dijo todo esto en voz alta, entre sorbo y sorbo del cafecito con piquete. Ya nadie sabía hacerle su café de olla, sabor de barro y piloncillo, de veras nadie, ni la pareja de criados traídos del ingenio azucarero de Morelos. Hasta ellos bebían Nescafé; lo inventaron en Suiza, el país más limpio y ordenado del mundo. El general Vergara tuvo una visión de montañas nevadas y vacas con campanas, pero no dijo nada en voz alta porque no se había puesto los dientes falsos que dormían en el fondo de un vaso de agua, frente a él. Ésta era su hora preferida: paz, ensueño, memorias, fantasías sin nadie que las desmintiera. Qué raro, suspiró, que hubiera vivido tanto y ahora la memoria la regresara como una dulce mentira. Siguió pensando en los años de la revolución y en las batallas que forjaron al México moderno. Entonces escupió el buche que hacía circular en su lengua de lagartija y sus encallecidas encías.

Esa mañana vi a mi abuelito más tarde, de lejos, chancleteando como siempre a lo largo de los vestíbulos de mármol, limpiándose con un paliacate las permanentes lagañas y las lágrimas involuntarias de sus ojos color de maguey. Lo miraba así, de lejos, era como una planta del desierto, nomás que moviéndose. Verde, correoso, seco como los llanos del Norte, un viejo cacto engañoso, que iba reservando en su entraña la escasa lluvia de uno que otro verano, fermentándola: se le salía por los ojos, no alcanzaba a bañar los mechones blancos del cráneo, que parecían pelos de elote muerto. En las fotos, a caballo, se veía alto. Cuando chancleteaba, ocioso y viejo, por las salas de mármol del caserón del Pedregal, se veía chiquito, enjuto, puro hueso y piel desesperada por no separarse del esqueleto: viejito tenso, crujía. Pero no se doblaba, eso no, a ver quién se atreve.

Volví a sentir el malestar de todas las mañanas, la angustia de ratón arrinconado que me cogía al ver al general Vergara recorrer sin propósito las salas y vestíbulos y pasillos que a estas horas olían a zacate y jabón, después de que Nicomedes y Engracia los lavaban, de rodillas. La pareja de criados se negaba a usar los aparatos eléctricos. Decían que no con una gran dignidad, humilde, muy de llamar la atención. El abuelo les daba la razón, le gustaba el olor de zacate enjabonado y por eso Nicomedes y Engracia fregaban todas las mañanas metros y más metros de mármol de Zacatecas, aunque el licenciado Agustín Vergara, mi padre, dijera que lo había importado de Carrara, pero dedo sobre la boca, que nadie se entere, eso está prohibido, me ensartan un *ad valorem*, ya ni fiestas se pueden dar, sales a colores en el periódico y te quemas, hay que ser austero y hasta sentir vergüenza de haber trabajado duro toda la vida para darle a los tuyos todo lo que...

Salí corriendo de la casa, poniéndome la chamarra Eisenhower. Llegué a la cochera y subí al Thunderbird rojo, lo puse en marcha, el portón levadizo del garaje se abrió automáticamente al ruido del motor y arranqué a ciegas. Algo, un mínimo sentido de la precaución, me dijo que Nicomedes podía estar allí, en el camino entre el garaje y la maciza puerta de entrada, recogiendo la manguera, tonsurando el pasto artificial entre las losas de piedra. Imaginé al jardinero volando por los cielos, hecho pedazos por el impacto del automóvil y aceleré. La puerta de cedro despintada por las lluvias del verano, hinchada, crujiente, también se abrió sola al pasar el Thunderbird junto a los dos ojos eléctricos insertados en la roca y ya estuvo: rechinaron las llantas cuando viré velozmente a la derecha, creí ver la cima nevada del Popocatépetl, era un espejismo, aceleré, la mañana era fría, la niebla natural del altiplano ascendía para encontrarse con la capa de smog aprisionada por el circo de montañas y la presión del aire alto y frío.

Aceleré hasta llegar al ingreso del anillo periférico, respiré, aceleré, pero ahora tranquilo, ya no tenía de qué preocuparme, podía dar la vuelta, una, dos, cien veces, cuantas veces quisiera, a lo largo de miles de kilómetros, con la sensación de no moverme, de estar siempre en el lugar de partida y al mismo tiempo en el lugar de arribo, el mismo horizonte de cemento, los mismos anuncios de cerveza, aspiradoras eléctricas, las que odiaban Nicomedes y Engracia, jabones, televisores, las mismas casuchas chatas, verdes, las ventanas enrejadas, las cortinas de fierro, las mismas tlapalerías, talleres de reparación, misceláneas con la nevera a la entrada repleta de hielo y gaseosas, los techos de lámina corrugada, una que otra cúpula de iglesia colonial perdida entre mil tinacos de agua, un reparto estelar sonriente de personajes prósperos, sonrosados, recién pintados, Santa Claus, la Rubia de Categoría, el duendecito blanco de la Coca-Cola con su corona de corcholata, Donald Duck y abajo el reparto de millones de extras, los vendedores de globos, chicles, billetes de lotería, los jóvenes de playera y camisa de manga corta reunidos cerca de las sinfonolas, mascando, fumando, vacilando, albureando, los camiones materialistas, las armadas de Volkswagen, el choque a la salida de Fray Servando, los policías en motocicleta, los tamarindos, la mordida, el tapón, los claxons, las mentadas, otra vez el arranque libre, idéntico, la segunda vuelta, el mismo recorrido, los tinacos, Plutarco, los camiones de gas, los camiones de leche, el frenón, los peroles de leche caen, ruedan, se estrellan sobre el asfalto, en las barandillas del periférico, contra el

Thunderbird rojo, la marea de leche. El parabrisas blanco de Plutarco. Plutarco en la niebla. Plutarco cegado por la blancura inmensa, líquida, ciega ella misma, invisible, haciéndolo invisible a él, un baño de leche, mala leche, leche aguada, leche de tu madre, Plutarco.

Seguro, el nombre se presta a guasas y en la escuela me habían dicho todo aquello de ¿quequé?, ¿a poco?, ¿repite?, y Verga rara y alabío, alabau, alabimbombá, Verga, Verga, ra, ra, ra, y cuando pasaban lista nunca faltaba un chistoso que dijera Vergara Plutarco, presente y parada, o chiquita, o dormidita. Luego había trancazos a la hora del recreo y cuando me dio por leer novelas, a los quince años, descubrí que un autor italiano se llamaba Giovanni así, pero eso no iba a impresionar a la bola de cabroncitos relajientos de la Prepa nacional. No fui a escuela de curas porque primero el abuelo dijo que eso nunca, o para qué había habido revolución, y mi papá el licenciado dijo que okey, el viejo tenía razón, había tantísimo comecuras en público que era mocho en casa, era mejor para la imagen. Pero yo hubiera querido hacer como mi abuelito don Vicente, que le hicieron una vez esa broma y mandó castrar al chistoso. Usté es pura pirinola, puro pizarrín arrugado, puro pajarito coyón, le dijo el prisionero, y el general Vergara, que lo capen pero ahoritita. Desde entonces lo llamaron el general Tompiates, cuídate los aguacates, ríete pero no me mates, y otros estribillos que corrieron durante la gran campaña de Pancho Villa contra los federales, cuando Vicente Vergara, entonces muy jovencito pero ya fogueado, militaba con el Centauro del Norte, antes de pasarse a las filas de Obregón cuando la vio perdida en Celaya.

—Ya sé lo que cuentan. Tú sácale el mole al que te diga que tu abuelo cambió de chaqueta.

—Pero si nadie me ha dicho nada.

—Óyeme, chamaco, una cosa era Villa cuando salió de la nada, de las montañas de Durango, y él solito arrastró a todos los descontentos y organizó esa División del Norte que acabó con la dictadura del borracho Huerta y sus federales. Pero cuando se puso contra Carranza y la gente de ley, ya fue otra cosa. Quiso seguir guerreando, a como diera lugar, porque ya no podía detenerse. Después de que Obregón lo derrotó en Celaya, el ejército se le desbandó a Villa y todos sus hombres volvieron a sus milpas y a sus bosques. Entonces Villa fue a buscarlos uno por uno, a convencerlos de que había que seguir en la bola, y ellos decían que no, que mirara el general, ya habían regresado a sus casas, ya estaban otra vez con sus mujeres y sus hijos. Entonces los pobres oían unos disparos, se volteaban y miraban sus casas en llamas y sus familias muertas. «Ya no tienes ni casa, ni mujer, ni hijos —les decía Villa—, mejor síguele conmigo.»

—Quizás quería mucho a sus hombres, abuelo.

—Que nadie diga que fui un traidor.

—Nadie lo dice. Ya se olvidó todo eso.

Me quedé pensando en lo que acababa de decir. Pancho Villa amó mucho a sus hombres, no podía imaginar que sus soldados no le correspondieran igual. En su recámara, el general Vergara tenía muchas fotos amarillas, algunas meros recortes de periódico. Se le veía acompañando a todos los caudillos de la revolución, pues anduvo con todos y a todos sirvió, por turnos. Como iban cambiando los jefes, iba cambiando el atuendo de Vicente Vergara, asomado entre la multitud que sumergía a don Panchito Madero el famoso día de la entrada a la capital del pequeño y frágil e ingenuo y milagroso apóstol de la revolución, que tumbó al omnipotente don Porfirio con un libro en país de analfabetos, no me digas que no fue un milagro, allí estaba el jovencito Chente Vergara, con su sombrerillo de fieltro arrugado, sin listón, y su camisa sin cuello duro, un peladito más, encaramado en la estatua ecuestre del rey Carlos IV, ese día en que hasta la tierra tembló, igual que cuando murió Nuestro Señor Jesucristo, como si la apoteosis de Madero fuese ya su calvario.

—Después del amor a la Virgen y el odio a los gringos, nada nos une tanto como un crimen alevoso, así es, y todo el pueblo se levantó contra Victoriano Huerta por haber asesinado a don Panchito Madero.

Y luego el capitán de dorados Vicente Vergara, el pecho cruzado de cananas y el sombrero de paja y los calzones blancos, comiéndose un taco con Pancho Villa junto a un tren sofocado, y luego el coronel constitucionalista Vergara, muy jovencito y pulcro con su sombrero tejano y su uniforme caqui, muy protegido por la figura patriarcal y distante de don Venustiano Carranza, el primer jefe de la revolución, impenetrable detrás de sus espejuelos ahumados y su barba que le daba hasta la botonadura de la túnica, ésa parecía casi foto de familia, un padre justo pero severo y un hijo respetuoso y bien encarrilado, que no era el mismo Vicente Vergara, coronel obregonista, pronunciado en Agua Prieta contra el personalismo de Carranza, liberado de la tutela del padre acribillado a balazos mientras dormía sobre un petate en Tlaxcalantongo.

—¡Qué jóvenes se murieron todos!, Madero no alcanzó a cumplir los cuarenta y Villa tenía cuarenta y cinco, Zapata treinta y nueve, hasta Carranza que parecía bien vetarro apenas tenía sesenta y uno, mi general Obregón cuarenta y ocho. Dime si no soy un sobreviviente, pura suerte, chamaco, si mi destino era morir joven, por puritita chiripa no estoy enterrado por ahí, en un pueblo de zopilotes y cempasúchiles, y tú ni hubieras nacido.

Este coronel Vergara sentado entre el general Álvaro Obregón y el filósofo José Vasconcelos en una comida, este coronel Vergara de bigotes a la káiser, uniforme de parada, oscuro, cuello alto y galones dorados.

—Un fanático católico nos mató a mi general Obregón, chamaco. Ay. Asistí al entierro de todos, todititos los que ves aquí, que todos murieron de muerte violenta, menos al de Zapata, que lo enterraron en secreto para poder decir que sigue vivo,
que tampoco era el general Vicente Vergara, ahora vestido de civil, a punto de despedirse de la juventud, muy cuidado, muy esmerado, con su traje de gabardina clara y su perla en la corbata, muy serio, muy solemne, porque sólo así se le daba la mano a ese hombre con rostro de granito y mirada de tigre, el jefe máximo de la revolución, Plutarco Elías Calles.

—Ése era un hombre, chamaco, un humilde profesor de escuela que llegó a presidente. Nadie podía sostenerle la mirada, nadie, ni los que habían pasado por la tremenda prueba de los fusilamientos de a mentiras creyendo que les llegaba la hora y ni siquiera pestañearon, ni ésos. Tu niño Plutarco. Tu padrino, chamaco. Míralo, mírate nomás en sus brazos. Míranos, el día que te bautizó, el día de la unidad nacional, cuando mi general Calles regresó del destierro.

—¿Por qué me bautizó? ¿No era un terrible perseguidor de la Iglesia?

—¿Qué tiene que ver una cosa con otra? Ni modo que te dejáramos sin nombre.

—No, abuelo, usted también dice que la Virgen nos une a los mexicanos, ¿quihubo?

—La Guadalupana es una virgen revolucionaria que lo mismo aparece en los estandartes de Hidalgo, en la independencia, que en los de Zapata, en la revolución, una virgen a toda madre, pues.

—Pero oiga, gracias a usted no fui a escuela de curas.

—La iglesia nomás sirve para dos cosas, para bien nacer y para bien morir, ¿está claro? Pero entre la cuna y la tumba, que no se meta en lo que no le importa y que se dedique a bautizar escuincles y a rezar por las almas.

Los tres hombres que vivíamos en la casota del Pedregal sólo nos reuníamos para la merienda, que seguía siendo la que ordenaba el general mi abuelo. Sopa aguada, sopa seca, frijoles refritos, chilindrinas y champurrado. Mi padre, el licenciado don Agustín Vergara, se vengaba de estas cenas rústicas con largas comidas de tres a cinco en Jena o Rívoli, donde podía ordenar filetes Diana y crepes Suzette. Lo que más le repugnaba de las meriendas era un hábito peculiar del general. Al terminar de comer, el viejillo se sacaba la dentadura postiza y la dejaba caer en un medio vaso de agua caliente. Luego le añadía medio vaso de agua fría. Esperaba un minuto y vaciaba la mitad de ese vaso en otro. Volvía a añadirle una porción de agua caliente al primer vaso, vaciaba la mitad en un tercero y volvía a llenar el primero con el agua tibia del segundo. Enfrentado a las tres mezclas turbias donde nadaban retazos de ropavieja y tortilla, sacaba los dientes del primer vaso, los remojaba en el segundo y el tercero y habiendo obtenido la temperatura deseada, se colocaba los dientes en la boca y los apretaba con las mandíbulas como quien cierra un candado.

—Bien templaditos —decía—, hociquito de león, ah qué caray.

—Es de dar vergüenza —dijo esta noche mi papá el licenciado Agustín, limpiándose los labios con la servilleta y arrojándola luego con desdén sobre el mantel.

Miré con asombro a mi padre. Nunca había dicho nada y el abuelo llevaba años de repetir la ceremonia de la dentadura. El licenciado Agustín debía retener la náusea que le provocaba la paciente alquimia del general. Pero a mí mi abuelito se me hacía muy cotorro.

—Debía darle vergüenza, es un asco —repitió el licenciado.

—Újule —lo miró con sorna el general—, ¿de cuándo acá no puedo hacer mi regalada gana en mi propia casa? Mi casa, dije, y no la tuya, Tin, ni la de tus cuatezones popoff...

—Jamás podré invitarlos aquí, a menos que antes lo esconda a usted en un clóset bajo llave.

—¿Te dan guácara mis dientes pero no mi lana? A ver, cómo está eso.

—Eso está muy mal, muy muy... —dijo mi papá meneando la cabeza con una melancolía que nunca le habíamos visto. No era un hombre grave, sólo un poquitín pomposo, aun en su frivolidad. Su sincera tristeza, sin embargo, se disipó en seguida y miró al abuelo con un helado desafío y una mínima mueca de burla que no alcanzamos a comprender.

Más tarde el abuelo y yo evitamos comentar todo esto en la recámara del general, tan distinta del resto de la casa. Mi papá el licenciado Agustín dejó todos los arreglos en manos de un decorador profesional que nos llenó el caserón de muebles Chippendale, arañas gigantescas y Rubens cobrados como si fuesen de a devis. El general Vergara dijo que le importaba un pito todo eso y se reservó el derecho de amueblar su recámara con los objetos que siempre usaron él y su difunta doña Clotilde, cuando construyeron su primera casa en la Colonia Roma, allá por los veinte. La cama era de metal dorado y a pesar de que había un clóset moderno, el general lo condenó instalando un ropero viejo y pesado, de caoba y espejos, que quedó atrancado contra la puerta del clóset. Miró con cariño su viejo armario.

—Cada que lo abro, siendo todavía el olor de la ropa de mi Clotilde, tan hacendosa, las sábanas bien planchadas, todo bien almidonado.

Abundan en esta recámara cosas que nadie usa ya, como una cómoda de aseo con tapa de mármol, aguamanil de porcelana y altas jarras llenas de agua. Escupidera de cobre y mecedora de mimbre. El general siempre se ha bañado de noche, y ésta de los misterios de mi papá me pidió que lo acompañara y fuimos los dos juntos al baño, el general con su jícara de patitos y flores pintadas a mano y su jabón Castillo, porque odiaba los jabones perfumados y con nombres impronunciables que ahora se usaban, decía que él no era ni estrella de cine ni maricón. Yo lo ayudé con su bata, su piyama y sus pantuflas forradas. Cuando se metió a la tina de agua tibia, enjabonó un zacatón y comenzó a fregarse vigorosamente. Me dijo que era bueno para la circulación de la sangre. Le dije que prefería una ducha y me contestó que eso era para los caballos. Luego, sin que me lo pidiera, lo enjuagué con la jícara, vaciándole el agua sobre los hombros.

—Me quedé pensando, abuelo, en lo que me dijo de Villa y sus dorados.

—Yo también en lo que me contestaste, Plutarco. Puede que sí. Qué falta nos hacen a veces los demás. Todos se han ido muriendo. Y no le hace que nazcan nuevas gentes. Cuando se te mueren los amigos con los que viviste y peleaste, te quedas solo, de plano.

—Usted se acuerda de muchas cosas muy padres y a mí me encanta oírlas.

—Eres mi amiguito. Pero no es lo mismo.

—Haga de cuenta que yo anduve con usted en la revolución, abuelo. Haga de cuenta que yo...

Me entró un extraño bochorno y el viejo sentado en la tina, bien enjabonado otra vez, me interrogó con las cejas blancas de espuma. Luego me agarró la mano con la suya mojada y me la apretó mucho, antes de cambiar rápidamente de tema.

—¿Qué se trae tu jefe, Plutarco?

—Quién sabe. Conmigo nunca habla. Usted lo sabe bien, abuelo.

—Nunca ha sido respondón. Hasta me gustó cómo me contestó a la hora de la cena.

El general se rió y pegó un manotazo en el agua. Dijo que mi papá siempre había sido un güevón que se encontró con la mesa puesta, con negocios honrados, cuando el general Cárdenas les hizo el honor a los callistas de barrerlos del gobierno. Contó, mientras se lavaba la cabeza, que hasta entonces él había vivido de su sueldo de oficial. Cárdenas lo obligó a vivir fuera del presupuesto y a ganarse la vida en los negocios. Las viejas haciendas no producían. Los campesinos las habían quemado antes de irse a la bola. Dijo que mientras Cárdenas repartía la tierra, había que producir. Se juntaron los hombres de Agua Prieta para comprar los cachos no afectados de las haciendas, como pequeños propietarios.

—Sembramos caña en Morelos, jitomate en Sinaloa y algodón en Coahuila. El país pudo comer y vestirse mientras Cárdenas echaba a andar sus ejidos, que nunca arrancaron porque lo que quiere cada hombre del campo es su pedacito de tierra propio, a título personal, ¿ves? Yo puse en marcha las cosas, tu papá nomás administró cuando yo me fui haciendo viejo. Que se acuerde de eso cuando se me pone alzado. Pero palabra que me gustó. Le ha de estar saliendo la espina dorsal. ¿Qué se traerá?

Me encogí de hombros, no me han interesado nunca los negocios ni la política, ¿qué riesgo hay en todo eso?, ¿qué riesgo comparable a lo que antes vivió mi abuelo, las cosas que sí me interesaban?

Entre tantísima foto con los caudillos, la de mi abuelita doña Clotilde es algo aparte. Tiene una pared para ella sola y al lado una mesa con un florero lleno de margaritas. Si el abuelo fuese creyente le pondría veladoras, creo. El marco es ovalado y la foto está firmada en 1915 por el fotógrafo Gutiérrez, de León, Gto. Esta señorita antigua que fue mi abuela parece una muñeca. El fotógrafo coloreó la foto con tonos de rosa pálido y sólo los labios y las mejillas de doña Clotilde están incendiados con una mezcla de rubor y sensualidad. ¿Fue realmente así?

—Fue de película, me dice el general. Era huérfana de madre y a su papá lo fusiló Villa porque era agiotista. Por donde pasaba, Villa suprimía las deudas de los pobres. Pero no le bastaba. Mandaba fusilar a los prestamistas, como escarmiento. Yo creo que la única escarmentada fue mi pobre Clotilde. Recogí a una huerfanita que hubiera aceptado al primer hombre que le ofrecía protegerla. La de huérfanas de esa región que acabaron de putas de los soldados o, con suerte, de artistas de variedades, con tal de sobrevivir. Luego aprendió a quererme mucho.

—¿Usted la quiso siempre?

El abuelo asintió, bien arropado en la cama.

—¿Usted no se aprovechó porque la vio desamparada?

Ahora me lanzó una mirada de cólera y apagó violentamente la luz. Me sentí ridículo, sentado en la oscuridad, meciéndome en la silla de mimbre. Sólo se escuchó, un rato, el ruido de la silla. Después me levanté y caminé de puntas, dispuesto a irme sin decirle buenas noches al general. Me detuvo una imagen bien dolorosa y bien sencilla. Vi a mi abuelo muerto. Amanecía muerto, una mañana de éstas, ¿por qué no?, y yo nunca pude decirle lo que lo quería, nunca más. Él se enfriaba rápido y mis palabras también. Corrí a abrazarlo en la oscuridad y le dije:

—Lo quiero mucho, abuelo.

—Está bien, chamaco. Lo mismo digo.

—Oiga, yo no quiero empezar la vida con la mesa puesta, como usted dice.

—Ni modo. Todo está a mi nombre. Tu papá nomás administra. Cuando me muera, todo te lo dejo a ti.

—No lo quiero, abuelo, abuelo, quisiera empezar de nuevo, como empezó usted...

—Ya no son los mismos tiempos, ¿qué ibas a hacer?

Sonreí apenas:

—Me hubiera gustado castrar a alguien, como usted...

—¿Todavía cuentan ese cuento? Pues sí, así fue. Sólo que esa decisión no la tomé solo, ¿ves?

—Usted dio la orden, cápenlo pero ahoritita mismo.

El abuelo me acarició la cabeza y dijo que lo que nadie sabe es cómo se toman esas decisiones, que nunca se toman a solas. Recordó una noche de fogatas, en las afueras de Gómez Palacio, antes de la batalla de Torreón. Ese hombre que lo había insultado era un prisionero, pero además era un traidor.

—Había sido de los nuestros. Se pasó a los federales y les contó cuántos éramos, cómo veníamos armados. Mis hombres lo hubieran matado de todos modos. Yo nomás me les adelanté. Era la voluntad de ellos. Se volvió la mía. Me dio la oportunidad con su insulto. Ahora cuentan esa historia muy pintoresca, ah qué cabrón mi general Vergara, el mero general Tompiates, sí señor. No, qué va. No fue así de fácil. Lo hubieran matado de todos modos y con derecho, si era un traidor. Pero también era un prisionero de guerra. Ésas son cosas del honor militar como yo lo entiendo, chamaco. Por más despreciable que fuera ese tipo, ahora era prisionero de guerra. Salvé a mis hombres de matarlo. Creo que eso los hubiera deshonrado a ellos. Yo no los podía contener. Creo que eso me hubiera deshonrado a mí. Mi decisión fue la de todos y la de todos fue la mía. Así pasan esas cosas. No hay manera de saber dónde empieza tu voluntad y dónde empieza la de tus hombres.

—Regresé a decirle que me hubiera gustado nacer al mismo tiempo que usted para haberlo acompañado.

—No fue un bonito espectáculo, qué va. Ese hombre desangrándose hasta el amanecer sobre el polvo del desierto. Luego se lo comió el sol y los zopilotes lo velaron. Y nosotros nos fuimos, sabiendo en secreto que lo que habíamos hecho lo habíamos hecho todos. En cambio, si lo hacen ellos y yo no, ni yo soy el jefe ni ellos se hubieran sentido tranquilos para la batalla. No hay nada peor que matar a un pobre tipo solitario al que le estás mirando los ojos antes de matar a muchos tipos sin cara, que ni conoces sus miradas. Así son esas cosas.

—Qué ganas, abuelo...

—No te hagas ilusiones. No volverá a haber una revolución así en México. Eso pasa una sola vez.

—¿Y yo, abuelo?

—Pobrecito mi chamaco, abráceme fuerte, mijito, lo entiendo, palabra que lo entiendo... ¡Qué ganas de volverme joven yo para andar contigo! La que armaríamos, Plutarco, tú y yo juntos, ah qué caray.

Con mi padre el licenciado yo hablaba pocas veces. Ya he dicho que los tres sólo nos reuníamos para la merienda y allí el general llevaba la voz cantante. Mi papá me llamaba de vez en cuando a su despacho, para preguntarme cómo iba en la escuela, qué tal mis calificaciones, qué carrera iba a seguir. Si le hubiera dicho que no sabía, que me la pasaba leyendo novelas, que me gustaba irme a mundos lejanos, la Siberia de Miguel Strogoff, la Francia de D'Artagnan, que me interesaba muchísimo más saber lo que nunca podría ser que lo que quisiera ser, mi papá no me hubiera regañado, ni siquiera con desilusión. Simplemente, no me habría comprendido. Conocía bien su mirada perpleja cuando se decía algo que escapaba por completo a su inteligencia. Eso me dolía a mí mucho más que a él.

—Entraré a Derecho, papá.

—Muy bien, muy acertado. Pero luego especialízate en administración de negocios. ¿Te ilusionaría ir al Harvard Business School? Es difícil el ingreso, pero puedo mover palancas.

Yo me hacía el disimulado y me quedaba mirando los tomos, idénticamente empastados de rojo, de la biblioteca. No había nada interesante, salvo la colección completa del *Diario Oficial*, que siempre empieza con los permisos para usar condecoraciones extranjeras. La Orden de las

Estrellas Celestes de China, la del Libertador Simón Bolívar, la Legión de Honor francesa. Sólo en ausencia de mi padre me atrevo a entrar, como espía, a su recámara alfombrada y forrada de madera. Allí no hay ningún recuerdo, ni siquiera una foto de mi madre. Ella murió cuando yo tenía cinco años, no la recuerdo. Una vez al año, el 10 de mayo, vamos los tres al Panteón Francés, donde están enterradas juntas mi abuelita Clotilde y mi mamá, Evangelina se llamaba. Tenía trece años cuando un compañero de la secundaria «Revolución» me mostró una foto de una muchacha en traje de baño, y es la primera vez que sentí una excitación. Igual que doña Clotilde en su foto, sentía gusto y vergüenza al mismo tiempo. Me puse colorado y mi compañero, con grandes risotadas, me dijo te la regalo, es tu mamacita. Una banda de seda le cuelga del hombro a la muchacha de la foto, le cruza los pechos y se le ajusta a la cadera. La leyenda dice «Reina del Carnaval de Mazatlán».

—Mi papá dice que era un cuero tu jefa —me dijo carcajeándose mi compañero de escuela.

—¿Cómo era mi mamá, abuelo?

—Guapa, Plutarco. Demasiado guapa.

—¿Por qué no hay ninguna foto de ella en la casa?

—Por puritito dolor.

—No quiero quedarme fuera del dolor, abuelo.

El general me miró muy raro cuando le dije esto; cómo no iba a recordar su mirada y mis palabras esa noche famosa, cuando me despertaron las voces levantadas, en esta casa donde no se oía un ruido después de que mi padre salía acabando de cenar, manejando su Lincoln Continental, y regresaba muy temprano, como a las seis, a bañarse y rasurarse y a desayunar en piyama, como si hubiera pasado la noche en casa, ¿a quién engañaba?, si a cada rato lo veía fotografiado en las páginas sociales acompañado siempre de una viuda riquísima, cincuentona como él, pero la podía mostrar, yo no pasaba de irme de putas los sábados, solo, sin cuates. Quería ligarme a una señora de a deveras, madura, como la amante de mi papá, no a las niñas bien que conocía en fiestas de otros riquillos como nosotros. ¿Dónde estaba mi Clotilde para rescatarla, protegerla, enseñarla a quererme, cómo era Evangelina, la soñaba, con su traje de baño blanco, de satín, marca Jantzen?

Soñaba con mi madre cuando me despertaron las voces que rompían los horarios de la casa, me senté en la cama, me puse instintivamente los calcetines para bajar sin hacer ruido, claro, en mi sueño había escuchado al abuelo chancletear, no había sido sueño sino verdad, no, yo era el único en esta casa que sabía que el sueño es la verdad, eso me iba diciendo mientras caminaba en silencio hacia la sala, de allí venían las voces, la revolución no era verdad, era un sueño de mi abuelito, mi mamá no era verdad, era un sueño mío, y por eso eran ciertas, sólo mi papá no soñaba, por eso era de a mentiras.

Mentiras, mentiras, eso gritaba el abuelo cuando me detuve sin entrar a la sala, me quedé escondido detrás de la reproducción tamaño natural de la Victoria de Samotracia que el decorador había mandado poner allí, como una diosa guardiana de nuestro hogar, de la sala a la que nadie entraba nunca, era de exposición, ni una pisada, ni una colilla de cigarro, ni una mancha de café y ahora el escenario de este pleito a la medianoche entre mi abuelo y mi padre, gritándose, mi abuelo el general con la voz que le imaginaba al ordenarle a un soldado, cápenlo, pero ahoritita mismo, quémenlo, fusílenlo, primero lo matamos y luego averiguamos, el mero general Tompiates, mi padre el licenciado con una voz que jamás le había escuchado.

Me imaginé que el abuelo, a pesar de su coraje, estaba gozando que al final el hijo le saliera respondón, lo estaba maltratando como a un cabo borracho, si hubiera tenido un fuete a la mano le deja la cara como crucigrama a mi papá, de hijo de la chingada no lo bajaba, y mi papá de viejo pendejo al general, y el abuelo que pendejo no había más que uno en esta familia, le había entregado una fortuna sólida, honrada, nomás para que la administrara, con los mejores abogados y cepetés, no tenía que hacer nada más que firmar y cobrar rentas y meter tantito al banco y otro tantito reinvertirlo, ¿cómo que no quedaba nada? dése de santos, viejo pendejo, dése de santos, por lo menos no voy a la cárcel, yo no firmé nada, muy abusado, dejé que los abogados y los contadores firmaran todo por mí, al menos puedo decir que todo se hizo a mis espaldas pero que yo respondo de las deudas, yo también fui víctima del fraude, igual que los accionistas, hijo de la chingada, yo te entregué una fortuna sólida, sana, la riqueza de la tierra es la única riqueza segura, el dinero es puro papel si no se basa en la tierra, mequetrefe, puro bilimbique, quién te manda levantar un imperio de pura saliva, financieras fantasmas, venta de acciones balín, cien millones de pesos sin nada que los respalde, andar creyendo que mientras más deudas se tiene más seguro el asunto y más intocable, pendejo, no se apure, general, le digo que el proceso se seguirá contra los abogados y contadores, a mí me engañaron también, eso mantendré, mantendrás madre, tienes que responder con la tierra, con las propiedades de Sinaloa, los cultivos de jitomate, jitomate, jitomate, cómo se ríe mi padre, nunca le he oído reírse así, ah qué bruto será usted, mi general, jitomates, ¿se le ocurre que con jitomates construimos esta casa y compramos los coches y nos damos la gran vida?, ¿cree usted que soy placera de la Merced?, ¿qué cree usted que se da mejor en Sinaloa, el jitomate o la amapola?, qué más da, campos rojos, desde el aire ni quien diga que no son jitomates, ¿ahora por qué se queda callado?, ¿quiere saberlo todo?, si respondo a las deudas con los campos, eso tiene que salir al aire, entonces quema pronto los cultivos, cabrón, arrasa y di que te cayó el chahuistle, ¿qué esperas?, ¿y usted se anda creyendo que me van a dejar hacer eso?, cómo será usted un viejo tarugo, los gringos que me compran el producto y lo comercializan, pues, mis socios de California, donde se vende la heroína, ¿qué cree usted?, se van a cruzar de brazos, cómo no, ahora dígame de dónde saco cien millones de pesos para reembolsar a los accionistas, dígame nomás entre la casa y los coches apenas arañamos los diez millones y en la cuenta de Suiza habrá otro tanto, pobre diablo, ni a la droga le sacaste jugo, te babosearon los yanquis.

Luego el general se quedó callado y el licenciado hizo un ruido de desesperación con la garganta.

—Cuando te casaste con una puta, sólo te deshonraste a ti mismo, dijo finalmente el abuelo. Pero ahora me has deshonrado a mí.

Eso no quería oírlo, que no siguieran, rogué, amparado por las alas de la Victoria, eso era ridículo, una escena de mala película mexicana, de telenovela de la caja idiota, yo escondido detrás de una cortina oyendo a los mayores decirse las verdades, escena de Libertad Lamarque y Arturo de Córdova, clásica, el abuelo salió con paso militar de la sala, yo me adelanté, lo agarré del brazo, mi padre nos miró estupefacto, le dije al abuelo:

—¿Trae usted lana?

El general Vergara me miró derecho y se acarició el cinturón. Era su viborilla llena de centenarios de oro.

—Hecho. Véngase conmigo.

Nos fuimos, yo abrazando al viejo, mientras mi padre nos gritaba desde la sala:

—¡A nadie le voy a dar el gusto de verme vencido!

El general le dio un empujón al gigantesco florero de vidrio cortado del vestíbulo, que cayó y se hizo pedazos. Dejamos detrás de nosotros un reguero de alcatraces de plástico y arrancamos en el Thunderbird rojo, yo con mi piyama y mis calcetines, el general muy compuesto con su traje de gabardina clara, su corbata marrón con una perla de alfiler clavada debajo del nudo, y acariciando continuamente el cinturón lleno de oro: ahora sí daba gusto, arrancarse a lo largo del periférico a la una de la mañana, sin tránsito, sin paisaje, vía libre a la eternidad, eso le dije al abuelo, agárrese fuerte, mi general, que voy a hundir el fierro hasta ciento veinte, cuacos más broncos he montado, rió mi abuelo, vamos a ver a quién le cuenta usted sus recuerdos, vamos a encontrar gente que lo oiga, vamos a botarnos los centenarios, vamos a empezar de vuelta, abuelito, chamaco, seguro, desde cero, otra vez.

En la Plaza Garibaldi, a la una y cuarto de la mañana, lo primero es lo primero, chamaco, unos mariachis que la sigan con nosotros toda la noche, ni preguntes cuánto, nomás si saben tocar *La Valentina* y *Camino de Guanajuato*, a ver muchachos, qué tal templan el guitarrón, el abuelo lanzó un aullido de coyote, Valentina, Valentina, yo te quisiera decir, éntrenle con nosotros al Tenampa, vamos a empinarnos unos tequilas, con eso me desayuno yo, muchachos, a ver quién aguanta más, así me templé para el encuentro de Celaya, cuando le echamos los villistas la caballería encima a Obregón, una pasión me domina, y es la que siento por ti, y frente a nosotros sólo veíamos el llano inmenso y al fondo las artillerías y los jinetes inmóviles del enemigo y aquí las bandejas abolladas llenas de cervezas y nos lanzamos a todo galope, seguros de la victoria, con unos bríos de tigres salvajes, y entonces los mariachis nos miran con sus ojos de piedra, como si mi abuelito y yo no existiéramos y entonces de las loberas invisibles en el llano salieron de golpe mil bayonetas, muchachos, en esos hoyos estaban escondidos los yaquis fieles a Obregón, cuidado, no derramen las frías así de raro nos miraban, un viejito hablantín y un chamaco en piyama, ¿qué se traen?, nomás nos iban clavando las bayonetas en las panzas de nuestros caballos, manteniéndolas firmes hasta rajarles las tripas, esos yaquis con arracadas en las orejas y las cabezas cubiertas de pañoletas rojas bañadas de sangre y tripa y cojón de caballo, otra vuelta, seguro, la noche es joven, nos espantamos, cómo no nos íbamos a espantar, quién iba a imaginarse esa táctica tan tremenda de mi general Obregón, allí comencé a respetarlo, palabra que sí, ¿a qué hora cantamos?, ¿no nos contrató para cantarle, señor?, nos miraban diciendo éstos no traen ni morralla, retrocedimos, atacamos con cañones, pero ya estábamos vencidos por la sorpresa, Celaya era un campo de humo y sangre y caballiza agonizante, humo de cigarrillos Delicados, un mariachi aburrido le untó sal y le exprimió un limón a mi abuelo en el puño cerrado, le volamos un brazo al general Obregón, así de dura estuvo la cosa, allí me dije, contra éste no se puede, se encogió de hombros y le untó la sal a la boca de la trompeta y comenzó a juguetear con ella, a sacarle tristezas, Villa es pura fuerza desatada, sin rumbo, Obregón es fuerza inteligente, es el más chingón, ya estaba dispuesto a meterme en ese campo de batalla como quien se mete a un rastro, a buscar el brazo que le volamos a Obregón, para devolvérselo diciéndole mi general, usted es el mero chingón, aquí tiene su bracito y dispense, ah que caray, aunque ustedes ya saben lo que pasó, ¿no?, ¿nadie sabe?, ¿no les importa saber?, pues que el propio general Obregón lanzó un centenario de oro al aire, así, y el brazo mutilado se levantó volando de la tierra, el puño sangriento pescó al aire la moneda, así, ah qué caray, te gané, mariachazo, ¿ahora sí te interesó mi historia?, te gané, igual nos ganó Obregón y así recuperó su brazo en Celaya, si me han de matar mañana, que me maten de una vez, quiero que me quieran, muchachos, nomás, quiero que me sean fieles, aunque sea esta noche, nomás.

A las dos de la mañana, en el Club de los Aztecas pintado de plata, la sensacional Ricky Rola reina del chachachá, cubas libres para todos, aquí los muchachos son mis cuates, cómo que no pueden sentarse, usted es un pinche gato sangre de limón, mírese nomás qué verdes ojeras se trae, pinche barrendero de tapancos, cállese el hocico o lo dejo bien exprimido, cómo que mi nieto en piyama no, si es su único trajecito, si nomás vive de noche, si se la pasa durmiendo con tu mamacita toditito el día, está bien cansadito, cómo que van a protestar los músicos, también mis mariachis son de la CTM, siéntense muchachos, se los ordena el general Vergara, ¿qué dices, pinche asistente?, que a sus órdenes mi general, aprende, cara de limón, vete a mear vinagre, luces amarillas, color de rosa, azules, la inmarcesible Azucena reina del bolero sentimental, se metió con calzador el traje de lentejuelas, mire mi general, se levantó las chichis con grúa después de jugar fútbol con ellas, ésta es de las que se meten goles solas, ha de tener el ombligo del tamaño de la plaza de toros, le dieron ocho manitas de pintura antes de salir, mi general, mire nomás esas pestañas que parecen persianas negras, te vendes, ¿no me digas?, ¿cuánto cuestan tus ojitos de luto, gorda?, hipócrita, ¿a quién le canta esas canciones de padrotes, muchachos?, a ver, al asalto, mis tigrillos, sencillamente hipócrita, te burlaste de mí, una canción de machos, súbanse allí al templete, nalgada a la inmarcesible Azucena, a pelar chayotes, gorda, ah qué chillido, respeto para los artistas, a bañarse, sudorosa, despíntese la cara de payaso, no grite, si es por su bien, al asalto mi tropa, cante mi general, y nuestro México febrero dieciséis, nos manda Wilson diez mil americanos, venga la guitarra que suena a llanto, venga la trompeta que sabe a sal, tanques, cañones y hartos aeroplanos, buscando a Villa, queriéndolo matar, bájese pinche viejito, al rastro mariachones balines, y ese puto de piyama, pabajo, aquí nomás tocan los músicos sindicalizados, puros jotos envaselinados con corbatita de moño y smoking brillante de tanta planchada, planchados te voy a dejar los güevos, vejestorio, órale mis muchachos, ya me bravearon y eso no, por la santísima virgen que no, cápalos, abuelito, pero ahoritita mismo, una patada al tambor, guitarrón contra las baterías, sáquenle las tripas al piano como a los caballos de Celaya, cuídese abuelito del tipo del saxofón, descontón a la panza, clávele la cabeza en el tambor a ese pelado, Plutarco, duro, mis tigrillos, quiero ver la sangre de estos chamizcleros en la pista de baile, ese de la batería usa peluquín, Plutarco, arráncaselo, ora sí, cabecita de huevo, que te pasen por agua antes de que yo te pase por mis cojones, patada al culo, Plutarco, y a correr todos que el Limonadas ya llamó a los azules, róbense el arpa, muchachos, no quedó una tecla en su lugar, tome, mi general, las pestañas de la cantante y ahí les dejo este reguero de centenarios para pagar los desperfectos.

Pasaditas las tres, en casa de la Bandida, donde yo era bien conocido y la mera dueña nos dio la bienvenida, qué chulo piyama Plutarco y se sintió muy honrada de que el famoso general Tompiates y qué idea tan a todo dar traerse a los mariachis y que nos toquen el *Siete Leguas*, ella misma, la Señora, lo iba a cantar, porque era composición suya, Siete Leguas el caballo que Villa más estimaba, escancien los rones, pásenle muchachas, todas recién llegaditas de Guadalajara, todas muy jovencitas, será usted cuando mucho el segundo que las toca en su vida mi general y si prefiere le traigo a una virgencita como quien dice, qué buena idea tuviste, Plutarco, así, así, en las rodillitas de mi general, Judith, no te hagas la remolona, ay, es que está deatiro pa los liones, doña Chela, ni mi abuelito está tan carcas, oye tú pinche enana, es mi abuelito y me lo respetas, no me hace falta que me defiendas, Plutarco, ahora va a ver esta mariposilla nocturna que Vicente Vergara no está para los leones sino que yo soy el mero león, véngase, Judicita, a ver dónde dejó su petate, va a ver lo que es un macho, lo que quiero es ver el color de los centavos, ahí te va, péscalo, me lleva, un centenario de oro, doña Chela, óigame, el viejito viene forrado, cuando oía pitar los trenes, se paraba y relinchaba, escojan, muchachos, les dijo mi abuelito a los mariachis, recuerden que son mi tropa de tigrillos, ni regateen.

Me quedé esperando en la sala, oyendo discos. Entre mi abuelo y los mariachis acapararon a todas las muchachas. Me bebí una cuba y conté los minutos. Cuando pasaron más de treinta, comencé a preocuparme. Subí por la escalera al segundo piso y pregunté dónde trabajaba Judith. La toallera me llevó hasta la puerta. Toqué y Judith abrió, chiquitita sin sus tacones, encuerada. El general estaba sentado al filo de la cama, sin pantalones, con los calcetines detenidos por unas viejas ligas rojas. Me miró con los ojos llenos de esa agua que a veces se le salía sin querer de su cabeza de biznaga vieja. Me miró con tristeza.

—No pude, Plutarco, no pude.

Agarré de la nuca a Judith, le torcí el brazo detrás de la espalda, la puta me llegaba al hombro, chillaba, no fue mi culpa, le hice su show, todo lo que me pidió, hice mi trabajo, le cumplí, no lo robé, pero que ya no me mire así, si quiere le devuelvo el centenario, pero que ya no me mire triste, por favor, no me hagas daño, suéltame.

Le torcí todavía más el brazo, le jalé todavía más el pelo ensortijado, veía en el espejo su cara de gatita salvaje, chillando, con los ojos muy cerrados, los pómulos altos y la boca pintada con polvo plateado, los dientes chiquititos pero filosos, sudorosa la espalda.

—¿Así era mi mamá, abuelo? ¿Una huila así? ¿Eso quiso usted decir?

Solté a Judith. Salió corriendo, tapándose con una toalla. Fui a sentarme junto al abuelo. No me contestó. Lo ayudé a vestirse. Murmuró:

—Ojalá, Plutarco, ojalá.

—¿Corneó a mi papá?

—Como venadito lo dejó.

—¿Y qué?

—No le hacía falta, como a ésta.

—Entonces lo hacía por placer. ¿Qué tiene de malo?

—Fue una ingratitud.

—Seguro que mi papá no le cumplió.

—Se hubiera metido al cine, no a mi hogar.

—¿De manera que le hicimos el gran favor? Mejor se lo hubiera hecho mi papá en la cama.

—Yo nomás sé que deshonró a tu papá.

—Por necesidad, abuelo.

—Cuando recuerdo a mi Clotilde.

—Le digo que lo hizo por necesidad, igual que esta puta.

—Yo tampoco le cumplí, chamaco. Ha de ser la falta de práctica.

—Déjeme enseñarle, déjeme refrescarle la memoria.

Ahora que ya rebasé la treintena, recuerdo esa noche de mis diecinueve años como entonces la sentí, la noche de mi liberación. Eso sentí mientras me cogía a Judith con los mariachis en la recámara, bien zumbos, dale y dale al corrido del caballo de Pancho Villa, en la estación de Irapuato, cantaban los horizontes, mi abuelo sentado en una silla, triste y silencioso, como si mirara la vida renacer y ya no fuese la suya ni pudiese serlo nunca más, la Judith colorada de vergüenza, nunca lo había hecho así, con música y todo, helada, avergonzada, fingiendo emociones que yo le sabía falsas porque su cuerpo era el de la noche muerta y sólo yo vencía, la victoria era sólo para mí y nadie más, por eso no me supo a nada, no era como esos actos de todos de los que hablaba el general, quizás por eso la tristeza de mi abuelo era tan grande y tan grande fue, para siempre, la melancolía de la libertad que entonces creí ganarme.

Llegamos como a las seis de la mañana al Panteón Francés. El abuelo le entregó otro de los centenarios que traía en su viborilla cuajada al guardián tullido de frío y nos dejó entrar. Quería llevarle serenata a doña Clotilde en su tumba y los mariachis cantaron *Camino de Guanajuato* con el arpa que se robaron del cabaret, no vale nada la vida, la vida no vale nada. El general los acompañó, era su canción preferida, le traía tantos recuerdos de su juventud, camino de Guanajuato, que pasas por tanto pueblo.

Les pagamos a los mariachis, quedamos en vernos todos pronto, cuates hasta la muerte, y regresamos a la casa. Aunque había poco tránsito a esa hora, yo no tenía ganas de correr. Íbamos los dos, el abuelo y yo, de regreso a nuestra casa en ese cementerio involuntario que se levanta al sur de la ciudad de México: el Pedregal. Mudo testigo de cataclismos que nadie documentó, el negro terreno vigilado por los volcanes extintos es una Pompeya invisible. Hace miles de años, la lava inundó la noche de burbujas ardientes; nadie sabe quién murió aquí, quién huyó de aquí. Algunos, como yo, piensan que nunca debió tocarse ese perfecto silencio que era como un calendario de la creación. Muchas veces, de niño, cuando todavía vivíamos en la Colonia Roma y vivía mi mamá, pasé por allí para visitar la pirámide de Copilco, piedra corona de la piedra. Recuerdo que todos, espontáneamente, guardábamos silencio al mirar ese paisaje muerto, dueño de un crepúsculo propio que jamás disiparían las mañanas (entonces) luminosas de nuestro valle, ¿se acuerda, abuelo? Es lo primero que yo recuerdo. Íbamos de día de campo, porque entonces el campo estaba muy cerca de la ciudad. Yo viajaba siempre sentado en las rodillas de la criada, ¿era mi nana?, Manuelita se llamaba.

Ahora que regresaba a la casa del Pedregal con mi abuelito humillado y borracho, recordé cómo se construyeron los edificios de la Ciudad Universitaria y la roca volcánica fue maquillada, el Pedregal se puso anteojos de vidrio verde, toga de cemento, se pintó los labios de acrilita, se incrustó de mosaicos las mejillas y venció la negrura de la tierra con una sombra de humo aún más negra. El silencio se rompió. Del otro lado del vasto estacionamiento de automóviles de la Universidad, se parcelaron los Jardines del Pedregal. Se definió un estilo que unificara la construcción y el paisaje del nuevo barrio residencial. Muros altos, blancos, azul añil, bermejón, amarillo. Vivos colores mexicanos de la fiesta, abuelo, y tradición española de la fortaleza, ¿me oye usted? La roca fue sembrada de plantas dramáticas, desnudas, sin más adorno que algunas flores agresivas. Puertas cerradas como cinturones de castidad, abuelo, y flores abiertas como heridas genitales, como el coño de la puta Judith, que usted ya no se pudo coger y yo sí y para qué, abuelito.

Ya vamos llegando juntos a los Jardines del Pedregal, a las mansiones que debieron ser todas iguales, detrás de los muros, Japón pasado por Bauhaus, modernas, de un solo piso, techos bajos, ventanales amplios, piscinas, jardines de roca. ¿Se acuerda, abuelo? La totalidad del fraccionamiento fue circundada por murallas y el acceso limitado a cierto número de rejas anaranjadas custodiadas por guardias. Qué lastimoso intento de castidad urbana en una capital como la nuestra, despierte, abuelito, mírela de noche, México, ciudad voluntariamente cancerosa, hambrienta de extensión anárquica, pintaviolines de toda intención de estilo, ciudad que confunde la democracia con la posesión, pero también el igualitarismo con la vulgaridad: mírela ahora, abuelo, como la vimos esa noche que nos fuimos de mariachis y de putas, mírela ahora que usted ya se murió y yo pasé la treintena, presionada por sus anchísimos cinturones de miseria, legiones de desempleados, inmigrantes del campo y millones de niños concebidos, abuelo, entre un aullido y un suspiro: nuestra ciudad, abuelo, otorgará escasa vida a los oasis de exclusividad. Mantener el de los Jardines del Pedregal era como cuidarse las uñas mientras el cuerpo se gangrenaba. Cayeron las rejas, se fueron los guardias, el capricho de la construcción rompió para siempre la cuarentena de nuestro elegante leprosario y mi abuelo tenía la cara gris como los muros de concreto del periférico. Se quedó dormido y cuando llegamos a la casa tuve que bajarlo cargado, como a un niño. Qué ligero, enjuto, piel pegada al esqueleto, qué extraña mueca de olvido en su cara tan cargada de memorias. Lo recosté en su cama y mi papá me esperaba en el umbral.

Mi padre el licenciado me hizo un gesto para que lo siguiera por los vestíbulos de mármol hasta la biblioteca. Abrió el gabinete lleno de cristalería, espejos y botellas. Me ofreció un coñac y le dije que no con la cabeza. Rogué que no me preguntara dónde habíamos andado, qué habíamos hecho, porque habría tenido que contestarle con una de esas cosas que él no entendía y eso, ya lo dije, me dolía a mí más que a él. Le rechacé el coñac como le hubiera rechazado sus preguntas. Era la noche de mi libertad y no la iba a perder aceptando que mi padre podía interrogarme. Yo tenía la mesa puesta, ¿no?, para qué andaba tratando de averiguar, nuevamente, para mí nada más, qué cosa era amor, ser valiente, ser libre.

—¿Qué me reprochas, Plutarco?

—Que me hayas dejado fuera de todo, hasta del dolor.

Me dio lástima mi papá cuando le dije esto. Se paró y se fue caminando hasta el ventanal que daba sobre el patio interior rodeado de cristales y con una fuente de mármol en el centro. Apartó las cortinas con un gesto melodramático en el momento mismo en que Nicomedes puso a correr el agua, como si lo hubiera ensayado. Me dio pena: eran gestos que había aprendido en el cine. Todo lo que hacía era aprendido en el cine. Todo lo que hacía era aprendido y pomposo. Lo comparé con el relajo espontáneo que sabía armar mi abuelito. Llevaba años de codearse con millonarios gringos y marqueses con títulos inventados. Su propia cédula de nobleza era salir fotografiado en las páginas de fiestas de los periódicos bigote a la inglesa peinado para arriba, pelo entrecano, traje discreto, gris, pañuelo llamativo brotándole del pecho, como las flores de las plantas secas del Pedregal. Como para muchos mexicanos ricachones de su generación, el modelo era el Duque de Windsor, la corbata de nudo grueso, pero nunca encontraron a su señora Simpson. Pobres: codeándose con un tejano vulgar que vino a comprarse un hotel en Acapulco o con un vendedor de sardinas español que le compró la aristocracia a Franco, cosas de ésas. Era un hombre muy ocupado.

Se apartó de la cortina y me dijo que de seguro no me iban a impresionar sus argumentos, mi madre nunca se ocupó de mí, la encandiló la vida social, era la época en que llegaron los emigrados europeos, el rey Carol y madame Lupescu con valets y pequineses, era la primera vez que la ciudad de México se sentía una capital cosmopolita, excitante, no un poblacho de indios y cuartelazos. Cómo no iba a deslumbrarse Evangelina, una provincianita bella que tenía un diente de oro cuando él la conoció, una de esas hembras de la costa de Sinaloa que se hacen mujeres pronto, y altas, y blancas, y con ojos de seda y largas cabelleras negras, que traen metidos el día y la noche en el cuerpo al mismo tiempo, Plutarco, brillándoles juntos en sus cuerpos, todas las promesas, todas, Plutarco.

Fue al carnaval de Mazatlán con unos amigos, abogados jóvenes como él y ella era la reina. La paseaban por el malecón de las Olas Altas en coche abierto adornado de gladiolas, todos la cortejaban, las orquestas tocaban *Amor chiquito acabado de nacer*, lo prefirió a él, ella lo escogió, la felicidad con él, la vida con él, él no la forzó, no le ofreció más que los otros, como el general a la abuelita Clotilde que no tuvo más remedio que aceptar la protección de un hombre poderoso y valiente. Evangelina no. Evangelina lo besó por primera vez una noche, en la playa, y le dijo tú me gustas, tú eres el más tierno, tus manos son bonitas. Yo era el más tierno, lo era, Plutarco, de veras, quería querer. El mar era tan joven como ella, los dos acaban de nacer juntos, Evangelina tu madre y el mar, sin deudas con nadie, sin obligaciones como tu abuelita Clotilde. No tuve que forzarla, no tuve que enseñarle a quererme, como tu abuelo. Eso lo sabía el general en su corazón, y le dolía, Plutarco, su veneración por mi mamá Clotilde, él era como el dicho, nunca perdía y si perdía arrebataba, mi mamá era parte de su botín de guerra, por más que quisiera disfrazarlo, ella no lo quería pero llegó a quererlo, en cambio Evangelina me escogió a mí, yo quería querer, el abuelo quiere que lo quieran, por eso decidió que Evangelina debía dejar de quererme, al revés de lo que le pasó a él, ¿ves? El día entero la comparaba con su santa Clotilde, todo era mi difunta Clotilde no lo hubiera hecho así, en tiempos de mi Clotilde, mi Clotilde que en paz descanse, ella sí sabía llevar una casa, ella sí era modesta, ella nunca me levantó la voz, mi Clotilde era modosa, nunca se retrató enseñando las piernas y lo mismo, más cuando naciste tú, Plutarco, mi Clotilde sí era una madrecita mexicana, ella sí sabía criar a un niño.

—¿Por qué no le das los pechos a Plutarco? ¿Tienes miedo de que se estropeen? ¿Pues para qué los quieres? ¿Para enseñárselos a los hombres? Se acabó el carnaval, señorita, ahora a ser señora decente.

Si mi padre logró hacerme odiar el recuerdo de mi mamá Clotilde, cómo no iba a exasperar a Evangelina, cómo no iba a aislarse primero tu mamá y luego alejarse de la casa, ir al dentista, buscar las fiestas, buscar a otro hombre, si era tan elemental mi Evangelina, deja a tu padre, Agustín, vamos a vivir solos, vamos a querernos como al principio y el general que no se te trepe la vieja al cuello, déjala salirse una sola vez con la suya y te dominará siempre, pero en el fondo estaba deseando que ella me dejara de querer para que yo tuviera que obligarla a quererme, igual que él, para que yo no tuviera la ventaja que él no tuvo. Para que nadie tuviera la libertad que a él le faltó. Si a él le costaron las cosas, que también nos costaran a mí y luego a ti, así lo ve él todo, a su manera, nos puso la mesa, como él dice, no va a haber otra revolución para ganarse de un golpe el amor y el coraje, ya no, ahora hay que probarse en otros terrenos, ¿por qué iba a costarle todo a él y a nosotros nada?, él es nuestro eterno don Porfirio, ¿no ves?, a ver si nos atrevemos a demostrarle que no nos hace falta, que podemos vivir sin sus recuerdos, sus herencias, sus tiranías sentimentales. Le gusta que lo quieran, el general Vicente Vergara es nuestro mero padre, estamos obligados a quererlo y a emularlo, a ver si podemos hacer lo que él hizo, ahora que es más difícil.

Tú y yo, Plutarco, qué batallas vamos a ganar, qué mujeres vamos a domar, qué soldados vamos a castrar, veme diciendo. Ése es el horrible desafío de tu abuelito, date cuenta ya pronto o te va a doblar como me dobló a mí, eso nos dice a carcajadas, a ver si son capaces de hacer lo que yo hice, ahora que ya no se puede, a ver si saben heredar, además de mi dinero, algo más difícil.

—Mi violencia impune.

Evangelina era tan inocente, tan íntimamente indefensa, eso me irritaba más que nada, que no podía culparla y si no podía culparla tampoco podía perdonarla. Eso sí es algo que nunca vivió el abuelo. Sólo con un sentimiento así podía ganarle para siempre, dentro de mí, aunque me siguiera manteniendo y burlándose: yo había hecho algo más o algo diferente. Aún no lo sé. Tampoco lo supo tu mamá, que se ha de haber sentido culpable de todo menos de lo único que yo la culpaba.

—Su irritante inocencia.

Mi padre había bebido toda la noche. Más que el abuelo y yo. Fue hasta el *high-fidelity* y lo prendió. Avelina Landín cantó cuando los hilos de plata se asomen en tu juventud, mi padre se dejó caer en un sillón, como Fernando Soler en *La mujer sin alma*. Ya no me importó si esto también lo había aprendido.

—El parte médico dijo que tu mamá había muerto atragantada con un pedazo de carne. Así de sencillo. Esas cosas se arreglan fáciles. Le amarramos tu abuelo y yo una mascada muy bonita al cuello, para el velorio.

Bebió de un golpe el resto del coñac, depositó la copa en un anaquel y se quedó mirando largo rato las palmas abiertas de sus manos mientras Avelina cantaba como la luna de plata se retrata en un lago azul.

Claro que se arreglaron los negocios. Los amigos de mi papá en Los Ángeles cubrieron la deuda de cien millones para que los campos de Sinaloa no fuesen tocados. El abuelo estuvo encamado un mes después del parrandón que nos echamos juntos, pero ya estaba muy repuesto para el 10 de mayo, Día de las Madres, cuando los tres hombres de la casota del Pedregal fuimos juntos, como todos los años, al Panteón Francés a depositar flores en la cripta donde están enterradas mi abuelita Clotilde y mi mamá Evangelina.

Esa cripta de mármol se parece, en miniatura, a nuestra mansión. Aquí duermen las dos, dijo el general con la voz quebrada y la cabeza baja, sollozando, con la cara escondida en un pañuelo. Yo estoy entre mi papá y mi abuelo, agarrado de sus manos. La mano del abuelo es fría, sin sudor, con esa piel de lagartija. En cambio, la de mi papá arde como lumbre. Sollozó de nuevo el abuelo y descubrió su rostro. De haberlo mirado bien, seguro me habría preguntado por quién lloraba tanto y por quién lloraba más, si por su esposa o por su nuera. Pero en ese momento, yo sólo trataba de adivinar mi porvenir. Esta vez fuimos al cementerio sin mariachis. Me hubiera gustado un poco de música.

Agua quemada

Los de abajo

MACEUALLI[1]

¡Ay ay ay ay ay! Las olas de la laguna
—¿Qué hay, Beto?
—Pos aquí...
—¿El negocio?
—Ahi nomás...
—¿Y tu amigo?
—Es Gabriel.
—¿El que se fue de bracero?
—¿Cómo...?
—Teódula me lo contó.
—Pos a poco.
¡Ay ay ay ay ay! unas vienen y otras van
—Oyes, que el señor aquí es amigo de la viuda Teódula, Gabriel.
—Pos sí.
—¿Qué tal te fue por allá?
—Pos ahi, cómo le diré...
—¿Se toman algo?
—Pa' luego...
¡Ay ay ay ay ay! unas van para Sayula

1. *Maceual:* clase inferior de la jerarquía social azteca.

—¿Tequila?

—Ahi usté dirá...

—Esto debe darles nostalgia por allá.

—¿Cómo?

—Que en los Estados Unidos deben extrañar su tequilita.

—Extrañar el tequila. Pos luego.

—Bueno, ¿por qué te fuiste de México, Gabriel?

—Pos eso sí quién sabe.

—¿No encontrabas trabajo, o qué?

—No; usté sabe cómo son las cosas, que si esto, que si l'otro...

—¿Se sirven las otras?

—Pos luego...

¡Ay ay ay ay ay! y otras para Zapotlán

—La vida es dura en México, Gabriel.

—Usté dirá, patrón.

—¡Qué patrón! Soy tu cuate, Gabriel, igual que Beto.

—Usté dirá...

—¿De qué barrio eres?

—Ahi... este, del rumbo aquel... de por allá...

—De Boturini, señor, Boturini y Jamaica es nuestro cantón.

¡Ay ay ay ay ay! Allá va mi corazón

—Pero hombre, no seas desconfiado.

—No, si desconfiado no.

—¿Entonces?

—La mera verdad...

—Órale, Gabriel. El señor es jalador.

—Pos la mera verdad, la mera verdad que cuesta echar labia así de repente y la mera verdad que aquí vinimos a otra cosa...

—¿La que sigue, Gabriel?

—Pa'luego. Oyes, Beto, ¿y el Tuno?

—Que luego se descolgaba.

—Está suave.

¡Ay ay ay ay ay! Sobre una viga nadando

—Me imagino que en los Estados Unidos, las circunstancias...

—Oyes, ¿qué le pasa al Tuno?

—Que al ratón, te digo.

—¿No que no?

Gabriel lanzó un chiflido agudo y el joven de pelo hirsuto y camisola de manga corta hizo un guiño y se abrió paso entre el humo y los mariachis y las cabezas anchas.

—¡Jaya boy!

—¡Ah qué Tuno más jijo!

—Aquí el señor...

—Gusto, míster.

—...el señor es jalador, Tuno.

—¡Aaaaah! Nomás luego no se me chivié... ¡Jaya boy! ¡Desde El Ei!

—¡Desde El Ei, Tuno! Ah que la chingada.

¡Ay ay ay ay ay! ¿Qué dice ese amor engrido

—¡La cuenta! Bueno, los dejo.

—Ándele nomás, señor.

—Gracias patrón.

—Bisiña, míster.

¡Ay ay ay ay ay! con el que me estás pagando?

—Voy voy, qué olorosos y perfumados nos estamos poniendo.

—No te la jales, Tuno. Es amigo de la Teódula.

—¿Y eso?

—Es cliente, y jalador. ¿A poco no, Gabriel?

—Ése es puro apretado.

—N'hombre, jala parejo.

—Puro apretado. Que si te va bien, que si te va mal; luego luego a tenerle compasión a uno.

—N'hombre, es buena gente.

—Qué buena gente ni qué la pinga. ¿A poco cree que así nomás suelta uno lo que trae dentro? ¿Qué chingados va a entender?

—Seguro, Gabriel. No hay que andarse dando, chur.

—Seguro. Sólo con los cuates, como tú y Beto...

—Y a veces ni así.

—Y a veces ni así.

—Seguro, mano.

—¿Qué anda averiguando? Pos a poco le iba a contar algo nuevo.

—¡Las otras!

—Seguro. Unas que me sepan suaves. ¿A poco? Ahi están, luego luego, que si fueron a la escuela, que si saben leer, que si la chingada... Salud.

—Yurai.

—Seguro, Gabriel.

—Ya ven lo que son las cosas; ¿quién va a andar recordando a cada rato? Bastante jodido anda uno para que encima...

—Ni hablar, bróder.

—Ya ves mano, ni quien se queje. Ahí empecé en la peluquería esa, no estaba tan peor, ¿a poco no? Pero no, tienes que salirte de lo seguro, ir a buscar por ahi, de metichi. Ni modo, mano.

—¿Quién se queja?

—Otros andan con suerte, Tuno. Luego luego les cae el gordo. Se arman con lo que sea. Ni modo.

—¡Ya estaría!

—Ni quien diga nada. A cada quien le va asegún quiere Dios, ¿a poco no?

—Ni modo.

—Pero al cabrón que le va bien, ni quien le diga nada. Pa' qués más que la verdad; a mí tampoco me dijeron que si haz esto o haz l'otro; pero nomás había que verlos —¡a los viejos, mano!— para saber que como que estaban ahi nomás, esperando que hicieras algo. Luego, como eres el mayor y los hermanos se murieron y las viejas no sirven para nada y los jefes cada día más encogidos y dados a la desgracia, pues ni modo.

—Seguro. Ni modo.

—De chamaco las cosas son de otro modo. Nomás te andas paseando, buscando a ver qué encuentras. Te salen perros al paso, que conocen el cantón mejor que tú, y tú nomás te dejas llevar. Como que toda la colonia es tuya, todos te saludan y te convidan a jugar rayuela, mano. Pero ay jijos, apenas te ven la cara de machito, y luego luego empiezan las caras feas.

—No les vayas a comer el mandado...

—Las viejas, la lana, todo les da desconfianza, Beto. Luego luego te las esconden. Y luego te sale al paso un matoncito de ésos, nomás para probarte, y ahi sí ni modo...

—Segurolas. Que no se te frunza.

—Abusados. Nomás andas mirando p'alante y p'atrás, a ver si a l'hora del'hora no te salen con una navaja. Y te joden si quieren, Beto. ¡Son más buenos para meter chisme! Y como ven la manera de arrimarse a los meros meros y estar listos para lo que sea...

—¡Y hasta les conviene tenerlos tranquilos! Al rato ya andan de fotingo y toda la cosa.

—...pues ahi está que si les caíste gordo te llevó Cantinflas, mano. Tú les buscas la vuelta, pero hasta eso, ¿a qué le tiras? ¿Pos a poco servimos más que para lo que somos? Voy... En el cabaré ese en donde estuve de mozo, pos sí, muy suave. Pero luego les ves los hocicos a los mozos viejos, mano, y sientes rete gacho. Ya no dan una, ya nunca hicieron lana, y como que se les salió todo de adentro. Están pendejos. Y los cabrones lambiscones metidos allí todas las noches, buscando trancazos. No, mano... ¿Pero qué te queda entonces? Te vas de paletero y es la misma cosa. No, mano... Vamos al carajo, a buscar chamba al Norte. Ahi te dan dólares, te regresas a gastarlos en tu cantón y ni quien te esté jodiendo. ¿Que te tratan como mierda los gringos? Pos ni modo, para eso te pagan tu buena lana.

—¡Godán sonobich!

—¡Hijos de puta! Caray, Beto, a l'hora que te echan ese argüende para matar pulgas encima y te encueran y a veces hasta te rapan, te entran ganas de...

—De agarrar un chicote y...

—Un montón de pelados metidos en un cuarto para reses, Beto, todos encuerados y oliendo a la chingadera esa...

—Di Di Ti.

—Ésa mera. Y un gringote de dos metros gritándote gríser y esculcándote todito. Pero ¡qué caray! A ése no lo vuelves a ver, ni a los otros. Luego, cuando sales del trabajo, pues duermes en un catre a gusto y tienes lana para ir a coger o a tomar. Se acaba la cosecha y te despachan volando. Y cuando cruzas la frontera, mano, pos hasta recuerdas bonito

aquellas tierras. Acá no ves más que tierra seca y indios mugrosos, mano.
Como que no crece nada, mientras que del otro lado...

—Ora me dijo el Fifo que en Sonora va a haber buenas tierras, Gabriel, con las presas...

—A ver. ¡Qué más diera uno que trabajar bien y ganar lana en México!

—A ver.

La región más transparente

La ciudad perdida

EL HIJO DE ANDRÉS APARICIO

«No tiene santuario alguno, ningún techo.»

Carta de Milena

EL LUGAR

No tuvo nombre y por eso no tuvo lugar. Otras colonias fueron nombradas. Ésta no. Como por descuido. Como si un niño hubiera crecido sin ser bautizado. Peor tantito: sin ser nombrado siquiera. Fue una como complicidad de todos. ¿Para qué nombrar este barrio? Puede que alguien dijo, sin pensarlo mucho, que nadie viviría demasiado tiempo aquí. Fue un lugar pasajero, como las chozas de cartón y lámina corrugada. El viento se coló por las paredes de bagazo mal ensamblado; el sol se quedó a vivir para siempre sobre los techos de lámina. Ésos eran los habitantes de veras de este lugar. La gente vino aquí por distracción, medio atarantada, sin saber por qué, porque peor es nada, porque este llano de matorrales enanos, hierbas cenizas y gobernadoras fue la frontera siguiente, después del barrio anterior que ése sí tuvo nombre. Aquí ni nombre ni desagüe y la luz eléctrica se la robaron de los postes, conectando los alambres de sus focos a la corriente pública. No le pusieron nombre porque se imaginaron que estaban allí de paso. Nadie se sentó

333

sobre su propio terreno. Eran paracaidistas y sin decirlo se pusieron de acuerdo en que no opondrían resistencia al que viniera a sacarlos de allí. Se irían a la siguiente frontera de la ciudad. De todos modos el tiempo que pasaran aquí sin pagar renta sería tiempo ganado, un respiro. Muchos de ellos vinieron de colonias más acomodadas, con nombres, San Rafael, Balbuena, Canal del Norte, hasta Nezahualcóyotl que ya tenía dos millones de gentes viviendo mal que bien allí con una iglesia de cemento y uno que otro supermercado. Vinieron porque ni en esas ciudades perdidas pudieron juntar los cabos y se negaron a sacrificar la última apariencia decente, se negaron a ir a dar por los rumbos de los pepenadores de basura, o los areneros de Las Lomas. Bernabé tuvo una idea. Que este lugar no tuvo nombre porque era algo así como todo lo que fue la ciudad grande, aquí estaba lo peor de la ciudad y puede que lo mejor también, trató de decir y por eso no pudo tener un nombre especial.

No lo pudo decir porque las palabras siempre le costaron rete harto.

Su madre conservó un espejo antiguo y se miró en él muchas veces. Pregúntale Bernabé si miró el barrio, la ciudad perdida con sus costras de tierra sepultada en el invierno, sus remolinos de polvo en la primavera y en el verano sus lodazales de lluvia confundidos por fin con los arroyos de excremento que corrieron el año entero buscando la salida que nunca hallaron. ¿De dónde viene el agua, mamá? ¿A dónde va la mierda, papá? Bernabé aprendió a respirar más despacio para tragarse el aire negro, aplastado bajo las nubes frías, aprisionado entre el circo de montañas. Un aire vencido que apenas logró ponerse de pie, tambaleándose en el llano, buscando las bocas abiertas. No le dijo a nadie su idea porque las palabras nunca le salieron. Se le quedaron todititas adentro. Las palabras le costaron mucho, porque lo que su madre dijo nunca tuvo nada que ver con lo que pasó, porque los tíos rieron y aullaron a fuerzas como para sentirse bien por obligación una vez a la semana antes de regresar al banco y a la gasolinera pero sobre todo porque ya no recordó la voz de su padre. Llevaban once años viviendo aquí. Nadie los había molestado, nadie les había corrido. No tuvieron que oponerle resistencia a nadie. Hasta se murió el viejo ciego que le cantaba a los postes con su guitarra el corrido de la luz eléctrica, *luz eléctrica refulgente y luminosa*. ¿Por qué,

Bernabé? El tío Rosendo dijo que era una burla. Habían venido de paso y se habían quedado once años. Y si se habían quedado once años, se iban a quedar para siempre.

—Sólo tu papacito se peló a tiempo, Bernabé.

EL PADRE

Lo recordaron por los tirantes. Nunca dejó de usarlos, como si de ellos dependiera su salvación. De ellos dijeron que se prendió a la vida y que ojalá hubiera sido como ellos, se hubiera estirado un poquito más. Vieron que la ropa se le hizo vieja pero los tirantes no; fueron siempre nuevos, brillosos, con hebillas doradas. Los tirantes fueron como su gentileza, proverbial dijeron los viejos que todavía usaban palabras como ésa. No, le dijo el tío Richi, terco como las mulas y arrastrando su decepción, así fue tu padre. En la escuela Bernabé tuvo que pelearse con un grandulón sabroso que le preguntó por su papá y Bernabé dijo se murió y el grandulón se rió y dijo eso dicen todos, la mera verdad es que ningún padre se muere nunca, lo que pasa es que tu papá te abandonó o a lo mejor nunca lo conociste, ni eso, se cogió a tu mamá y la abandonó cuando tú ni nacías. Terco pero buena gente, dijo el tío Rosendo, ¿te fijaste?, si no sonreía, se veía viejo, por eso sonreía sin razón toditito el tiempo ah que guasón el marido de la Amparito ríe que te ríe sin razón cual ninguna, con esa amargura adentro de haber sido un joven pasante de agronomía que lo mandaron muy ciruelito a ocuparse de una cooperativa en un pueblo del estado de Guerrero, recién casado con tu mamacita Bernabé. Cuando llegó el lugar estaba quemado, muchos cooperativistas asesinados y las cosechas robadas por el cacique y los dueños de los camiones. Tu padre quiso reclamar, dizque iba a poner en marcha a la autoridad central y a la suprema corte, lo que no dijo, lo que no prometió, lo que no intentó. Era su primer trabajo y el mar se le hacía chiquito para un buche de agua. Pues ahí tienes que apenas se las olieron que iban a venir extraños a remediar las injusticias y los crímenes, todos se juntaron, las víctimas lo mismo que los verdugos, para negar la acusación de tu padre y hacerlo responsable a él. Entrometido, chilango lleno

335

de ideas de justicia, emperador de infiernos, qué no le dijeron. Ellos estaban aliados por viejas historias de rencillas, rivalidades y muertes pesadas. Las generaciones se encargarían de ir equilibrando las cosas. La justicia estaba en las familias, su honor y su orgullo, no en un ingenierito metiche. Cuando vino la autoridad federal, hasta los hermanos y las viudas de los muertos dijeron que el culpable era tu papá. Se rieron; que la justicia federal se las entienda con el agrónomo federal. Él nunca se recuperó de esta derrota, como quien dice. En la burocracia lo miraron con recelo por idealista y por incompetente y ya nunca avanzó. Al contrario, se quedó pasmado en un empleíto de escritorio, sin avances ni aumentos y con deudas sobre deudas, todo porque se le quebró algo allá adentro, se le apagó una lucecita en el corazón, así dijo él, sin dejar nunca de sonreír, estirándose los tirantes con los pulgares. Quién le manda. La justicia puede estar enemistada con el amor, dijo a veces, aquellas gentes se amaban hasta en el crimen y eso fue más fuerte que mi promesa de justicia. Era como ofrecerles una estatua de mármol de una bellísima diosa griega cuando ellos ya tenían su prieta feícita pero cariñosa y muy tibiecita entre las cobijas. ¿Para qué buscarle? Tu padre Andrés Aparicio se quedó pensando, sonriendo siempre en las montañas del Sur, en un pueblo perdido sin carretera ni teléfono donde el tiempo lo medían las estrellas, las noticias sólo llegaban por la memoria y lo único seguro es que todos iban a ser enterrados juntos, en la misma parcela vigilada por ángeles color de rosa y cempasúchiles secos y lo sabían. Ese pueblo se juntó y lo derrotó, mira nomás, porque la pasión une más que la justicia y tú también, Bernabé, ¿quién te pegó, por qué traes la boca rota y el ojo morado? Pero Bernabé no les iba a contar a sus tíos lo que le dijo el grandulón sabroso de la escuela ni cómo se agarraron a cates porque Bernabé no supo explicarle al grandulón quién era su padre Andrés Aparicio, las palabras nomás no le salían y por primera vez supo oscuramente, sin permitir que nada de esto se volviera claro, que si no había palabras entonces había cates. Pero la verdad es que hubiera querido decirle al abusón ese jijo de su chingada madre que su padre se murió porque sólo le quedaba esa dignidad, porque un muerto posee poder ante los vivos, aunque sea un muerto desgraciado. A un muerto se le respeta, ¿o qué carajos no?

Ella mantuvo ese vocabulario decente con mucho esfuerzo, en él debe haberse formado su carácter a la vez sentimental y frío, soñador y duro, como para hacer creíble su lenguaje que ya nadie hablaba en este barrio perdido. Sólo algunos viejos, los que hablaron de la proverbial gentileza de su marido Andrés Aparicio, le dieron por su lado y ella insistió en poner un mantel en la mesa y los cubiertos en su lugar, dijo que nadie empezara hasta que todos estuvieran servidos y que nadie se levantara de la mesa mientras ella la mujer la esposa la señora de la casa no hiciese lo propio. Todo lo pidió por favor o pidió a los demás que no olvidaran el por favor. Su casa fue siempre la casa de usted, la casa del invitado, cuando aun vinieron invitados y hasta hubo cumpleaños, Santos Reyes y hasta una posada con peregrinos, velitas y piñatas. Pero eso era cuando todavía vivía su marido Andrés Aparicio y traía su sueldo del Departamento Agrario; ahora sin pensión siquiera no alcanzó, ahora sólo vinieron los viejos que con ella decían palabras como esmerado y puntual, dispense y permítame, finezas y por descuidos. Pero también los viejos se fueron acabando. Llegaron con vastas familias unidas, tres y a veces cuatro generaciones ensartadas como un collar de abalorios pero en menos de diez años ya sólo se veían jovencitos y niños y hubo que buscar como agujas en el proverbial pajar a los viejos que decían palabras bonitas. ¿Ella qué iba a hablar si sus viejos se le fueron muriendo todos?, pensó mirándose en el espejo de ondulante marco plateado que heredó de su madre cuando vivían todos juntos en las calles de República de Guatemala antes de que se descongelaran las rentas y el propietario don Federico Silva les aumentara sin piedad las suyas. Ella no pudo creer lo que el propietario mandó a decir, que eran exigencias de su mamá, que doña Felícitas era tiránica y avara, porque luego la vecina doña Lourdes le contó que la mamá del señor Silva se murió y sin embargo él no bajó las rentas, qué va. Cuando Bernabé tuvo edad de razón, trató de asociar la cortesía de su madre, el esmero de sus palabras en público con alguna forma de ternura pero no pudo. Sólo se ponía sentimental cuando hablaba de la pobreza o del padre; pero nunca se ponía más dura que cuando hablaba de lo mismo. Bernabé no supo qué significaban esos teatros de su mamá pero sí supo que a él no le tocaba lo que ella parecía decir, como si entre los actos y las palabras hubiera una barranca, tú eres un niño decente Bernabé no lo olvides nunca, evita rozarte con los peladitos de tu escuela, trátalos con distancia, recuerda que tú tienes un tesoro que no tiene precio, la buena cuna y las buenas costumbres. Sólo dos veces su mamá Amparo fue distinta. Una vez lo oyó a Bernabé por primera vez gritarle chinga tu madre a otro chiquillo en la calle y cuando el niño entró a la casucha ella se derrumbó sobre la mesita del tocador, juntó los puños sobre la frente y dejó caer el espejo al suelo diciendo Bernabé no pude darte lo que quería, tú merecías otra cosa, mira nomás dónde te tocó crecer y vivir, no es justo Bernabé. Pero el espejo no se rompió. Bernabé nunca le pidió razón. Entendió que cada vez que se sentó ante el tocador con el espejo en la mano y se miró de reojo a sí misma, acariciándose el mentón, dibujándose con un dedo silencioso la ceja, borrando con la palma de la mano el goteo del tiempo en los ojos, su mamá habló y esto le importó más que lo que ella dijo porque para Bernabé hablar fue siempre algo milagroso, necesitó más coraje para hablar que para los trancazos porque los trancazos sólo ocuparon el lugar de las palabras. Cuando regresó del pleito en la escuela con el grandulón no supo si su mamá habló sola o si supo que por allí andaba él, detrás de una de las cortinas de manta que los tíos colocaron para separar los espacios de la pequeña casa que los domingos fueron sustituyendo poco a poco, cambiando cartón por adobe y adobe por ladrillo hasta darle cierto aire de decencia, como el que tuvieron cuando su padre de ellos fue el ayuda de campo del general Vicente Vergara, el famoso general Tompiates de las leyendas que los invitaba a desayunar a menudo el aniversario de la Revolución Mexicana, la fría madrugada del fin de noviembre. Ahora ya no; Amparito tuvo razón, los viejos se murieron y los jóvenes tuvieron caras tristes. Andrés Aparicio no, siempre sonrió para no verse viejo. Su proverbial gentileza. Sólo una vez dejó de sonreír. Un hombre aquí del barrio le dijo algo feo y tu papá lo mató a patadas, Bernabé. Nunca lo volvimos a ver. Mira hijito cómo te han puesto dijo por fin doña Amparo pobrecito hijo mío mira dónde te tocó pelear y dejó de mirarse en el espejo hasta ver a su hijo mi escuincle del alma mi chamaquito santo mira nomás por qué te pegan a ti santito mío y el espejo cayó al suelo de ladrillos nuevos y esta vez se rompió. Bernabé la miró sin asombrarse de la ternura que tan pocas veces le mostró. Ella lo observó como si entendiese que él entendió que no debía asombrarse de lo que siempre mereció o que la ternura de doña Amparo fue tan pasajera como el barrio perdido donde vivieron los últimos once años sin que nadie llegara con una orden de desalojo, al grado que los tíos se animaron a cambiar el cartón por adobe y el adobe por ladrillo. El muchacho se preguntó si su padre había muerto. Ella le dijo que nunca lo soñó. Le contestó con palabras exactas, dándole a entender a su hijo que su lado frío y preciso no fue vencido por la ternura. Mientras no soñara a su marido muerto, no lo daría por muerto, le dijo. Ésa era toda la diferencia, se soltó, quiso ser lúcida y emotiva al mismo tiempo, ven y abrázame Bernabé te quiero mi monigotito adorado y óyeme bien. No mates nunca porque te paguen. No mates sin saberlo. Aprovecha la oportunidad de matar por tu razón, por tu pasión. Te harás limpio y fuerte. Mi hijito nunca mates sin ganarte un poco de vida para ti santo.

LOS TÍOS

Fueron los hermanos de su mamá y ella los llamó muchachos aunque los tres tenían entre treinta y ocho y cincuenta años. El tío Rosendo fue el mayor y trabajó en un banco contando los billetes viejos que se devolvieron al gobierno para que los quemara. Romano y Richi, el más joven, fueron empleados en una gasolinera pero se vieron más viejos que Rosendo porque él se la pasó de pie casi todo el día y aunque ellos se movieron para despachar clientes, engrasar y limpiar parabrisas, vivieron alrededor de una nevera llena de gaseosas y las barrigas se les hincharon. En las horas muertas de la gasolinera que quedaba por el rumbo de una nube de polvo en el barrio de Iztapalapa desde donde no se veía bien nada ni gente ni casas sino coches mugrosos y manos pagando Romano bebió pepsis y leyó los periódicos de deportes pero Richi tocó la flauta sacándole sones sabrosos y calientes y refrescándose de vez en cuando con su pepsi. Sólo los domingos bebieron cervezas antes y después de irse al campo yermo detrás de las casuchas de la colonia con sus pistolas a matar conejos y sapos. Se pasaron los domingos en eso y Bernabé los miró desde la parte de atrás de la casa, trepado en un montón de tejas rotas. Rieron con una como alegría babeante, limpiándose los bigotes con las mangas después del trago de cerveza, codeándose, aullando como coyotes cuando cayó muerto un conejo más grande que los demás. Los vio luego abrazarse, palmearse las espaldas y regresar arrastrando de las orejas a los conejos sangrientos y Richi con un sapo muerto en cada mano. Mientras Amparo abanicó la cocina de brasas y les sirvió los elotes espolvoreados con chile y el arroz enjitomatado ellos se disputaron porque Richi dijo que iba para los cuarenta y no quería morirse panzón y pendejo con perdón de Amparito en una gasolinera propiedad del licenciado Tin Vergara que les hizo el favor por órdenes del viejo general y en un cabaré de San Juan de Letrán le iban a dar audición para entrar como flautista a la orquesta tropical. Rosendo cogió enojado el elote entre las manos y Bernabé vio la lepra de sus dedos enfermos de tanto contar billetes sucios. Dijo que tocar la flauta era de maricas con perdón de Amparito y Richi le contestó que si era tan macho por qué nunca se había casado y Romano le dio un coscorrón entre cariñoso y enojado a Richi, porque se le quería escapar de la gasolinera donde era su única compañía pero dijo que porque entre los tres sostenían esta casa, a su hermana Amparo y al niño Bernabé por eso nunca se casaron, no iban a alimentar más de cinco bocas con lo que ganaban tres hermanos y ahora sólo dos si Richi se largaba con una banda danzonera. Se pelearon y Richi dijo que en la orquesta iba a ganar más, Romano que se lo iba a botar en viejas para apantallar que sé yo a los de la marimba, Rosendo que por pinche que fuera con la venia de Amparito la pensión de Andrés Aparicio en algo ayudaría si por fin lo dieran por muerto y Amparo lloró y dijo que era su culpa claro y pidió disculpas. Todos la consolaron menos Richi que se acercó a la puerta y se quedó callado mirando el atardecer pardo del llano sin hacerle caso a Rosendo que volvió a hablar como el mayor de la familia. No es tu culpa Amparito pero tu marido pudo avisarnos si se murió o no. Todos trabajamos en lo que podemos mira mis manos Amparito crees que me divierte eso pero sólo tu marido quiso ser algo más (por mi culpa dijo la mamá de Bernabé) porque un barrendero o un elevadorista gana más que un burócrata pero tu marido quiso obtener carrera para tener pensión (por mi culpa dijo la mamá de Bernabé) pero para tener pensión hay que estar muerto y tu marido nomás se hizo humo Amparito. Allá afuera hay una enorme oscuridad gris dijo Richi desde la puerta y Amparito que su marido luchó como un caballero para evitar que todos nosotros nos hundiéramos en lo más bajo. ¿Qué tiene de bajo el trabajo?, dijo Richi con irritación y Bernabé lo siguió al llano lento y dormido en el crepúsculo con los olores fuertes de mierda seca y tortilla humeante y la imaginación de las plantas gobernadoras verdes y chaparras. El tío Richi tarareó el bolero de Agustín Lara *cabellera de plata, cabellera de nieve, ovillo de ternuras donde un rizo se atreve* mientras los aviones volaron bajo acercándose al aeropuerto internacional y las únicas luces eran las de una pista distante. Ojalá me acepten en la orquesta le dijo Richi a Bernabé mirando la bruma amarilla, en septiembre van a Acapulco a tocar en las fiestas patrias y puedes venir conmigo Bernabé. No nos vayamos a morir sin conocer el mar Bernabé.

BERNABÉ

A los doce años dejó en secreto de ir a la escuela. Se acercó a la gasolinera donde trabajaban los tíos y ellos le dieron permiso de agarrar un trapo desgarrado y aventarse sobre los parabrisas de los coches sin pedir permiso, como parte del servicio: por pocos centavos que se ganen siempre es mejor que nada. En la escuela ni notaron su ausencia ni les importó. Las clases estaban repletas a veces con cien niños y niñas y uno menos era un alivio para todos aunque nadie se enterara. A Richi siempre no lo aceptaron en la sonora tropical y le dijo Bernabé de plano vente a ganar unos centavos y no pierdas más tiempo o vas a acabar como tu pinche jefecito. Dejó de tocar su flauta y le firmó los cuadernos para que Amparo creyera que seguía en la escuela y así se selló la complicidad entre los dos que fue la primera relación secreta en la vida de Bernabé porque en la escuela él estuvo demasiado dividido entre lo que vio y escuchó en su casa donde su mamá habló siempre de decencia y buena cuna y malos tiempos como si hubiera otros que no fueran malos y cuando él quiso decir algo de esto en la escuela se encontró con miradas ciegas y duras. Una maestra lo notó y le dijo que aquí nadie daba o quería compasión porque la compasión era un poco como el desprecio. Aquí nadie se quejaba y nadie era superior a los demás. Bernabé no entendió pero le dio muina la maestra que se daba aires de entenderlo mejor de lo que él se entendía solito. Richi sí lo entendió, anda Bernabé gánate tus fierros y mira lo que puedes tener si eres rico mira ese Jaguar que viene entrando a la gasolinera jijos si por aquí pasa pura carcacha, ah es nuestro patrón el licenciado Tin echando vidrio a su negocio y mira esta revista Bernabé no te gustaría una vieja así para ti solito así han de ser las viejas del licenciado Tin mira qué tetas más ricas Bernabé imagina que le levantas la faldita y te pierdes allí entre sus muslos calientes como leche tibia Bernabé me lleva mira este anuncio de Acapulco nos jodimos Bernabé mira los chamaquillos ricos en sus Alfarromeos Bernabé piensa cómo vivieron de niños, ahora de jóvenes, luego de viejos, con la mesa servida pero tú Bernabé tú y yo a fregarnos desde que nacimos, con la misma edad desde que nacimos, ¿a poco no? Le envidió al tío Richi la labia fácil porque a él las palabras le costaron mucho y como ya supo que cuando no hay palabras hay catorrazos se salió de la escuela para darse de catorrazos con la ciudad que por lo menos era muda como él, ¿no es cierto Bernabé que las palabras del grandulón abusador dolieron más que sus golpes? Si la ciudad pega al menos no habla. ¿Por qué no lees un libro Bernabé, le dijo esa maestra que le dio muina, te sientes inferior a tus compañeritos? No le pudo decir que sintió algo muy gacho cuando leyó porque los libros hablaron como su mamá. No entendió la razón y de tanto esperarla le dolió la ternura. En cambio la ciudad se dejó ver y querer y desear aunque al final de cuentas, corriendo por la Reforma, por Insurgentes, por Revolución y por Universidad a las horas del tránsito pesado, limpiando parabrisas, aventándose contra los coches, toreándolos, juntándose con los otros chamaquillos desempleados a jugar fútbol con pelotas de papel periódico en llanos como el de su niñez, sudando humo de gasolina y meando riachuelos de lodo y robándose refrescos en esta esquina y chicharrones en aquélla y colándose de oquis a los cines, se alejó de los tíos y de la madre, se hizo más independiente y mañoso y ganoso de todo lo que empezó a ver y empezó a hablarle, otra vez las cabronas palabras, no hubo manera de escaparse de ellas diciéndole cómprame, tenme, me necesitas en cada vitrina, en la mano de la mujer asomaba por la ventanilla para darle veinte centavos sin una palabra para agradecer la limpiada veloz y profesional del parabrisas, en la mirada del niño bien que no lo miró al decirle no me toques mi parabrisas chamagoso, en los programas de televisión que pudo ver desde la calle, sin palabras, del otro lado del vidrio del aparador donde los vendieron, mudos, intoxicándole de deseos, haciéndose grande y pensando que no ganaba a los quince años más que a los doce, fregando parabrisas con un trapo desgarrado en Reforma, Insurgentes, Universidad o Revolución a la hora del tránsito tupido, que no se acercó a ninguna de las cosas que le ofrecieron las canciones o los anuncios, que su impotencia se hizo larga larga y nunca terminó como los deseos del tío Richi de tocar la flauta en una sonora tropical y pasar el mes de septiembre en Acapulco volando con esquíes sobre la bahía en tecnicolor colgado de un paracaídas anaranjado sobre los palacios de los cuentos de hadas Hilton Marriott Holiday Inn Acapulco Princess. Su mamá cuando se enteró, se resignó ya no le recriminó nada, pero también se conformó con hacerse vieja. Sus pocos amigos viejos y remilgosos, un boticario viudo, una carmelita descalza, una prima perdida del ex presidente Ruiz Cortines vieron en su mirada la tranquilidad de una lección bien dada, de unas palabras bien dichas. No pudo dar más de sí. Se pasó horas mirando por los rumbos vacíos del horizonte.

—Oigo el viento y el mundo cruje.

—Muy bien dicho doña Amparito.

LA ENCERRONA

Le cogió odio al tío Richi porque salirse de la escuela y limpiar parabrisas en las grandes avenidas no lo hizo rico ni le dio todo lo que los otros tenían sino que lo hizo más pinche que antes. Por eso los tíos Rosendo y Romano, cuando Bernabé cumplió dieciséis años, decidieron darle un regalo muy especial. ¿Dónde te figuras que nos la hemos pasado todos estos años, sin viejas?, le preguntaron, lamiéndose los bigotes. ¿Dónde crees que nos íbamos después de tirarles a los conejos y comer con tu mamá y contigo en la casa? Bernabé les dijo que de putas pero los tíos se rieron y dijeron que era de pendejos pagar por una vieja. Lo llevaron a una fábrica abandonada por el rumbo muerto y silencioso de Azcapotzalco con su terrible olor de gasolina podrida donde el velador les dejó entrar a cambio de un peso por cabeza y los tíos Rosendo y Romano lo empujaron por delante a un cuarto oscuro y cerraron la puerta detrás de ellos. Bernabé sólo pudo ver un relámpago de carnes morenas y luego tentar. Se quedó con la que le tocó, de pie los dos, ella apoyando la espalda contra la pared y él apoyado contra el cuerpo de ella, desesperado Bernabé, tratando de entender, sin atreverse a hablar porque esto que estaba pasando no necesitó palabras para ocurrir, seguro de que este placer desesperado se llamaba la vida y la tomó con las manos llenas, pasando de la lana dura y rasposa del suéter a la suavidad de los hombros y la crema de las tetas, del percal tieso de la falda a la arañita mojada entre las piernas, de las medias gruesas y agujereadas a las corvas de algodón azucarado. Lo distrajeron los mugidos de los tíos, sus faenas apresuradas y derrotadas pero se enteró que distrayéndose él todo duraba más y por fin logró hablar, asombrado de sí mismo, cuando le metió la pinga a la muchacha suave, derretida, cremosa que se colgó de él dos veces, con los brazos de su nuca, con las piernas de su cintura. ¿Cómo te llamas, yo soy Bernabé? Quiéreme le dijo, sé santo y bueno, monigotito le dijo igual que su mamá cuando fue tierna con él, ay papacito chulo qué chile me estás metiendo. Luego se quedaron sentados sobre el piso cuando los tíos empezaron a chiflar como lo hacían en la gasolinera, chiflidos de arriero, ya vámonos chamaco, órale, ya no te ensartes más, deja algo pal domingo entrante, que no te chupen los güevos estas mancornadoras ay sí mis devoradoras mis castradoras bay-bay ya estará maríafeliz. Le arrancó la medallita del cuello a la muchacha y ella gritó pero el sobrino y los tíos salieron demasiado rápido de la encerrona.

MARTINCITA

La esperó desde muy temprano el domingo siguiente, apoyado contra la barba de la entrada de la fábrica. Todas fueron llegando muy mustias, exagerando la nota a veces con velos de misa o con canastas de mandado, otras no, más naturales, vestidas como criaditas de ahora con suetercitos de tortuga y pantalones de cuadritos. Ella llegó otra vez con la falda de percal y el suéter lanoso, fregándose los ojos contra la picazón del aire espeso y amarillo de la refinería de Azcapotzalco. Supo que era ella porque él se la pasó jugueteando con la medallita de la Virgen, columpiándola con un movimiento constante de su muñeca, haciéndola girar para que el sol le diera en los meros ojos a la Lupita y ella se deslumbrara también, tuviera que detenerse y mirar y mirarlo y darle a entender, con un gesto delator de la mano llevada al cuello, que ella era ella. Era fea. De a tiro feicita. Pero Bernabé no pudo echarse para atrás. La medalla no dejó de mecerse en su mano y ella se acercó a tomarla sin decir palabra. Daba grima, con un pelo chamuscado por fierros de permanente mal usados y los dientes de oro mal puestos, devolviéndole su brillo a Nuestra Señora de Guadalupe y una cara aplastada de otomí. Bernabé le dijo que mejor se fueran a pasear pero no le salió preguntarle, ¿verdad que tú no lo haces por dinero? Dijo que se llamaba Martina pero todos le decían Martincita. Bernabé la cogió del codo y se fueron por la calzada hasta el Cementerio Español que es el único lugar bonito del rumbo, con sus grandes coronas de flores y sus ángeles de mármol blanco. Qué chulos son los camposantos dijo la Martincita y Bernabé se imaginó a los dos cogiendo dentro de una de esas capillas donde fueron enterrados los ricos. Se sentaron sobre una losa en letras doradas y ella sacó una alcatraz de un florero, la olió y se llenó la punta chata de la nariz de polen anaranjado, se rió y luego hizo coqueterías con la flor blanca, cosquillas en sus narices y en las de Bernabé que se soltó estornudando. Ella se rió con sus dientes de mediodía eterno y le dijo que como él no hablaba nada ella le iba a contar todo de una vez, todas iban a la fábrica por gusto, había de todo, las que llegaron del campo como Martina y las que llevaban tiempo en la capital, eso era lo de menos, lo importante es que a la fábrica todas vinieron por su gusto, era el único lugar donde podían sentirse un ratito libres de los patrones gateros o de sus hijos o de los galanes de barrio que se aprovechan y luego si te vi no me acuerdo y por eso hay tantísimo escuincle sin papá, aquí a oscuras, sin conocerse, sin problemas qué sabroso era un ratito de amor cada semana, ¿no? la verdad es que a todas ellas les parecía bonito coger en lo oscuro sin que nadie se viera las caras ni supiera qué pasó o con quién pero ella de todas maneras estaba segura de que a los hombres que venían aquí en realidad no era esto lo que les interesaba sino sentir que las podían con las más débiles. En su pueblo eso es lo que le pasaba a las mujeres de los curas que pasaban por sus sobrinas o criadas que cualquier hombre se las cogía diciéndoles si no vienes te acuso con el cura cabrona. Antes dicen que les pasaba lo mismo a las monjas cuando los hacendados se metían a los conventos a cogerse a las hermanitas porque allí quién iba a repelar pues nadie. Esa noche de sus dieciséis años Bernabé no durmió pensando en una sola cosa: qué bonito habló la Martincita, a ella no le faltaban las palabras, qué bien cogió también, tenía todo menos belleza, lástima que fuera tan ojete. Dieron por encontrarse en el Cementerio Español y coger los domingos en el mausoleo gótico de una familia de industriales muy mentada y ella le dijo que él era muy raro, muy niño siempre como si en su casa tuviera algo que no le correspondía a su pobreza y a su lengua trabada, quién sabe, no lo entendía, ella desde el rancho supo que sólo los hijos de los ricos tienen derecho a ser niños y luego crecer y hacerse grandes, ellos la gente como Martincita y Bernabé ya tenían que nacer grandes, tú y yo a fregarnos desde que nacimos Bernabé pero tú eres distinto, parece que quieres ser distinto, no sé. Al principio hicieron lo que todas las parejas jóvenes y pobres. Vieron las cosas gratis como los paseos de charros en Chapultepec los domingos y los desfiles que se sucedieron durante los primeros meses de sus amores, primero el desfile patriótico del Día de la Independencia en septiembre cuando el tío Richi quiso estar con su flauta en Acapulco, después el desfile deportivo del día de la revolución, en diciembre las iluminaciones de Navidad y las posadas antiguas en la antigua casa de Bernabé, la vecindad de Guatemala donde vivía su amigo enfermo Luisito. Apenas se saludaron porque era la primera vez que Bernabé llevó a la Martincita a conocer gente que él ya conocía y que conocía a doña Amparito su mamá y doña Lourdes la mamá de Luisito y Rosa María ni los saludó siquiera y el niño lisiado los miró con unos ojos sin porvenir. Luego Martina dijo que quería conocer otros amigos de Bernabé. Luisito le daba miedo porque era igualito a un viejo de su pueblo y al mismo tiempo nunca iba a ser viejo. Buscaron a los chamaquillos que jugaron fut con Bernabé y limpiaron parabrisas y vendieron chicles y klínex y a veces hasta cigarros de carita en Universidad, Insurgentes, Reforma y Revolución pero una cosa era correr por las avenidas anchas chanceando, albureando, disputando clientes y luego gastando la energía sobrante en un potrero con una pelota de papel y otra cosa salir con muchachas y hablar como gente, sentados en una lonchería frente a unas silenciosas tortas de cachetes de puerco y unas chaparritas de piña. Bernabé los miró allí en la lonchería, le envidiaron a la Martina porque cogía de veras y no en sueños mojados ni en puras echadas pero no se la envidiaron porque era feicita. Para vengarse o distinguirse o nomás para diferenciar sus suertes los muchachos les contaron que un político que todos los días pasaba por Constituyentes rumbo a las oficinas del Ejecutivo en Los Pinos les regaló con aspavientos boletos para el juego de fut a dos de ellos para impresionar a un guardia presidencial que miró la escena y los demás juntaron bastante dinero para ir el domingo y lo invitaron a él pero sin ella porque no alcanzaba la lana y Bernabé dijo que no, no iba a dejarla sola el domingo. Acompañaron a los muchachos hasta la entrada del Estadio Azteca y Martincita le dijo que podían ir al Cementerio Español pero Bernabé nomás meneó la cabeza, le compró un refresco a la Martina y comenzó a pasearse como ocelote enjaulado enfrente del estadio, dando de patadas contra los postes de luz neón cada vez que oía la gritería allá adentro, el aullido de ¡gol! y Bernabé pateando postes y diciendo por fin me lleva la chingada puta vida esta por dónde me le cuelo a la vida, ¿por dónde?

Palabras

Martina le preguntó qué iban a hacer, ella era muy sincera y le dijo que podía engañarlo dejándose embarazar por él pero para qué si antes no se pusieron bien de acuerdo en lo que de veras iban a hacer. Ella le soltó indirectas como cuando él le propuso que se fueran a Puebla al desfile del cinco de mayo de aventón y lograron que un camión materialista los llevara hasta la iglesia de San Francisco Acatepec brillante como un dedal de donde se fueron caminando a la ciudad de azulejos y caramelos, ensoñados todavía con la aventura juntos y el paisaje limpio de pinos y volcanes fríos que para Bernabé era novedad. Ella llegó de los llanos indios de Hidalgo y conoció el campo pobre dijo pero limpio también no como la mugre de la ciudad y mirando el desfile de los zuavos y los zacapoaxtlas, las tropas de Napoleón contra las del licenciado don Benito Juárez, le dijo que le gustaría verlo de uniforme, marchando, con su banda y todo. Iba a tocarle el turno de ser sorteado en la conscripción militar y allí era sabido dijo la Martina con un aire de estar muy al tanto les daban a los conscriptos la educación que les faltó y la carrera de soldado no era mala para los que no empezaban ni con un petate donde caerse muertos como él. Las palabras se le trabaron como pinole en la garganta a Bernabé, sólo allí sintió que él no era como la Martincita pero que ella no se daba cuenta y mirando los jamoncillos, las cajetas y las panochitas de una dulcería se comparó con ella en el reflejo de la vitrina y se vio más guapo, más esbelto, hasta más blanquito y con una como centellita verde en los ojos, no esas negruras impenetrables de capulín en la mirada sin blanco de su novia. No supo cómo decirle nada y por eso la llevó con su mamá. La Martincita lo tomó muy a pecho, se emocionó y casi lo entendió como una propuesta formal. Pero Bernabé sólo quiso que ella viera que ellos eran distintos. Quizás doña Amparito esperó largo tiempo un día así, una oportunidad así que le diera ánimos de juventud otra vez. Sacó sus mejores trapos, un traje sastre con hombrotes anchos, las nylon atesoradas y los zapatos puntiagudos de charol, colgó algunas fotos antiguas que sacó celosamente de una maleta de cartón, fotos amarillentas que comprobaron la existencia de antepasados, no salieron de la nada, ayer nomás, faltaba más señorita vea a qué familia se pretende usted meter y una foto donde el presidente Calles estaba en el centro y a la izquierda el general Vergara y por allá atrás el caballerango del general, el papá de Amparito, Romano, Rosendo y Richi. Pero la apariencia de la Martincita dejó muda a doña Amparo. La mamá de Bernabé supo competir con otras mujeres como ella, inseguras de su lugar en el mundo, pero la Martincita no mostró ninguna inseguridad. Era una campesina y nunca pretendió ser otra cosa. Doña Amparo miró desoladamente la mesa dispuesta para el té, los pastelitos de moca que mandó traer con Richi de una panadería lejana. Ahora no supo cómo ofrecerle té a esta gatita, gatita primero y luego fea fea fea como pegarle a Cristo por Dios que era fea, pudo luchar hasta contra una criada bonita, pero ser gatupería y espantapájaros, ¿qué palabras venían al caso, cómo le iba a decir tome asiento señorita, dispense las estrecheces pero la decencia se lleva adentro y también en los modales, la siguiente vez podemos comparar nuestros álbumes de familia si le parece bien a usted, ahora gustaría un sorbo de té, limón o crema, un pastelito de moca señorita, Bernabé ama la pastelería francesa por encima de todo, es un chico de gustos refinados sabe usted? No le dio la mano. No se levantó. No le habló. Bernabé rogó en silencio habla mamá, tú sí sabes qué palabras hay que decir, en eso te pareces a la Martincita, las dos saben hablar, a mí de plano no me salen las palabras. Vámonos Bernabé dijo la Martina muy orgullosa después de cinco minutos de silencio terco. Quédate a tomar tu té conmigo, sé cuánto te gusta, dijo doña Amparo, buenas tardes muchacha. La Martina esperó un par de segundos, luego se arropó en su suetercito lanudo y se fue rápido de la casa. Se vieron otra vez, uno de sus domingos siempre juntos y muy acurrucados y llenos de las palabras bonitas y cachondas de la Martincita pero ahora con un filo duro, ofensivo.

—Yo desde niña supe que no podía ser niña. Tú no Bernabé, ya vi que tú no.

SEPARACIONES

Bernabé intentó una vez más, ahora por el lado de los tíos, cuántas *erres* rió Martina mostrando sus dientecitos de oro, Rosendo Romano y Richi sentados con las pistolas entre las piernas después de pasarse la mañana de un domingo matando conejos y sapos y después cortando las plantas cenizas en el llano de gobernadoras verdes y chaparras. Richi dijo que las hojas de la ceniza eran buenas para los calambres de estómago y los sustos y codeó a su hermano Rosendo mirando a la Martincita sonriente de la mano de su sobrino Bernabé y Romano le dijo a Bernabé que le iba a hacer falta un té de hojas de ceniza para recuperarse del espanto. Los tres se rieron feo y esta vez la Martincita sí se tapó la cara con las manos y salió corriendo ligero con Bernabé detrás de ella, espérame Martina ¿qué tienes? Los tíos aullaron como coyotes, se lamieron los bigotes, se abrazaron entre sí y se palmearon las espaldas muertos de la risa, oye Bernabé dónde recogiste a la huerfanita, está de a tiro para los leones, un sobrino nuestro con semejante redrojo, ya ni la amuelas sobrino, deja que te busquemos algo mejor, de dónde la sacaste escuincle, no nos digas que de la encerrona de los domingos, ah cómo serás tarugo sobrino, con razón tu mamacita andaba tan afligida la pobre. Pero Bernabé no tuvo palabras para decirles que ella le habló bonito y además fue cariñosa, lo tuvo todo menos la belleza, quiso decirles y no pudo, me va a hacer falta, la vio correr por el llano, detenerse, mirar hacia atrás, esperarlo por última vez, decídete Bernabé, yo no te doy dolores de panza ni te espanto el sueño, yo te arruyo, yo te acaricio, yo te hago probar los dulces Bernabé decídete mi amorcito Bernabé. De a tiro ojete, sobrino; una cosa es tirarse a una criadita gratis los domingos para echar fuera la leche y otra es quién muestras y llevas por el mundo y para eso te va a hacer falta lana, Bernabé, ven aquí, no seas bruto, déjala irse, nadie se casa con la primera vieja que se acuesta y menos con semejante espanto de tu Martincita cara de cachetada mira nomás cómo serás güey Bernabé ya es hora de que te hagas hombrecito y ganes tu lanurria para sacar a pasear a las viejas, nosotros no tuvimos hijos, todo te lo dimos a ti, estamos contando contigo, Bernabé, ¿qué te hace falta?, ¿el carro, la lana, la ropa, cómo te vas a vestir, qué vas a decirles a las gordas, sobrino, cómo te les vas a acercar, desplante torero, Bernabé, son vaquillas toréalas así con salero, con garbo como dice el pasodoble, ven Bernabé, enséñate a usar la pistola, ya va siendo tiempo, júntate con tus viejos tíos, nosotros nos sacrificamos por ti y por tu mamacita, tú no tienes por qué, olvídala Bernabé, hazlo por nosotros, ahora te toca a ti salir adelante chavo, con la felina esa te ibas patrás muchacho, no nos digas que nos sacrificamos en balde, mira mis manos descascaradas de perro tiñoso, mira la panza inflada de tu tío Romano, igual tiene una llanta de grasa y gases en la cabeza, a qué le tira ya y mira los ojos muertos de tu tío Richi que nunca fue a Acapulco y los sueños que se le quedaron como lagañas en la pestañiza, a eso le tiras chamaco? Sepárate, para arriba Bernabé, ya estoy viejo y te lo digo, aunque no lo quieras todo nos va separando, como ahoritita te separaste de tu novia igual te vas a separar de tu mamá y de nosotros, con dolor cual más o menos, a todo se acostumbra uno, luego las separaciones te van a parecer normales, así es la vida, es una separación tras otra, no lo que se junta lo que se separa eso es la vida, ya verás Bernabé. Pasó esa tarde solo sin la Martina por primera vez en diez meses, recorriendo la Zona Rosa, mirando los carros, los trajes, las entradas a los restoranes, los zapatos de los que entraban, las corbatas de los que salían, chicoteando la mirada de una cosa a otra, sin detenerla demasiado tiempo en nada ni en nadie, temeroso de una fuerza amarga una bilis en los cojones y en las tripas que le hiciera entrarle a patadas a los muchachos elegantes, a las señoritas meneosas que entraron y salieron de los bares y comedores de Hamburgo, Génova y Niza, como le entró a patadas a los postes afuera del estadio. Se agarró a patín por todo Insurgentes en domingo, repleto de los coches que regresaban de Cuernavaca dándose de topetones, los globeros, las torterías también repletas, imaginando que podría patear a la ciudad entera hasta quebrarla en pedacitos de luz neón y luego moler los pedacitos y tragárselos y ahi nos vidrios Bernabé. Fue cuando el tío Richi al que le tenía coraje desde antes de que se burlara de la Martincita le hizo señas alebrestadas sentado en una ostionería al aire libre cerca del puente de Insurgentes.

—Ya se me hizo sobrino. Me aceptaron de flautista y me voy a Acapulco con la orquesta. Para que veas que cumplo te convido. La mera verdad creo que te lo debo todo a ti. Mi jefe quiere conocerte.

El Güero

No tuvo que ir con el tío Richi a Acapulco porque el Jefe le dio chamba luego luego. Bernabé no lo conoció en seguida, sólo oyó su voz gruesa y entonada como la de un locutor de radio detrás de las puertas de vidrio de la oficina. Que se encargaran de él los muchachos. Lo miraron de arriba abajo en los vestidores, otros le pintaron un violín con los dedos en las narices, otros lo mandaron al carajo con un gesto de la mano y siguieron vistiéndose, fajándose bien los calzoncillos y acomodándose los testículos. Un prieto alto con la cara larga y las pestañas duras le rebuznó y Bernabé estuvo a punto de írsele encima pero otro medio güerejo se le acercó y le dijo que cómo prefería vestirse, el Jefe ponía un guardarropa nuevo a disposición de los recién llegados y que no le hiciera caso al Burro, el pobre rebuznaba para nombrarse a sí mismo, no para ofender a nadie. Bernabé recordó las insinuaciones de la Martina en Puebla, éntrale al Ejército Bernabé, te educan primero, aprendes a obedecer, luego te ascienden y si te corren te compras un cañón y trabajas por tu cuenta, bromeó. Le dijo al Güero que estaba bien el uniforme, él no sabía cómo vestirse, estaba bien el uniforme. El Güero le dijo que por lo visto iba a tener que ocuparse de él y le escogió una chamarra de cuero, unos vaqueros tiesos todavía de la fábrica y un par de camisas de cuadros. Le prometió que cuando tuviera novia le daría un traje de salir, ahora que se conformara y para los ejercicios del pentatlón camiseta blanca y cuidado con los güevos, bien acomodados dentro de la canasta porque a veces los trancazos son duros. Lo instalaron en uno como campamento militar pero que no se anunciaba por ningún lado, con muchos camiones grises esperando siempre afuera y a veces hombres vestidos de paisano que al entrar se amarraban un pañuelo blanco al brazo y al salir se lo quitaban. Durmieron en catres de campaña y entrenaron desde temprano en un gimnasio con olores de eucalipto que se colaban por los vidrios rotos. Primero hubo argollas y paralelas, barra fija y plintón, pesas y potros. Luego siguieron con varas, cuerdas nudosas, troncos sobre barrancos y tiro al blanco, sólo al final del entrenamiento cachiporras, tubos de hule y manoplas de fierro. Se miró en el espejo de cuerpo entero del vestidor, encuerado, dibujado con una punta de fierro, con la cabellera rizada naturalmente, no con fierros calientes como la pobre Martincita lacia, con las facciones mestizas delgadas y huesudas, con perfil, no como la Martincita cara de manazo, buen perfil en la cara y buen perfil entre las piernas y en la barriga y un orgullo verde en los ojos que antes no estaba allí. El Burro pasó rebuznando y riendo al mismo tiempo, con una reata más larga que la suya y las dos cosas le dieron coraje a Bernabé. Otra vez el Güero lo detuvo y le recordó que el Burro no sabía reírse de otra manera, se anunciaba con su rebuzno como él, el Güero, se anunciaba con su transistor, con la música por delante siempre, donde se oye la música está mi Güero. Un día Bernabé sintió que la tierra cambió debajo de sus tennis. Ya no fue más la tierra blanda de Las Lomas de

Chapultepec, arenosa y regada de alhumajos. Ahora todos los entrenamientos fueron en un enorme frontón para enseñarse a correr duro, pegar duro, moverse duro sobre pavimento. Bernabé dio en fijarse en el Burro para sentir coraje, girar con agilidad y plantar un manotazo seco en la nuca del enemigo. Le metió un rodillazo al muchacho larguirucho de pestañas duras que fue el descontón y el Burro tardó diez minutos en recuperarse pero luego rebuznó y siguió entrenando como si nada. Bernabé sintió que se acercaba el momento. El Güero le dijo que no, entrenó muy bien, a toda madre, se mereció su vacación. Lo trepó a un Thunderbird rojo y le dijo diviértete metiendo las casetes, tú mismo escoge la música, si te aburres pon la tele mini está allí vámonos a Acapulco Bernabé, voy a darte una probadita de lo que es la vida, *yo nací con la luna de plata y nací con alma de pirata, he nacido rumbero y jarocho*, escoge lo que quieras. No es cierto, se dijo después, no escogí nada, escogieron por mí, la gringa estaba lista para mí en esa camota de colchas que daban cardillo, el mozo vestido de changuito cilindrero estaba listo para cargarme las maletas, otro igualito para traerme el desayuno al cuarto y llevarme la nevera, lo único que no me regalaron porque ya estaba allí fueron el sol y el mar. Se miró en los espejos del hotel pero no supo si lo miraban a él. Aparte de la Martincita, no supo si les gustaba a las mujeres. El Güero le dijo que para que él mismo pagara tenía que hacer mucha lana para no sentir que las cosas le tocaban de propina; mira este Thunderbird colorado, Bernabé, será de segunda mano pero es mío, lo compré con mis tlacos, rió y le dijo que ya no se verían tan seguido, ahora le tocaba pasar a manos de Ureñita, nada menos que el doctor Ureñita, ése sí que era un pesado, con una cara agria de solterona y feo como un mico estreñido, no como el Güero que sí sabía gozar, hey negra sabor, chao, dijo escupiéndose sobre las dos manos antes de embarrarse la saliva en el copete color de centavo nuevo y arrancar en el Thunderbird.

UREÑITA

—¿Hasta qué grado llegaste, mi distinguido?
—Creo que ni me acuerdo.

353

—No seas burro. ¿Segundo, tercero?

—Usted dirá señor Ureña.

—Claro que te diré, Bernabé. Para eso estoy aquí. Las cabecitas huecas como la tuya llegan a carretadas aquí. Ni modo. Tal es la materia prima. A ver cómo la refinamos, cómo la hacemos exportable, pues.

—Como usted diga señor Ureña.

—Presentable, quiero decir. Dialéctica. Nuestros amigos creen que no tenemos historia ni ideas porque ven a burros como tú y se ríen de nosotros. Mejor así. Que lo crean. Así ocupamos toda la historia que ellos dejen vacía. ¿Me entiendes?

—No maestro.

—Ellos han llenado de mentiras la historia de la patria para debilitarla, para hacerla chiclosa y entonces éste arranca un pedazo de chicle y aquél otro pedazo y al principio no se nota. Pero un día despiertas y no tienes la patria grande, libre y unida que soñaste, Bernabé.

—¿Yo?

—Sí, hasta tú, aunque no lo sepas. ¿Por qué crees que estás aquí conmigo?

—El Güero dijo. Yo no sé nada.

—Pues yo te voy a enterar, borrico. Estás aquí para ayudar al nacimiento de un mundo nuevo. Y un mundo nuevo sólo puede nacer de orígenes tumultuosos, odiosos, terribles. ¿Me entiendes? La violencia es la partera de la historia.

—Si usted lo dice señor Ureñita.

—No uses el diminutivo. Los diminutivos disminuyen. ¿Quién te enseñó a llamarme Ureñita?

—Ninguno se lo juro.

—Pobre tarado. Si quisiera te analizaría en dos patadas. Esto es lo que nos mandan. La culpa es de John Dewey y Moisés Sáenz. Dime Bernabé, ¿tienes miedo a hundirte en la pobreza?

—Ahí estoy señor Ureña.

—Te equivocas. Hay peor. Imagina a tu mamacita trapeando pisos o peor tantito, imagínatela de huila.

—Usted igual profe.

—No me ofendes burrito. Yo sé quién soy y lo que valgo. Los conozco a ustedes, lumpens de mierda. ¿Crees que no los conozco? De estudiante yo fui a las fábricas, tratando de organizar a los obreros, despertar su conciencia radical. ¿Tú crees que me hicieron caso?

—De repente maestro.

—Me dieron la espalda. No escucharon mi mensaje. No quisieron ver la realidad. Ahí los tienes. La realidad los castigó, se vengó de ellos, de todos ustedes pobres diablos. No han querido ver la realidad, eso es, han querido castigar a la realidad con ilusiones y se han frustrado como clase revolucionaria. Aquí me tienes sin embargo tratando de formarte Bernabé. Te lo advierto; no cejo fácilmente. Bueno ya dije lo que tenía que decir. Ellos han propalado estos infundios sobre mí.

—¿Ellos?

—Nuestros enemigos. Pero yo quiero ser tu amigo. Cuéntamelo todo. ¿De dónde vienes?

—Pues ahi de por ahi.

—¿Tienes familia?

—Asegún.

—No te me cierres. Quiero ayudarte.

—Segurolas profe.

—¿Tienes noviecita?

—Puede.

—¿A qué aspiras, Bernabé? Tenme confianza. Yo te la tuve, ¿o que no?

—Asegún.

—Puede que el ambiente del campamento sea excesivamente frío. ¿Prefieres platicar en otra parte conmigo?

—Me da igualdad.

—Podemos ir juntos a un cine, ¿te gustaría?

—Quién quita.

—Date cuenta de una cosa. Yo puedo ayudarte a humillar a los que te humillaron.

—Me cae de madre.

—Tengo libros en mi casa. No, no sólo libros de teoría, también libros menos áridos, toda clase de libros para muchachos.

—Suavena.

—¿Entonces vienes monigotito?

—Chóquela señor Ureñita.

EL LICENCIADO MARIANO

Lo llevaron a verlo cuando le mordió la mano a Ureña y dicen que el Jefe se tumbó de la risa y quiso conocer a Bernabé. Lo recibió en una oficina de cuero y encino con libros parejitos de color y estatura y óleos de volcanes en llamas. Dijo que podía llamarlo licenciado, el licenciado Mariano Carreón, eso del «Jefe» como le decían en el campamento sonaba muy pretencioso, ¿no? Sí Jefe dijo Bernabé y el licenciado le pareció igualito al barrendero de la escuela, un barrendero con anteojos, una cabecita de aceituna muy peinada y anteojos de fondo de botella y un bigotillo de ratón. Le dijo que le gustó cómo le respondió al sangrón de Ureña, era un antiguo rojillo que ahora los servía a ellos porque los otros jefes del movimiento decían que una barnizadita teórica era importante.

Él no lo creía así y ahora iba a verlo. Llamó a Ureña y el teórico entró cabizbajo y con la mano vendada donde Bernabé le enterró los dientes. Le ordenó que bajara un libro de la estantería, el que quisiera, el que más le gustara y lo leyera en voz alta. Sí señor como usted mande señor dijo Ureña y leyó con la voz temblorosa *no pude amar en cada ser un árbol con su pequeño otoño a cuestas*, tú entiendes algo Bernabé, no dijo Bernabé, sigue leyendo Ureñita, usted manda señor, *y en las últimas casas humilladas, sin lámpara, sin fuego, sin pan, sin piedra, sin silencio, solo, rodé muriendo de mi propia muerte*, síguele Ureñita, no desfallezcas, quiero que el chamaco entienda qué chingaos es eso de la cultura, *piedra en la piedra, el hombre, dónde estuvo?, aire en el aire, el hombre, dónde estuvo?, tiempo en el tiempo*, Ureña tosió, pidió mil perdones, *fuiste también el pedacito roto de hombre inconcluso*, párale Ureñita, ¿entendiste algo chavo? Bernabé negó con la cabeza. El jefe le ordenó a Ureña que pusiera el libro en un cenicerote de vidrio soplado de Tlaquepaque similar a los anteojos del licenciado, allí mero, y le prendiera fuego con un cerillo pero ya, a paso redoblado Ureñita dijo con una risa seca y seria el licenciado Carreón y mientras las páginas ardían a mí no me hizo falta leer nada de eso para llegar a donde estoy, quién quita y me hubiera sobrado, Ureñita, ¿por qué le iba a hacer falta a este escuincle? Dijo que tuvo razón en morderlo y si usted me pregunta para qué tengo esta biblioteca aquí le diré que es para recordar a cada rato que quedan muchos libros por quemar todavía. Mira chamaco le dijo a Bernabé mirándolo con todo el fulgor de que era capaz detrás de sus ocho capas de vidrio congelado, cualquier pendejo puede atravesar la cabeza más inteligente del mundo con un balazo, no te olvides de eso. Le dijo que se le pegara, le gustaba, le recordaba cómo había sido, le renovaba los ánimos y cómo le hubiera gustado, le dijo cuando lo convidó a acompañarlo en un Galaxy negro como una carroza fúnebre con todos los vidrios oscurecidos para ver hacia afuera sin ser visto hacia adentro, tener hace cuarenta años alguien que se ocupara de él, de gente como él, al general Almazán le birlaron la elección, el sinarquismo hubiera cuidado a la gente como ellos, como ellos lo estaban haciendo ahora, no te preocupes, si nos hubieras tenido a nosotros tu vida y la de tus padres habría sido distinta. Mejor. Pero ya nos tienes, chavo Bernabé. Le dijo al chófer que regresara como a las cinco y a Bernabé que lo acompañara a comer, entraron a uno de los restoranes de la Zona Rosa que Bernabé sólo vio por fuera un domingo con rabia, todos los mayordomos y meseros se les inclinaron como acólitos en la misa, señor licenciado, su privado está listo, por aquí, a sus órdenes señor, lo que usted mande, abusado Jesús Florencio te dejo al señor licenciado en tus manos. Bernabé se dio cuenta de que al Jefe le gustaba contar su vida, cómo salió de a tiro del culo de la ciudad y con tenacidad, sin libros, con una idea de la grandeza de la patria eso sí, llegó a donde estaba. Comieron mariscos gratinados y bebieron cervezas hasta que los interrumpió el Güero con un mensaje y el Jefe lo oyó y le dijo que trajera a ese hijo de puta y a Bernabé sigue comiendo tranquilo. El Jefe siguió contando muy tranquilo sus anécdotas y cuando el Güero regresó con un señor transparente y bien trajeado el Jefe no dijo nada más que buenas tardes señor ministro aquí el Güerito le va a decir lo que usted necesita saber. El Jefe le entró con parsimonia a su langosta thermidor y el Güero agarró del nudo de la corbata al ministro y le soltó un rosario de improperios, que aprendiera a tratar con el señor licenciado Carreón, que no se saltara trancas para llegar al Señor Presidente, esos asuntos pasaban primero por el mero señor licenciado Carreón porque a él le debía la chamba el señor ministro, ¿okey? Y el Jefe no miró ni al Güero ni al ministro, nomás a Bernabé y en la mirada de ese momento Bernabé leyó lo que tenía que leer, lo que el Jefe quiso que leyera, tú también puedes ser así, tú puedes tratar así a los meros meros, impunemente Bernabé. El Jefe pidió que le retiraran los restos de la langosta y Jesús Florencio el mesero se inclinó con celeridad cuando vio al señor ministro pero miró la cara del señor licenciado Carreón y prefirió ya no saludar al señor ministro sino atarearse en retirar los platillos sucios. Como no podía cruzar la mirada con nadie más, Bernabé y Jesús Florencio cruzaron las suyas. A Bernabé le cayó bien el mesero. Sintió que con él pudo hablar porque compartieron un secreto. Aunque tuvo que lambisconear igual que todos se ganó su vida y su vida era sólo para él. Supo esto porque dieron en verse, Jesús Florencio le agarró simpatía a Bernabé y le advirtió cuídate, cuando quieras venir a trabajar aquí de mesero yo te ayudo, la política da muchas vueltas y el ministro no te va a perdonar que lo hayas visto humillado por el licenciado pero el licenciado tampoco te va a perdonar que lo hayas visto humillar a alguien el día que lo humillen a él.

—De todos modos, te felicito. Creo que ya agarraste boleto chavo.

—¿Tú crees, mano?

—No me desampares —sonrió Jesús Florencio.

EL PEDREGAL

Lo que allí sintió Bernabé es que éste sí era un lugar con nombre. El Jefe lo llevó a su casa en el Pedregal y le dijo siéntete a gusto, haz de cuenta que te adopto, muévete por donde gustes y vuélvete cuate de los muchachos de la cocina y la intendencia. Entró y salió por la casa que empezaba a nivel de tierra por los servicios pero luego en vez de subir iba bajando por unas rampas de cemento color escarlata por uno como cráter hacia las recámaras y finalmente hasta las estancias abiertas alrededor de una piscina cavada en el centro subterráneo de la casa pero iluminada desde abajo por las luces subacuáticas y desde arriba por el techo de emplomados azul celeste que servía de sombrero a la mansión. La esposa del licenciado Carreón era una gordita con bucles muy negros y medallas religiosas debajo de la papada, sobre los pechos y las muñecas que cuando lo vio le dijo que qué era si terrorista o guarura, si venía a raptarlos o a protegerlos todos eran igualitos, los nacos. A la señora su chiste le dio mucha risa. Se la oía venir de lejos, como una fanfarria, como el Güero y su transistor, como el Burro y su rebuzno. Bernabé la escuchó mucho los dos o tres primeros días que anduvo como bobo recorriendo la casa, esperando que el Jefe lo llamara y le diera chamba, tocando los chismes de porcelana, las vitrinas y los jarrones y topándose a cada rato con la señora sonriente como dicen que lo fue su papá Andrés Aparicio. Una tarde oyó la música, los boleros sentimentales tocando a la hora de la siesta y se sintió lánguido y guapetón como frente a los espejos del hotel de Acapulco, atraído hacia la música suave y triste pero cuando llegó al segundo piso se perdió y entró por uno de los baños a un vestidor con docenas de kimonos y sandalias de playa con tacón de hulespuma y la puerta entreabierta.

La cama tan grande como la del hotel de Acapulco estaba cubierta de pieles de tigre y en la cabecera vio una repisa de veladoras y estampas y debajo un aparato de cintas como el que traía el Güero en su Thunderbird de segunda mano y sobre las pieles la señora Carreón encuerada salvo las medallas religiosas, sobre todo una en forma de concha de mar con la imagen en oro de la Virgen de Guadalupe sobrepuesta que la señora se puso sobre el sexo mientras el Jefe Mariano se acercó a levantársela con la lengua y la señora rió con una voz coqueta y tipluda de quinceañera y dijo no amito mío no mi rey respeta a tu virgencita y él en cuatro patas encuerado con las pelotas moradas de frío a saber queriendo acercarse a la medalla en forma de concha ay mi gorda cachonda ay mi putita santa mi huilita perfumada mi diosa bucles de nácar deja a tu papacito bendecirte a tu virgencita mi amor y el bolero en la grabadora todo el tiempo *yo sé que nunca besaré tu boca, tu boca de púrpura encendida, yo sé que nunca llegaré a la loca y apasionada fuente de tu vida.* Los muchachos de la intendencia y la cocina le dijeron luego se ve que el Jefe te agarró buena voluntad chavo, no pierdas eso porque él te protege contra todo. Salte si puedes de la brigada, ése es trabajo peligroso, ya verás. En cambio aquí en la cocina y la intendencia vieras que a todo dar la pasamos. El Güero andaba por la intendencia contestando teléfonos y convidó a Bernabé a dar una vuelta en el jaguar de la señorita hija de los señores Carreón, ella estaba en una escuela para refinar modales con las monjas de Canadá y el coche tenía que correr de vez en cuando para no amolarse. Dijo que los muchachos de la intendencia tenían razón algo te vio el Jefe que te trae adoptado. Aprovéchate Bernabé. Tú le entras a la guaruriza y te armaste de por vida, dijo el Güero corriendo el Jaguar de la niña como quién ejercita un caballo para una carrera, palabra que te armaste. El punto es que te enteras de todos los chismes y luego ni modo que te jodan, los traes medio vampirizados y ni modo que te jodan, a menos que te asilencien para siempre. Pero si sabes jugar bien tus cartas, mira nomás, tienes todo, la lana, las viejas, los coches y hasta comes lo mismo que ellos. Pero el Jefe Mariano tuvo que estudiar, contestó Bernabé, primero se hizo licenciado y luego se armó. El Güero rió mucho de esto y dijo que el Jefe no había estudiado más que la primaria, lo de licenciado se lo pegaron porque así le dicen en México a toda la gente importante, aunque no haya visto un libro de leyes ni por las tapas, no sea güey Bernabé. Lo que debes saber es que todos los días nace un millonario que va a querer que un día tú le protejas la vida, los escuincles, la laniza, las piedras. ¿Y sabes por qué Bernabé? Porque cada día también nacen mil cabrones como tú dispuestos a darle en la madre al rico que nació el mismo día que tú. Uno contra mil, Bernabé. No me digas que no es fácil escoger. Si nos quedamos donde nacimos, nos va a llevar la chingada. Más vale pasarnos con los que nos van a chingar, como que dos y dos son Dios, ¿no? El Jefe lo llamó al bar junto a la piscina y le dijo a Bernabé que lo acompañara y mirara el retrato de su hija Mirabella en la foto a colores de la pared, ¿no era bonita?, seguro que sí y era porque fue hecha con amor, con sentimiento y con pasión porque sin eso nomás no hay vida, ¿verdad Bernabé? Le dijo que se miraba en él, sin nada, sin techo siquiera pero con todo por delante para conquistar. Le envidió eso, dijo con los anteojos ciegos de vapor, porque luego lo tienes todo y nomás te agarras odio a ti mismo, odio porque no aguantas el aburrimiento y el enervamiento de haber llegado hasta arriba, ¿ves?, por una parte sientes terror de volver a caer allá abajo de donde saliste pero por otra parte te hace falta la lucha para llegar a la cumbre. Le preguntó si no le gustaría un día casarse con una muchacha como Mirabella, ¿él no tenía novia? y Bernabé comparó a la muchacha de la foto retocada, rodeada de nubes color de rosa, con la Martincita tan deatiro dada a la desgracia pero no supo qué decirle al señor licenciado Mariano porque decirle que sí o decirle que no era ofenderlo igual y además el Jefe no lo oyó a Bernabé, se oyó a sí mismo creyendo oír a Bernabé.

—El dolor que uno sufre, uno tiene derecho a hacérselo sufrir a los demás, chavo. Ésa es la santa verdad, por ésta te lo juro.

LA BRIGADA

Van a juntarse en el Puente de Alvarado para tratar de bajar por Rosales hacia el Caballito. Nosotros vamos a estar en los camiones grises en Héroes y Mina al Norte, y en Ponciano Arriaga y Basilio Badillo al Sur, de modo que por cualquier lado los copamos. Todos usen el brazal blanco y el nudo de algodón blanco sobre el pecho y tengan listos los pañuelos con vinagre para protegerse de los gases cuando venga la policía. Cuando la manifestación esté a cuadra y media del Caballito ustedes que van a estar en Héroes bajan por Rosales y la atacan por detrás. Griten Viva el Che Guevara, muchas veces, griten fuerte que no quepa duda qué cosa defienden. Traten de fachistas a los de la manifestación. Repito: fa-chis-tas. Entiéndanlo bien, creen una confusión absoluta, lo que se llama el rosario de Amozoc y luego peguen duro, no se guarden nada, con las cachiporras y las manoplas y ya digan lo que quieran, suéltense muchachos, dense gusto, los que vienen del Sur van a gritar Viva Mao pero ustedes mándenlos a volar, ya ni hagan caso, tómenlo como una fiesta, denle vuelo a la hilacha, ustedes son la mera brigada de los gavilanes y ahora van a probarse en el terreno, chavos, en la calle, en el asfalto, contra los postes y las cortinas de fierro, apedreen cuanto comercio puedan, eso crea mucha tirria contra los estudiantes, pero lo importante es que cuando se los encuentren se suelten el alma, chinguen sin piedad, pateen, descontón y a los güevos, tú y tú nomás ustedes dos con picahielos por lo que pase y si le sacan un ojo a un cabrón rojete de ésos no le hace, va por el escarmiento y aquí los protegemos, eso lo saben llévenlo muy metido en la azotea cabrones aquí los protegemos de modo que a hacer lo que Dios manda y bien hecho, la calle es de ustedes, ¿tú dónde naciste?, ¿y tú dónde? ¿Azcapotzalco, Balbuena, Xochimilco, Canal del Norte, Atlampa, la colonia Tránsito, Mártires de Tacubaya, Panteones? Pues hoy se vengan mis gavilancitos, nomás piensen eso, hoy la calle donde tanto los jodieron es de ustedes para joder a quien sea, no va a haber castigo, es como la Conquista de México, el que ganó ganó y ya estuvo, hoy se me salen a la calle gavilancitos y se me vengan de cuanto jijo de su pelona los haya hecho sentirse gacho, de cuanto desprecio hayan sentido en sus pinches vidas, de cuanto insulto no pudieron contestar, de las cenas que no cenaron y de las viejas que no se cogieron, salen y se me desquitan del casero que le subió la renta y del buscapleitos que los desalojó de la vecindad y del matasanos que no quiso operar a su mamacita sin los cinco mil bolillos por delante, van a zurrarle a los hijos de sus explotadores, ¿ven?, los estudiantes son niños popis que también van a ser caseros, cagatintas y mediquillos como sus papis y ustedes nomás van a desquitarse, a pagar dolor con dolor, mi brigada de gavilanes, ya saben, silencios en los camiones grises, luego agazapados como fieras, luego a la fiesta, a pegar recio, a venirse de gusto pegando recio, pensando en la hermanita violada, en la mamacita fregada de rodillas trapeando y lavando, en el papacito jodido con las manos chuecas de tanto escarbar mierda seca, hoy les toca desquitarse gavilancitos, hoy y nunca más, no vayan a fallarle, no se preocupen, la policía los va a reconocer por los moños y los brazales, va a hacer como que les pega, síganles la comedia, va a hacer como que los mete a la julia a uno que otro, es de a mentiras, para apantallar a la prensa pero lo importante es que mañana la prensa diga refriega entre estudiantes de izquierda, mitotes subversivos en el centro de la capital, la conspiración comunista levanta cabeza, ¡a cortársela pronto!, a salvar a la República de la anarquía y ustedes mis gavilanes nomás piensen que mientras otros sean reprimidos ustedes no lo serán qué va se los prometo yo, ahora duro oigan la carrera sobre el asfalto, la calle es suya, conquisten la calle, pasen fuerte, entren al humo, no le tengan miedo al humo, la ciudad está perdida en el humo. No tiene remedio.

Su mamá doña Amparo no quiso ir por la vergüenza, le dijeron los tíos Rosendo y Romano, no quiso reconocer que un hijo suyo fue entambado; Richi logró instalarse para siempre, dependiendo, con la sonora acapulqueña y mandaba cien pesos de vez en cuando para la jefecita de Bernabé: ella se moría de vergüenza y desconocimiento y Romano le dijo que después de todo su marido Andrés Aparicio había matado a un hombre a patadas. Sí contestó ella pero nunca fue a dar a la peni, ésa es la diferencia, Bernabé es el primer entambado de la familia. Que tú sepas, vieja. Pero los tíos miraron a Bernabé de manera diferente, desconociéndolo también; ya no fue el chamaquito zoquete sentado sobre las tejas mientras ellos mataron liebres y sapos en el llano cenizo. Bernabé mató a un muchacho, se le fue encima con un picahielo en el mitote del Puente de Alvarado, se lo clavó hondo en el pecho y sintió cómo eran más fuertes las entrañas del muchacho herido que el fierro frío del arma de Bernabé pero a pesar de todo el picahielo le ganó a las vísceras, las vísceras nomás chuparon para adentro al picahielo como un amante se chupa al otro. El muchacho dejó de reír y rebuznar al mismo tiempo y se quedó mirando a los arcos de luz neón con las pestañas duras. El Güero vino a avisarle que no se preocupara, tenía que hacer un poco de show, él lo entendía, en unos días lo soltaban, mientras se resolvían las cosas y se demostraba que había justicia. Pero tampoco el Güero le reconoció y por primera vez tartamudeó y hasta se le llenaron los ojos de lágrimas, ¿Por qué tuviste que escabecharte a uno, Bernabé y más a uno de los nuestros? Te hubieras fijado más. Además tú conocías al Burro, pobre Burro, era bien pendejo pero buena gente en el fondo. ¿Por qué Bernabé? En cambio Jesús Florencio el mesero ése sí vino nomás como cuate y le dijo que al salir debía irse a trabajar con ellos al restorán, él lo podía arreglar con el dueño y le iba a decir por qué. El licenciado Mariano Carreón se emborrachó en el restorán el día de la refriega en el centro, estaba muy excitado y se soltó contándoles a sus amigos que había un chavo que le recordaba muchas cosas, primero cómo fue el propio don Mariano de chamaco y luego un hombre que conoció veinte años atrás, en una cooperativa del estado de Guerrero, un ingenierito que no se dobló, que trajo dizque la justicia al estado y se lo llevó sin dizque alguno la chingada. El licenciado Mariano contó cómo organizó él la resistencia contra el ingeniero Aparicio jugando a la unión de todas las familias del pueblo, pobres y ricas, contra el fuereño entrometido. Es tan fácil explotar los localismos provincianos. Lo importante dijo don Mariano Carreón es que se fortalezcan los cacicazgos porque donde no hay ley el cacique impone el orden y sin orden no hay propiedad ni riqueza para acabar pronto señores les dijo a sus amigos. Ese ingenierito tenía una como santa cólera, una convicción de cruzado que picó al señor licenciado Carreón. Durante los próximos diez años trató de corromperlo, ofrecerle esto y aquello, ascensos, casas, dinero, viajes y viejas, impunidad pues. Nada. El ingenierito Aparicio se le volvió una obsesión y como no pudo comprarlo trató de arruinarlo, crearle problemas, aplazarle ascensos, hasta sacarlo de una vecindad donde vivía por las calles de Guatemala y lanzarlo a las ciudades perdidas del cinturón de la miseria. Pero la obsesión del licenciado Mariano fue tal que compró todos los terrenos del rumbo donde se fueron a vivir Andrés Aparicio y los suyos y las demás familias de paracaidistas para que no los fuera a desalojar nadie y dijo no, que se queden allí, los viejos se van a morir, de honor nadie vive y la dignidad no se sirve con caldo de médula, está bueno tener un vivero de chamaquillos enojados para cuando crezcan yo los encarrile, mi nido de gavilanes. Contó que todos los días saboreó el hecho de que el ingenierito que no se dejó corromper viviera con su mujer y su hijo y sus cuñados los muy güevones en un terreno propiedad del licenciado Mariano y sólo por su venia. Pero la broma para saborearse de veras tuvo que ser conocida por el ingenierito. De manera que el licenciado mandó a uno de sus roperos armados a decírselo todo a tu padre Bernabé, has estado viviendo de la limosna de mi jefe, chamagoso méndigo, diez años de limosnero tú tan puro y mi padre que nunca dejó de sonreír para no verse viejo más que una vez esa vez agarró a patadas al guarura del licenciado Carreón y lo mató a patadas y luego desapareció para siempre porque sólo le quedaba la dignidad de pasar por muerto y no enterrado en el tambo como tú por unos días nomás Bernabé. Más vale que lo sepas dijo Jesús Florencio, ya vez que lo que te ofrecen no es tan seguro como dicen. Un día te encuentras un hombre de a de veras y te vale pura sombrilla la impunidad. Ha de ser bien gacho pasársela protegido todo el tiempo, con miedo, diciéndote si no me protege el Jefe valgo un puro carajo. Bernabé se quedó dormido en su catre, protegido hasta la coronilla por la cobijita de lana delgada, hablándole en sueños al Jefe coyón, no te atreviste a mirar a mi papá a la cara, tuviste que mandarle un matón y te mataron al matón, culero. Pero luego tuvo un sueño en el que él se iba rodando en silencio, muriéndose, rodando como un pedacito roto de hombre ¿qué?, ¿de hombre qué? Soñó sin poder separar su sueño de un deseo vago pero impetuoso de que cuanto existió fue para la tierra, para todos unidos, el agua, el aire, los jardines, la piedra, el tiempo.

—El hombre, ¿dónde estuvo?

EL JEFE

Salió de la peni odiándolo por todo lo que le hizo a su padre, lo que le hizo a él. El Güero lo recogió a la salida del Palacio Negro y lo subió al Thunderbird rojo *una vez nada más se entrega el alma con la dulce y total renunciación* hey familias donde está su Güerito están la música y el sabor. Le dijo a Bernabé que el Jefe estaba esperándolo en el Pedregal en cuanto el chavo quisiera pasar a verlo. Estaba muy apenado de que Bernabé hubiera pasado diez días entambado en Lecumberri. Peor peor le había ido al Jefe. Bernabé no lo sabía, no leía periódicos ni nada, pues había una tormenta en contra del Jefe dizque por andar de provocador y lo andaban amenazando con mandarlo de gobernador a Yucatán que es como irse de brasero a la luna, pero él dice que se va a vengar de sus enemigos políticos y que le haces falta. Tú fuiste el más hombre de la brigada, dijo. Aunque te hayas llevado de corbata al pobre Burro, pero el Jefe dice que entiende tu pasión él es igual. Bernabé se soltó chillando como un niño, todo le pareció tan pinche y el Güero no supo qué hacer más que detener la música de la casete como por respeto y Bernabé le pidió que lo dejara en la Calzada de Azcapotzalco, por el rumbo del panteón español pero el Güero se preocupó y lo siguió a vuelta de rueda mientras Bernabé caminaba por las banquetas de polvo junto a los floristas que arreglaron las grandes coronas de gardenias y junto a los marmoleros que cincelaron las losas, los nombres, las fechas, el principio y el fin de cada hombre y mujer, ¿Dónde estuvieron?, se fue repitiendo Bernabé, recordando el libro quemado por órdenes del licenciado Carreón. El Güero decidió tener paciencia y lo esperó cuando salió por la reja del cementerio una hora después, chanceó, ya van dos veces que sales hoy de tras la reja, chavo, cuidadito, Bernabé entró odiando todavía al Jefe a la casa del Pedregal pero sintió lástima apenas lo vio, con su cara de barrendero miope, agarrado a un vasote de whisky como a un salvavidas. Le dio pena recordarlo encuerado en cuatro patas y con los güevos helados tratando de vencer la coquetería cruel de su esposa. ¿No tenía derecho la Mirabella, después de todo, caray, a ir a una escuela de refinamientos en vez de vivir en un tendajón de lámina y cartón en la ciudad perdida? Entró a la casa del Pedregal, vio al Jefe amolado y sintió pena pero también seguridad, aquí no le iba a pasar nada malo, aquí nadie lo iba a abandonar, aquí el Jefe no lo iba a condenar a joderse fregando parabrisas porque el Jefe no iba a llevar justicia al estado de Guerrero no iba a morirse de hambre con tal de sentirse puro como una hostia, el Jefe no era un pendejo como su Jefe, su Jefe Mariano Carreón su Jefe Andrés Aparicio ay jefecito no me abandones. El licenciado le dijo al Güero que le sirviera su whiskicito al chavo que tan valiente había estado y que no se preocupara, la política no es más que una larga paciencia, en eso se parece a la religión y ya vendría la hora del desquite contra los que le andaban intrigando y tratando de mandarlo de exiliado a la península. Quiso que Bernabé, que estuvo con él a la hora de los cocolazos, también estuviera con él a la hora del desquite. La brigada iba a cambiar de nombre, se volvió demasiado notoria, un día iba a reaparecer blanquita, blanqueada por el sol de la venganza contra los criptocomunistas colados en el gobierno, pero nomás por seis años, bendito principio de la no reelección, luego a la calle rojillos y como en un péndulo, ya lo verían, ellos regresarían porque ellos sabían esperar largo largo largo como los ídolos de piedra en el museo, ¿eh?, ya ni quien nos pare. Le dijo a Bernabé abrazándolo del cuello que no había destino ninguno que no pudiera ser superado por el desprecio y al Güero que no quería verlos ni a él ni al chavo Bernabé ni a ningún guarura jovenazo por la casa mientras estuviera allí la niña Mirabella que regresaba mañana del Canadá. Se fueron al campamento y el Güero le dio una pistola a Bernabé para que se defendiera y le dijo que no se preocupara, el Jefe tenía razón, no había manera de controlarlos una vez que empezaban a rodar, *mira esa piedra como ya no se para*, carajo dijo el Güero con una miradita muy lista y maliciosa que Bernabé no le vio antes, incluso de las manos del mero Jefe se podían escurrir si querían, ¿él no sabía ya todo lo que había que saber, cómo organizar las cosas, acercarse a una barriada, juntar a los chavos, empezar con resorteras si hacía falta, luego cadenas, luego picahielos como el que usaste para matar al Burro, Bernabé? Si era rete simple, se trataba de crear uno como terror invisible pero compartido, nosotros tenemos terror de vivir siempre protegidos, ellos tienen siempre terror de vivir sin protección. Escoge chavo. Pero Bernabé ya no lo escuchó ni le contestó. Estaba recordando su visita al cementerio esa mañana, los domingos con la Martincita cogiendo en la cripta de una familia decente, un viejo distraído orinando detrás de un ciprés, calvo, sonriente, como un bobo, sonriendo sin parar que luego se fue caminando con la bragueta abierta bajo ese sol picante como un gran chile amarillo del mediodía en Azcapotzalco. Bernabé sintió vergüenza. Que no regrese. Basta una memoria vaga, un desconocimiento. Fue a ver a su mamá cuando tuvo un traje nuevo y un Mustang de segunda mano aunque para él solito y le dijo que el año entrante le tendría una casita asoleada y limpia en una colonia decente. Ella trató de decirle lo mismo que de niño, santito, tú eres decente, monigotito, no eres un pelado como los demás, trató de decirle lo mismo que antes dijo del padre, *Nunca he soñado que estés muerto*, pero para Bernabé la voz de su madre ya no era ni tierna ni exigente, nomás significaba lo contrario de lo que decía. En cambio le agradeció que le regalara los tirantes más bonitos de su papá, unos con listas rojas y hebillas doradas que fueron el orgullo de Andrés Aparicio.

Agua quemada

La frontera

MALINTZIN DE LAS MAQUILAS

A Marina la nombraron así por las ganas de ver el mar. Cuando la bautizaron, sus padres dijeron a ver si a ésta sí le toca ver el mar. En la ranchería en el desierto del Norte, los jóvenes se juntaban con los viejos y los viejos contaban que de jóvenes sus viejos les habían dicho, ¿cómo será el mar?, ninguno de nosotros ha visto nunca al mar.

Ahora que el helado sol de enero se levanta, Marina sólo ve las aguas flacas del Río Grande y el sol lo siente todo tan frío que quisiera volverse a meter entre las cobijas pardas del desierto por donde se asoma.

Son las cinco de la mañana y ella tiene que estar en la fábrica a las siete. Se ha retrasado. La retrasó anoche el amor con Rolando, ir con él del otro lado del Río a El Paso Texas y regresar tarde, sola y tiritando por el puente internacional a su casita de una sola pieza con retrete en la Colonia Bellavista de Ciudad Juárez.

Rolando se quedó en la cama con un brazo cruzado detrás de la nuca y el celular en la otra mano, pegado a la oreja, mirándola a Marina con satisfacción cansada y ella no le pidió que la llevara de regreso, lo vio tan cómodo, tan niño, tan acurrucado y también tan abierto, tan húmedo y calientito. Lo vio sobre todo listo para iniciar el trabajo, haciendo llamadas en el celular desde tempranito, al que madruga Dios lo ayuda, más si se es mexicano que hace negocios de los dos lados de la frontera.

Se miró en el espejo antes de salir. Era una belleza dormilona. Todavía tenía pestañas gruesas, de niña. Suspiró. Se puso la chamarra azul de pluma de ganso que tan mal iba con su minifalda pues la chamarra le colgaba hasta las rodillas y la minifalda le llegaba al muslo. Sus zapatos tennis de trabajo los guardó en un morral y se lo colgó al hombro. Iba al trabajo con zapatos de tacón alto y puntiagudo, aunque a veces se le hundieran en el lodo o se le quebraran en las piedras, al contrario de las gringas que caminaban al trabajo con kedds y en la oficina se ponían los tacones altos. Marina en cambio no sacrificaba sus zapatos elegantes por nada, nadie la iba a ver nunca en chanclas como india apache.

Alcanzó el primer camión por la calle del Cadmio y como todas las mañanas trató de mirar más allá del barrio de terrones y de esas casuchas que parecían salidas de la tierra. Todos los días, sin falta, trataba de mirar hacia el horizonte grandísimo, el cielo y el sol le parecían sus protectores, eran la belleza del mundo, el cielo y el sol eran de todos y no costaban nada, ¡cómo iban a hacer las gentes comunes y corrientes algo tan bonito como eso, todo lo demás tenía que ser feo por comparación: el sol, el cielo... y, decían, el mar!

Siempre acababa viendo hacia los barrancos que se iban derrumbando hacia el río y que le atraían la mirada con la ley de la gravedad, como si hasta dentro del alma todas las cosas anduvieran siempre cayéndose. Ya desde esta hora, las barrancas de Juárez parecían hormigueros. La actividad de los barrios más pobres empezaba temprano y se confundía con el enjambre que desde las casuchas y el declive se iba desparramando hasta la orilla del río angosto y allí intentaba cruzar al otro lado. Entonces ella volteaba la cara sin saber si lo que veía la molestaba, la avergonzaba, la hacía compadecerse o sentir ganas de imitar a los que se iban del otro lado.

Mejor fijó los ojos en un ciprés solitario hasta que ya no pudo verlo.

El ciprés quedó atrás y Marina sólo vio concreto, muros y más muros de concreto, una larguísima avenida encajonada entre el concreto. El camión se detuvo en un campo donde los muchachos en calzones cortos jugaban fútbol para calentarse y cruzó tiritando el baldío hasta encontrar la siguiente parada del camión.

Tomó asiento junto a su amiga Dinorah que venía vestida de suéter colorado y blue jeans con zapatillas sin tacón. Marina abrazó su morral pero cruzó la pierna para que Dinorah y los demás pasajeros vieran sus finos zapatos de tacones altos con hebilla de pulsera en el tobillo.

Se dijeron lo de siempre, cómo está el niño, con quién lo dejaste. Antes, la pregunta de Marina irritaba a Dinorah, se hacía la desentendida, se atareaba sacando un chicle de la bolsa o acariciándose el pelo de chinitos cortos y anaranjados. Luego se dio cuenta de que todas las mañanas de la vida se iba a topar con Marina en el camión y contestó rápidamente, la vecina lo va a llevar a la guardería.

—Hay tan pocas —decía Marina.

—¿Qué?

—Guarderías.

—Aquí nada alcanza para nada, chavalona.

No iba a decirle a Dinorah que se casara, porque la única vez que lo hizo ella le contestó con grosería, cásate tú primero, ponme el ejemplo, huisa. No le iba a insistir que las dos eran solteras pero Marina no tenía hijos, un hijo, ésa era la diferencia, ¿no necesitaba un padre el niño?

—¿Para qué? Aquí los hombres no trabajan. ¿Quieres que mantenga a dos en lugar de uno?

Marina le dijo que con un hombre en casa podría defenderse mejor de los jaraseros sexuales de la fábrica. Se metían mucho con Dinorah porque la veían indefensa, nadie daba la cara por ella. Esto fastidió mucho a Dinorah y le dijo a Marina que de veras quería llevarse a toda madre con ella porque Dios les había asignado el mismo camión, pero que si seguía dando consejos no pedidos, de plano iban a dejar de hablarse y que no se hiciera la mosquita muerta.

—Yo tengo a Rolando —dijo Marina y Dinorah se murió de risa, todas tienen a Rolando, Rolando tiene a todas, ¿qué te crees, pendeja?, y como Marina se soltó chillando y las lágrimas no le rodaron por las mejillas sino que se juntaron todititas en las pestañas, a Dinorah le dio pena, sacó un klínex de la bolsa, abrazó a Marina y le limpió los ojos.

—Por mí no te preocupes, chula —dijo Dinorah—. Yo me sé defender de todos los tentones de la fábrica. Y si me exigen un acostón para ascender, mejor me cambio de fábrica, total aquí nadie asciende para arriba, nomás nos movemos para los lados, como las cangrejitas.

Marina le preguntó a Dinorah si había rotado mucho, éste era su primer trabajo pero oía que las muchachas se cansaban pronto de una ocupación y se iban a otra. Dinorah le dijo que después de nueve meses de hacer lo mismo, te empezaba a doler la cintura y se te amolaba la columna.

Tuvieron que bajarse a tomar el siguiente camión.

—Tú también vienes retrasada.

—Supongo que por las mismas razones que tú —rió Dinorah y las dos se tomaron de la cintura y se rieron juntas.

La plaza estaba muy animada ya, con sus toldos y tendajones variados. Todo mundo despedía el humo del invierno por la boca y los marchantes exponían sus mercancías o colgaban sus anuncios *a lo que vino a comerse sus elotes con Avelino* y ellas se detuvieron a comprar dos elotes enchilados y todavía escurridos de agua caliente y mantequilla derretida, sabrosísimos. Se rieron de un anuncio, *Tome Macho Minas Para Hombres Débiles de Sexo* y Dinorah le preguntó a Marina si ella había conocido uno solo así. Marina dijo que no, pero no era eso lo importante, sino escoger una al hombre que quiere. ¿Que una quiere? Bueno, que le gusta a una. Dinorah dijo que los únicos hombres con el pito aguado eran casi siempre los más echadores, los que las perseguían y trataban de aprovecharse de ellas en las fábricas.

—Rolando no. Él es muy macho.

—Eso ya me lo contaste. ¿Y qué más tiene?

—Un celular.

—Ah —peló de burla los ojos Dinorah pero no dijo nada más porque el camión se detuvo y subieron para viajar el último tramo hasta la maquiladora. Llegó corriendo una muchacha muy flaca pero guapa con una belleza aguileña poco corriente por aquí y vestida con hábito carmelita y sandalias. Se sentó frente a ellas. Le preguntó a Dinorah si no le daban frío sus piececitos en invierno sin calcetincitos ni nada, así. Ella se sonó la nariz y dijo que era una manda que sólo tenía chiste en la escarcha, no en el summer.

—¿Se conocen? —dijo Dinorah.

—De lejos —dijo Marina.

—Ésta es Rosa Lupe. No la reconoces cuando se le mete lo santo. Te juro que normalmente es muy diferente. ¿Por qué hiciste manda?

—Por mi famullo.

Les contó que ella llevaba cuatro años en la maquila y su marido —su famullo— seguía sin dar golpe. El pretexto eran los niños, ¿quién los iba a cuidar? —Rosa Lupe miró sin mala intención a Dinorah—. El famullo se quedaba en casa cuidando a los niños pues por lo visto hasta que crecieran.

—¿Lo mantienes? —dijo Dinorah para vengarse de la alusión de Rosa Lupe.

—Pregunta en la fábrica. La mitad de las que chambeamos allí mantenemos el hogar. Somos lo que se llama jefecitas de familia. Pero yo tengo famullo. Por lo menos no soy madre soltera.

Para evitar el pleito de comadres Marina dijo que ya entraban a la parte bonita y las tres miraron los cipreses alineados a ambos lados de la carretera sin hablarse más; esperando nomás la aparición bellísima que no dejaba de asombrarlas todos los días a pesar de la costumbre, la fábrica montadora de televisores a color, un espejismo de vidrio y acero brillante, como una burbuja de aire cristalino, era como trabajar rodeadas de pureza, de brillo, casi de fantasía, tan limpia y moderna la fábrica, el parque industrial como decían los managers, las maquiladoras que le permitían a los gringos ensamblar textiles, juguetes, motores, muebles, computadoras y televisores con partes fabricadas en los Estados Unidos, ensambladas en México con trabajo diez veces menos caro que allá, y devueltas al mercado norteamericano del otro lado de la frontera con el solo pago de un impuesto al valor añadido: de esas cosas ellas no sabían mucho, Ciudad Juárez era simplemente el lugar de donde llamaba el trabajo, el trabajo que no existía en las rancherías del desierto y la montaña, el que era imposible hallar en Oaxaca o Chiapas o en el mismísimo DF, aquí estaba a la mano, y aunque el salario era diez veces menos que en los Estados Unidos, era diez veces más que nada en el resto de México: esto se cansaba de explicarles la Candelaria, una mujer de treinta años, más que gorda, cuadrada, con las mismas dimensiones por los cuatro costados, que no había renunciado a una vestimenta campesina tradicional, aunque era difícil saber de qué región, pues la convencida, seria, pero sonriente Candelaria, usaba un poquito de todo, trenzas de columpio con estambres huicholes, huipiles yucatecos, faldas tehuanas, cinturones tzotziles y unos huaraches con suela de llanta Goodrich que se encuentran en todos los mercados, y como era la amante del líder sindical antigobiernista, sabía de lo que hablaba y el milagro era que no la hubieran corrido de plano de todas las maquiladoras, pero la Candelaria les ganaba siempre la partida, era la amita de la rotación, cada seis meses cambiaba de plaza y cada vez que lo hacía su patrón suspiraba porque la agitadora se iba y porque la rotación ya era para los empresarios sinónimo de escasa o nula conciencia política, no alcanzaba el tiempo para alborotar a nadie y la Candelaria nomás meneaba las trenzas de la risa y seguía sembrando conciencia aquí y allá, cada seis meses: tenía treinta años, llevaba quince en las maquilas, no quería amolarse la salud, ya había trabajado en una fábrica de pinturas y los solventes la habían enfermado —mira que pasarse nueve meses enlatando pintura para acabar pintada por dentro, eso dijo entonces— y es cuando conoció a Bernal Herrera, un hombre maduro que por eso le gustó a la Candelaria, maduro pero con ojos tiernos y manos vigorosas, moreno, cano, con bigote y anteojos, y Bernal le dijo Candelaria aquí no le dan agua ni al gallo de la pasión, lo que uno necesita debe ganárselo a pulso, aquí declaran los costos y utilidades que se les antoja, aquí no hay seguros por riesgo de trabajo, ni medicaciones, ni pensión, ni compensaciones por dote, maternidad o muerte, nos están haciendo el gran favor, eso es todo, nos están dando trabajo, muchas gracias y a callarse la boca, pero tú de vez en cuando deja caer tres palabritas, Candelaria de mi vida, three little words como dice el fox, huelga de coalición, huelga de coalición, huelga de coalición, repítelo tres veces como en una letanía, mi dulce Cande, y vas a ver cómo se ponen pálidos, te prometen aumentos, te ofrecen igualas, te respetan tus opiniones, te animan a cambiar de fábrica: hazlo, mi amorcito, mira que prefiero verte rotada que no muerta...

—Es tan bonito este lugar —suspiró Marina, evitando pisar con sus zapatos de stiletto los prados verdes con la advertencia doble: No PISE EL PASTO / KEEP OFF THE GRASS.

—Si hasta parece Disneylandia —dijo Dinorah entre seria y risueña.

—Sí, pero llena de ogros que se comen a las princesitas inocentes como ustedes —les dijo con una sonrisa sarcástica la Candelaria, a sabiendas de que sus ironías no rifaban entre estas mensas. Pero las quería, de todos modos.

Se pusieron las batas azules reglamentarias y tomaron sus lugares frente a los esqueletos de las televisoras, dispuestas a hacer el trabajo en serie, la Candelaria el chasis, la Dinorah la soldadura, Marina estrenándose apenas para reparar soldaduras, y la Rosa Lupe fijándose en los defectos, los alambres sueltos, las coronas dañadas, mientras le decía a la Cande, oye, ya estuvo suave de tratarnos como pendejas, ¿no?, y no pongas esa cara de santa, siempre dándonos lecciones, siempre despreciándonos, ¿yo?, peló tremendos ojos la Candelaria, oye Dinorah, dime si aquí hay alguna más taruga que yo, la Candelaria, cargada de obligaciones, me vine de la ranchería, me traje a los hijos, luego a los hermanos, luego a mi papacito, ¿eso es ser muy abusada?, ¿tú crees que me alcanza?

—¿Tu líder no te da para el gasto, Candelaria?

La cuadrada le mandó un toque eléctrico a Dinorah, era una treta que ella se sabía, Dinorah chilló y llamó cabrona a la gorda, ésta nada más se rió y dijo que cada una tenía su telenovela que contar, mejor se llevaban bien, ¿qué no?, para pasar las horas juntas y no morirse de aburrición, ¿qué no?

—¿Para qué te trajiste a tu papacito?

—Por el recuerdo —dijo la Candelaria.

—Los viejos sobran —dijo sordamente Dinorah.

Todas venían de otro lado. Por eso se entretenían contándose historias sorprendentes sobre sus orígenes, sobre las combinaciones familiares, las cosas que las diferenciaban, y a veces, también, se admiraban de que coincidieran en tanto, familias, pueblos, parentescos. Pero todas estaban divididas por dentro: ¿era mejor dejar atrás todo eso, borrar la memoria, resolverse a empezar una nueva vida aquí en la frontera?, ¿o era necesario alimentar el alma con el recuerdo, canturrear a José Alfredo Jiménez, sentir la tristeza del pasado, convenir en que el desamor es la muerte del alma? A veces se miraban sin hablarse, todas las amigas, las camaradas, Candelaria que era quien más tiempo llevaba en la maquila, Rosa Lupe y Dinorah que llegaron al mismo tiempo, Marina que era la más verdecita, entendiendo que no era preciso decirse nada para decirse esto, que todas necesitaban amor pero no recuerdos, y que sin embargo era imposible separar el recuerdo y el cariño, estaba canija la cosa. La que mejor llevaba la cuenta de las historias era la Candelaria, y su conclusión era que todas venían de otra parte, ninguna de ellas era fronteriza, le gustaba preguntarles de dónde venían, a ellas les costaba hablar de eso, sólo con la Candelaria como que tenían confianza, se atrevían a enlazar amor y memoria y la Candelaria quería mantener viva esa pareja, sentía que era importante, no condenarse al olvido, ni al desamor que es muerte del alma, volvió a canturrear con el inolvidable José Alfredo, como decían los programas de radio.

—Del ejido, «Venustiano Carranza».

—De aquí de Chihuahua, tierra adentro.

—No, del campo no, de una ciudad más chiquita que Juárez.

—Uy, desde Zacatecas.

—Uy, desde La Laguna.

—Mi papá se encargó de todo el movimiento —dijo Rosa Lupe la aguileña vestida de carmelita—. Dijo que el ejido ya no daba para más. La tierra se iba haciendo más chica y más seca cada vez que la dividíamos entre el montón de hermanos. Yo siempre fui activa, muy activa. En el ejido me encargaba de que estuvieran limpias las calles y pintadas de blanco las paredes, me gustaba preparar el papel picado para las fiestas, traer a los músicos, organizar los coros de los niños. Mi papá dijo que era yo demasiado lista para quedarme en el campo. Él mismo me trajo a la frontera, cuando tenía quince años. Mi madre se quedó en el ejido con los hermanitos más chicos. No se anduvo por las ramas mi padre. Me dijo que aquí yo iba a ganar en un mes diez veces más que toda la familia en el ejido. Yo era muy activa. No me iba a pesar. Mientras él se quedó aquí, me resigné. Él era como la continuidad de mi vida en el pueblo. No le dije que extrañaba la tierra, mi mamá, mis hermanitos, las fiestas religiosas, la Candelaria cuando se viste al niño Dios, la Santa Cruz y su coheterío tan alegre pero tan miedoso, el Miércoles de Ceniza cuando todo el pueblo trae su cruz de carbón en la frente, la Semana Santa cuando salen los judíos con sus barbas blancas y sus narizotas y sus abrigos negros a hacer travesuras contra los cristianos, todo, las posadas, los reyes, lo echaba todo de menos. Aquí busco esas fechas en el calendario, tengo que recordarlas, allá no, allá las fiestas llegaban sin necesidad de recordarlas, ¿me entienden? Pero mi papá me instaló aquí en Juárez en una casita de una pieza en la colonia Bellavista y me dijo: «Trabaja mucho y encuéntrate un hombre. Eres la más lista de la familia.» Y se fue.

—Yo no sé qué es mejor —dijo en seguida la Candelaria—. Ya les dije, yo vivo cargada de obligaciones. Cuando me vine a la frontera, me traje a mis hijos. Luego llegaron mis hermanos. Finalmente mis padres se animaron. Es mucha carga para mi sueldo y cuidado con hacerme bromas, pinche Dinorah. Lo que nos dan nuestros hombres lo merecemos. Lo que me da mi padre es de pilón, es el recuerdo. Mientras mi padre esté en la casa, ya no olvidaré. Vieran qué bonito es tener cosas que recordar.

—No es cierto —dijo Dinorah—. Los recuerdos nomás duelen.

—Pero es dolor del bueno —contestó la Candelaria.

—Pues yo sólo conozco del malo —siguió Dinorah.

—Es que no tienes con qué compararlo, no te das a ti misma el chance de almacenar tus buenos recuerdos del pasado.

—Las alcancías son para los puerquitos —dijo irritada Dinorah.

Rosa Lupe iba a decir algo cuando se acercó la supervisora, una cuarentona muy alta con ojos de canica y labios como ejote y se puso a regañar a la guapa y aguileña carmelita, estaba violando los reglamentos, qué se creía viniendo al trabajo vestida de milagrosa, ¿no sabía que había que usar la bata azul por reglamento, por seguridad, por higiene?

—Tengo hecha una manda, super —dijo muy digna Rosa Lupe.

—Aquí no hay más manda que mis ovarios —dijo la supervisora—. Anda, quítate ese ropón y ponte la bata azul.

—Está bien. Voy al baño.

—No señora, usted no va a interrumpir el trabajo con sus santurronerías. Usted se me cambia aquí mismito.

—Es que no traigo nada debajo.

—A ver —dijo la supervisora y agarró a Rosa Lupe de los hombros, le arrancó el hábito, se lo bajó violentamente hasta la cintura, dejó que brotaran los espléndidos senos de Rosa Lupe, y sin contenerse la mujer de ojos de canica los cerró y se fue con los labios de ejote sobre los levantados pezones color de rosa de la guapa carmelita, que no pudo reaccionar de la sorpresa, hasta que la Candelaria agarró de la permanente a la super, la insultó, la separó y Dinorah le dio una patada en el culo a la

377

puerca y Marina se acercó rápidamente a Rosa Lupe y la cubrió con las manos, sintiendo con emoción cómo le palpitaba el corazón a su amiga, cómo se le excitaban sin querer los pezones.

Llegó otro supervisor hombre a separarlas, poner el orden, reírse de su colega, no me andes quitando a mis novias, Esmeralda, le dijo a la supervisora despeinada y enardecida como un jitomate frito, déjame a mí estas chuladas, tú búscate un macho.

—No te burles de mí, Herminio, me las vas a pagar —dijo la aporreada Esmeralda retirándose con una mano en la frente y la otra en la barriga—. No te metas en mis terrenos.

—¿Me vas a reportear?

—No, nomás te voy a chingar.

—Ándenle muchachas —sonrió el supervisor Herminio, lampiño como un piloncillo y del mismo color—. Voy a adelantar la hora del recreo, vayan y tómense un refresco, y piensen bien de mí.

—¿Vas a cobrarte el favor? —dijo Dinorah.

—Ustedes caen solitas —sonrió libidinosamente Herminio.

Compraron sus pepsis y se sentaron un rato frente al césped tan bonito de la fábrica —KEEP OFF THE GRASS— esperando a Rosa Lupe que reapareció acompañada por Herminio, muy satisfecho el supervisor. La obrera venía con la bata azul.

—Parece el gato que se comió al ratón —dijo la Candelaria cuando Herminio se retiró.

—Le permití que me viera cambiarme de ropa. Prefiero que lo sepan. Lo hice por agradecimiento. Prefiero ser yo la que decide. Me prometió no molestarnos a ninguna y protegernos de la cabrona de Esmeralda.

—Uy, con qué poquito se... —empezó a decir Dinorah pero Candelaria la calló con la mirada, y las demás bajaron la suya sin imaginarse que desde el alto mirador de la gerencia, cuyos vidrios opacos permitían mirar hacia afuera sin ser vistos hacia adentro, el dueño mexicano de la empresa, don Leonardo Barroso, observaba al grupo de trabajadoras y le repetía al grupo de inversionistas norteamericanos aquello de benditos entre las mujeres, pues las maquiladoras empleaban ocho mujeres por cada hombre, las liberaban del rancho, de la prostitución, incluso del machismo —sonrió ampliamente don Leonardo— pues la trabajadora se convertía rápidamente en la ganapán de la casa, la jefa de familia adquiría una dignidad y una fuerza que pues liberaban a la mujer, la independizaban, la modernizaban y eso también era democracia, ¿no le parecía a los socios texanos? Además —don Leonardo acostumbraba estos pep-talks periódicos para calmar los ánimos de los yanquis y darles buena conciencia —estas trabajadoras, como esas que allí ven sentadas junto al pasto bebiendo refrescos, se integraban a un crecimiento económico dinámico, en vez de vivir deprimidas en el estancamiento agrario de México. Había cero, exactamente cero maquilas en la frontera en 1965 con Díaz Ordaz, diez mil en el 72 con Echeverría, treinta y cinco mil en el 82 con López Portillo, ciento veinte mil en el 88 con De la Madrid, ciento treinta y cinco mil ahora en el 94 con Salinas, y generando doscientos mil empleos conexos.

—Se puede medir el progreso del país por el progreso de las maquiladoras —exclamó satisfecho el señor Barroso.

—Debe haber problemas —dijo un yanqui más seco que una pipa de mazorca amarilla—. Siempre hay problemas, señor Barroso.

—Llámeme Len, señor Murchinson.

—Y yo Jim.

—¿Problemas de trabajo? Los sindicatos no están autorizados.

—Problemas de falta de lealtad, Len. Yo siempre he trabajado con la lealtad de mis trabajadores. Aquí sé que las trabajadoras duran seis, siete meses, y se mudan a otra empresa.

—Claro, todas quieren irse con los europeos porque las tratan mejor, corren o castigan a los supervisores abusivos, les dan lonches de lujo, qué sé yo, puede que hasta las manden de vacaciones a ver tulipanes a Holanda... Trate de hacer eso y las ganancias van a reducirse, Jim.

—Así no trabajamos en Michigan. Los obreros se desarraigan, aumentan los gastos de agua, vivienda, servicios. Puede que los holandeses tengan razón.

—Todos rotamos —dijo alegremente Barroso—. Ustedes mismos, si en México les ponemos normas de medio ambiente, se van. Si aplicamos estrictamente la Ley Federal del Trabajo, se van. Si hay un boom de las industrias de guerra, se van. ¿Usted me habla de rotación? Es la ley del trabajo. Si los europeos prefieren la calidad de la vida a los beneficios, allá ellos. Que los subsidie la CEE.

—No me has contestado, Len. ¿Qué pasa con el factor lealtad?

—Los que quieran mantener un cuerpo leal de trabajadores, que hagan como yo. Les ofrecemos bonos para que se queden. Pero la demanda es grande, las muchachas se aburren, no ascienden para arriba, de manera que cambian horizontalmente, se hacen la ilusión de que al cambiar mejoran. Eso genera algunos gastos, Jim, tienes razón, pero nos evitan otros. Nada es perfecto. Pero la maquila no es una suma-cero, sino una suma-suma. Todos salimos ganando.

Rieron un poco y un hombre de cabeza entrecana y pelo largo restirado en cola de caballo, entró a servirles sus cafecitos.

—Para mí sin azúcar, Villarreal —le dijo don Leonardo al servidor.

—Ahora bien, Jim —continuó Barroso—. Tú eres nuevo en este asunto pero seguramente tus socios norteamericanos te han dicho cuál es el verdadero negocio.

—No me parece mal tener una empresa nacional que le vende a un solo comprador asegurado. Eso no lo tenemos en los Estados Unidos.

Barroso le pidió a Murchinson que mirara para afuera, más allá del grupito de trabajadoras bebiéndose sus pepsis, que mirara al horizonte, le dijo, los empresarios yanquis siempre han sido hombres de visión, no cuentachiles provincianos como en México, ¡qué horizonte más grande veían desde aquí!, ¿verdad?, Texas era del tamaño de Francia, México, que parecía tan chiquito junto a los US of A, era seis veces más grande que España, cuánto espacio, cuánto horizonte, qué inspiración —casi suspiró Barroso.

—Jim: El verdadero negocio no son las maquilas. Es la especulación urbana. El sitio de las fábricas. Los fraccionamientos. Los parques industriales. ¿Viste mi casa en Campazas? Se ríen de ella. La llaman Disneylandia. El que se ríe soy yo. Estos terrenos los compré a cinco centavos metro cuadrado. Ahora valen mil dólares metro cuadrado. Allí está el negocio. Te lo advierto. Éntrale.

—Soy todo oídos, Len.

—Las muchachas tienen que viajar más de una hora en dos camiones para llegar hasta aquí. Lo que nos conviene es crear otro polo al mero oeste de esta fábrica. Lo que nos conviene es comprar los terrenos de la colonia Bellavista. Son un andurrial, puras chozas de mierda. En cinco años, valdrán mil veces más.

Jim Murchinson estuvo de acuerdo en poner el dinero con Leonardo Barroso al frente, porque la Constitución mexicana prohíbe a los gringos tener propiedades en las fronteras. Se habló de fideicomisos, de acciones, de porcentajes mientras Villarreal servía los cafés bien aguados, como les gustaban a los gringos.

—Mi famullo lo que quiere es que deje la maquila y me junte con él para el comercio, así nos vemos más y nos alternamos en el cuidado del niño. Es la única cosa valiente que me ha propuesto, pero yo sé que en el fondo es tan cobarde como yo. La maquila es lo seguro, pero mientras yo trabajo aquí, él está atado a la casa.

Esto lo dijo Rosa Lupe pero algo en sus palabras agitó terriblemente a Dinorah, se descompuso toditita y pidió permiso para ir al baño. La supervisora Esmeralda, para evitar nuevos conflictos, no se opuso. A veces decía vulgaridades espantosas cuando las muchachas pedían ir al baño.

—¿Y ora ésa? —dijo la Candelaria y se arrepintió. Era una ley no escrita que ellas no andaban averiguando qué les pasaba, por dentro, a las demás. Lo que les pasaba afuera, pues se notaba y podía comentarse, sobre todo con ánimo guasón. Pero el alma, eso que las canciones llaman el alma...

Canturreó Candelaria y se le unieron Marina y Rosa Lupe.

«Me volvió loca tu manera de ser / Tu egoísmo y tu soledad / Son joyas en la noche / De mi mediocridad...»

Entre que se rieron y se pusieron tristes, pero Marina pensó en Rolando, en qué andaría haciendo en las calles de Juárez y El Paso, era un hombre con un pie allá y otro acá de este lado, unido a Juárez y El Paso por su celular.

—No me llames a casa de noche, mejor llámame al coche, llámame a mi celular —le había dicho a Marina al principio, pero cuando ella le pidió el número, Rolando se excusó.

—Me tienen fichado con mi celular —le explicó—. Si entra una llamada tuya, puedo comprometerte.

—¿Entonces cómo nos vamos a ver?

—Tú ya sabes, todos los jueves en la noche en los courts del otro lado...

¿Y los lunes, los martes, los miércoles, qué? Todos trabajamos, le decía Rolando, la vida es dura, hay que ganarse los frijoles, una noche de amor, ¿te das cuenta?, hay gente que ni eso tiene... ¿Y los sábados, y los domingos? La familia, decía Rolando, los fines de semana son para la familia.

—Yo no tengo, Rolando. Estoy solita.

—¿Y los viernes? —replicaba como de rayo Rolando, era rápido, eso ni quién se lo quitara, sabía que Marina se confundía apenas se mencionaba el viernes.

—No. Los viernes salgo con las muchachas. Es nuestro día de amigas.

Rolando no tenía que añadir nada y Marina esperaba ansiosa el jueves para cruzar por el puente internacional, mostrar su tarjeta, tomar un bus que la dejaba a tres cuadras del motel, detenerse en la fuente de sodas a tomarse una malteada de chocolate con su cerecita de copete que sólo del lado gringo las sabían preparar y llegar así, fortalecida de cuerpo, adormecida de alma, a brazos de Rolando, su Rolando...

—¿Tu Rolando? ¿Tuyo? ¿De todas?

Las burlas de las muchachas sonaban en sus oídos mientras trenzaba los alambres negros, azules, amarillos, rojos, toda una bandera interior que proclamaba la nacionalidad de cada televisor, assembled in Mexico, qué orgullo, ¿cuándo le pondrían fabricado por Marina, Marina Alva Martínez, Marina de las Maquilas? Pero ni ese orgullo de su trabajo, ese sentimiento huidizo de que hacía algo que valía la pena, no un trabajo inútil, borraba el sentimiento de celos que le daba Rolando, Rolando y sus conquistas, todas lo insinuaban, a veces lo decían, Rolando el hombre de todas y si era así, pues qué bueno que a ella le tocaba un cachito del amor que ese galán a todo dar, bien vestido, con trajes color avión, que relucían hasta de noche, su pelo tan bien cortado, no de jipi, sin patillas, negro como su bigotillo tan fino y bien peinado, su tez parejamente oliva, sus ojos soñadores y su celular pegado a la oreja, todos la habían visto, en restoranes de lujo, enfrente de almacenes famosos, en el

mero puente, siempre con su celular pegado a la oreja, arreglando biz-
nez, conectando, negociando, conquistando al mundo, Rolando, con su
corbata marca Hermés y su traje de color jet, arreglando al mundo,
¿cómo iba a darle más de una noche a la semana a Marina, la recién llegada, la más simple, la más humilde?, él, un hombre tan solicitado, ¿el
bato más chingón?

—Ven —le dijo cuando, la tercera vez que se vieron en el motel, ella
lloró y le hizo una escena de celos—. Ven y siéntate frente a este espejo.

Ella sólo vio que las lágrimas se le juntaban en las pestañas gruesas,
de niña aún.

—¿Qué ves en el espejo? —le dijo Rolando, de pie detrás de ella, in-
clinado hacia el rostro de ella, acariciándole los hombros desnudos con
esas manos suaves, cafecitas, llenas de anillos.

—Yo. Me miro yo, Rolando. ¿Qué te pasa?

—Sí. Mírate, Marina. Mira a esa muchacha bellísima, con pestañas
tupidas y ojitos de capulín, mira la belleza de esos labios, la naricita per-
fecta, los hoyuelos divinos, mira todo eso, Marina, mira a esa muchacha
preciosa y luego mírame a mí cuando me pregunto, ¿cómo puede sentir
celos esta muchacha tan linda, cómo puede creer que a Rolando le guste
otra, acaso no se ve en el espejo, acaso no se da cuenta de lo linda que
es? ¿Cómo voy a traicionarla yo? ¡Qué poca confianza en sí misma tiene
Marina! Rolando Rozas debe educarla.

Entonces las lágrimas le rodaban, pero de pena y felicidad y se abrazaba al cuello de Rolando, pidiéndole perdón.

Hoy era viernes, pero un viernes diferente. Algo le dijo Villarreal, el
mozo de la gerencia, a la Candelaria cuando iban saliendo de la armado-
ra que la excitó y la descompuso, ella por lo común tan tranquila. Rosa
Lupe, por más que fingiera compostura, estaba alterada por dentro,
mancillada por Esmeralda que la humilló y Herminio que la protegió y
salió tratando de entender cuál de los dos era peor, si la vieja bestial o el
joven libidinoso y Dinorah traía algo adentro, Marina trataba de repasar
todas las conversaciones del día para ver qué cosa había inquietado tanto a la Dinorah, era una mujer buena, su cinismo era pura pose, se defendía de una vida que le parecía injusta, sin sentido, lo decía y ahora lo
daba a entender... Marina las vio tan tristes, tan ensimismadas, que deci-

dió hacer algo insólito, algo prohibido, algo que las hiciera a todas sentirse contentas, distintas, libres, quién sabe...

Se quitó los zapatos de charol, hebilla y tacones de puñal, los tiró lejos y descalza corrió por el pasto, bailó por el césped riendo, burlándose de la advertencia NO PISE EL PASTO — KEEP OFF THE GRASS, sintiendo una emoción física maravillosa, era tan fresca la pelusa, tan mojada y bien cortada, le hacía cosquillas en las plantas, que correr sobre ella con los pies desnudos era como darse un baño en uno de esos bosques encantados que salían en las películas, donde la doncella pura es sorprendida por el príncipe armado, brillante todo, brillante el agua, el bosque, la espada: los pies desnudos, la libertad del cuerpo, la libertad de lo otro, como se llamara, el alma, lo que decían las canciones, el cuerpo libre, el alma libre...

KEEP OFF THE GRASS.

Todas rieron, chancearon, celebraron, advirtieron, no seas loca, Marina, quítate, te van a multar, te van a correr...

No, se rió don Leonardo Barroso detrás de sus ventanales opacos, mira nomás Jim, le dijo al gringo seco como una pipa de maíz, mira qué alegría, qué libertad de esas muchachas, qué satisfacción del deber cumplido, ¿qué te parece? Pero Murchinson lo miró con una chispa escéptica en la mirada, como diciéndole:

—How many times have you staged this little act?

Las cuatro, Dinorah y Rosa Lupe, Marina y Candelaria, se sentaron en su mesa de costumbre, juntito a la pista de la discoteca. Ya las conocían y se las reservaban cada viernes. Era la influencia de la Candelaria. Las demás lo sabían. Los viernes era dificilísimo encontrar mesa en el Malibú, era el gran día libre, la muerte de la semana de trabajo, la resurrección de la esperanza, y de su compañera, la alegría.

—¿Malibú? ¡Maquilú! —decía el anunciador vestido de smoking azul con camisa de olanes y corbata fosforescente, ante la ola de muchachas que llenaban el galerón alrededor de la pista, más de mil trabajadoras apretujadas aquí y la aguafiestas de la Dinorah diciendo son las luces, las puras luces, sin las luces esto es un pinche corral para vacas, pero las luces lo hacen todo bonito y Marina se sintió como en la playa, nomás que una playa de noche, maravillosa, en la que las luces azules, naranja, los rayos del sol, sobre todo la luz blanca, plateada, que era como si la luna la tocara y también la bronceaba, la volvía toditita de plata, no un envidiado sun-tan (¿cuándo iría a una playa?) sino un moon-tan.

Nadie le hizo caso a la amargada de la Dinorah y todas salieron a bailar, sin hombres, entre sí, el rock se prestaba, nadie tenía que abrazarse la cintura o bailar de cachetito, cada changa a su mecate, el rock era algo tan puro como ir a la iglesia, los domingos a misa, los viernes a la disco, el alma y el cuerpo se purificaban en los dos templos, qué bien se caían todas entre sí, qué fantasías se les ocurrían, los bracitos para acá, las patitas para allá, las rodillas en ángulo, las melenas y las tetas rebotando, las nalgas agitadas libremente, las caras sobre todo, los gestos, éxtasis, burla, seducción, pasmo, amenaza, celo, ternura, pasión, abandono, alarde, payasadas, imitaciones de estrellas famosas, todo era permitido en la pista del Malibú, todas las emociones perdidas, los desplantes prohibidos, las sensaciones olvidadas, todo tenía aquí sitio, justificación, goce, sobre todo, goce, y faltaba lo mejor.

Regresaron sudorosas a sus asientos —Candelaria y su atuendo multiétnico, Marina preparada con su mini y su blusa de lentejuelas y sus zapatos de tacón de daga, Dinorah revelada con un lindo vestido descotado de satín colorado, la Rosa Lupe siempre de carmelita, cumpliendo su manda, pero aquí la fantasía estaba permitida y hasta consolaba ver a alguien así, toda de café y con sus escapularios, cuando salieron a la pasarela los Chippendale Boys, los muchachos gringos traídos de Texas, con las corbatitas de paloma pero los torsos desnudos, las botas acharoladas hasta el tobillo y las tangas que se les encajaban entre las nalgas y apenas sostenían el peso del sexo, revelando las formas, desafiando a las muchachas, excítame con tu mirada; idénticos pero variados, cada uno cargando su bolsa de oro, como dijo riéndose la Candelaria, pero aquí un detalle —el pubis rasurado—, allá otro —un brillante en el ombligo—, más arriba un tatuaje de las dos banderas cruzadas, las barras y las estrellas, el águila y la serpiente, sobre el hombro, más abajo un solo muchacho con espuelas en los botines, llevando un compás precioso, viril, excitante, mientras las muchachas les iban metiendo billetes en las tangas, Rosa Lupe, todos ellos rubios pero bronceados, untados de aceite para lucir más, maquillados los rostros, gringos todos, deseables gringuitos, adorables, para mí, para ti, se codeaban las muchachas, en mi cama, imagínalo, en la tuya, que me lleve, estoy lista, que me robe, yo soy kidnapeable. Un Chico Chippendale se agachó y le arrancó a Rosa Lupe el cordel de su túnica de penitente, todas rieron, el muchacho empezó a jugar con el cordel mientras Rosa Lupe decía éste es mi día, tres veces han tratado de encuerarme, me lleva, se rió, pero el Chico Chippendale, bronceado, aceitado, maquillado, sin vello en las axilas, jugó con el cordón como si fuera una serpiente y él un encantador, levantaba el cordón, le daba erección, las demás muchachas codeaban a Rosa Lupe, diciéndole que si tenía preparado el show con este galán y ella juraba llorando de risa que no, era lo bonito, todo de sorpresa, pero las muchachas aullaban pidiéndole al Boy que les tirara el cordón, el cordón, el cordón, y él se lo pasaba entre las piernas, se lo clavaba debajo del brillante de su ombligo, como un cordón umbilical, volviendo locas a las muchachas, gritando todas ellas que les diera el cordón, que así se ligara a ellas, su hijo de unas por el cordón, su amante de otras por el cordón, esclavo de éstas, amo de las otras, atadas a él, él atado a ellas, hasta que el Chippendale dejó caer la punta del cordón entre el regazo de Dinorah sentada junto a la pasarela, y Dinorah primero lo tomó con fuerza, tanta que casi tira de bruces al muchacho que gritó hey! y ella fue la que gritó sin palabras, un aullido, arrojando el cordón, saliendo a codazos entre el gentío, el asombro, el comentario...

Las amigas se miraron entre sí, asombradas pero sin ganas de demostrarlo, por un sentimiento de solidaridad con Dinorah. Los Chippendale Boys se retiraron entre aplausos, con las tangas repletas de billetes, perdiendo uno tras otro su sonrisa fabricada en serie, volviendo cada uno, al bajar de la pasarela, al semblante de la vida diaria, al desfile de la diferencia, aburrido uno, displicente otro, éste satisfecho como si todo lo que hiciera fuese admirable y le valiese el Oscar, el otro matando con la mirada al corral de vacas mexicanas y añorando quizás otro corral, de toros mexicanos: ambición frustrada, despojo, fatiga, indiferencia, crueldad: rostros malos, se dijo sin desearlo Marina, esos muchachos no me sabrían querer, no son como mi Rolando, con todo y sus fallas...

Pero venía la parte más bonita...

Se escuchó la Marcha Nupcial de Mendelssohn y la primera modelo apareció por la pasarela, con la cara velada por el tul, las manos unidas en el buqué de nomeolvides, la Corona de azahares, la falda ampona, como de reina, como de nube. Todas las muchachas lanzaron una exclamación colectiva que era más bien un suspiro y ninguna tuvo que dudar sobre el rostro escondido por los velos, era una de ellas, era morenita, era mexicana, las hubiera ofendido que una gringa saliera vestida de novia, los muchachos tenían que ser gringos, pero las novias tenían que ser mexicanas... Una vez que sacaron de novia a una güerita de ojo azul, la que se armó, casi incendian el local. Ahora ya sabían. El desfile de trajes de novia era de mexicanas, para mexicanas, cinco novias seguidas, muy modosas y vírgenes, luego una de guasa con minifalda de tafeta y al final una desnuda, sólo el velo, las flores en las manos y el tacón alto, a punto de acostarse, entregarse, todas rieron y gritaron y al final apareció un hombrecito vestido de sacerdote que las bendijo a todas y las llenó de emoción, de gratitud, de ganas de regresar el viernes entrante y ver cuántas promesas se habían cumplido.

Pero a la salida de la discoteca estaban Villarreal el mozo del patrón don Leonardo Barroso y Beltrán Herrera el líder y amante de Candelaria, el hombre sereno, moreno, cano, con ojos tiernos, ahora más tiernos que nunca detrás de los espejuelos. Tenía los bigotes mojados y tomó del brazo a Candelaria, le dijo algo al oído, Candelaria se tapó la boca con la mano para sofocar el grito, o quizás el llanto, pero era una vieja muy entera, muy a toda madre, inteligente, fuerte y discreta, y sólo les dijo a Marina y Rosa Lupe:

—Algo espantoso ha sucedido.

—¿A quién, dónde?

—A la Dinorah. Vamos que vuela de regreso al cantón.

Se subieron deprisa al auto del líder Herrera y Villarreal repitió la historia que había oído en la oficina de don Leonardo Barroso, iban a arrasar la colonia Bellavista para hacer fábricas, iban a comprar los terrenos por dos tlacos y a venderlos en millones, ¿qué iban a hacer ellos, tenían armas para impedir el despojo, para sacarle raja al asunto, para demandar que ellos también salieran beneficiados?

—Pero si las casas no son nuestras —dijo la Candelaria.

—Podemos organizarnos como inquilinos y dificultar la venta —argumentó Beltrán Herrera.

—Ni siquiera los terrenos son nuestros, Beltrán.

—Tenemos derechos. Podemos negarnos a desalojar hasta que nos compensen en la medida de lo que ellos van a ganar.

—Lo que van a hacer es corrernos de las maquilas a todas...

—Ya estuvo suave de dejarnos —dijo Rosa Lupe sin entender muy bien de qué se trataba, hablando sólo para no dar su brazo a torcer y pedir que le aclararan la pregunta ansiosa en los ojos de Marina: ¿Qué hubo con la Dinorah?

—Se te agradece la lealtad —Herrera apretó el hombro de Villarreal, que iba conduciendo, su cola de caballo al aire—. A ver si no te cuesta caro.

—No es la primera vez que te informo, Beltrán —dijo el camarero.

—Pero éstas son palabras mayores. Vamos a organizarnos de una vez por todas, pasa la palabra.

—Las muchachas pocas veces jalan —meneó la cabeza Villarreal—. En cambio si fueran hombres...

—¿Y yo? —dijo fuerte Candelaria—. No seas tan macho, Villarreal.

Herrera suspiró y abrazó a Candelaria, mirando el paisaje nocturno, las luces brillantes del lado americano, la ausencia de alumbrado público del lado mexicano: bosques, textiles, minería, dijo, frutas, todo se acabó a favor de la maquila, todas las riquezas de Chihuahua, olvidadas.

—Que no nos daban para comer ni la quinta parte del trabajo de hoy —le alegó su Candelaria—. ¡Iguanas ranas!

—¿Tú sí crees que las muchachas van a jalar?

Herrera juntó su cabeza cana a la muy negra y restirada de la Candelaria.

—Sí —colgó la cabeza la Candelaria—. Esta vez sí van a jalar, apenas se enteren.

—La casa nunca está limpia —iba diciendo Dinorah sentada en una banca dura de su choza de terregal—. No tengo tiempo. Son pocas horas de sueño.

Los vecinos se habían juntado afuera de la casucha, algunos entraron a consolar a Dinorah, las mujeres más viejas hablaban de un velorio muy bonito para el niño, sus flores, su cajita blanca, como en los viejos tiempos, como en las rancherías: Candelaria trajo unas velas pero no encontró más que dos botellas de Coca-Cola para ensartarlas.

Los viejos llegaron también, se juntó todo el barrio y el padre de la Candelaria, detenido en el quicio de la puerta, se preguntó en voz alta si habían hecho bien en venirse a trabajar a Juárez, donde una mujer tenía que dejar solo a un niñito, amarrado como un animal a la pata de una mesa, el inocente, cómo no se iba a perjudicar, cómo no. Todos los rucos comentaron que eso en el campo no pasaría, las familias allí siempre tenían quién cuidara a los niños, no era necesario amarrarlos, las cuerdas eran para los perros y los marranos.

—Mi padre me decía —repitió el abuelo de Candelaria— que nos quedáramos sosegados en nuestra casa, en un solo lugar. Se paraba como yo estoy parado, mitá juera mitá dentro, y decía: «Fuera de esta puerta el mundo se acaba.»

Dijo que él estaba muy viejo y ya no quería ver nada más.

Marina, llorando, sin saber cómo consolar a Dinorah, oyó al abuelo de Candelaria y dio gracias de que en su casa no había recuerdos, ella era sola y más valía seguir sola en esta vida que pasar las penas de los que tenían hijos y sufrían como la pobrecita de Dinorah, toda despeinada y escurrida y con el vestido rojo trepado hasta los muslos, arrugado, y con las rodillas juntas, y las piernas chuecas, ella tan cuidada y coqueta de por sí.

Entonces Marina, viendo la terrible escena de muerte y llanto y memorias, pensó que no era cierto, ella no estaba sola, tenía a Rolando, aunque lo compartiera con otras, Rolando le haría el favor de llevarla al mar, a algún lado, a San Diego en California o a Corpus Christi en Texas, o de perdida a Guaymas en Sonora, se lo debía, ella no pedía otra cosa más que ir por primera vez a ver el mar con Rolando, después de eso que la dejara, que la tratara de abusiva, pero que le hiciera ese solo favorcito...

Salió de la casucha de la Dinorah oyendo al abuelo hablar de una fiesta para el niño ahorcado y como para levantarle el ánimo a todos mandó traer de beber y dijo: —Lo bueno de las damajuanas es que parecen llenas hasta cuando están vacías.

Marina hurgó en su bolsita de mano y encontró el número del celular de Rolando. Qué le importaba comprometerse. Éste era asunto de vida o muerte. Él tenía que saber que ella dependía de él para una sola cosa, para llevarla a ver el mar, para no decir como el abuelo de la Candelaria que ya no quería ver nada más. Marcó el número pero le dio un tono ocupado seguido de un tono muerto y éste le hizo creer que él la escuchaba pero no le contestaba para no comprometerla, ¿qué tal si la escuchaba cuando ella le decía llévame al mar, mi amor, no quiero morirme como el hijito de la Dinorah sin ver el mar, hazme ese favorcito aunque después ya no me veas y nos separemos? pero el silencio del teléfono la iba decepcionando y enardeciendo al mismo tiempo, Rolando no debía jugar con ella, ella se estaba comprometiendo, ¿por qué no se comprometía él un poquito también?, ella le estaba dando la salida, juntar todo el amor que pudieran sentir cada uno por el otro en un solo fin de semana en la playa, y ya no verse más, si él no quería, pero lo que no aguanto más, dijo Marina dando voz a algo que desconocía, algo que ella misma no sabía que estaba allí dentro de ella, algo que se había ido formando en silencio, como el sedimento de una botella que al agitarse sube hasta el corcho, lo que no aguanto más es que ningún hombre me tome como algo que encontró tirado en la calle y que recoge sólo porque siente pena, eso nunca más voy a consentirlo, Rolando, tú me enseñaste la vida, yo no sabía todo lo que me has enseñado hasta este momento en que se murió el hijito de la Dinorah y el abuelo de la Candelaria sigue allí seco y viejo y con la raíz de fuera, como si nunca se fuera a morir, y yo sólo quiero vivir mucho este momento en que me salvé de morir niña y no quiero llegar a vieja, ahora te pido que me levantes hasta tu altura, Rolando, vamos subiendo los dos juntos, yo te doy ese chance, mi amor, yo sé muy adentro que conmigo vas a subir y me vas a llevar a lo alto y lo bonito, si quieres, Rolando, y si no lo haces los dos nos vamos a dar en toda la madre, nos vas a rebajar hasta no saber ya ni quiénes somos, nos vamos a rebajar hasta no importarnos más a nosotros mismos...

Pero el celular de Rolando nunca contestó. Eran las once de la noche y Marina tomó su decisión.

Esta vez no se detuvo a tomarse una malteada en la fuente de sodas, cruzó el puente, cogió el bus y caminó las cuatro cuadras al motel. La conocían pero les extraño que viniera en viernes, no en jueves.

—¿No somos libres de cambiar, oiga?

—Supongo que sí —dijo el recepcionista con resignación e ironía mezcladas, y le entregó una llave a Marina.

Olía a desinfectante, los pasillos, las escaleras, hasta las dispensadoras de hielo y refrescos olían a algo que mata bichos, limpia excusados, fumiga colchones. Se detuvo ante la puerta de la recámara que compartía los jueves con Rolando y dudó entre tocar con los nudillos o meter la llave y entrar. Iba bien acelerada. Metió la llave, abrió, entró y escuchó la voz agónica de Rolando, la voz tipluda de la gringa, Marina encendió la luz y se quedó allí mirándolos desnudos en la cama.

—Ya viste. Ya lárgate —le dijo el galán.

—Perdóname. Es que te estuve llamando por el celular. Pasó algo que...

Miró el aparato sobre el buró y lo señaló con el dedo. La gringa los miró a los dos y se soltó riendo.

—Rolando, ¿has engañado a esta pobre muchacha? —dijo a carcajadas recogiendo el celular—. Por lo menos a tus queridas les puedes decir la verdad. Está bien que entres a bancos y oficinas públicas con tu celular en el oído, o que hables en él en un restorán y apantalles a medio mundo, ¿pero para qué engañar a tus novias?, mira nomás las confusiones que creas, cariño, dijo la gringa poniéndose de pie y empezando a vestirse.

—Baby, no interrumpas... Tan bien que íbamos... Esta niña no es nadie...

—¿No soportas perder una sola oportunidad, no es cierto? —La gringa se acomodó el pantymedias—. No te preocupes. Volveré. No era tan importante como para que rompa contigo.

Baby recogió el celular, lo abrió por detrás y se lo enseñó a Marina.

—Mira. No tiene pilas. No las ha tenido nunca. Es nomás para apantallar, o como dice una canción, «llámame a mi celular, parezco influyente, me da personalidad, aunque no tiene baterías, para apantallar...».

Tiró el aparato sobre la cama y salió riendo fuerte.

Marina cruzó el puente internacional de regreso a Ciudad Juárez.

Tenía cansados los pies y se quitó los zapatos de tacones altos y picudos. El pavimento aún guardaba el temblor frío del día. Pero la sensación de los pies no era la misma que cuando bailó libremente sobre el césped prohibido de la fábrica maquiladora de don Leonardo Barroso.

—Esta ciudad es el desmadre montado sobre el caos —le dijo Barroso a su nuera Michelina cuando se cruzaron con Marina, ella de regreso a Juárez, ellos a su hotel en El Paso. Michelina rió y le besó la oreja al empresario.

La frontera de cristal

El crepúsculo

TLATELOLCO, 1968

—Nadie tiene derecho a reconocer un cadáver. Nadie tiene derecho a llevarse a un muerto. No va a haber en esta ciudad quinientos cortejos fúnebres mañana. Arrójenlos a la fosa común. Que nadie los reconozca. Desaparézcanlos.

Laura Díaz fotografió a su nieto Santiago la noche del 2 de octubre de 1968. Ella llegó caminando desde la Calzada de la Estrella para ver la entrada de la marcha a la Plaza de las Tres Culturas. Había venido fotografiando todos los sucesos del movimiento estudiantil, desde las primeras manifestaciones a la creciente presencia de los cuerpos de policía al bazukazo contra la puerta de la Preparatoria a la toma de la Ciudad Universitaria por el Ejército a la destrucción arbitraria de laboratorios y bibliotecas por los sardos a la marcha universitaria de protesta encabezada por el rector Javier Barros Sierra seguido por toda la comunidad universitaria a las concentraciones en el Zócalo gritándole al presidente Gustavo Díaz Ordaz «sal al balcón hocicón» a la marcha del silencio con cien mil ciudadanos amordazados.

Laura grabó las noches de discusión con Santiago y Lourdes y la docena o más de jóvenes hombres y mujeres apasionados por los acontecimientos. El niño de dos años, el Santiago IV, estaba dormido en la pieza que la abuela le preparó en el apartamento de la Plaza Río de Janeiro, desalojando archivos viejos, deshaciéndose de cachivaches inservibles que en realidad eran recuerdos preciosos, pero Laura le dijo a Lourdes que si a los setenta años ella no había archivado en la memoria lo que resultaba digno de recuerdo, iba a hundirse bajo el peso del pasado indiscriminado. El pasado tenía muchas formas. Para Laura, era un océano de papel.

¿Qué era una fotografía, después de todo, sino un instante convertido en eternidad? El flujo del tiempo era imparable y conservarlo en su totalidad sería la fórmula de la locura misma, el tiempo que ocurre bajo el sol y las estrellas seguiría transcurriendo, con o sin nosotros, en un mundo deshabitado, lunar. El tiempo humano era un sacrificio de la totalidad para privilegiar el instante y darle, al instante, el prestigio de la eternidad. Todo lo decía el cuadro de su hijo Santiago el Menor en la sala del apartamento: no caímos, ascendimos.

Laura barajó con nostalgia las hojas de contacto, tiró a la basura lo que le pareció inservible y desalojó el cuarto para que lo ocupara su biznieto. ¿Lo pintamos de azul o de rosa?, rió Lourdes y Laura se rió con ella; mujer u hombre, el bebé dormiría en una cuna rodeada de olores de película, los muros estaban impregnados del inconfundible perfume de la fotografía húmeda, el revelado y las copias colgadas, como ropa recién lavada, de ganchos de madera más propios de un tendedero.

Vio el entusiasmo creciente de su nieto y hubiera querido prevenirlo, no te dejes arrastrar por el entusiasmo, en México la desilusión castiga muy pronto al que tiene fe y la lleva a la calle: lo que nos enseñaron en la escuela, le repetía Santiago a sus compañeros, muchachos entre los diecisiete y los veinticinco años, morenos y rubios, como es México, un país arcoiris, dijo una linda muchacha de melena hasta la cintura, tez muy oscura y ojos muy verdes, un país de rodillas al que hay que poner de pie, dijo un chico moreno, alto pero con ojos muy pequeños, un país democrático, dijo un muchacho blanco y bajito, musculoso y sereno pero con anteojos que le resbalaban continuamente por la nariz, un país unido a la gran revuelta de Berkeley, Tokio y París, un país en el que no sea prohibido prohibir y la imaginación tome el poder, dijo un chico rubio, muy español, de barba cerrada y mirada intensa, un país en que no nos olvidemos de los demás, dijo otro muchacho de aspecto indígena, muy serio y escondido detrás de espejuelos gruesos, un país en que nos podamos querer todos, dijo Lourdes, un país sin explotadores, dijo Santiago, no hacemos más que llevar a la calle lo que nos enseñaron en la escuela, nos educaron con ideas llamadas democracia, justicia, libertad, revolución; nos pidieron creer en todo esto, doña Laura, ¿te imaginas, abuela, un alumno o un maestro defendiendo dictadura, opresión, injusticia, reacción?, pero se expusieron a que les viéramos las caras, dijo el trigueño alto, y les reclamásemos, dijo el chico indígena de gruesos anteojos, oigan, ¿dónde está lo que nos enseñaron en las escuelas?, oigan, añadió su voz al coro la muchacha morena de ojos verdes, ¿a quiénes creen que engañan?, miren, dijo el muchacho de barba cerrada y mirada intensa, atrévanse a mirarnos, somos millones, treinta millones de mexicanos menores de veinticinco años, ¿creen que nos van a seguir engañando?, saltó el intenso chico alto y de ojos pequeños, ¿dónde está la democracia, en elecciones de farsa organizadas por el PRI con urnas retacadas de antemano?, ¿dónde está la justicia —continuó Santiago— en un país donde sesenta personas tienen más dinero que sesenta millones de ciudadanos?, ¿dónde está la libertad, preguntó la muchacha de melena hasta la cintura, en los sindicatos maniatados por líderes corruptos, en los periódicos vendidos al gobierno, añadió Lourdes, en la televisión que oculta la verdad?, ¿dónde está la revolución? concluyó el chico blanco y bajito, musculoso y sereno, ¿en los nombres dorados de Villa y Zapata inscritos en la Cámara de Diputados, concluyó Santiago, en las estatuas cagadas por los pájaros nocturnos y por los jilgueros madrugadores que hacen los discursos del PRI?

No serviría de nada prevenirlo. Había roto con sus padres, se había identificado con su abuela, ella y él, Laura y Santiago, se habían hincado juntos una noche en pleno Zócalo y juntos pegaron las orejas al suelo y oyeron juntos lo mismo, el tumulto ciego de la ciudad y del país, a punto de estallar...

—El infierno de México —dijo entonces Santiago—. ¿Es fatal el crimen, la violencia, la corrupción, la pobreza?

—No hables, hijo. Escucha. Antes de fotografiar, yo siempre escucho... Y ella que quisiera heredarles a sus descendientes una libertad luminosa. Los dos levantaron las caras de la piedra helada y se miraron con una interrogante llena de cariño. Laura supo entonces que Santiago iba a actuar como actuó, ella no iba a decirle tienes mujer, tienes hijo, no te comprometas. Ella no era Dantón, no era Juan Francisco, ella era Jorge Maura, ella era el gringo Jim en el frente del Jarama, el joven Santiago el Mayor fusilado en Veracruz. Ella era los que podrían dudar de todo pero no dejaban de actuar por nada.

Santiago su nieto, en cada marcha, en cada discurso, en cada asamblea universitaria, encarnaba el cambio y su abuela lo seguía, lo fotografiaba, él era insensible al hecho de ser fotografiado y Laura lo veía con cariño de camarada: ella grabó con su cámara todos los momentos del cambio, a veces cambio por la incertidumbre, a veces cambio por la certeza, pero al final toda certeza —en los actos, en las palabras— era menos cierta que la duda. Lo más incierto era la certeza.

Laura sintió en las jornadas de la rebelión estudiantil, a la luz del sol o de las antorchas, que el cambio era cierto porque era incierto. Por su memoria pasaron los dogmas que había escuchado durante su vida, desde las posiciones antagónicas, casi prehistóricas, entre los aliados franco-británicos y los poderes centrales en la guerra de 1914, la fe comunista de Vidal y la fe anarquista de Basilio, la fe republicana de Maura y la fe franquista de Pilar, la fe judeo-cristiana de Raquel y también la confusión de Harry, el oportunismo de Juan Francisco, el cinismo voraz de Dantón y la plenitud espiritual del segundo Santiago, su otro hijo.

Este nuevo Santiago era, a través de su abuela Laura Díaz, el heredero de todos ellos, lo supiera o no. Los años con Laura Díaz habían formado los días de Santiago el Nuevo, así lo llamó, como si fuese el nuevo apóstol de la línea larga de homónimos del hijo de Zebedeo que fue testigo de Getsemaní de la noche de la transfiguración de Cristo. Los Santiagos, «hijos del trueno», todos muertos con violencia. Santiago el Mayor atravesado por las espadas de Herodes. Santiago el Menor muerto a garrotazos por órdenes del Sanedrín.

Santos Santiagos la historia tenía dos; ella, Laura, tenía ya cuatro del mismo nombre y un nombre, se dijo la abuela, es la manifestación de nuestra naturaleza más íntima. Laura, Lourdes, Santiago.

Ahora la fe de los amigos y amantes de todos los años con Laura Díaz era la fe del nieto de Laura Díaz que entraba con centenares de jóvenes mexicanos, hombres y mujeres, a la Plaza de las Tres Culturas, el antiguo centro ceremonial azteca de Tlatelolco sin más iluminación que la agonía del atardecer en el antiguo valle de Anáhuac, todo era viejo aquí, pensó Laura Díaz, la pirámide indígena, la iglesia de Santiago, el convento y colegio franciscanos, pero también los edificios modernos, la Secretaría de Relaciones Exteriores, los apartamentos multifamiliares; quizás lo más reciente era lo más viejo, porque era lo que resistía menos, era ya lo cuarteado, lo despintado, los vidrios rotos, la ropa tendida, el llanto de demasiadas lluvias arrepentidas y sollozos derramados por los muros: iban encendiéndose los faroles de la plaza, los reflectores de los edificios prestigiosos, los interiores visibles de cocinas, terrazas, salas y recámaras; iban entrando centenares de jóvenes por un lado, los iban cercando docenas de soldados por los otros lados, aparecieron sombras agitadas en las azoteas, puños de guante blanco se levantaron y Laura fotografió la figura de su nieto Santiago, su camisa blanca, su estúpida camisa blanca como si pidiera él mismo ser blanco de las balas y su voz diciéndole abuela, no cabemos en el futuro, queremos un futuro que nos dé cabida a los jóvenes, yo no quepo en el futuro inventado por mi padre y Laura le dijo que sí, al lado de su nieto ella también había entendido que toda su vida los mexicanos habían soñado un país distinto, un país mejor, lo soñó el abuelo Felipe que emigró de Alemania a Catemaco y el abuelo Díaz que salió de Tenerife rumbo a Veracruz, soñaron con un país de trabajo y honradez, como el primer Santiago soñó con un país de justicia y el segundo Santiago con un país de serenidad creativa y el tercer Santiago, este que entraba entre la multitud de estudiantes a la Plaza de Tlatelolco la noche del 2 de octubre de 1968, continuaba el sueño de sus homónimos, sus «tocayos», y viéndolo entrar a la plaza, fotografiándolo, Laura dijo hoy el hombre al que amo es mi nieto.

Disparaba su cámara, la cámara era su arma disponible y disparaba sólo hacia su nieto, se dio cuenta de la injusticia de su actitud, entraban a la plaza centenares de hombres y mujeres jóvenes pidiendo un país nuevo, un país mejor, un país fiel a sí mismo y ella, Laura Díaz, sólo tenía ojos para la carne de su carne, para el protagonista de su descendencia, un muchacho de veintitrés años, despeinado, con camisa blanca y tez morena y ojos verde-miel y dientes de sol y músculo terreno.

Soy tu compañera, le dijo de lejos Laura a Santiago, ya no soy la mujer que fui, ahora soy tuya, esta noche te entiendo, entiendo a mi amor Jorge Maura y al Dios que él adora y por el que lame con la lengua los pisos de un monasterio en Lanzarote, yo le digo, Dios mío, quítame todo lo que he sido, dame enfermedad, dame muerte, dame fiebre, chancros, cáncer, tisis, dame ceguera y sordera, arráncame la lengua y córtame las orejas, Dios mío, si eso es lo que hace falta para que se salve mi nieto y se salve mi país, mátame de males para que tengan salud mi patria y mis hijos, gracias, Santiago, por enseñarnos a todos que aún había cosas por las que luchar en este México dormido y satisfecho y engañoso y engañador de 1968 Año de las Olimpiadas, gracias hijo mío por enseñarme la diferencia entre lo vivo y lo muerto, entonces la conmoción en la plaza fue como el terremoto que derrumbó al Ángel de la Reforma, la cámara de Laura Díaz subió a las estrellas y no vio nada, bajó temblando y se encontró el ojo de un soldado mirándola como una cicatriz, disparó la cámara y dispararon los fusiles, apagando los cantos, los lemas, las voces de los jóvenes, y luego vino el silencio espantoso y sólo se escucharon los gemidos de los jóvenes heridos y moribundos, Laura buscando la figura de Santiago y encontrando sólo los guantes blancos en el firmamento que se iba cerrando en puños insolentes, «deber cumplido», y la impotencia de las estrellas para narrar nada de lo ocurrido.

A culatazos sacaron a Laura de la plaza, la sacaron no por ser Laura, la fotógrafa, la abuela de Santiago, sacaron a los testigos, no querían testigos, Laura se ocultó bajo las amplias faldas su rollo de película dentro del calzón, junto al sexo, pero ella ya no pudo fotografiar el olor de muerte que asciende de la plaza empapada de sangre joven, ella ya no puede captar el cielo cegado de la noche de Tlatelolco, ella ya no puede imprimir el miedo difuso del gran cementerio urbano, los gemidos, los gritos, los ecos de la muerte... La ciudad se oscurece.

¿Ni siquiera Dantón López-Díaz, el poderoso don Dantón, tiene derecho a recuperar el cadáver de su hijo? No, ni siquiera él.

¿A qué tienen derecho la joven viuda y la abuela de Santiago el joven líder rebelde? Si quieren, pueden recorrer la morgue e identificar el cadáver. Como una concesión al señor licenciado don Dantón, amigo personal del señor presidente don Gustavo Díaz Ordaz. Podían verlo pero no recogerlo y enterrarlo. No habría excepciones. No habría quinientos cortejos fúnebres el día 3 de octubre de 1968 en la ciudad de México. El tránsito se haría imposible. Se violarían los reglamentos.

Entraron Laura y Lourdes al galerón helado donde una extraña luz de perla iluminaba los cadáveres desnudos tendidos sobre planchas de madera montadas en potros.

Laura temió que la muerte desnudase de personalidad a las víctimas desnudas de la sedicia de un presidente enloquecido por la vanidad, la prepotencia, el miedo y la crueldad. Ésa sería su victoria final.

—Yo no he matado a nadie. ¿Dónde están los muertos? A ver, que digan algo. Que hablen. ¡Muertitos a mí!

No eran muertos para el presidente. Eran alborotadores, subversivos, comunistas, ideólogos de la destrucción, enemigos de la Patria encarnada en la banda presidencial. Sólo que el águila, la noche de Tlatelolco, huyó de la banda presidencial, se fue volando lejos y la serpiente, avergonzada, mejor mudó de piel, y el nopal se agusanó y el agua del lago volvió a incendiarse. Lago de Tlatelolco, trono de sacrificios, desde lo alto de la pirámide fue arrojado el rey tlatilca en 1473 para consolidar el poder azteca, desde lo alto de la pirámide fueron derribados los ídolos para consolidar el poder español, por los cuatro costados Tlatelolco era sitiado por la muerte, el tzompantli, el muro de las calaveras contiguas, superpuestas, unidas unas a otras en un inmenso collar fúnebre, miles de calaveras formando la defensa y la advertencia del poder en México, levantado, una y otra vez, sobre la muerte.

Pero los muertos eran singulares, no había un rostro igual a otro, ni un cuerpo idéntico a otro, ni posturas uniformes. Cada bala dejaba un florón distinto en el pecho, la cabeza, el muslo, del joven asesinado, cada sexo de hombre era un reposo diferente, cada sexo de mujer una herida singular, esa diferencia era el triunfo de los jóvenes sacrificados derrotando una violencia impune que se sabía absuelta de antemano. La prueba era que dos semanas más tarde, el presidente Gustavo Díaz Ordaz inauguraría los Juegos Olímpicos con un vuelo de pichones de la paz y una sonrisa de satisfacción tan amplia como su hocico sangriento. En el palco presidencial con sonrisas de orgullo nacional, estaban sentados los padres de Santiago, don Dantón y doña Magdalena. El país había vuelto al orden gracias a la energía sin complacencias del Señor Presidente.

Cuando reconocieron el cadáver de Santiago en la morgue improvisada, Lourdes se arrojó llorando sobre el cuerpo desnudo de su joven marido pero Laura acarició los pies de su nieto y colgó una etiqueta del pie derecho de Santiago:

SANTIAGO EL TERCERO
1944-1968
UN MUNDO POR HACER

Abrazadas, la vieja y la joven miraron por última vez a Santiago y salieron compartiendo un miedo difuso, ilocalizable. Santiago había muerto con una mueca de dolor. Laura vivió deseando que la sonrisa del muerto le devolviera la paz al cadáver y a ella.

—Es un pecado olvidar, es un pecado —se repetía sin cesar, diciéndole a Lourdes, no tengas miedo, pero la joven viuda lo sentía, cada vez que tocaban a la puerta se preguntaba, ¿será él, será un fantasma, un asesino, un ratón, una cucaracha?

—Laura, si tuvieras el chance de meter en una jaula a alguien como un escorpión y dejarlo colgado allí, sin pan ni agua...

—No lo pienses, hija. No lo merece.

—¿En qué piensas, Laura, aparte; aparte de él?

—Pienso que hay quienes sufren y son insustituibles por su sufrimiento.

—Pero ¿quién asume el dolor de los demás, quién está disculpado de esta obligación?

—Nadie, hija, nadie.

Habían entregado la ciudad a la muerte.

La ciudad era un campamento de bárbaros.

Tocaron a la puerta.

Los años con Laura Díaz

El *despertar*

CHIAPAS, 1994

Antes de la actual, hubo dos grandes insurrecciones en Chiapas, la región más pobre y meridional de México. En 1712, una niña llamada (ni más ni menos) María Candelaria, dijo haber visto a la Virgen. Miles de campesinos acudieron al sitio de la aparición. La Iglesia se negó a legitimar el milagro e intentó destruir el altar de María Candelaria. La revuelta prendió, encabezada por Sebastián Gómez de la Gloria, quien llegó a sumar seis mil indios en sus filas, en una guerra de exterminio contra los españoles.

En 1868, otra muchacha, Agustina Gómez Checheo, dijo que las piedras de Chiapas le hablaban con la voz de Dios. Las piedras parlantes atrajeron a muchos peregrinos, y en torno a este culto comenzó a organizarse la protesta social. Agustina fue encarcelada, pero Ignacio Fernández Galindo, que no era indígena sino hombre de la ciudad de México, asumió la jefatura del movimiento prometiendo a los indios que los conduciría a la «edad de oro» en la que la tierra les sería devuelta.

Tanto la rebelión tzeltal de 1712 como la chamula de 1868 parecen invenciones de un abuelo común de Juan Rulfo y Gabriel García Márquez. Ambas fueron sofocadas —por los ejércitos del virreinato, aquélla, de la República, ésta— y sus líderes ejecutados. La actual insurrección chiapaneca, quizás, podría también tener corta vida.

Lo que tiene una larga vida es la situación de pobreza extrema, de injusticia, despojo y violación en la que viven, desde el siglo XVI, los indios que son campesinos y los campesinos que son indios, es decir, la mayoría de la población chiapaneca.

«En Chiapas, la revolución no triunfó», declaran en una carta abierta los principales escritores de ese estado, rico en talento literario y artístico. El movimiento revolucionario iniciado en 1910, que tan radicalmente transformó las estructuras económicas y sociales de México (aunque mucho menos, las estructuras políticas) dejó atrás a Chiapas, donde las prácticas oligárquicas no sólo no le han devuelto la tierra al campesino, sino que se la han arrebatado palmo a palmo, en beneficio de los ganaderos, los terratenientes y los talamontes que explotan a Chiapas como una reserva colonial.

¿Y la autoridad política? Ésta es la cuestión. Un estado que podría ser próspero, con tierras fértiles y abundantes para la mayoría de sus hombres y mujeres, no lo es porque los gobiernos locales, con la complicidad o, peor aún, la indiferencia de los gobiernos federales, están coludidos con los poderes de la explotación económica. Cacao, café, trigo, maíz, bosques vírgenes y pastos abundantes: sólo una minoría disfruta de la renta de estos productos. Y esa minoría, provinciana, sin nombre ni membrete nacional, hace lo que hace porque el gobierno local se lo permite. Y cuando alguien protesta, el gobierno local actúa en nombre de la oligarquía local, reprime, encarcela, viola, mata, para que la situación no cambie.

No puede imaginarse guión más predecible para una explosión social. Lo extraño es que no haya ocurrido antes. Que la situación era conocida lo demuestra el hecho de que el Programa Nacional de Solidaridad, el *brainchild* del presidente Carlos Salinas, haya volcado recursos considerables sobre el estado de Chiapas, en los últimos años: más de 50 millones de dólares. Chiapas, como ningún otro estado de México, necesita recursos: 60 por ciento de su población se sigue ocupando en el sector primario, contra 22 por ciento nacional, una tercera parte de sus viviendas carece de luz y 40 por ciento de agua potable, la tasa de analfabetismo es muy alta y el ingreso *per capita* muy bajo.

El propósito de Solidaridad ha sido paliar los efectos sociales de la medicina neoliberal y, también, fomentar iniciativas locales y sentimientos de dignidad. Sin embargo, la insurrección chiapaneca ha venido a confirmar una sospecha nacional: sin reforma política, la reforma económica es frágil y, aun, engañosa. Si en Chiapas los recursos de Solidaridad hubiesen corrido parejos a una renovación política, la violencia actual se hubiese, quizás, evitado. Como están las cosas, las buenas intenciones de Solidaridad fueron como agua regada en la playa: la arena se la chupó: Un programa como Solidaridad requiere de un sólido contexto democrático para ser realmente efectivo.

¿Democracia en Chiapas? ¿Y eso con qué se come? Se sirve, diría yo, con confianza en la gente, empezando por las aldeas más pequeñas, donde los habitantes se conocen entre sí y saben elegir a los mejores. Toda democracia empieza por ser local. El sistema autoritario y centralista encarnado en el PRI impide a la gente concreta en sus localidades concretas organizarse políticamente y elegir a los mejores. En cambio, el centro, casi infaliblemente, impone a los peores. Naturalmente: sólo ellos pueden trabajar en mancuerna con la oligarquía chiapaneca. El sistema político y económico mexicano, antidemocrático e injusto, fue el corresponsable del estallido chiapaneco.

Ese mismo sistema, si quiere reformarse a sí mismo, devolverle a los mexicanos la seguridad de que su voto individual cuenta e impedir futuros Chiapas, debe proceder a su reforma urgente. No la puede imponer desde arriba. Debe aprender a respetarla desde abajo. Federalismo, límites al presidencialismo, fortalecimiento de los poderes legislativo y, sobre todo, judicial, elecciones no sólo limpias sino creíbles. Sólo esto impedirá que se repita el drama de Chiapas.

Pero hay algo peor. «Somos dos naciones», dijo en 1845 el gran reformador conservador Benjamin Disraeli, de la Inglaterra dividida por las injusticias de la primera revolución industrial. Hoy que el mundo entra a la revolución del siglo XXI, que lo será del conocimiento y de las tecnologías, Chiapas se descubre para mostrarnos las llagas de una situación preindustrial, a veces prehistórica, brutal y miserable. No, no todo México es Chiapas.

Con toda su flagrante injusticia tanto horizontal como vertical, México se ha transformado en 60 años, de un país agrario, analfabeto, de culturas sumergidas, en una nación moderna, con sentido de su identidad y su unidad factible, la decimotercera economía del mundo; un país, sin duda, con voluntad de crecimiento y de justicia.

El drama de Chiapas arroja, sin embargo, una larga y ominosa sombra sobre el futuro de México. Las piedras de Chiapas siguen gritando y nos hablan de la posibilidad de un país fracturado entre un norte relativamente moderno, próspero, integrado a la economía mundial, y un sur andrajoso, oprimido, retrasado. No hay balcanización en México, hemos evitado el mal del fin de siglo. Los sucesos de Chiapas reflejan situaciones de pobreza e injusticia comparables en otras regiones del sur de México, sobre todo Guerrero y Oaxaca... Reconocer el drama de Chiapas, permitir que la democracia política se manifieste allí, y que el desarrollo social no se pierda en las arenas de la opresión económica ni sea barrido por la marea de la represión política, es dar un importante paso para que un día México no se divida geográficamente y se divida menos económicamente.

Hay una guerra en Chiapas. Todo el país reprueba el uso de la violencia. En primer lugar, la de los guerrilleros. Su desesperación es comprensible, sus métodos no. ¿Había otros? Ellos dicen que no. A nosotros, el gobierno y los ciudadanos, nos corresponde demostrarle a los insurrectos que sí. La solución política será tanto más difícil, sin embargo, si el Ejército se excede en su celo, confundiendo a Chiapas con Vietnam y defoliando la selva chiapaneca con bombas de alta potencia. Así se amedrenta a la población, es cierto. Los habitantes de una aldea indígena ven caer los primeros cohetes como sus antepasados vieron entrar a los primeros caballos. Sienten miedo, se rinden, prefieren la tranquilidad, así sea con miseria. Pero aceptar el miedo como norma de la concordia es asegurar nuevos estallidos. El Ejército, por otra parte, tiene una imagen dañada por los sucesos de octubre de 1968: la matanza de cientos de estudiantes inocentes en Tlatelolco a fin de tener una «Olimpiada» feliz y preservar la «buena imagen internacional» de México. El Ejército no debe dañarse aún más con el uso excesivo de la fuerza en Chiapas.

Puede y debe haber diálogo, puede y debe haber soluciones políticas en Chiapas por difícil que sean en un cocido de racismo, teologías de liberación, sectas protestantes, explotación económica e ideologías guerrilleras arcaicas... Que hablen los ciudadanos, no las piedras, en Chiapas.

Sólo un gobierno local renovado, de conciliación y diálogo, pero también de voluntad justiciera y democrática, puede convertir la tragedia de Chiapas en la épica de Chiapas: el primer paso de una transformación económica, política y cultural paralelas que sitúe a México, no en el ilusorio Primer Mundo al que, instantáneo como el Nescafé, nos iba a introducir el Tratado de Libre Comercio, vigente desde el 1 de enero, por nuestra frontera septentrional, ni a la Centroamérica rezagada y tumultuosa a la cual, con peso de piedras mudas, nos arrastra nuestra frontera sur. Chiapas debe ser parte, y desde ahora parte representativa, termómetro indispensable, del desarrollo nacional.

Que se vea Chiapas en México, pero también que México se vea en Chiapas, que no se separe ya economía de política, ni desarrollo de democracia. La insurrección chiapaneca, al menos, habrá tenido la ventaja de despertar a México de su complacencia y autocongratulación primermundista, pero salvándonos, a la vez, de la miseria y la flagelación tercermundista. Es menos importante que sufra la «imagen internacional» de México, a que sufran millones de mexicanos, sin techo, sin tierra, sin aguas. Por ellos, dramáticamente, han hablado las piedras de Chiapas.

Nuevo tiempo mexicano

La esperanza

DISCURSO ANTE LOS PODERES

Soy consciente de que ésta es la última vez en el siglo XX que el Senado de la República otorga la presea que, al rememorar a uno de sus más ilustres miembros, nos impone a todos los ciudadanos de México claras obligaciones para llegar con voluntad vigorosa al nuevo siglo y al nuevo milenio.

Belisario Domínguez, con su ejemplo, le dio un sello de honor a la Revolución Mexicana.

La Revolución Mexicana no fue solamente el primer gran movimiento social del siglo XX.

Fue el primero protagonizado por un país pobre, injusto e insatisfecho: fue, por ello mismo, un movimiento para alcanzar la prosperidad, la justicia y la satisfacción.

Fue también el primer movimiento del siglo que, genialmente, supo aunar los derechos individuales y los derechos sociales: el Constituyente de Querétaro, con anterioridad a la Constitución alemana de Weimar, le dio rango superior al derecho del trabajo y al derecho de la tierra, lado a lado con las garantías de la persona.

Sobre bases jurídicas tan claras, pero sobre un doloroso trasfondo de lucha fratricida, México creó su propia modernidad. No una simple imitación extralógica de modelos prestigiosos pero poco avenidos a nuestra realidad, sino una lógica identificación de lo que México era, lo que quería ser y lo que podía ser.

Es este impulso, inseparable de un proceso de identificación nacional, lo que le ha dado a México su perfil: la Revolución Mexicana hizo a un lado el modelo único de desarrollo propio del porfiriato, que era, en esencia, un modelo excluyente.

En vez, el movimiento por el que luchó Belisario Domínguez propuso un modelo incluyente que abrazase la totalidad de nuestros componentes culturales —México indígena, México ibérico, México mestizo— dándole figura, con ello, a una identidad nacional inconfundible.

La cultura fue la primera y más poderosa protagonista de este acto de autorreconocimiento.

La cultura de México nos dio muy pronto las armas del ser.

No fue, sin embargo, a fuer de incluyente, una cultura concluyente.

Descubrir de nuevo cuanto habíamos sido significó un proyecto doble. Por una parte, nos reveló lo que éramos. Por la otra, lo que queríamos, podíamos o debíamos ser.

Sometida a duras presiones internacionales, la Revolución de Belisario Domínguez demandó unidad nacional y la obtuvo. Pero también demandó aplazamiento de muchas demandas políticas. Otorgó, en cambio, grandes beneficios sociales y económicos a una población sometida, en 1910, a las fatalidades aparentes de la ignorancia y de la injusticia.

La unidad del país permitió en gran medida rápidos avances en materia económica, de comunicaciones, de salud. Pero sobre todo, los regímenes revolucionarios educaron. Enseñaron el alfabeto a un país 90 por ciento iletrado en 1910. Rescataron las tradiciones indígenas, coloniales e independentistas del país. La educación revolucionaria enseñó democracia, enseñó respeto a la opinión ajena, enseñó pluralidad y enseñó diversidad. La educación mexicana, en otras palabras, creó ciudadanos donde antes había sujetos.

Es propio de las revoluciones crear instituciones. Todas lo han hecho.

Pero no siempre las revoluciones crean ciudadanos. La nuestra sí.

Por eso, tarde o temprano, el pacto tácito que daba estabilidad y desarrollo a cambio de democracia, tenía que ser trascendido por la dinámica misma de los factores que aquí he señalado; desarrollo económico, comunicaciones, salud y sobre todo escuela.

La demanda ciudadana a favor de la democracia no fue, pues, ni una concesión desde arriba, ni un ciego impulso desde abajo: fue, ha sido y seguirá siendo, una cita concertada entre la voluntad política de un pueblo sabio y la voluntad política de gobernantes responsables.

El terrible drama que sacudió a nuestro país en octubre de 1968 puso de manifiesto que la ciudadanía había desbordado al poder y que los mexicanos habíamos aprendido bien la más profunda lección de Belisario Domínguez, de Francisco I. Madero y de Emiliano Zapata: desarrollo, sí, pero con justicia; justicia y desarrollo, sí, pero con democracia; y democracia, sí, pero con desarrollo y justicia.

Entramos a un nuevo siglo convencidos de que los tres árboles que le dan fuerza y amparo a nuestra nación —desarrollo, democracia y justicia— son inseparables: nacen del tronco de una misma aspiración, los nutre una savia común.

Por eso nos duele tanto la separación que aún percibimos entre el rápido avance democrático del país, sus tremendos rezagos económicos y sus intolerables injusticias.

El impulso económico que la revolución le dio a México tuvo lugar porque se liberaron las fuerzas dormidas de la nación, la fuerza de sus trabajadores, de sus empresarios y de un Estado nacional garante del equilibrio entre ambos.

No siempre supimos mantener el adecuado equilibrio de los tres factores.

Qué duda cabe, sin embargo, que la organización de las clases populares, la empresa productiva y el Estado regulador, se vuelven a imponer hoy, superados modelos que tuvieron su hora e identificadas deformaciones que nunca fueron admisibles, como la tríada de un equilibrio que garantice crecimiento con libertad y con justicia, pero ya no a partir de la unidad, sino de la diversidad que hoy caracteriza a nuestro país.

Los problemas del año 2000 ya no son los del año 1900.

Aquéllos eran los problemas del retraso abismal, de la marginación política, social y cultural de grandes masas de la población.

Éstos, los de hoy, son los problemas de las insuficiencias inadmisibles, de las conciencias exigentes que nos dicen: Mucho se ha logrado, pero lo importante es no sólo saberlo, sino exigir que ahora se logre lo mucho que aún falta por hacer. Hemos pasado de la revolución de las armas a las armas de la política.

La grandeza misma del país, sus realizaciones materiales, políticas y culturales a lo largo de este siglo, son las realidades que nos piden más y mejores soluciones para los problemas de hoy, muchos de ellos generados por el desarrollo mismo, pero otros, determinados por la persistencia de antiguas injusticias y desigualdades.

Podríamos levantar aquí mismo, en este honorabilísimo recinto, una pirámide de quejas, queja del indígena, queja del campesino, queja del obrero, queja del emigrante, queja del ciudadano que respira aire contaminado, es asaltado o secuestrado o asesinado, queja del niño sin escuela, de la madre sin alimentos, del padre sin empleo.

Pero una vez en la cima de la pirámide y una vez que hemos levantado la vista al cielo del ideal, ¿qué nos queda sino volver la vista allá abajo, al pie de la pirámide, a la base de la construcción, y aunar, a la indispensable, a la saludable crítica, la ardua exigencia de la proposición?

¿Y hay proposición más urgente y más factible para nuestro siglo XXI que demostrar la viable coexistencia de la responsabilidad fiscal y de la responsabilidad social?

Sabemos quienes somos. ¿Sabemos dónde estamos?

Vivimos en un mundo globalizado.

No es un mundo justo.

Pero puede ser un mundo mejor.

No aceptamos una globalización que sólo mundialice la miseria.

Y ello puede ocurrir —está ocurriendo— si apelamos a los datos negativos del fenómeno.

Corremos el peligro de crear, mundialmente, una subclase estructural permanente, excluida de las bondades de un sistema de darwinismo global que sólo beneficie a los más aptos y deje a la vera del camino, desprotegidos, a quienes se quedan atrás en la carrera: la creciente masa de los marginados.

Y ya hay dos mil millones de pobres en el mundo.

Sólo en nuestra América Latina, uno de cada cinco habitantes padece hambre y la mitad de la población —doscientos millones de latinoamericanos— vive o sobrevive con menos de noventa dólares al mes.

En el hemisferio Norte, el 20 por ciento de la humanidad recibe el 80 por ciento del ingreso mundial mientras que en el Sur, la tercera parte de la humanidad vive en condiciones de extrema pobreza.

¿Cómo resolver esta situación? Más que en la ayuda desde afuera nos toca ayudarnos desde adentro.

Hay un acuerdo general que la educación es la vía más segura para superar, desde la base, dentro de cada nación, este estado de cosas.

Pero la mala distribución del ingreso mundial se refleja también en el desperdicio global de recursos para la educación.

«Es inaceptable —nos dicen, entre otros, el director general de la UNESCO, Federico Mayor, y el director del Banco Mundial, James Wolfenson— que en un mundo que gasta aproximadamente ochocientos mil millones de dólares al año en armamentos no pueda encontrar el dinero —estimado en seis mil millones de dólares al año— para dar escuela a todos los niños del mundo.»

Tan sólo una rebaja de un uno por ciento en gastos militares en el mundo sería suficiente para sentar en un pupitre y frente a un pizarrón a todos los niños del planeta.

Y no hay ni habrá recurso más seguro para acortar la distancia entre la velocidad del desarrollo técnico y científico en el primer mundo y su retraso en el nuestro, que el camino de la educación.

Es sólo el llamado más evidente a la causa que aquí proclamo al recibir este inmenso honor del Senado de la República y de manos del Jefe del Estado: darles soluciones locales a los problemas globales.

Es posible referirse una y otra vez a los datos negativos del fenómeno globalizador y la manera de superarlos.

La lógica especulativa debe ceder ante la lógica productiva.

La libertad de movimiento de las cosas no debe privar sobre la libertad de movimiento de los trabajadores.

Las cosas son libres.

Los trabajadores son cautivos.

Pero el trabajador migratorio le es indispensable a las economías desarrolladas en la era globalizada.

El trabajador migratorio no debe ser el chivo expiatorio de problemas y deficiencias propias del mundo desarrollado.

La velocidad y universalidad de las comunicaciones es una de las grandes bondades de la globalización.

Pero, ¿estamos tan bien informados mundialmente como creemos? ¿La abundancia de la información significa que lo que se comunica, importa? ¿O estamos cediendo, cada vez más, a una cultura de la banalidad informativa y de los espejismos del espectáculo?

A nosotros nos corresponde hacer la crítica de los medios informativos, apoyar sus virtudes y censurar sus deficiencias.

El aspecto más positivo de la información global, sin embargo, es que ha logrado universalizar el concepto de los derechos humanos y que le ha otorgado a la violación de dichos derechos carácter no sólo universal, sino imprescriptible.

Éstos son apenas tres aspectos del fenómeno que contribuyen a confirmar que la misión del conjunto social de una nación como México consiste en reanimar los valores del trabajo, la salud, la educación y el ahorro, la crítica social y la experiencia democrática.

Démosle al fenómeno global —que es un hecho y no va a decirnos adiós— su dimensión nacional y humana.

Devolvámosle su centralidad al capital humano.

Abogamos por una mayor justicia en la relación norte-sur, ciertamente.

Pero la caridad empieza por casa y lo primero que los mexicanos debemos preguntarnos es, ¿con qué recursos contamos para sentar las bases de un desarrollo que nos permita ser factores activos del veloz movimiento hacia el siglo XXI?

Creo que no seremos excepción a la verdad que se perfila con claridad cada vez mayor: No hay globalidad que valga sin localidad que sirva.

En otras palabras: No hay participación global sana que no parta de gobernanza local sana.

Y la gobernanza local necesita sectores públicos y privados fuertes y renovados.

El Estado es necesario, el Estado no es superfluo: no hay economía desarrollada que no cuente hoy con un Estado, no grande, sino fuerte; no propietario, sino regulador.

El mercado, a su vez, es instrumento, no dogma.

A la iniciativa privada le corresponde y le interesa invertir, producir, y obtener ganancias.

Pero en el mundo de hoy, le interesa también entender que el mercado no es fin en sí mismo, sino medio para alcanzar el bienestar compartido —y un número creciente de consumidores.

Y le conviene al sector privado colaborar con el Estado en las políticas de elevación del ahorro interno, capacitación de trabajadores, fomento de la conversión laboral, ampliación del acceso al crédito, la asistencia técnica y los sistemas de comercialización y distribución de los pequeños productores.

Estado y sociedad:

La sociedad sin Estado genera nuevos feudalismos.

Pero el Estado sin sociedad degenera en nuevos autoritarismos.

Celebramos hoy, en nombre de Belisario Domínguez, la virtud de los espacios cívicos en los que la sociedad encuentra instituciones que le dan respuesta, y las instituciones son objeto de vigilancia por parte de la sociedad.

Y es en este punto donde la sociedad civil, el tercer sector, cumple el papel fundamental de crear puentes entre los sectores público y privado, disolver antagonismos inútiles y afirmar compatibilidades de interés colectivo.

La cultura —para regresar al punto de donde arranqué— es obra de la sociedad entera, es la sociedad la que la crea, la mantiene y la transmite.

Nuestro país tiene, es cierto, muchas carencias.

La cultura no es una de ellas.

La continuidad y riqueza de nuestra civilización nace en el alba indígena, se prolonga en la mañana de la Nueva España, como la llamó Alfonso Reyes; se raya de indio, de moro y español, como dijese Ramón López Velarde, pero también de judío, de griego y de latino; se hace, en la independencia, contemporánea del siglo de las luces; adquiere, en la reforma, el perfil de un Estado nacional donde antes privaba la anarquía desangrante, y finalmente trasciende la falsa idea del progreso sin libertad para juntar, en la revolución, todos los hilos de una cultura múltiple, variada, centrada en México pero abierta al mundo.

Somos dueños de la identidad mexicana.

Seamos, ahora, partícipes de la diversidad mexicana.

Digo cultura y digo conocimiento.

Digo conocimiento y digo, de nuevo, educación.

Pero digo educación y pienso no sólo en escuelas sino en talleres, fábricas, en centros de salud, en comunicaciones. Pienso en hogares.

Digo educación y pienso en capital humano no sólo abundante sino enérgico, inteligente y necesitado de instrumentos y hábitats básicos para rendir óptimamente sus frutos.

Digo educación y pienso en iniciativas ciudadanas, pienso en la vida municipal, pienso en las soluciones locales a los problemas locales.

Pienso en educación y pienso en políticas fiscales, ahorro, inversión, atracción de capitales productivos, liberación de la mujer, protección del medio ambiente, fortalecimiento de la empresa privada productiva, del Estado regulador y de las organizaciones de la sociedad civil —incluyendo las organizaciones obreras y agrarias— que le den, en su conjunto, el techo protector suficiente para su desarrollo a las mayorías desposeídas de México.

Pienso en educación para eliminar la injusticia, el abuso, la discriminación, la falta de respeto a nuestros conciudadanos, y sobre todo la corrupción que es la forma más brutal de robarles a los pobres.

Pienso en educación y pienso en una cultura de la legalidad que despida para siempre la incultura de la arbitrariedad.

Pienso en educación y pienso en tolerancia.

Pienso en educación y pienso en experiencia.

Pero pienso en experiencia y pienso en destino.

Destino de los actos.

Destino de las palabras.

Don Belisario Domínguez unió ambos destinos: habló y actuó.

Demostró que no es cierto que sólo la acción cuente y la palabra no importe.

Para él —es su gran lección— la palabra y la acción caminaban de la mano, en días de sol y en noches turbias.

414

No puedo pasar por alto, como mexicano de hoy, que don Belisario Domínguez era chiapaneco.

Sin duda, él no estaría hoy ausente de las dramáticas realidades de su estado natal, estado de frontera, estado límite de las contradicciones, carencias y potencias de México.

Como no lo estamos nosotros, ninguno de nosotros.

No me atrevo, sin embargo, a adjudicarle al chiapaneco Belisario Domínguez palabras o ideas que él ya no podría alentar o desalentar.

Pero sí creo posible pedirles a cada uno de ustedes que imaginen, en su fuero interno, qué lección, qué sabiduría y, acaso, qué angustia nos comunicaría hoy el ilustre chiapaneco al que honramos en este día.

Me limito a citarlo:

«Vigilad de cerca, chiapanecos, todos los actos públicos de vuestros gobernantes. Elogiadlos cuando hagan bien, criticadlos siempre que obren mal. Sed imparciales en vuestras apreciaciones, decid siempre la verdad y sostenedla con vuestra firmeza entera y muy clara.»

En nuestro México plural, combativo y reflexivo como lo deseaba Belisario Domínguez, sus palabras son una invitación para que cada uno de nosotros piense y, sabedor de que no hay verdades absolutas, defienda la suya pero respete la de los demás.

México, D.F., 7 de octubre de 1999

Epílogo

EL ROSTRO DE LA CREACIÓN

Mirar a México desde el aire es ver el rostro de la creación.

La dimensión acostumbrada de nuestra mirada terrena se eleva y se transforma en una visión de los elementos: México es un retrato del agua y del fuego, del viento y del terremoto, de la luna y del sol.

O más bien: de los soles, los cinco soles de la antigua cosmogonía mexicana. El Sol de Agua que coincide con la creación del mundo y termina con las tormentas e inundaciones que anuncian los siguientes soles, el segundo, Sol de Tierra, el Sol de Viento, y el Sol de Fuego, hasta culminar con el Quinto Sol que nos rige, en espera de la catástrofe final.

SOL DE AGUA

Recorren nuestro país los ríos serpentinos, hilos de feracidad excepcional en medio de los desiertos; desembocaduras anchas y lentas en el mar; opulentas ondulaciones tropicales. Papaloapan, río de las mariposas; Pátzcuaro, lago surcado de libélulas. Itzpapalotl, la diosa estelar del panteón azteca, parece revolotear sobre las aguas fluyentes y tranquilas. Su nombre, sin embargo, anuncia la ambigüedad de todos los elementos: Mariposa de obsidiana, frágil ala de colores y temible cuchillo de sacrificios.

Es la primera advertencia de la creación, y la anuncia el fugitivo elemento líquido. El agua no es siempre plácida. Y cuando se vuelve tan quieta como un espejo capturado en el cráter de un volcán, la imagen es ominosa: promete, en su tranquilidad sobrenatural, una conmoción apenas aplazada. ¿Qué son nuestros años cuando se ven retratados en los milenios de piedra de las montañas? ¿Quién puede creer que el agua rodeada de roca en los cráteres de Toluca y Puebla siempre fue, y será siempre, esta superficie metálica, inmóvil?

Todo vuelve a moverse. El Usumacinta fluye inseparable de la selva que irriga, pero inseparable también de las nubes que se acumulan sobre el bosque y el río, como si éste las arrastrase. Sabemos que los tres —cielo, río y selva— esconden y protegen a las civilizaciones en reposo, que se fingen muertas y sólo se manifiestan en el misterio de las figuras dibujadas en la roca junto al río en Planchón y en las procesiones fantasmales de Bonampak.

La quietud de las aguas es ilusoria. Las cataratas caen, imponentes, arrastrando la tierra, pero también la historia, que las precede. Las montañas caen de pico al mar. Las barras quiebran al mar mismo. Y un oleaje en la costa de Jalisco retrata a la tierra como un monstruo de garras pardas, asediado, abatido por la furia del mar. El mar dibuja a la tierra.

Pero basta situarnos en al ángulo opuesto de la visión, poniéndola de cabeza, para imaginar lo contrario. ¿No estaremos viendo, más bien, el retrato del mar atacado por una tierra hambrienta y feroz que le disputa, activa, ambiciosa, encarcelada tierra, su reino al mar que es el dueño mayor del planeta?

Inquieta, temblorosa e insaciable, temerosa y defensiva, tierra de colmillos y uñas, tierra de fauces y garras, por un momento la superficie de México se estremece. La tierra va a hablar. La tierra va a dominar al agua. Ha nacido el Segundo Sol, en medio del asombro y del terror hermanados.

SOL DE TIERRA

Los volcanes muertos —Popocatépetl e Iztaccíhuatl; el Nevado de Toluca— proclaman desde el aire que su quietud no es una póliza contra la catástrofe, sino el anuncio del próximo estremecimiento. El Paricutín sonríe como un niño travieso, advirtiéndonos que un día una espiral de humo puede asomar en el campo de un labriego michoacano, ascendiendo desde la entraña de la tierra rota por el arado, y levantarse de hombros, vomitando ceniza y fuego, hasta la altura del cielo, en unas cuantas horas,

Y hay más: el Chichón, gigante oscuro y activo, nos informa que su temblor y su humo sólo cesarán para anunciar la próxima conmoción de esta tierra sin reposo, donde la creación aún no termina su tarea. Un volcán le pasa la estafeta al que sigue.

Sol de Agua, Sol de Tierra. Desde el aire, vemos el origen de la tierra y del agua. Retratar la cabeza, el inicio mismo de la Sierra Madre Oriental cuando abandona altivamente los llanos y los desiertos y empieza a encaramarse al firmamento, volando hacia su atadura vibrante con la vertiente occidental en el Nudo Mixteco para proseguir, abrazadas para siempre las dos cadenas, hasta su extinción, en el extremo sur del continente, donde los Andes se desgranan como uvas frías en Chile y Argentina. Retratar el surtidor del Río Conchos, ver cómo brotan las aguas madres. Ver todo esto, es asistir al nacimiento de la naturaleza pero no como algo ocurrido *in illo tempore*, en la edad de los dioses, sino cotidianamente, en nuestra propia edad y ante nuestra mirada presente.

Bien puede el Nevado de Colima mostrarse como un señor maduro, peinando canas, para recordarnos la antigüedad de la naturaleza mexicana. Pero ni siquiera él, o ninguno de los grandes patriarcas adormecidos que desde los cielos vigilan la tierra, pueden negarnos nuestra propia edad sobre ella. Vemos, tocamos, olemos, gustamos y sentimos hoy, para asistir al perpetuo renacimiento del Sol de Tierra, aquí, hoy mismo. Somos los testigos de la creación gracias a las montañas que nos observan y a pesar de sus advertencias: nosotras vamos a durar; ustedes no. Nuestra respuesta es pecaminosa como la soberbia, pero virtuosa como la piedad. Tomamos la tierra entre las manos y la recreamos a nuestra imagen y semejanza.

La geometría, dijo Einstein, no es algo inherente a la naturaleza. Nuestra mente se la impone a la realidad. La imaginación geométrica del hombre en México es observada maravillosamente, desde el aire, en el choque incomparable de la arquitectura y la selva en Palenque y Yaxchilán, los sitios donde el combate primigenio parece haber ocurrido, y, lo que es más, está ocurriendo aún. La naturaleza abraza a la arquitectura; pero la obra humana sufre porque queriendo entregarse a esa ternura casi materna, teme ser sofocada por ella. Y teme, igualmente, ser expulsada del gran vientre húmedo, gestante, protector, y entregada a la intemperie; a la desolación.

De esta tensión nace el gran arte del México antiguo y el esplendor que contemplamos en la acrópolis de Monte Albán, o en los espacios alabados de Teotihuacán, son el triunfo de un instante de dominación sobre la naturaleza pero también de equilibrio con ella. En estos sitios, el hombre ha encontrado el tiempo y ha hecho suyas las formas del tiempo.

Sin embargo, mira a su alrededor y ve la amenaza atrayente: los tajos profundos de las sierras, la maraña devoradora de la selva, el temblor latente del volcán. Le responde acariciando suavemente las laderas de las montañas, engalanándolas con terracerías; acariciando los llanos y sembrándolos de trigo y maíz; y construyendo ciudades, refugios propios para no depender de la protección del árbol, o la caverna, o del cráter.

País de paredes, México las construye primero, como todos los pueblos, para defenderse de la inclemencia del tiempo, del asalto de las bestias y luego del ataque de los enemigos. Pero en seguida, la fundación obedece a otras razones. Primero, separar lo sagrado de lo profano. Luego, segregar al conquistador del conquistado. Y finalmente, alejar al rico del pobre.

A pesar de estas divisiones, nuestras ciudades trascienden sus límites para crear, con la misma pared que separa, una circulación que nos reúne en la plaza —el lugar común, el sitio central— y luego en atrios y naves, sagrarios y portales, patios y jardines, acabando por establecer una red de comunicaciones que desafía, y a veces vence, los muros del aislamiento.

Y es que la obra humana de la ciudad —civilización significa vivir en la ciudad, en la *civitas*— adquiere en el nuevo mundo iberoamericano un sentido paradójico. Es, a un tiempo, creación de la voluntad y resultado del azar. Acaso toda ciudad lo sea. La *civitas*, un lugar de la civilización, espacio para convivir, es también la *polis*, sitio de la política, arena donde discutir. Y tanto la civilización como la política, proponiéndose como proyectos de la voluntad, son también, y lo admiten ambas, productos de la necesidad y del azar.

Las ciudades mexicanas, empero, despliegan estas verdades con adiciones poderosas de tradición y novedad. Tradición: el nuevo trazo hispánico sustituye a la ciudad india, le usurpa su función ceremonial, política y religiosa, pero debe asumirla también. Novedad: la ciudad hispanoamericana da la oportunidad de crear urbes nuevas, regulares y cuadriculadas como un tablero de ajedrez, como la parrilla donde ardió San Lorenzo, como la ciudad platónica actualizada en el Renacimiento por León Battista Alberti, según me informa Guillermo Tovar.

En la novedad de América, se puede dejar atrás la ciudad medieval, amurallada y hacinada. Pero el pasado no se deja enterrar tan fácilmente. Por una parte, la tradición previa, el centro indio, pugna por manifestarse desde los subsuelos de la *urbs nova*, como acaba de hacerlo en el Templo Mayor de la ciudad de México. Por la otra, la novedad racial convierte a ambas, ciudad india y ciudad europea, en ciudad mestiza. Y la necesidad económica —la minería, la accidentada topografía del oro y la plata— convierte a la ciudad renacentista, de nuevo, en un enjambre medieval de callejuelas estrechas, túneles, pozos y escalinatas.

Desde el aire, Puebla, Oaxaca y Morelia lucen su novedad cuadriculada, pero también su ambigüedad mestiza, en tanto que Taxco, Zacatecas y Guanajuato se entregan a las exigencias de las sierpes urbanas que, cual gambusinos, se encaraman, se desploman, husmean el metal, lo trasiegan y, cuando lo encuentran, lo fijan en los altares de las iglesias, pavimentan las calles para las bodas de las novias de la plata, o pierden el oro para siempre en una apuesta, un capricho, una fiesta...

País de barrancas, desbarrancado. Como en otros tajos americanos, sobre todo el más soberbio de todos, que es el Cañón del Colorado, el gran abismo mexicano de la Barranca del Cobre da cuenta de dos extremos de la tierra. Nacimiento y Muerte. Si éste es el primer día de la creación, también es el último. El dramatismo de estos lugares no termina, sin embargo, en el testimonio, circular y simultáneo, del origen y el fin de la tierra. Su impresión mayor es la que define, a cada paso, nuestra visión en movimiento. En Arizona o en Chihuahua, son nuestros desplazamientos los que determinan la realidad del impresionante escenario natural. Basta un paso, a la derecha, a la izquierda, hacia adelante, hacia atrás, para que el gran abismo de piedra se altere fundamentalmente y se desconozca a sí mismo. El movimiento de nuestro cuerpo, de nuestra mirada, transforma lo que, a primera vista, parecía un monumento inalterable de la naturaleza.

¿No es ésta la definición misma del barroco? ¿No es el barroco un arte de desplazamientos, que exige el movimiento del espectador para ser visto —y, lo más importante, para verse a sí mismo? El barroco no es arte frontal, sino circular. El icono bizantino puede ser visto de frente. Bernini y Miguel Ángel, en cambio, invitan a que se les vea en redondo. Y la pintura misma, cuando en *Las Meninas* de Velázquez se libera, como observa Ortega y Gasset, de la escultura, lo hace a partir de una mirada circular, escultórica, que penetra el cuadro y se coloca detrás del pintor pintado para ver lo que pinta por segunda vez.

En México, en la América española y portuguesa, el barroco va más allá de la razón sensual o intelectual de Europa para convertirse en una necesidad y una afirmación clamorosas, vitales. O más bien: en la afirmación de una necesidad. Tierra asolada, tierra conquistada, tierra de hambre y tierra de sueños: el barroco americano es el arte de las carencias; es la abundancia imaginaria de quienes nada tienen; es el salto mortal sobre la barranca con la esperanza de caer, de pie, en el otro lado.

El suelo a menudo arisco, abismal, de México es, en su soledad agreste, un anuncio del barroco. Es la invitación a dar el salto y la esperanza de alcanzar el objeto deseado: la otra orilla, la mano fraternal, el cuerpo amado.

El Sol de Tierra, que parecía el más sólido, el más perdurable, demuestra así que también es pasajero y que su imagen, en el cielo artificial de un altar barroco, es el de la nube. Pero más nubes que en cualquier altar son las que coronan, como una segunda geografía, el cielo de México.

SOL DE VIENTO

País de nubes arrastradas, quietas, luminosas, hijas favoritas del siguiente sol, el Sol de Viento que erosiona las costas y las cumbres, las piedras labradas y los labrantíos de tierra.

A veces, las opulentas nubes de México son como el sudario que piadosamente aparta de nuestras miradas un cuerpo yerto o moribundo. Como una mortaja, las nubes ocultan la agonía de la selva lacandona y de sus habitantes, destinados ambos a la extinción. Pero a veces, las nubes son sólo el velo de civilizaciones que no quieren ser perturbadas. El más sutil de los escudos, el Sol de Viento, protege todo aquello que, en nuestro país, espera otro tiempo, un tiempo mejor, para manifestarse. Mientras tanto, las nubes permiten disimular la persistencia de un mundo sagrado y mágico que la razón activa, fáustica, del Occidente, se encargaría de aniquilar.

Además, las nubes mexicanas cumplen otro empeño, más desinteresado, y éste es el de suavizar constantemente los contornos más duros de los elementos. Mar y tierra, volcán y aire, ruina y selva, río y desierto, chocan frontalmente en México, porque aquí los elementos se disputan la sucesión del tiempo y reclaman presencias totales que definan toda una era: agua y fuego, tierra y viento.

Pero si la sucesión no vence nunca a la presencia simultánea de las cosas, es porque las nubes suavizan siempre las asperezas de los imperiosos elementos mexicanos. Ninguno de ellos, en realidad, acaba por imponerse a los demás, sólo porque el viento empuja a las nubes, la espuma del aire disuelve los picachos más agrestes, hermana la playa con el oleaje y confunde las cataratas de agua con las cascadas de flores; hibiscos, *buganvileas*, cempasúchiles. La nube es niebla que todo lo abraza, humo de disolvencias y lejanías engañosas. Encuentro al cabo: cópula, confusión a veces, triunfo de la luz, difuminación de los tajantes cortes que a menudo caracterizan al arte mexicano. Las líneas más duras de Rivera o Siqueiros suelen ser tan temibles como algunos brutales encuentros que podemos observar en nuestra geografía. En la Isla Tiburón, la punta —bien llamada Chueca— es un ala de sombra que parece amenazada por un mar color de daga, como si la isla quisiera volar y el mar se lo impidiese, recordándole su destino de vivir —tierra y mar— en confrontamiento perpetuo.

El Sol de Viento interviene entonces para disolver las fronteras, amansar las pugnas, sofocar los gritos. El Sol de Viento despeina las arenas, acaricia con suavidad el rostro de las aguas, revela las texturas de los fondos marinos, pulveriza las variedades, porosas y basálticas, calizas y arenosas, de la piedra.

De esta manera, el Sol de Viento revela un tercer México: El aire que sopla por las bocas de dos dioses gemelos, mediterráneo uno, mexicano el otro, los dos eufónicamente hermanados —Eolo y Ehécatl— impide la rigidez de la tierra o la inmovilidad del mar enfrentados. Pero como todo regalo divino, éste es ambiguo. Se llama, primero, metamorfosis. En segunda, armonía. Y al cabo, muerte.

El Sol de Aire convierte al paisaje en pasaje. Las cosas que parecían eternas se revelan mudables. Las formas se asocian o se separan para integrar nuevas figuras. El cráter del Pinacate en Sonora se transforma en un delicioso pezón femenino; un río en Baja California adquiere la silueta imprevista de un escorpión color de rosa acostado en un lecho de tierra negra. ¿Son reales esas vacas que cruzan las aguas en Mexcatitlán, o sólo un espejismo de la laguna? ¿No son estos barcos pesqueros, anclados alrededor de una boya en Puerto Peñasco, en realidad, una mariposa novísima recién salida de la crisálida del mar? ¿Son hongos las cúpulas de Cholula? ¿Son domos de aire puro las jaulas de los tigres en Chapultepec?

Sol de Viento, mi sol. Cuando yo era niño, en el libro escolar de geografía la portada misma dibujaba a México como una cornucopia de cuyo borde se desparramaba una riqueza abrumadora de frutos, incluyendo una larga espiga de trigo que pasaba a formar la península de Baja California. El cuerno de la abundancia aparecía sostenido en el aire. Ninguna mano, ni tierra alguna, lo mantenían en el firmamento. Era como un planeta de infinitas riquezas.

Era necesario pensar, de verdad, en los poderes de Ehécatl, dios del viento, para imaginar a la cornucopia mexicana, planeando en el aire, desparramando sus frutos, fecundando sus surcos con semillas volantineras.

Penetrar en la cornucopia mexicana significa descubrir, al mismo tiempo, su permanencia y su fugacidad. Por un momento, el cambio se detiene, fijándose en la armonía de todos los elementos. Las aves blancas detenidas en las aguas de una presa la despojan de su ingeniera frialdad. Ganados y campos de trigo, así como torres perforadas, hoteles, haciendas, ciudades modernas y balnearios; éstos son también los nombres de la abundancia. ¿Lo son de la armonía? Quizás ésta es más modesta y más entrañable. Yo la encuentro en una vista desde el aire de Tlacotalpan y su peculiar sabiduría veracruzana para reunir alegría y recato; sensualidad vivible.

Abundancia significa también el vuelo de flamencos acudiendo a alimentarse, la mancha rosa de las aves en un mar naranja, el perfil de las sombras verdes de la selva... El escándalo de los colores mexicanos, la pintura mutante de la naturaleza, confluyen al cabo en la pintura nueva de una iglesia de pueblo o en el remanso de una aldea de Oaxaca. Ésta es la perfección, la armonía tan deseada, la paz de los elementos.

SOL DE FUEGO

No dura. El Cuarto Sol, de Fuego, va a calcinar la tierra como los cráteres que sólo porque el humor es a veces más necesario que la necesidad misma, se dan el lujo de cercar un cultivo de maíz cerca del cielo. Se puede ver, desde el aire, un campo de fútbol cuyas líneas quemadas sobre el asfalto de la ciudad son comparables a las gráficas ardientes de ese retrato del cielo en la tierra, y que sólo desde el cielo puede verse, en Nazca.

Hay un pedregal chihuahuense que se llama Rocas de Lumbre. Mas el fuego no es necesariamente una llama visible, sino, a veces, la paradoja del agua en llamas —el *atl tlachinolli* de los náhuas— o la conflagración interna que llamamos, o se llama a sí misma, la muerte. Como en la prosa de Juan Rulfo, el campo más llano, pero también la montaña más alta, tienen un hoyo por donde se escapa el calor de la muerte y del sexo. Eros y Tánatos, lo sabemos, son ambos ingresos al submundo invisible, el Mictlán de los antiguos mexicanos, a donde se ingresa enmascarado. Necesitamos otro rostro para la muerte, una máscara que nos hace aceptables para la otra vida, una cara mejor, quizás, que la que tuvimos al vivir en la tierra, cuando éramos bañados por las aguas y animados por el viento.

Desde el aire, ver el Templo de las Inscripciones en Palenque es ver la muerte. Esta pirámide fue erigida por el Señor Pacal para anticipar primero, y conmemorar para siempre, su propia desaparición. Desde arriba, los extensos cultivos del cempasúchil, la flor amarilla del día de los muertos, son un anuncio del servicio que la naturaleza siempre le presta a la muerte. Flores color de lumbre, asocian la muerte a un fuego invisible, disfrazado de vida. Porque el Sol de Fuego, que anuncia la muerte, no se agota en ella, aunque la actualice. La vida en México prevé la muerte, porque sabe que la muerte es el origen de todo. El pasado, los antepasados, están en la fuente del presente. Los cráteres con lagunas, los cráteres con cultivos, fueron un día cráteres con fuego. ¿Pueden volverlo a ser? Claro que sí, de la misma manera que la vida volverá a ser, precisamente porque la precedió la muerte.

El Sol de Fuego no es, de esta manera, un anuncio de destrucción y catástrofe inapelables, sino eslabón de un círculo donde el fuego consume al aire, sólo para convertirse en su contrario, y luego tierra y luego aire otra vez, antes de incendiarse y reanudar el ciclo...

Otra vez el agua

Desde la altura, por esto, los cuatro soles son sucesivos pero también coincidentes. Cuando la mirada desciende, le da nombre y lugar precisos a cada uno de los soles de la creación. El nombre del Agua puede ser Acapulco y Careyes, Puerto Escondido y Mazatlán, Veracruz y Cancún. Tres mares, el Pacífico, el Caribe y el Golfo de México, ciñen nuestra tierra con más de nueve mil kilómetros de costas.

Pero estos mares, siendo nuestros, traen en cada ola las noticias del mundo.

Por la costa del Golfo viajó Quetzalcóatl hacia el Oriente, prometiendo regresar a ver si los hombres habían cumplido las lecciones morales de la paz y la fraternidad.

Por esa misma costa de las fundaciones llegaron en el día profetizado los conquistadores españoles, apropiándose de un presagio que sólo fue suyo por coincidencia: Los dioses han regresado a pedirnos cuentas...

426

El Golfo de México se convirtió, de allí en adelante, en la última escala cultural del Mar Mediterráneo en las Américas. Soldados y frailes, escribanos y mercaderes, piratas y poetas, invasores y exiliados, trajeron y llevaron por Veracruz el anuncio de los dos mundos: América y Europa, Golfo y Mediterráneo. Reposo final de las olas del Bósforo, las Cícladas, Sicilia y Andalucía, el *Mare Nostrum* de la antigüedad europea termina en Tampico, Villahermosa y Campeche.

Pero las aguas de México también envían, en sentido contrario, sus ondas por el Atlántico hasta el Mediterráneo, y su mensaje es la advertencia de que el nuevo mundo tan deseado por Europa no acaba de ser descubierto, no acaba de ser imaginado, y protege los mitos más viejos de la humanidad, sus verdades más secretas, los sueños de la creación del mundo y del hombre en medio de la violencia, el dolor, la esperanza y la alegría.

«¡Que aclare!» —exclama el *Popol Vuh*—. «¡Que amanezca en el cielo y en la tierra! No habrá gloria ni grandeza hasta que exista la criatura humana...»

En el segundo mar de México, el Caribe, un centinela invisible aguarda, desde Tulum, el imposible retorno del dios. La piedra y el mar se reúnen aquí. La espera es desvelada y eterna. Pero ningún dios regresará ya, porque la tierra reclama que sus hijos la construyan, que ahora sean ellos los creadores.

En el Pacífico, en fin, las noticias que llegan son las de un mundo aún más lejano que el de Europa. Catay, el imperio del medio. Cipango, del sol naciente. Y nuestras vaporosas hermanas de la sombra, las Filipinas. Las islas y los reinos que nos envían, como lo evoca Bernardo de Balbuena en la *Grandeza mexicana*, «seda el Japón, el mar del Sur tesoro de ricas perlas, nácares la China», de tal suerte que

> *En ti están sus grandezas abreviadas;*
> *tú las basteces de oro y plata fina;*
> *y ellas a ti de cosas más preciadas.*

El Sol de Agua no nos encierra. Nos abre, nos comunica, rompe las barreras del aislamiento: nos hace circular afuera y adentro. Recibimos, damos, cambiamos, preparamos el paso del agua a la tierra, de la tierra al aire, del aire al fuego, del fuego al agua...

México es el retrato de los ciclos, que es el retrato de los cielos, la sucesión de los soles de México sobre México, la autoridad que el país y sus gentes derivan de una relación sin tregua con los elementos.

Es la identificación del retrato de los mexicanos con el retrato de la creación.

Por eso, las victorias de lo humano son mayores en México. Por extrema que sea nuestra realidad, no negamos ninguna faceta de la misma, ninguna realidad del cosmos. Intentamos, más bien, integrarlas todas en el arte, la mirada, el gusto, el sueño, la música, la palabra.

Desde el techo de México, esta forma de ser se aprecia mejor, como esa escultura de un dios por Rivera, que requiere distancia y altura para ser vista.

Éste es el retrato de una creación que nunca reposa porque aún no concluye su tarea.

Nuevo tiempo mexicano

ÍNDICE

Impreso en el mes de junio de 2000
en ROMANYÀ/VALLS, S. A.
Plaça Verdaguer, 1
08786 Capellades
(Barcelona)